◆ 冯　刚　主编

新时代高校辅导员培训教程

XINSHIDAI GAOXIAO FUDAOYUAN

PEIXUN JIAOCHENG

人民出版社

责任编辑:吴广庆

封面设计:王欢欢

图书在版编目(CIP)数据

新时代高校辅导员培训教程/冯刚 主编. —北京:人民出版社,2022.4
 (2022.6 重印)

ISBN 978－7－01－024649－9

Ⅰ.①新…　Ⅱ.①冯…　Ⅲ.①高等学校-辅导员-师资培训-教材

　Ⅳ.①G645.1

中国版本图书馆 CIP 数据核字(2022)第 047462 号

新时代高校辅导员培训教程
XINSHIDAI GAOXIAO FUDAOYUAN PEIXUN JIAOCHENG

冯　刚　主编

人 民 出 版 社 出版发行
(100706　北京市东城区隆福寺街 99 号)

中煤(北京)印务有限公司印刷　新华书店经销

2022 年 4 月第 1 版　2022 年 6 月北京第 2 次印刷
开本:710 毫米×1000 毫米 1/16　印张:31
字数:480 千字

ISBN 978－7－01－024649－9　定价:89.00 元

邮购地址 100706　北京市东城区隆福寺街 99 号
人民东方图书销售中心　电话 (010)65250042　65289539

本书编委会

（按章节顺序排名）

冯　刚　北京师范大学思想政治工作研究院院长
韩君华　华中师范大学党委学工部部长
钟一彪　中山大学党委学工部部长
范媛吉　湖南大学党委学工部副部长
郭　驰　大连理工大学党委学工部部长
蒋毓新　陕西师范大学党委学工部部长
徐　阳　复旦大学党委学工部部长
钱云光　电子科技大学党委学工部部长
孙楚航　西南大学党委学工部部长
郭文刚　浙江大学党委学工部部长
于小雷　北京师范大学团委书记、珠海校区党委副书记
蒋利平　湖南科技大学招生就业处处长
周作福　山东大学党委学工部部长
侍　旭　南京航空航天大学党委学工部部长
陈　科　重庆大学党委学工部部长
王显芳　北京师范大学党委学工部副部长

目　录

前　言

　　高校辅导员作为思想政治教育最前沿、距离学生最近的人,肩负着落实立德树人的根本任务,其专业化职业化发展和队伍建设一直是高校思想政治工作的重要范畴和应有之义。20 世纪 50 年代初期,政治辅导员制度在我国高校得以创建,60 年代初期这一制度基本成型。进入 21 世纪,国内外形势发生了巨大变化,深刻影响着大学生群体的思想观念、价值取向,也对高校思想政治工作提出了严峻挑战,开启专业化职业化建设是辅导员队伍创新发展、适应时代要求的必然选择。2004 年,中共中央、国务院下发《关于进一步加强和改进大学生思想政治教育的意见》(中发〔2004〕16 号文件),这是高校思想政治工作进入新世纪的纲领性文件,为高校辅导员队伍专业化与职业化建设奠定了坚实基础。

　　党的十九大报告提出中国发展新的历史方位——中国特色社会主义进入了新时代,进入新时代,高校思想政治工作经历着一场从教育理念到教育方式再到教育评价的深刻变革,党和国家面临的现实情景赋予了高校思想政治教育新内涵、新使命、新要求。① 高校辅导员作为培养德智体美劳全面发展社会主义建设者和接班人的重要力量,其专业化职业化发展应伴随历史进程不断进步、不断调整、不断完善。深化新时代高校辅导员队伍建设,应当引导高校辅导员群体努力做有思想的行动者、关注实际问题的研究者,明晰逻辑理路,激发内生动力,厚植根基、聚焦前沿,真正

---

　　① 　冯刚:《世界眼光与中国情怀:中国学生工作的传统、使命与创新》,《思想理论教育》2015 年第 7 期。

将其打造成一支政治过硬、信仰坚定、高质量、高水准的高校辅导员队伍。

一、提升辅导员发展眼界视野:世界眼光、中国情怀和时代特征的统一

纵观高校辅导员制度的发展历程,60多年的时间里经历了创建、停滞、恢复、探索、专业化与职业化、新发展和新趋势等复杂变化,辅导员队伍建设是一项长期的艰巨任务。进入新时代,深化新时期的高校辅导员队伍建设要坚持世界眼光、中国情怀和时代特征三者相统一,三位一体,不可或缺。

(一)世界眼光,就是强调从开放的视野、全球的视角观察和思考问题。同时,要将这样的思想方法、研究方法和实践方法贯彻于高校辅导员专业化职业化建设的全过程。

比较的世界眼光。国外的高校辅导员制度虽然无法与国内完全对应,但仍存在许多相通、相似之处,用比较研究的方法,能够帮助我们更好地认识思想政治教育的客观规律、大学生成长成才的客观规律、辅导员队伍建设发展的客观规律。开放的世界眼光。全球化的进程深刻影响着我们的教育和思想,而互联网又大大加快了这一进程。新时代高校辅导员队伍建设,必须抱持开放包容的学习心态,紧紧跟随教育方式、教育手段、教育对象的国际化和现代化,持续深化教育认知,提升国际化背景下思想政治教育的功能和效力。创新的世界眼光。一些发达国家迈入现代化发展进程较早,对于高等教育的规律认识更深刻,有的教育理念、教育技术也值得我们学习借鉴,面对新形势下高校思想政治工作的新任务、新挑战,高校辅导员队伍建设应当顺应时代要求,密切关注国际环境下思想政治教育规律性、前沿性问题,服务于我们教育事业的进步和创新。①

世界眼光下,深化新时代高校辅导员队伍建设,应当:推进职业认同,要立足中国国情和实际,在学习借鉴国外学生工作职业标准的基础上,丰

---

① 冯刚:《持续推进高校辅导员队伍专业化职业化建设》,《高校辅导员》2020年第3期。

富完善队伍发展理念和制度设计,助力辅导员的成长发展和对外交流,让更多人了解中国高校辅导员工作,认可辅导员工作成绩,进一步增强广大师生、全社会乃至全球对高校辅导员工作的职业认同。构建理论体系,我国的高校辅导员队伍建设应当充分借鉴国外先进的理论成果和实践经验,结合实际,形成具有本土特色的高校思想政治工作和辅导员队伍发展理论体系,为我国高等教育事业奠定理论基础,并在此基础上,运用科学理论和实践经验开阔思路、启发工作。提升专业素养,依托先进的发展经验,国外高校学生工作、辅导员队伍建设形成大量的专业书籍和培训课程,都非常强调理论和标准的操作性、流程化,强调对实际工作的指导作用。面对新时代,我国的高校辅导员应充分利用国际化资源,学习提升专业、职业素养,解决学生成长和自我发展的实际问题。

(二)中国情怀,就是要求新时代的辅导员队伍建设应扎根中国国情和工作实际,紧紧围绕"立德树人"这一中国高校学生工作的传统与使命,植根于中国的传统文化,立足于当代中国国情,把握中国发展的阶段性特征,形成具有中国特色的学生工作理念和高校辅导员队伍建设成果。

植根于中国的优秀传统文化。高校辅导员是从事思想政治教育工作的专门力量,思想政治教育作为一项社会历史活动早在古代中国就已存在。新时代高校辅导员队伍的建设和发展离不开对中国传统文化的继承、改进与发扬。中国高校学生工作的传统与使命,最核心的是"立德树人",它强调"育人为本,德育为先",新时代的辅导员专业化职业化可以从传统文化中汲取涵养,坚持立德树人的传统,也可以将传统文化作为当前思想政治教育的资源和手段。立足于当代中国国情。高校辅导员是大学生日常思想政治教育的骨干力量,其工作内容极具实践性,要求辅导员要关注大学生的方方面面,尤其要关注大学生学业、生活、心理等方面存在的问题,这就要求辅导员工作要紧紧扎根于中国国情,从大环境中成长、发展。新时代的高校辅导员应当充分了解当代中国的政治环境、经济环境、文化环境和社会环境等,尤其要立足当代高等教育、高校思想政治工作实际,扎根中国大地办教育,切实增强辅导员队伍工作的实效性和针对性。把握中国发展的阶段性特征。步入新时代,是当前中国发展面临的最突出的阶段性特征,面对社会主要矛盾的变迁,思想政治教育实践面临新的任务和新的挑战,对于从事思想政治教育的高校辅导员群体亦是如此。① 尤其是在召开了全国高校思想政治工作会议、全国教育大会,颁布实施了《普通高等学校辅导员队伍建设规定》《高校思想政治工作质量提升工程实施纲要》等一系列文件之后,高校辅导员队伍建设研究热点开始聚焦内涵式发展、专业素养、职业能力、职业文化、职业认同等问题,队伍建设迈入新阶段。

中国情怀对于辅导员队伍提出了更加聚焦、也更实际的要求。作为高校思想政治工作的中坚力量,辅导员必须正确认识中国特色和中国实际,要在国家背景下遵循思想政治工作规律,遵循教书育人规律,遵循学生成长规律,推动大学生日常思想政治教育迈向新高度。

(三)时代特征,就是要坚持实践导向,结合时代发展特征、中国改革实践以及辅导员队伍发展变化的时代特点,把握实践需求,在理论深化与实践创新的相互作用下实现创新发展,②进一步增强辅导员队伍建设与时代特征适应性,找准辅导员工作和时代要求的契合点。

体现精细化工作导向。社会发展的标志之一是社会分工,辅导员作为一种工作类型和职业群体,不可避免要趋向精细分工。2014 年,教育部研究制定《高等学校辅导员职业能力标准(暂行)》,其目的就是为了进一步规范辅导员的工作范畴,逐步明晰辅导员的岗位职责和工作边界,推动高校辅导员队伍专业化、职业化发展,提升大学生思想政治教育工作质量。2018 年,习近平总书记在全国教育大会上强调:"要精心培养和组织一支会做思想政治工作的政工队伍,把思想政治工作做在日常、做到个人。"③实际上,这些举措和讲话都表明国家层面将"精细化"作为工作导

---

① 冯刚:《在时代发展进程中把握思想政治教育热点研究》,《思想理论教育》2019年第 6 期。

② 冯刚:《坚持思想政治教育热点研究的实践导向》,《思想理论教育》2020 年第 3 期。

③ 《习近平在全国教育大会上强调 坚持中国特色社会主义教育发展道路 培养德智体美劳全面发展的社会主义建设者和接班人》,《人民日报》2018 年 9 月 11 日。

向引领辅导员队伍建设和发展,也是辅导员工作的目标和方向。应对复杂化环境变化。教育环境的变化,当前高等教育所面临的环境复杂多变,政治、经济、思想等诸多领域的快速更迭对大学生的思想观念造成了重大冲击。高校辅导员肩负着思想引领的重要使命,把握复杂的时代特征,有助于辅导员更好地探求大学生日常思想政治教育的基本规律,更好地引导大学生正确思想观念的形成和发展。教育手段的变化,经济社会的发展促进了教育手段的变革,思想政治教育方式趋于多元开放,兴起了"线上+线下"双线教育模式、思想政治理论课与第二课堂实践活动相结合模式、"互联网+"模式等,对于辅导员的工作方式和教育手段提出了更高、更新的要求。教育对象的变化,当前的学生群体主要以"95后"和"00后"为典型代表,学生特点十分明显,思想上追求独立个性,价值取向多元化,向往自由但有时会超越界限,知识上获取方式多元,知识体系丰富但更多以碎片化的形式呈现。着眼网络化视域平台。近年来,网络已经成为高校师生学习生活的"第一环境",网络思想政治教育成为当前学界和社会广泛关注的热门话题,也是高校辅导员必须具备的新兴教育手段。高校辅导员应抓紧网络发展机遇,把握大学生网络使用特点和规律,顺应高校对于网络技术创新与发展的应用,通过开设微博、微信等新媒体平台,创新日常思想政治教育的方式,以多样化的网络产品和服务,加强网络育人,增强高校辅导员队伍建设,推动高校网络思想政治教育工作的开展。

习近平总书记指出:"时代是思想之母,实践是理论之源。"①深化高校辅导员队伍建设,应深刻把握时代特征,丰富思想政治教育内涵、增强思想政治教育质量、提高思想政治教育水平,更好地成长为时代需要的高质量、高水准队伍。

二、完善辅导员发展专业路径:把辛苦转化为成果,把经验上升为科学

高校辅导员作为大学生日常思想政治教育工作的一线人员,承担了

---

① 《习近平谈治国理政》第二卷,外文出版社 2017 年版,第 34 页。

非常繁重的育人任务。《普通高等学校辅导员队伍建设规定》明确规定的辅导员工作职责就达到9项之多,包含大学生学业、心理、人际关系、日常事务、就业创业、危机处理等多个方面。新时代的高校思想政治教育要求辅导员队伍善于思考,善于总结,立足工作实践,夯实基础理论,聚焦热点前沿问题,从繁杂的事务工作中提炼规律,形成实践和研究成果,为立德树人、人才培养提供科学方案贡献力量。

(一)高校辅导员的工作成果转化兼具理论和实践意义。辅导员工作的成果转化既是一种理论积累,也是一种实践探索,理论和实践相互促进有助于实现思想政治教育内涵式发展,不断提高大学生思想政治教育科学化水平。

完善学科体系,推动理论创新发展。高校辅导员所从事的大学生日常思想政治教育虽极具实践性,但并非无源之水、无本之木,同样需要依托相应的学科知识和理论体系。学科发展取决于研究对象的生动实践,辅导员的日常工作是思想政治教育学科重要的实践基础,注重把辛苦转化为成果,把经验上升为科学,总结提炼工作中经验规律,能够促进思想政治教育原理、理念、方法的更新,形成不断完善的学科体系。辅导员立足工作转化而成的丰富理论成果,势必促进与之密切相关的马克思主义理论一级学科特别是思想政治教育二级学科的发展完善。推动工作进展,提升育人实效。"思想政治教育研究不是为了'研究'而研究,相关研究不仅是为了推进基础理论的深化,同时也是为实践领域提供指引。"[①]辅导员所做的一切工作,其最终目标都是落实高校立德树人的根本任务,借助相应的理论和方法,将当代大学生培养成德智体美劳全面发展的社会主义建设者和接班人。因此,辅导员在日常工作基础上总结形成的科学理论,可以反过来指导育人实践,为自身和辅导员职业群体提供一定的理论引导和可借鉴、可利用的先进经验,帮助其解决育人过程中的实际问题,使理论研究成果转化为实践工作成效。

---

① 冯刚:《坚持思想政治教育热点研究的实践导向》,《思想理论教育》2020年第3期。

（二）高校辅导员的工作成果转化需立足工作实践、夯实基础理论、聚焦热点前沿、深化学科交叉。切实推进专业化职业化进程，注重以研究促发展，需要选取科学方法、把握研究重点，切实推动辅导员工作的成果转化。

立足工作实践。辅导员工作的成果转化依赖于工作实践本身，这是一切理论成果的现实源泉。辅导员作为研究主体，只有扎根思想政治教育工作一线，深刻了解工作对象、工作困难、工作环境等现实因素，紧密结合大学生的思想实际，结合日常工作中出现的方方面面的难题，深入思考讨论，才能探析工作实践背后的日常思想政治教育特点和规律，在实践基础上生产理论成果。夯实基础理论。基础理论是辅导员工作的成果转化的理论支撑，当前，高校辅导员准入机制没有统一标准，专业背景复杂，基础理论缺乏成为制约辅导员科学研究的明显障碍。比如，很多其他学科背景的辅导员对于马克思主义理论、思想政治教育等基础学科的基本概念、学科内涵、知识体系、理论方法不甚了解，其转化成果只能沦为基础的工作总结，缺乏学术价值和理论深度，难以形成高质量的学术成果。因此，提升高校辅导员的科研水平，广大辅导员群体应当从学科着手，夯实基础理论，结合工作当中实际问题，研读马克思主义的经典原著，深入学习思想政治教育原理、中国特色社会主义理论体系、中华人民共和国史、中国共产党党史，花大力气、下大功夫认真研究基础理论问题，为成果转化奠定理论基础。聚焦热点前沿。思想政治工作是一门科学，具有时代性、实践性、规律性，习近平总书记指出，做好高校思想政治工作，要因事而化、因时而进、因势而新，思想政治科研成果理应注重创新性、前沿性。高校辅导员的工作成果转化必须要树立前沿意识，善于把握理论研究和实践探索的前沿问题，聚焦学科发展过程中的重点、难点、热点问题。一方面，聚焦思想政治教育实践前沿。辅导员工作所面对的工作对象随着环境、年龄变化而不断变化，各个阶段都会产生新现象、新特点、新问题。高校辅导员只有不断地思考解决新发问题、热点问题，才能找到成果转化的实践生长点。另一方面，聚焦思想政治教育理论前沿。高校辅导员应当具有敏锐的科研意识，认真学习高校思想政治工作相关的会议、政策、文件，密切关注学术界理论动态，对思想政治教育理论研究的焦点前沿有及时准确的把握,确保成果转化的学术价值。深化学科交叉。高校辅导员所从事的思想政治教育是一项复杂的系统工程,辅导员工作的成果转化需要加强思想政治教育的学科交叉研究,借鉴相关学科的研究成果与研究方法。关注交叉学科理论成果。学科融合和学科交叉是当前学术界的重要方向,辅导员的理论成果转化要以马克思主义理论为指导,综合借鉴政治学、教育学、心理学、社会学、管理学等其他社会科学、自然科学学科的知识,尤其是辅导员自身所学专业知识,围绕工作实际,从跨学科视角形成研究成果。借鉴交叉学科研究方法。思想政治教育作为一门年轻的学科,应当借鉴其他学科较为成熟的研究方法,比如通过实验研究、实地访谈、数据分析、参与观察等方法研究辅导员日常工作中的经典案例、现实问题等,并据此形成成果转化的研究范式。

三、满足辅导员需求期待:在帮助学生发展中激发成长内生动力

面临新时代的新环境和新要求,深化高校辅导员队伍建设,推动辅导员队伍的专业化职业化发展,必须回归到辅导员所从事的思想政治教育工作本身,从教育对象、职业发展以及高校辅导员工作实践等方面寻找队伍成长发展的内生动力,实现辅导员队伍的良性发展和整体推进。

(一)从新时代高校学生成长需求中寻找队伍发展的内生动力。辅导员所从事的思想政治工作从根本上说是做人的工作,学生成长成才是教育事业发展的终极目的,更关乎着中华民族和整个国家的前途和未来。寻找辅导员队伍成长发展的内生动力,要坚持以工作对象为重心,找准思想政治教育工作的着力点和生长点,密切关注青年学生发展需求,围绕学生、关照学生、服务学生,在帮助学生成长中实现辅导员队伍的发展进步。

围绕学生。围绕学生就是要尊重学生的主体地位,在思想政治教育工作中,坚持以学生主体为导向,挖掘学生成长成才的主动性和创造力。这就需要辅导员深入了解学生,能够准确把握学生的心理、行为特点,对学生进行差异化的引导。关照学生。关照学生就是一切从学生实际出发,学生在成长成才过程中会遇见各种各样的困难,包括学习、生活、情感、求职等诸多方面,这对于辅导员的业务能力提出了较高要求。辅导员

只有认真学习相关理论,增加实践经验才能应对大学生在校期间的各种问题。服务学生。服务学生就是要一切为了学生,高校辅导员应主动承担立德树人的光荣职责,树立服务意识,积极为学生成长搭建平台,实现对学生的思想引领和行为引领。新时代的高校学生成长成才提出了新命题,高校辅导员的工作目标就是要用发展的眼光不断探索大学生思想教育规律,全方位地为学生成长成才服务。新时代高校学生的成长成才要求辅导员群体更加有效地解决学生发展过程中遇见的各种难题,深化辅导员队伍建设可以有效提高学生工作水平,不断推进辅导员工作理论、内容、机制和方式方法的创新,最终促进学生健康成长和全面发展。

(二)从新时代高校辅导员职业发展需求中寻找队伍发展的内生动力。马克思主义哲学认为内因是事物发展变化的根据,高校辅导员队伍建设需从辅导员职业发展本身寻求动力,从根本上推动队伍的成长进步。高校辅导员作为一种职业类型,势必面临着职业发展的客观选择,不论是专业技术岗位还是管理岗位都存在着职称评定、职务晋升等现实问题。按照当前职务职称评审条件以及思想政治教育工作的现实需要,高校辅导员应当从以下方面提升素养,挖掘队伍发展的内生动力。

理论素养。《普通高等学校辅导员队伍建设规定》中首先明确的辅导员工作职责就是思想理论教育和价值引领,新时代的高校辅导员为了更好地引导学生树立正确的世界观、人生观和价值观,应当不断提升自身的理论素养,努力掌握哲学、政治学、心理学、教育学、社会学、法学等专业知识,有针对性地解决学生的思想认知和价值取向问题。职业能力。高校辅导员作为大学生日常思想政治教育和管理工作的组织者、实施者和指导者,直接面临奖助学金评定、学业帮扶、就业创业、学生活动、心理健康教育、网络思想政治教育等学生日常事务管理。辅导员队伍的专业素养直接影响着各项工作的开展效率和质量。辅导员职业发展需要进一步学习相关事务的政策规定、熟练掌握各项业务的操作流程,重视经验总结以提升专业素养。专业素质。高校辅导员是高等学校教师队伍和管理队伍的重要组成部分,因其工作性质的特殊性,具有教师和管理人员的双重身份,相比单纯的专任教师和管理人员,辅导员职业发展要求其具备更加丰富的综合能力,以应对复杂的工作内容。辅导员队伍除了思想教育、价值引领、学生日常事务管理,还需承担行政管理、课程讲授、科学研究、媒体宣传等多项工作。因此,辅导员需要提升自己的公文写作、组织协调、语言表达、调查研究等多方面的综合能力,为后期的职业发展和职业晋升作为储备,真正成长为一支信得过、靠得住、用得上的优秀队伍。

(三)从新时代高校辅导员工作实践中寻找队伍发展的内生动力。新时代的辅导员队伍建设成就得益于高校辅导员制度建立、发展、完善这一系列的工作实践,随着辅导员队伍专业化职业化建设的不断推进,高校辅导员队伍不断发展壮大,年龄结构学历结构知识结构日趋合理,专业水平和职业素养不断提高,先进典型不断涌现,辅导员队伍真正成长为教育引导学生健康成长,维护高校稳定的中坚力量。寻找队伍发展的内生动力,可以从辅导员的实际工作中总结实践经验,培育职业文化,从方式理论理念层面促进辅导员队伍全面提升。

总结工作实践经验。60余年的发展历程中,针对高校辅导员队伍建设,我们国家形成了顶层设计、内涵发展、科研平台、典型示范、特色创新等重要的实践经验,比如支持辅导员职业发展的政策文件,辅导员职务、职称双线晋升制度,辅导员专业技术职务(职称)评聘单列计划、单设标准、单独评审;完善的教育部、省(市、区)、学校三级培训体系,丰富的基层实践、国内高校交流、境外研修机会;教育部人文社会科学研究辅导员骨干项目、高校辅导员工作精品项目;全国高校辅导员职业能力大赛、全国高校辅导员年度人物、最美高校辅导员评选;辅导员特色工作室,知名辅导员微信公众号等,这些优秀的实践做法将成为辅导员队伍发展的宝贵经验和坚实基础。职业文化引领发展。职业文化是高校辅导员队伍工作实践发展的自然产物,是对辅导员工作的高度概括和提升凝练,是队伍专业化职业化发展的内在要求和深层落脚,具有实践性可塑性和引领性等特点,可以从更深层、更基本层面保障队伍稳定,引领队伍发展。[①] 积

---

① 冯刚、王鹏云:《新时代辅导员职业文化建设的价值意蕴及实现路径》,《西北工业大学学报(社会科学版)》2019年第2期。

极向上的职业文化有助于提升辅导员群体的职业认同感和价值感,增强辅导员队伍的文化自觉和文化自信,直接关系着我国高校辅导员队伍发展乃至高校思想政治教育的工作成效。加强新时代辅导员职业文化建设应当扎根思想政治教育工作实际,致力于凝结辅导员工作中呈现的价值取向、精神风貌、职业品质、道德情操等,构建辅导员职业文化体系,让职业文化成为引领辅导员队伍建设发展的内生动力。

本书立足于新时代高校辅导员专业化职业化发展的理论与实践,从辅导员的理论指导、角色定位、管理服务工作、文化培育工作、心理健康教育工作、网络思政工作、实践育人工作、共青团工作、创新创业教育工作、班级建设工作以及自身建设等多个维度和方面展开系统的理论研究和科学阐释,并通过实践案例向辅导员介绍一线实际工作的具体内容和要点所在。一方面,紧扣时代特征,积极探索新时代以来高校辅导员专业化、职业化发展的创新发展路径,彰显问题意识和实践导向;另一方面,坚持理论和实践相结合,为辅导员开展理论研究,把辛苦转化为成果,经验上升为科学提供有益指导。

第一章　新时代高校辅导员
工作的理论基础

马克思主义理论是高校辅导员开展思想政治工作的重要理论武器,马克思主义不仅包括马克思的观点和学说的体系,也包括后人对其理论的丰富和发展。中国共产党人将马克思主义理论与中国具体实际相结合,形成了一系列理论成果,是中国共产党思想理论的基础,为我国开展各项工作提供根本的方向性指导。科学的理论是实践的指南,新时代高校辅导员开展工作,应当坚持马克思主义理论的指导,坚持善于学习中国化马克思主义理论成果,以发展的理论指导实践,同时借鉴教育学、心理学、社会学、行政管理学、伦理学等相关学科的理论,提升高校辅导员队伍工作的理论性、思想性和艺术性。

第一节　马克思主义经典作家的理论指导

马克思主义学说是系统的科学理论,是综合性的知识体系。学习马克思主义理论、坚持以马克思主义为指导,有利于高校辅导员在思想政治教育工作实践中坚持政治上正确引导、思想上守正引领,提高理论水平,增强工作实效。

一、马克思主义的实践观

马克思主义的实践的观点是《关于费尔巴哈的提纲》的核心和灵魂,

是新世界观萌芽的集中表现,也是马克思主义哲学区别于一切旧哲学的根本标志。马克思主义实践观核心要义表明:第一,实践是物质与意识辩证统一的基础。人们生活在其中的现实客观世界,既不是精神的自由创造物,也不是某种开天辟地以来就已存在始终如一、纯粹的自然,而是经过人类世世代代实践活动的加工改造而形成的"人化了的自然"。人的实践活动是"对象性的活动",是有目的、能动的客观物质活动。既要受到客观条件及客观规律的制约,又能动地作用于客观对象,使之发生符合人的目的的变化。马克思就在实践的基础上,把人与自然界、物质与意识统一了起来,在哲学史上第一次既唯物又辩证地揭示了物质与意识的相互关系。第二,实践是认识的基础和检验真理的标准。马克思认为,人对客观事物的认识总是在改造客观事物的实践活动的基础上获得的,离开实践也就不可能科学地说明人的认识过程。马克思明确地提出了实践是检验真理的唯一标准,从而在哲学史上第一次科学地解决了真理标准的问题。实践的观点是马克思主义认识论之首要的和基本的观点。第三,社会生活在本质上是实践的。人类最基本的实践即物质生产实践是人类社会赖以存在和发展的基础,物质生产方式决定着社会的性质、面貌及其发展变化的趋势,是历史发展的根本动力。人类的全部社会生活都是以社会实践为基础的,社会实践决定着人们的社会生活,包括人们的精神生活。

辅导员要完整准确地掌握马克思主义的实践观,既要充分认识实践在认识中的决定作用,社会实践既是人的思想形成和发展的基础,也是检验人的思想是否正确的标准;还要充分认识到实践是社会生活的本质和基础,也是社会意识的基础和来源,坚持到社会实践活动中寻找思想产生的根源,并通过社会实践消除思想问题所由产生的客观原因,从而从根本上解决思想问题。

在这个理论指导下,辅导员开展工作,坚持思想政治教育与社会实践相结合,把学生社会实践作为对学生进行思想政治教育的重要环节,在工作中着力把握好三点:一是在认识上,要重视对学生的思想理论教育和价值引领的理论宣讲等,也要充分认识到,大学生的实践,对于促进大学生了解社会、了解国情、增长才干、奉献社会、锻炼毅力、培养品格,增强社会责任感具有不可替代的作用。二是在工作中,积极探索实践育人的长效机制。利用好寒暑假,带领学生走出校门,到农村和社区积极参与各类社会实践,开展形式多样的社会实践活动,包括社会调查、生产劳动、志愿服务、公益活动和勤工俭学等社会实践活动,使大学生在社会实践活动中受教育、长才干、做贡献,增强社会责任感。三是在各类实践活动中全面了解学生思想状况实际。深入到基层实践中了解中国国情,激发学生把个人理想抱负与国家需要紧密结合,为实现中国梦而刻苦学习;也在实践中解决学生思想困惑,去深刻理解现阶段党的路线方针政策,消除学生想当然或者仅从网络上获取片面、不真实的信息,脱离实际而导致各种思想问题。

二、关于人的本质的论述

在马克思看来,人的本质不在于人的自然性,也不在于人的意识,而在于人所特有的活动方式。并明确指出,"人的本质不是单个人所固有的抽象物,在其现实性上,它是一切社会关系的总和"①。

"人的本质是人的真正的社会联系。"②人不仅具有自然属性,还具有社会属性,由于人与动物的根本区别在于人的社会属性。而人的自然属性,又总是受着社会属性的规定和制约,成为社会化的自然属性,因而人的本质也就不在于人的自然属性,而在于人的社会属性。人的本质是全部社会关系的有机统一。人们所处的社会关系是复杂多变的,主要包括生产关系、阶级关系、家庭关系等,在各种社会关系中,生产关系是决定其余一切关系的基本的原始的关系。因而,人的本质,也就是以生产关系为主导的各种社会关系的有机结合。人的本质是具体的、历史地发展变化的。人是"属于一定的社会形式的"。在一定的社会形式中,社会关系总是具体的。因而由他们的总和所构成的人的本质也就必然是具体的。同

---

① 《马克思恩格斯选集》第 1 卷,人民出版社 2012 年版,第 135 页。
② 《马克思恩格斯全集》第 42 卷,人民出版社 1979 年版,第 24 页。

时,由于人们的社会关系总是随着社会实践,首先是社会物质生产的发展而发展变化的,因此,"人的本性"也会随着每个时代历史的发展变化而发生变化,"整个历史也无非是人类本性的不断改变而已"①。

马克思关于人的本质的论述,是辅导员科学认识教育对象及其思想的基本理论依据,帮助辅导员对学生及其思想能有全面客观的认识,有效解决学生成长中的问题,具有重要的指导意义。马克思关于人的本质的论述告诉我们,不能孤立地去了解学生,要从学生所处的一切社会关系中去把握了解,包括学生的家庭情况,现阶段与同学交往的情况等,注意学生所处的各种社会关系及其对学生成长的影响进行全面了解分析,更好全面地了解学生。在工作中,针对不同的学生群体,把握不同学生群体和个体所处的不同社会关系,从他们所处的社会关系的特点和差异中去把握他们思想的特点和差异。同时,也要把握他们所处的各种社会关系也是不断发展变化的,从而去把握他们思想的发展变化。

辅导员在工作中,要用全面系统的思维开展工作。首先,不能仅看学生的外表,还要了解学生的各种社会关系等。不仅要了解学生在校与同学、老师之间的关系,还要了解学生的家庭关系等。不仅要了解学生现阶段情况,还要了解学生成长中不同阶段的情况,在学生成长的不同阶段,社会关系的变化,都会对学生的成长有影响。其次,用发展变化的观点去认识学生。学生的本质是会变化的,不能用一成不变的眼光和态度看待学生。当学生出现一些异常情况时,要及时了解在学生身上发生的事情,是家庭的原因,还是朋友的影响? 要看到学生的变化,并了解其变化背后的原因。这些了解对于我们有针对性地做好学生工作十分有益。再次,用差异化的特点开展群体工作。针对高校的民族学生、贫困生和心理问题学生等不同群体学生,针对大一到大四的学生,我们开展工作的侧重点、方式方法也会因人而异。不同群体,他们成长的需求、面临的问题等各不相同。不同学生群体和个体所处的社会关系不同,辅导员开展工作,应善于从他们所处的社会关系的特点和差异中去把握好他们思想的特点

① 《马克思恩格斯选集》第 1 卷,人民出版社 2012 年版,第 252 页。

和差异,这样工作往往能取得事半功倍的育人效果。

三、灌输理论

意识形态灌输理论是一种关于无产阶级革命理论与革命实践关系的理性认识,是思想政治教育的直接理论依据。①马克思、恩格斯曾经提出过"灌输"的思想,但未展开论述。列宁在《怎么办?》中对"灌输"的概念进行了系统论证,形成了著名的"灌输"原理。列宁提出,只有对工人运动进行"灌输",科学社会主义意识才能产生觉悟性的原理,为坚持和加强党的思想政治教育工作提供了科学的理论依据。列宁所讲的灌输就是正面教育,是用马克思主义理论向工人进行宣传教育,无产阶级的革命运动都是由首先掌握了马克思主义的先进分子组成革命政党,通过大量的宣传思想工作和组织工作,提高广大群众的革命觉悟才不断发展起来的。

列宁的"灌输"理论,为辅导员开展思想政治教育工作提供了科学的理论依据。在新时代,在中华民族的历史上,我们比历史上的任何时候都更接近实现中华民族伟大复兴,高校辅导员要坚持对大学生"灌输"中国特色的社会主义理论体系,这是因为:社会主义事业不是自发进行的,都是在科学社会主义理论的指导下进行的伟大实践。在现阶段,就是要坚持习近平新时代中国特色社会主义理论,持之以恒地对大学生进行学习教育宣讲,引导大学生拥护党的领导,跟党走,听党话,自觉与党中央制定的各项路线、方针、政策保持一致,才能形成社会主义现代化建设的合力。"以科学的理论武装人",是辅导员工作的重要内容,中国特色社会主义理论的本性决定了坚持"灌输"的必要性与重要性。

辅导员在坚持"灌输"原则,继承"灌输"传统的同时,要注意三点:首先从认识上不能把列宁所讲的"灌输"同填鸭式的教学方法混同起来。"灌输"相当于教育,是一种理论,不是一种教学方法。片面理解"灌输",

---

① 冯刚、彭庆红等:《新时代高校思想政治教育学原理》,人民出版社 2021 年版,第40 页。

工作中不管学生喜不喜欢,接不接受,照本宣科地向学生"灌输",只会适得其反。其次要注意"灌输"方式的时代性和多样性。方法是内容的载体和手段,是连接主客体的桥梁,如果方式方法不是学生喜闻乐见的,内容的坚持将成为泛泛空谈。再次辅导员要不断提高"灌输者"的素养。2016年12月全国高校思想政治工作会议在北京召开,习近平总书记在会上指出:"做好高校思想政治工作,要因事而化、因时而进、因势而新。"①对辅导员工作提出了更高要求。辅导员作为教育者,自身对理论知识的学习领会、采用什么方式方法、材料组织如何呈现给受教育者等,都会影响"灌输"的效果。尤其在网络时代,"要运用新媒体新技术使工作活起来,推动思想政治工作传统优势同信息技术高度融合,增强时代感和吸引力。"②辅导员要提升网络教育素养,增强"灌输"的时代感和实效性。

四、关于人的全面发展理论

马克思恩格斯在《德意志意识形态》中,运用历史唯物主义的观点和方法,深入地探究了人的发展问题,第一次系统阐述了马克思主义关于人的全面发展的理论。马克思恩格斯认为:人的发展取决于社会物质生产的发展。必须从人们的社会物质生活条件出发,来考察人及人的发展,从社会物质生产发展的历史中去探索人的发展的历史。人的发展同社会的发展、生产的发展是同步的、一致的。认为社会分工造成了人的片面发展、以私有制为基础的阶级关系制约着人的发展。认为只有共产主义才能保障每个人的自由全面发展。

马克思恩格斯不仅指明了只有实现共产主义才能实现人的全面发展,而且阐明了人的全面发展的含义。所谓人的全面发展,首先是指人的体力和智力、才能和志趣以及思想道德等各个方面的全面的发展,既能从

---

① 《习近平在全国高校思想政治工作会议上强调 把思想政治工作贯穿教育教学全过程 开创我国高等教育事业发展新局面》,《人民日报》2016年12月9日。

② 《习近平在全国高校思想政治工作会议上强调 把思想政治工作贯穿教育教学全过程 开创我国高等教育事业发展新局面》,《人民日报》2016年12月9日。

事各种体力劳动,又能从事各种脑力劳动,并能自觉按照社会需要,从一个生产部门转到另一个生产部门;其次是指人的一切才能和各种个性品质的充分的发展,能够在众多领域成为行家里手,并进行独立创造;再次指人的才能和个性的自由发展,能够驾驭各种影响个人发展的力量,自主的发展和发挥自己的才能,发展和丰富自己的个性,并按照自己的心愿从事各种社会活动。

马克思主义关于人的全面发展的理论,对于辅导员开展思想政治教育具有重大的直接的指导意义。首先,个人的发展归根到底取决于社会的发展,而不是个人的任意选择和自由设计。现阶段,建设中国特色社会主义,总目标是实现社会主义现代化和中华民族伟大复兴。现阶段的目标是在全面建成小康社会的基础上,分两步走,在本世纪中叶建成富强民主文明和谐美丽的社会主义现代化强国。向人的全面发展提出了很高的要求,对青年学生成长提出了很高的要求。同时,现阶段国家的繁荣富强,为人的全面发展提供了越来越好的社会条件。其次,在新时代,高校思想政治教育必须反映社会主义现代化建设的总目标,对个人发展的总要求,并遵循大学生身心发展的规律,把青年学生培养成为德智体美劳全面发展的、能担当民族复兴大任的时代新人。

在马克思恩格斯的关于人的全面发展理论指导下,辅导员开展工作,把握好以下几个方面:一是深入学习领会现阶段高校育人目标。一定社会发展阶段的教育,总是与这一发展阶段的经济、政治和文化有着不可分割的联系,尤其是与一定社会发展阶段的目标紧密联系。① 党的十九大提出"要培养担当民族复兴大任的时代新人"②。习近平总书记在全国高校思想政治工作会议上强调,中国高等教育发展方向要同我国发展的现实目标和未来方向紧密联系在一起,坚持为人民服务,为中国共产党治国理政服务,为巩固和发展中国特色社会主义制度服务,为改革开放和社会

---

① 戴木才:《培养担当民族复兴大任的时代新人——党的十九大报告关于社会主义核心价值观的重要论述》,《道德与文明》2017 年第 6 期。

② 习近平:《决胜全面建成小康社会　夺取新时代中国特色社会主义伟大胜利——在中国共产党第十九次全国代表大会上的报告》,人民出版社 2017 年版,第 70 页。

主义现代化建设服务。① 2021 年 4 月 29 日,修改《中华人民共和国教育法》,将第五条修改为"教育必须为社会主义现代化建设服务,为人民服务,必须与生产劳动和社会实践相结合,培养德智体美劳全面发展的社会主义建设者和接班人"。高校育人目标,赋予了辅导员在新时代育人责任和历史使命。二是引导推动学生德智体美劳全面发展。尤其是对学生的综合评价,不能唯"分数论"。特别是学年度奖学金等的综合评比,要结合专业特点,制定符合学生全面发展的综合评价体系。通过评价体系导向,引导学生认识到,不仅仅要学习成绩好,还要有好的思想品德;不仅仅是身体好,还要有健康的心理;不仅仅能做好智力劳动,也能做好体力劳动,不仅仅外表美,还要心灵美,有正确的审美情趣。三是要进一步加强对学生的理想信念教育。只有共产主义才能保障每个人的自由全面发展,而共产主义社会的实现,需要一代又一代人的努力。我们培养的大学生,只有坚定共产主义信仰,才能更好地投身社会主义现代化的建设。只有把个人理想服从国家需要,只有把小我融入大我,才能更好实现人生价值,建功立业。

第二节　毛泽东思想、邓小平理论、"三个代表"重要思想、科学发展观的理论指导

在马克思主义中国化进程中,中国共产党人将马克思主义理论与中国具体实际相结合,形成了马克思主义中国化的伟大理论成果,就是毛泽东思想和邓小平理论、"三个代表"重要思想、科学发展观、习近平新时代中国特色社会主义思想。这一系列理论成果凝结着中国共产党宝贵精神财富和先进科学经验,立足各时期的理论内容,挖掘其中有关教育工作的理论阐释,对新时代开展教育工作、辅导员工作都具有重要理论指导意义。

---

① 《习近平在全国高校思想政治工作会议上强调　把思想政治工作贯穿教育教学全过程　开创我国高等教育事业发展新局面》,《人民日报》2016 年 12 月 9 日。

一、毛泽东思想的理论指导

（一）注意工作方法

良好的方法有利于工作事半功倍。毛泽东思想中蕴含着"在战争中学、向人民群众学、从历史中学、从错误中学"，从而把总结经验作为重要的思想方法和工作方法。而总结经验、注重方法的过程，就是将感性认识上升到理性认识，不断地认识升华的过程。

例如，1934 年 1 月，在第二次全国工农兵代表大会上，毛泽东作了《关于中央执行委员会报告的结论》的报告，其中第一部分是"关心群众生活，注意工作方法"。在报告中，毛泽东形象生动地阐明了革命任务和工作方法两者之间的关系，揭示了实行正确工作方法的重要性。他说："组织革命战争，改良群众生活，这是我们的两大任务。在这里，工作方法的问题，就严重地摆在了我们的面前。我们不但要提出任务，而且要解决完成任务的方法问题。我们的任务是过河，但是没有桥或没有船就不能过。不解决桥或船的问题，过河就是一句空话。不解决方法问题，任务也只是瞎说一顿。"[①]

这一理论内容对辅导员如何开展工作提供了非常好的启示与指导。任务和方法是紧密联系相互作用的，一方面任务决定着方法，不同的任务需要采取不同的方法；另一方面方法又制约着任务的完成，如果没有适当的方法，任务是完成不好的。因此我们在一切工作中首先必须明确任务，同时又要有切实可行的解决办法。毛泽东在这段话里也特别强调，一切工作，如果仅仅提出任务，而不注意实行时候的工作方法；如果只是官僚主义的工作方法、是命令主义的工作方法，那么什么任务是完成不了的。工作方法体现出来的是工作能力和工作态度。辅导员在具体工作开展中，根据不同的工作任务、不同的工作对象，应采取实际具体的不同的工作方法；在工作开展中，要采取耐心说服的工作方法，而不是生硬的命令式的工作方法。

[①]　《毛泽东选集》第一卷，人民出版社 1991 年版，第 139 页。

(二)注重调研和总结学习

毛泽东思想的发展和成熟,是在实践探索中形成的,没有植根中国实际的、深入的调查研究,不会产生毛泽东思想。毛泽东思想根源于调查,来自于实践。特别是在延安时期注重调查研究和解决问题。

例如,《改造我们的学习》是1941年5月19日,毛泽东在延安干部会上所作的报告,这篇报告和《整顿党的作风》《反对党八股》是毛泽东关于整风运动的基本著作。总结了马克思列宁主义的普遍真理和中国革命的具体实践相结合的基本经验。也剖析了党内工作存在的不足,主要体现在三个方面:不注重研究现状,不注重研究历史,不注重马克思列宁主义的应用。通过将主观主义的态度和马克思列宁主义的态度对照,剖析了主观主义的实质、表现和危害,也阐述了正确对待马克思列宁主义的态度、原则和方法。向全党提出坚持理论和实际相统一的原则,注重调查研究,反对主观主义,加强思想理论建设的任务和途径。这一思想对辅导员的工作具有特别的指导意义。特别是关于马克思列宁主义的态度,尤其值得辅导员学习。毛泽东认为,马克思列宁主义的态度,就是要做调查研究,不是单凭热情去做工作;就是不要割断历史,要学习历史,不但要懂得中国的今天,还要懂得中国的昨天和前天;就是有的放矢的态度、实事求是的态度,不凭主观想象,不凭一时的热情,不凭死的书本;就是工作中有实事求是之意,无哗众取宠之心。

新时代背景下,辅导员开展工作应着力把握三点:一是工作要注重研究。没有调查就没有发言权,辅导员开展工作,要结合工作问题,凭客观存在的事实,进行详细的调查和研究,详细地占有材料,在马克思列宁主义一般原理的指导下,从这些材料中做应有和必要的结论。任何夸夸其谈地乱说一顿和一二三四的现象罗列,都是没有用的。特别是针对某一项具体工作,拍脑袋和想当然都不利于工作开展。二是要学习历史。学习中国化的马克思主义理论体系,不是孤立地割裂中国近代百年历史的学习。辅导员承担着对学生进行党的理论政策宣讲的职责,只有自己真学真懂真信,才可以更好地引导学生学习马克思主义。三是要坚持理论联系实际。这是学风问题,是思想方法问题,也是学习马克思列宁主义的态度问题,还是工作态度问题。工作中要克服教条主义,不能就理论谈理论,而不能与实际结合,用理论指导和解决现实工作中的问题;也要克服经验主义,单凭热情做工作,把感想当作政策,把自己局部经验当作普遍真理。四是要端正学风。辅导员中学风不正的现象也是存在的,有的缺乏学习理论的兴趣和热情,忙于日常事务,没有很好地掌握理论的科学体系和精神实质。有的照本宣科,理论与实际脱节。有的断章取义,各取所需,甚至对党的方针政策理解错误。有的做表面文章,搞形式主义,甚至言行不一,等等。

(三)注重密切联系群众

密切联系群众是中国共产党的三大作风之一,毛泽东思想中强调要深入到群众之中,和群众打成一片,获得群众的认同和信任,从而听到群众真正的心声。不论革命、建设、改革各个时期,注重密切联系群众都是我们取得工作效果的关键。

1939 年 2 月 20 日给张闻天的信中,毛泽东正式提出了"为人民服务"的概念。1939 年,毛泽东在为中央写的《大量吸收知识分子》的决定中,首次提出党的各级组织要欢迎"为群众服务"的知识分子。1942 年,为解决知识分子和文艺战线为什么人服务的问题,毛泽东在延安文艺座谈会上的讲话中完整地提出为工农兵服务的命题。1944 年 9 月,《为人民服务》的发表,是毛泽东第一次系统地阐述为人民服务的科学理论体系。1945 年 4 月 24 日,毛泽在党的七大作《论联合政府》报告中强调:"我们共产党人区别于其他任何政党的又一个显著的标志,就是和最广大的人民群众取得最密切的联系。全心全意地为人民服务,一刻也不脱离群众;一切从人民的利益出发,而不是从个人或小集团的利益出发;向人民负责和向党的领导机关负责的一致性;这些就是我们的出发点。"[①]中国共产党是全心全意为人民服务的,所以党能够随时听取人民群众的批评,随时采纳各界人士的好的意见。

辅导员在日常工作中,组织落实各项活动,要深入到学生中去,要点

---

① 《毛泽东选集》第三卷,人民出版社 1991 年版,第 1094—1095 页。

面结合,也就是一般号召和个别指导相结合。在全面部署的同时,也要有针对性地抓某个方面或某个点的落实,达到以点带面的效果。要培养学生骨干,而这些学生骨干与同学关系和谐,在同学中有较高的号召力,能起到很好的影响和带动作用。工作有轻重缓急,在一个阶段,要去面对处理很多事务,能抓住中心工作,"会弹钢琴",忙而不乱,有条不紊。

二、邓小平理论的理论指导

邓小平同志非常重视科技和教育事业,在"文革"结束之后百业待兴中,自告奋勇亲自抓科学和教育方面的工作。在 1977 年和 1978 年,连续发表了《尊重知识,尊重人才》《关于科学和教育工作的几点意见》《教育战线的拨乱反正问题》等多个讲话,极大地鼓舞了广大教师和全国知识分子的积极性,还提出了若干切实可行的措施,指导各级各类学校进行整顿。邓小平理论中关于高等教育、思想政治教育的很多理论,值得辅导员在工作中认真学习。

(一)加强理想信念教育

理想信念教育是思想政治工作的核心内容。坚定信仰、拥有理想信念,是我们党和国家始终要重视的工作。理想信念教育关于理想追求上的政治定力,关乎是否能自觉做共产主义远大理想和中国特色社会主义共同理想的坚定信仰者、忠实实践者。邓小平理论也十分重视理想信念教育。

邓小平在 1985 年 3 月全国科技工作会议后,即席作了一次重要讲话,《一靠理想二靠纪律才能团结起来》突出强调了理想信念的重要性。此后,邓小平进一步明确培养"四有新人"的目标,要加强理想教育。邓小平在讲话中明确提出,"我们在建设具有中国特色的社会主义社会时,一定要坚持发展物质文明和精神文明,坚持五讲四美三热爱,教育全国人民做到有理想有道德有文化有纪律"①。四有新人的目标,也为新时期的思想政治教育确定了明确目标和基本内容。邓小平指出,"这四条里面,

---

① 《十二大以来重要文献选编》(中),人民出版社 1986 年版,第 658 页。

理想和纪律特别重要"①,邓小平结合历史经验和现实情况,特别强调了进行理想教育的重要性,他说,"我们一定要经常教育我们的人民,尤其是我们的青年,要有理想。为什么我们过去能在非常困难的情况下奋斗出来,战胜千难万险使革命胜利呢? 就是因为我们有理想,有马克思主义信念,有共产主义信念"②。针对当时国内外阶级斗争和思想政治领域复杂的情况,邓小平强调,"要特别教育我们的下一代下两代,一定要树立共产主义的远大理想"③。

邓小平关于理想信念教育的思想,为辅导员工作育人指明了方向,要坚持不懈地对大学生进行理想信念教育。在现阶段,结合新的历史时期对青年一代的要求,加强理想信念教育,依然是辅导员工作的重点和难点。

(二)坚持言教身教相结合的原则

言教身教相结合的原则,是思想政治工作的重要工作原则,也是强调辅导员应当以身作则,言行一致。我们党的思想政治工作具有强大说服力和生命力的重要表现,就是领导集体坚持言教身教的结合。邓小平理论的产生和发展过程,始终注重强调领导干部要言教身教相结合,也为辅导员工作提供了理论借鉴。

1978 年 6 月,邓小平在全军政治工作会议上作的重要讲话中提出"实事求是、新的历史条件、破和立及以身作则"等关键词。其中讲到的第四个问题以身作则,对于辅导员做好学生工作,具有很强的现实指导意义,其实质是关于作风建设的问题。邓小平在讲话中特别提出,"政治干部更要强调以身作则,我们过去在战争年代就是这样"④。邓小平说,"我们要恢复和发扬政治工作的优良传统,也要靠政治干部以身作则"⑤。

辅导员是高校思政工作者,在开展工作中,尤其需要以身作则。邓小

---

① 《十二大以来重要文献选编》(中),人民出版社 1986 年版,第 658 页。
② 《十二大以来重要文献选编》(中),人民出版社 1986 年版,第 658 页。
③ 《邓小平文选》第三卷,人民出版社 1993 年版,第 111 页。
④ 《邓小平文选》第二卷,人民出版社 1994 年版,第 124 页。
⑤ 《邓小平文选》第二卷,人民出版社 1994 年版,第 125 页。

平对政工干部的要求,就是对辅导员的要求。辅导员的工作,能不断提升自我,也在于辅导员的工作是育人,也是育己。言传身教,以身示范,倒逼个人不断成长。

（三）思想政治教育不"一刀切"

思想政治教育工作要做到与时俱进、敢于创新、敢于突破。在面对不同的受众群体,开展工作不能搞"一刀切""一勺烩"。应当做到具体问题具体分析,实现差异化育人、多样化育人。

邓小平在 1978 年 4 月的全国教育工作会议上,围绕提高教育质量,促进教育事业更快发展,使其同国民经济发展的要求相适应等方面发表了重要讲话——《在全国教育工作会议上的讲话》。其中特别指出:"我们要求所有的人都努力上进,但毕竟还要看各个人自己是否努力。集体的努力也是各个人努力的综合表现。这种个人努力程度的差别,即使到共产主义社会也会存在。……因此,我们在鼓励帮助每个人勤奋努力的同时,仍然不能不承认各个人在成长过程中所表现出来的才能和品德的差异,并且按照这种差异给以区别对待,尽可能使每个人按不同的条件向社会主义和共产主义的总目标前进。"①

这段话,对辅导员开展工作也是有启示意义的。我们对学生进行教育,不能"一刀切",既要鼓励帮助每个人勤奋上进,又要承认每个人在成长过程中表现出来的才能和品德的差异性。因此,在开展工作时,针对不同的学生,提出不同的要求,采取不同的方式方法,尽可能使每个人找到适合自己的方向,最大限度地发挥出个人成长的能动性。

三、"三个代表"重要思想的理论指导

"三个代表"重要思想中蕴含着丰富的治党、治国思想。我们应当从"三个代表"重要思想中汲取力量,实现辅导员工作新的发展。

（一）讲政治

讲政治突出的是政治导向,正确的政治认识。在世纪之交之时,提出

---

① 《邓小平文选》第二卷,人民出版社 1994 年版,第 106 页。

"讲学习、讲政治、讲正气"的原则,对人的政治成熟、自觉改造主观世界具有重要意义。而江泽民在多次发表的重要讲话中,都突出了讲政治的特点。

1996年3月,江泽民发表重要讲话《关于讲政治》。在这一部分里,江泽民系统论述了讲政治的必要性和重要性,明确提出了讲政治的目的,阐明了讲政治的内涵和要求,分析了部分党员干部中存在的不讲政治的问题等。江泽民关于讲政治的一系列重要讲话,对于新时代做好大学生思想政治教育工作十分重要。辅导员要特别把握好以下三点:

第一点是要从政治上充分认识到新时代思想政治工作的地位和作用。在中国共产党成立百年之际,中共中央、国务院印发了《关于新时代加强和改进思想政治工作的意见》,再次强调了思想政治工作是党的优良传统、鲜明特色和突出政治优势,是一切工作的生命线。作为高校辅导员,做好大学生思想政治教育工作是工作的重要职责和内容,要从更高政治站位上认识到辅导员工作在高校立德树人工作中的价值和意义,自觉承担起"做学生人生导师"的重要使命。第二点是要把政治教育作为新时代思想政治教育的核心内容。新时代大学生也要牢固树立"四个意识",而四个意识中,政治意识是放在第一位的。在加强马克思主义理论教育中,着力教育和引导大学生,正确认识世界和中国发展大势,从我们党探索中国特色社会主义历史发展和伟大实践中,确定马克思主义的政治观,不断树立共产主义远大理想和中国特色社会主义共同理想,坚定建设中国特色社会主义的政治信念,始终坚持坚定跟党走、听党话的正确的政治方向。第三点是辅导员要提高政治能力。党的十九大旗帜鲜明把党的政治建设摆在首位,并强调要以党的政治建设为统领。在辅导员干好工作所需的各种能力中,政治能力是第一位的。有了过硬的政治能力,才能做到自觉在思想上政治上行动上同党中央保持高度一致,才能在任何时候任何情况下保持政治定力。在工作历练中,要不断提高政治敏锐性、政治鉴别力和政治执行力,始终做政治上的"明白人"和"老实人"。在辅导员的日常学习中,要注重提高马克思主义理论水平,学深悟透,融会贯通,掌握辩证唯物主义和历史唯物主义,掌握贯穿其中的马克思主义立场观点方法,掌握中国化的马克思主义,做马克思主义的坚定信仰者、忠实实践者。①

(二)青年坚持"四个统一"

面对一个时期以来国际形势的深刻变化;面对世界社会主义事业出现的严重挫折;面对实行改革开放和发展社会主义市场经济出现的"四个多样化"情况。当时正处于世纪之交,中国在新世纪应如何发展,如何应对经济全球化的发展趋势,在回顾 20 世纪与放眼 21 世纪之间,中国何去何从,这都是必须要回应的。

在这一时期,江泽民在庆祝北京大学建校 100 周年大会上的讲话中提出,青年要坚持"四个统一",努力担当起振兴中华的历史使命。"四个统一"即坚持学习科学文化与加强思想修养的统一,坚持学习书本知识与投身社会实践的统一,坚持实现自身价值与服务祖国人民的统一,坚持树立远大理想与进行艰苦奋斗的统一。②"四个统一"体系是一个相互联系的统一的整体,体现现代化建设对新型人才的培养要求,体现了党中央对一代新人的殷切期望,对辅导员开展大学生思想政治教育工作具有重要的现实指导意义。

习近平总书记在 2018 年全国教育大会的讲话中强调要在六个方面下功夫:坚定理想信念、厚植爱国主义情怀、加强品德修养、增长知识见识、培养奋斗精神、增强综合素质。其反映的既是思想的继承,也有时代的发展变化。辅导员在工作中,要注意"重知识轻品德、重理论轻实践、重个人实现轻奉献"等不良倾向,培养学生既要仰望星空,又要脚踏实地的奋斗精神。辅导员在对学生的评价导向上也要体现出"四个统一"。

四、科学发展观的理论指导

党的十六大以来,面对国际国内形势的深刻变化,面对大学生的思想

---

① 《习近平在中央党校(国家行政学院)中青年干部培训班开班式上发表重要讲话强调 年轻干部要提高解决实际问题能力 想干事能干事干成事》,《人民日报》2020 年 10 月 11 日。

② 《十五大以来重要文献选编》(上),人民出版社 2000 年版,第 327—329 页。

观念发生的深刻变化,大学生思想政治教育既有机遇也有挑战。我国坚持以科学发展观为指导,明确提出把立德树人作为教育的根本任务,为辅导员做好学生思想政治教育提供了明确指引。胡锦涛同志在 2003 年 7 月的讲话中,提出"坚持以人为本,树立全面、协调、可持续的发展观,促进经济社会和人的全面发展"①,按照"统筹城乡发展、统筹区域发展、统筹经济社会发展、统筹人与自然和谐发展、统筹国内发展和对外开放"的要求,推进各项事业的改革和发展的方法论——科学发展观,也是中国共产党的重大战略思想。

科学发展观核心是以人为本,辅导员的工作归根结底是做人的工作。以科学发展观指导学生思想政治工作,对辅导员开展工作具有重要的启示。辅导员在工作开展中,要注意把握好三点:一是注重对学生个体的人文关怀。2004 年中共中央国务院制定了《关于进一步加强和改进大学生思想政治教育的意见》,这是加强和改进高校思想政治教育的里程碑的文件。其中特别提到,要"努力解决大学生的实际问题。思想政治教育既要教育人、引导人,又要关心人、帮助人"②。辅导员开展工作,要设身处地站在学生角度考虑学生的成长。二是注重学生个体差异性。针对不同类别学生的困难和问题,尤其对于经济困难学生、学业困难学生和心理困难学生,把做好学生思想政治工作与解决学生实际问题相结合。三是注重学生全面发展。正如胡锦涛同志 2008 年在北京大学师生代表座谈会上提出的,"既努力学习科学文化知识,又积极陶冶文明素养,既努力增加知识积累,又积极加强品德修养,既努力锻炼强健体魄,又积极培养良好心理素质,真正实现自身的全面发展"③。

科学发展观的提出,为辅导员工作指明了方向和方法,要求辅导员在实际工作中秉持科学发展观的核心要义,以学生为本,发扬科学精神,积极探寻工作规律,注重从各方面提升学生的综合素质。

---

① 《十六大以来重要文献选编》(上),中央文献出版社 2005 年版,第 755 页。
② 《十六大以来重要文献选编》(中),中央文献出版社 2006 年版,第 185 页。
③ 胡锦涛:《在北京大学师生代表座谈会上的讲话》,《人民日报》2008 年 5 月 4 日。

第三节 习近平新时代中国特色社会主义 思想的理论指导

党的十八大以来,习近平总书记对教育事业十分重视,就教育发展提出了一系列新思想、新观点、新理念,形成了习近平总书记关于教育的重要论述。习近平总书记关于教育的重要论述,是习近平新时代中国特色社会主义思想的重要组成部分,是马克思主义基本原理同中国教育实践相结合的成果,标志着我们党对教育规律有了更加深刻的认识。这些重要论述为中国特色社会主义教育事业指明了前进方向,为新时代教育改革发展提供根本指导,也为新时代辅导员开展学生工作提供了方向和根本遵循。

一、习近平总书记关于教育的重要论述的时代背景

习近平总书记关于教育的重要论述是在全面准确把握国际形势、深刻洞悉全球发展大势的背景下形成的。当今世界正在经历新一轮大发展大变革大调整。和平与发展仍然是时代主题,局部战争和冲突仍然给世界局势带来很多不确定性和动荡性。以互联网、大数据、云计算、量子卫星、人工智能、生命科学等为代表的多种重大颠覆性技术不断涌现,现代科技正深刻改变着人类的思维、生产、生活和学习方式。新一轮科技革命和产业变革将给世界带来无限发展的潜力和前所未有的不确定性,正在重构全球创新版图、重塑全球经济结构。

习近平总书记关于教育的重要论述是在中国特色社会主义进入新时代背景下形成的。新时代特征体现在四个方面,即我国进入新的发展阶段,中华民族迎来从站起来、富起来到强起来的历史阶段;我们面临着新的社会矛盾,人民日益增长的美好生活需要和不平衡不充分发展之间的矛盾;我们迈向新的奋斗目标,开启第二个百年征程,进入全面建设社会主义现代化国家新征程;党的理论创新实现了新的与时俱进,在马克思主

义中国化进程中具有鲜明的时代特色。

习近平总书记关于教育的重要论述是在世界教育发生深刻变化、中国教育面临新任务新要求的背景下形成的。世界教育正发生深刻变化，教育与经济社会发展的结合更加紧密，尤其是新冠肺炎疫情的暴发，世界范围内的教育模式、形态、内容和学习方式正在发生深刻变革，教育更加注重以学习者为中心，促进人的全面发展，倡导全民学习、终身学习、个性化学习的理念日益深入人心。追求公平而有质量的教育，促进全民享有终身学习机会，成为世界教育发展的新目标。进入新时代后，对教育提出更为明确的新要求。适应国家经济社会发展新的需要，教育的基础性、先导性、全局性地位和作用更加凸显。教育要着眼未来，培养拔尖创新型人才，以实现中国科技水平能解决"卡脖子"的问题，推动中国建设创新型国家；教育要提供适应经济发展的人力资源和人才资源，促进经济发展动能由要素驱动、投资驱动向创新驱动转换，推动建设经济强国；教育要发挥在坚持社会主义核心价值体系、培育和践行社会主义核心价值观中的基础作用，传承和弘扬中华优秀传统文化，不断增强国家文化软实力，推动建设文化强国；教育必须国际化，加强对外交流，促进民心互通和文明交流，推动构建人类命运共同体。

辅导员开展工作，要深刻理解习近平总书记关于教育的重要论述的时代背景，明确在新的时代背景下，学生思想政治工作的重要性和紧迫性，要能发挥出"是一切工作的生命线"的作用，也进一步增加辅导员工作的使命和责任，赓续百年初心，担当育人使命。

二、习近平总书记关于教育的重要论述的科学内涵

习近平总书记关于教育的重要论述，阐明了根本问题是培养什么人、怎样培养人、为谁培养人；根本任务是立德树人，把立德树人成效作为检验学校一切工作的根本标准，培养能担当民族复兴大任的时代新人，培养德智体美劳全面发展的社会主义建设者和接班人；根本保证是加强党的全面领导，根本动力是改革创新，根本依靠是教师。

具体内容体现在"九个坚持"方面：一是坚持党对教育事业的全面领

导。必须牢牢掌握党对教育工作的领导权,始终坚持马克思主义的指导地位,把思想政治工作贯穿学校教育管理全过程,使教育领域成为坚持党的领导的坚强阵地。二是坚持把立德树人作为根本任务。必须把立德树人成效作为检验学校一切工作的根本标准,全力培养社会主义建设者和接班人。不管什么时候,为党育人的初心不能忘,为国育才的立场不能改。三是坚持优先发展教育事业。教育兴则国兴、教育强则国强。要坚持把优先发展教育事业作为推动党和国家各项事业发展的重要先手棋,突出教育的基础性、先导性、全局性地位和作用。四是坚持社会主义办学方向。必须坚持教育为人民服务,为中国共产党治国理政服务,为巩固和发展中国特色社会主义制度服务,为改革开放和社会主义现代化建设服务。五是坚持扎根中国大地办教育。中国的事情必须按照中国的特点、中国的实际办。要扎根中国、融通中外,立足时代、面向未来,发展具有中国特色、世界水平的教育。六是坚持以人民为中心发展教育。教育公平是社会公平的重要基础。必须不断促进教育事业发展成果更多更公平惠及全体人民,以教育公平促进社会公平正义,努力让每个人享有受教育的机会,获得发展自身、奉献社会、造福人民的能力。七是坚持深化教育改革创新。必须更加注重教育改革的系统性、整体性、协同性,及时研究解决教育改革发展的重大问题和群众关心的热点问题,以改革激活力、增动力。八是坚持把服务中华民族伟大复兴作为教育的重要使命。实现"两个一百年"奋斗目标、实现中华民族伟大复兴的中国梦,归根结底靠人才、靠教育。要推动教育高质量发展,提高教育服务经济社会发展的能力。九是坚持把教师队伍建设作为基础工作。教师是立教之本、兴教之源。必须从战略高度认识加强教师队伍建设的重大意义,引导教师做有理想信念、有道德情操、有扎实学识、有仁爱之心的好老师,建设一支宏大的高素质专业化教师队伍。

习近平总书记关于教育的重要论述,是中国特色社会主义教育改革发展实践经验的概括和总结,充分体现出以人民为中心的人民立场,体现出实事求是的科学精神,体现出厚重的文化底蕴,体现出高瞻远瞩的战略思维,体现出直面问题的创新意识,体现出笃行担当的实践指向,必将随着中国特色社会主义教育事业的发展而不断丰富、完善。

习近平总书记关于教育的重要论述蕴含着丰富的思想方法和工作方法,既讲是什么、怎么看,又讲怎么办、怎么干。既部署经验改革发展"过河"的任务,也指导解决"桥和船"的载体和方法。习近平总书记关于教育的重要论述对于辅导员开展工作,既明晰了工作方向和内容,也为辅导员有效开展工作提供了方法和举措。

三、习近平总书记关于教育的重要论述的理论指向
(一)培养担当民族复兴大任的时代新人

2016 年 12 月全国思想政治工作会议及 2018 年 9 月 10 日全国教育大会上,习近平总书记都出席会议并发表重要讲话。两次讲话中,习近平总书记特别提出"我们围绕培养什么人、怎么培养人、为谁培养人"这一根本问题,全面加强党对教育工作的领导,坚持立德树人,加强学校思想政治工作,培养能担当民族复兴大任的时代新人。

习近平总书记指出,培养什么人,是教育的首要问题。我们的教育必须把培养社会主义建设者和接班人作为根本任务,培养一代又一代拥护中国共产党领导和我国社会主义制度、立志为中国特色社会主义奋斗终身的有用人才。习近平总书记在全国教育大会上,从"六个下功夫"明确了怎么培养人、从哪几个方面培养人的问题。要在坚定理想信念上下功夫,教育引导学生树立共产主义远大理想和中国特色社会主义共同理想,增强学生四个自信,能肩负民族复兴的时代重任;要在厚植爱国主义情怀上下功夫,教育引导学生热爱和拥护党的领导,听党话,跟党走;要在加强品德修养上下功夫,教育引导学生践行社会主义核心价值观,成为有大爱大德大情怀的人;要在增长知识见识上下功夫,教育引导学生珍惜大学时光,丰富学识,增长见识,求真理、悟道理、明道理;要在培养奋斗精神上下功夫,教育引导学生勇于奋斗、自强不息;要在增强综合素质上下功夫,德智体美劳全面发展。

习近平总书记关于"培养什么人、怎么培养人、为谁培养人"的重要论述,是辅导员在新时代开展学生思想政治教育工作的根本遵循,是辅导

员开展工作的出发点和落脚点,也是辅导员开展工作的重要内容。辅导员要从"六个下功夫"方面加强对学生的教育引导。

(二)坚持全员全过程全方位育人

2016 年全国高校思政工作会议召开,习近平总书记出席会议并发表重要讲话。习近平总书记强调,"把思想政治工作贯穿教育教学全过程,实现全程育人、全方位育人,努力开创我国高等教育事业发展新局面"①。为贯彻落实习近平总书记重要讲话精神,中共中央、国务院印发了《关于加强和改进新形势下高校思想政治工作的意见》,其中特别提出"坚持全员全过程全方位育人。把思想价值引领贯穿教育教学全过程和各环节,形成教书育人、科研育人、实践育人、管理育人、服务育人、文化育人、组织育人长效机制"②。

全员育人强调学校中的所有部门、所有教职工都负有育人的职责;全过程育人,是从时间上说,强调育人要贯穿学生学习成长的全部过程;全方位育人,是从空间上说,强调育人要体现在学生全面发展的各个方面。辅导员在日常工作中,贯彻落实三全育人,需着力把握好三点:一是注意协调各方面力量参与到工作中,特别是发挥出班主任的力量,共同参与到学风班风建设、专业思想的建设等;还有优秀校友的激励引领作用、优秀学生的榜样带动作用的发挥等;二是把握好学生大学期间不同阶段不同年级的特征、需求,有针对性做好学生的引导;三是把握好总书记强调的德智体美劳"五育并举"全面发展,树立健康第一的教育理念,引导学生在体育锻炼中享受乐趣、增强体质、健全人格、锤炼意志;坚持以美育人、以文化人,提高学生审美和人文素养。在学生弘扬劳动精神,通过学生志愿服务、家庭劳动等多种形式教育引导学生崇尚劳动、尊重劳动。

(三)增强高校思想政治教育的文化力量

习近平总书记多次强调以文化人、以文育人的重要性。在谈到历史

---

① 《习近平在全国高校思想政治工作会议上强调 把思想政治工作贯穿教育教学全过程 开创我国高等教育事业发展新局面》,《人民日报》2016 年 12 月 9 日。
② 《十八大以来重要文献选编》(下),中央文献出版社 2018 年版,第 480 页。

文化问题时,他指出:"对历史文化特别是先人传承下来的价值理念和道德规范,要坚持古为今用、推陈出新,有鉴别地加以对待,有扬弃地予以继承,努力用中华民族创造的一切精神财富来以文化人、以文育人。"①在谈到思想政治工作时,他强调:"要更加注重以文化人以文育人,广泛开展文明校园创建,开展形式多样、健康向上、格调高雅的校园文化活动,广泛开展各类社会实践。"②这些重要论述强调了文化在人才培养、思想政治教育中的重要作用,对于辅导员开展工作提供了重要指向。

辅导员在工作中,要更加深刻领会增强学生文化自信的重大意义。教育引导学生增强中国特色社会主义道路自信、理论自信、制度自信和文化自信,而文化自信是更基础、更广泛、更深厚的自信。高校是对学生进行文化熏陶、坚定文化自信的重地,是辅导员开展思想政治教育工作的重要内容。同时,辅导员要通过学生社团,学生班团活动以及各类文化艺术活动等,开展各类校园文化活动,让文化以潜移默化、润物细无声的方式影响人的思想意识和言行举止,在校园高雅文化活动中,提高审美情趣,增加文化内涵。

第四节　相关学科的理论借鉴

辅导员是大学生思想政治教育的组织者和实施者,是高校立德树人工作的主要力量,其职业化专业化专家化水平的高低,在很大程度上决定了大学生思想政治教育水平的高低,特别是其思想政治教育理论及教育学、心理学、社会学、管理学、伦理学等相关学科理论的掌握和运用情况,对于促进高校思想政治工作内涵发展与质量提升,促进辅导员队伍自身职业化专业化专家化发展,具有重大指导意义。

---

① 《习近平谈治国理政》第一卷,外文出版社 2018 年版,第 164 页。
② 《习近平在全国高校思想政治工作会议上强调　把思想政治工作贯穿教育教学全过程　开创我国高等教育事业发展新局面》,《人民日报》2016 年 12 月 9 日。

一、教育学的相关理论借鉴

辅导员要卓有成效地开展好大学生思想政治教育,必须深入学习教育学理论,从中汲取学生思想政治教育与学生事务管理的智慧与方法,具体理论借鉴如下。

第一,主体教育论。"主体教育论"研究的主旨是寻求一种立足于时代特点和我国社会走向的实现马克思主义的全面而自由发展思想的教育学理论。它从人的现实生活和我国社会的现实实践出发肯定人在社会历史发展中及在自身发展中的主体地位,揭示作为社会生活主体的学生的个性素质规格及其教育生成过程,阐明教育主体和教育活动的相对独立性和能动性,充分发挥教育在促进人的全面而自由发展与社会的全面进步中的积极作用。主体教育关于尊重学生主体性的思想,关于促进学生个性自由充分发展的思想,关于发展自主性、主动性和创造性的思想,使素质教育有了一个高的目标定位。主体教育为素质教育提供了新的教育价值观念及实现人的全面发展的基本途径。大学生思想政治教育作为学校德育的重要方面,应学习借鉴主体教育理论,并做到尊重学生主体地位和加强师生互动交流,这一过程离不开辅导员作为教育者主体的主导性思想政治教育活动的组织与实施,更离不开大学生作为受教育者主体的主动性参与。

第二,人本主义教育(人文主义教育)理论。人文精神的基本含义可以概括为,肯定人和人性的意义,尊重精神和意志的价值,推崇人的感性经验和理性思维。高校教育管理中人本主义内涵的挖掘,最根本的是要尊重人,也只有真正地学会尊重人,才能够做好管理工作,才能够得到学生的认可与肯定。从本质上来讲,高校属于教育服务机构,高校教职人员应该给学生提供更好的教育服务,而不是以一种高高在上的态度进行管理。辅导员在实际工作中坚持人本主义或人文主义教育理论,必须做到坚持"以生为本"的育人理念、拥有革故鼎新的气魄,以及促进学生全面发展。

第三,多元智能理论。这是自 20 世纪 80 年代中期以来风行全球的国际教育新理念,它是由美国当代著名心理学家和教育学家加德纳(H.

Gardner)博士首先系统的提出,并在后来的研究中得到不断发展和完善的人类智能结构理论。加德纳认为人可以具备各种智能:一是言语语言智能;二是数理逻辑智能;三是视觉空间智能;四是音乐韵律智能;五是身体运动智能;六是人际沟通智能;七是自我认识智能;八是自然观察智能。辅导员要在思想政治教育中激发和培养大学生多方面的智能,要树立弹性的、多因素组合的智力观,要树立全面的、多样化的人才观,要树立积极的、平等的学生观,要树立个性化的因材施教的教学观,要树立多种多样的、以评价促发展的评价观,充分发挥校内外各思政育人元素的育人功能,形成纵横交错、协同共建的大学生思想政治教育一体化体系。

第四,整体教育理论。"整体教育"是瞄准"关联"的教育,包括逻辑思维与直觉思维的"关联"、身与心的"关联"、知识领域之间的"关联"、个人与社区的"关联"、人类与地球的"关联"以及自我与本性的"关联",等等。其终极目标是要学生领悟世界万物是相互关联的,他们要追求这些"关联",洞察这些"关联",同时获得使这些"关联"变得更加适切的必要力量,从而具有相当程度的生态意识和社会责任感。辅导员要坚持整体主义教育理论,既要看到思想政治教育大循环、大系统、大格局的"通观",也要看到一个时代、一个国家、一个地区、一个高校、一个群体和单个人的"具观",更要看到思想政治教育整体与部分、群体与个人、长期与短期的内在关联,以全局的、发展的、科学的眼光审视思想政治教育,特别是在大学生思想政治教育中,既要秉承"大思政"理念,充分发挥校内外各育人主体的育人功能,全面关注大学生群体的思想行为特点,通过"通观"的思想政治教育实现群体思想政治素质的提升;又要坚持"因材施教",关注大学生个体的具体情况与诉求,有针对性地开展教育引导帮扶,实现群体教育与个体教育有机结合。

第五,多元文化教育理论。多元文化主义坚持文化的多样性和差异性,强调建构多元文化的教育环境,因而促进了教育的民主化观念和多样化发展方向,促进了多元文化教育的发展。多元文化教育更加关注文化差异和机会均等,坚持多元视野和个性指向,以培养学生多元文化世界的适应力与发展力、促进世界文化的多样性发展以及文化间的相互尊重和世界和平为目标。面对世界百年未有之大变局，辅导员应在大学生思想政治教育中坚持多元文化教育理论，要将培养学生跨文化的适应力与发展力作为重点内容。一方面，要坚持以习近平新时代中国特色社会主义思想为指引，切实加强社会主义主流意识形态教育，弘扬主旋律，宣传正能量，积极培育和践行社会主义核心价值观，积极引导学生做到"四个正确"认识；另一方面，要加强学生国际化视野与能力的培养，培养数字化学习能力，培养国际适应能力，为祖国为世界为人类培养德才兼备的栋梁之材，促进世界文化的多样化发展，促进文化间的相互尊重和世界和平。

二、心理学的理论借鉴

心理学是一门研究人类心理现象及其影响下的精神功能和行为活动的科学，包括基础心理学与应用心理学，涉及知觉、认知、情绪、思维、人格、性格、行为习惯、人际关系、社会关系、人工智能等许多领域，也与日常生活的许多领域相关联。心理学知识是辅导员职业知识体系中的一种必备的基础知识，心理健康教育与咨询是辅导员的一项职业能力，要使思想政治工作入脑入心，辅导员就必须要在日常思想政治工作中有效运用心理健康教育的相关理论知识与工作技巧。

第一，马斯洛需要层次理论。该理论指出，人们的基本需要有不同的层次，由下而上分为生理需要、安全需要、归属与爱的需要、尊重的需要、自我实现的需要，其中生理需要是最基本的需要，自我实现的需要是高层次的需要。需要的出现遵循着层次排列的先后顺序，一般来讲，人在低级需要得到满足的基础上才会产生对高一级需要的追求。根据"马斯洛需要层次理论"，辅导员要从优化供给和满足需求的角度着力提高思想政治工作质量：一方面，要准确掌握学生群体不同层次的思想政治教育需求。辅导员要通过日常接触观察和深入调查研究，全面准确掌握不同学生群体思想政治教育的不同层次诉求，这是有效提升思想政治工作针对性和实效性的前提和基础。另一方面，要分类开展不同学生群体思想政治教育。要根据不同学生群体思想、心理和行为发展的不同阶段、不同特点，有针对性地实施分层分类教育引导，只有这样才能因材施教、对症下药,切实提升思想政治工作实效。

第二,奥苏贝尔动机理论。美国心理学家奥苏贝尔提出,学校情境中的成就动机包括三个方面的内容:一是认知内驱力。这是一种要求了解和理解周围事物的需要,要求掌握知识的需要,以及系统地阐述问题和解决问题的需要。二是自我提高内驱力。这是个体因自己的胜任能力或工作能力而赢得相应地位的需要。三是附属内驱力。这是指为了保持长者们(如教师、家长)或集体的赞许和认可,表现出要把工作做好的一种需要。根据奥苏贝尔动机理论,辅导员要善于从学生行为表现分析其深层次的内部动机和外在动机,并通过激发和改变学生动机来有效引导其思想行为表现。比如,对于思想不上进或学习不积极的学生,辅导员既要从认知内驱力(个人知识增长、能力提升、素质发展)这个内部动机着手予以充分激发,又要从更为直接外显的自我提高内驱力(入党、担任学生干部、评优评先、获得奖助学金)和附属内驱力(同辈认可、教师表扬等)的外部动机出发,积极引导学生树立个人全面发展的动机,从内因和外因两个层面帮助学生实现德智体美劳全面发展。

第三,耶基斯—多德森定律。心理学家耶基斯和多德森的研究证实,动机强度与工作效率之间并不是线性关系,而是倒 U 形的曲线关系。具体体现在:动机处于适宜强度时,工作效率最佳;动机强度过低时,缺乏参与活动的积极性,工作效率不可能提高;动机强度超过顶峰时,工作效率会随强度增加而不断下降,因为过强的动机使个体处于过度焦虑和紧张的心理状态,干扰记忆、思维等心理过程的正常活动。辅导员要在充分认清思想政治教育目的的基础上正确把握大学生思想政治教育的"强度",并针对特定的学生群体采用合适的思想政治工作方法与艺术。有时要采取潜移默化、润物无声的思想政治工作方法,以达到以文化人、以文育人的目的;有时要通过"灌输"系统开展理论武装教育,让学生全面了解和掌握相关理论知识与思想精髓;有时要通过线上线下融合式教育,将思想政治工作传统优势转化为育人优势,卓有成效地开展网络思想政治教育或网络育人工作,形成网上网下同心圆。此外,辅导员还要积极引导学生认清动机强度与学习工作效率的辩证关系,帮助学生排解不良情绪和负面能量,引导学生以合适的动机强度完成每一个阶段的学习工作任务,使他们事半功倍、学有所成。

第四,木桶效应和破窗效应。根据木桶效应和破窗效应理论,辅导员要切实提高对日常思想政治教育工作重要性的认识,针对学生开展的每一次教育或组织的每一次活动,都要有严谨的计划、明确的任务和有效的方法,要紧贴学生生活与学习工作实际,要达到良好的育人效果,否则一次失败的思想政治教育可能会让学生对辅导员及其后续即将开展的思想政治教育活动丧失信任和信心。同理,针对学生群体中的问题学生以及学生身上存在的最为突出的思想问题、心理问题和失范行为,辅导员要及时帮助问题学生,妥善帮助学生解决思想、心理问题和实际困难,切实解决大学生思想政治教育中存在的"短板"和"破窗",这样才能整体提高思想政治工作质量,促进学生全面发展。

第五,心理定式效应与思维定式、晕轮效应。心理定式指心理上的"定向趋势",它是由一定的心理活动所形成的准备状态,对以后的感知、记忆、思维、情感等心理活动和行为活动起正向的或反向的推动作用。思维定式,又称惯性思维,就是人们按照积累的思维活动经验教训和已有的思维规律,在反复使用中所形成的比较稳定的、定型化了的思维路线、方式、程序、模式(在感性认识阶段也称作"刻板印象")。晕轮效应是指在人际知觉中所形成的以点概面或以偏概全的主观印象。晕轮效应除了与人们掌握对方的信息太少有关外,主要还是个人主观推断的泛化,扩张和定式的结果。它往往容易形成人的成见或偏见,产生不良的后果。根据以上理论,辅导员在大学生思想政治教育工作中,要清醒认识自身所存在的心理定式和思维定式的优势与不足,要充分发挥好的积极的心理定式和思维定式,要努力克服片面的狭隘的心理定式和思维定式,要对大学生思想心理和行为表现作出客观正确的评判和科学预测,以防出现晕轮效应。

第六,皮格马利翁效应(罗森塔尔效应)。皮格马利翁效应,又称罗森塔尔效应,要想使一个人发展更好,就应该给他传递积极的期望。根据皮格马利翁效应(罗森塔尔效应)理论,辅导员是大学生成长道路上的知心朋友和人生导师,其一言一行对于大学生的健康成长和成人成才至关重要。辅导员应给予大学生更多积极的暗示,多看到并让学生自己发现自身的各种优点,对他们予以更多的发展期望和教育引导,通过内心的认可、平时的鼓励和远景目标的吸引,让学生树立发展信心与远大志向,朝塑造更好的自己的努力方向持续拼搏奋斗,终有一天学生会成为老师心目中和学生理想中的有用之才。

三、社会学的理论借鉴

社会学是从社会哲学演化出来的系统研究社会行为与人类群体的社会科学,是一门具有多重研究方式的学科,其研究范围广泛,包括了由微观层级的社会行动或人际互动,至宏观层级的社会系统或结构。社会学知识是辅导员职业知识体系中的一种必备的基础知识,社会学中的结构功能论、符号互动论、社会冲突论、社会交换论、批判理论等理论,蕴含着很多社会科学知识,对于辅导员开展大学生思想政治教育具有重要指导意义。

第一,结构功能论。功能论或称结构功能论理论强调社会与生物有机体一样都具有结构,一个社会由群体、阶级和社会设置构成,必须要有能力从周围的环境中获得食物和自然资源,并且将它们分配给社会成员;社会是由在功能上满足整体需要从而维持社会稳定的各部分所构成的一个复杂的系统,任何系统都会自然地趋向均衡或稳定。结构功能论视角下的高校思想政治工作,也是一个"大思政"系统,里面包含各种育人主体、客体、介体、环体等要素,这些要素以一定的方式或机制结合起来,形成了复杂多变的一体化思想政治工作体系,这个体系总体是趋于均衡和稳定的。辅导员作为高校思想政治工作中的一个育人主体,在对大学生开展思想政治教育的时候,要秉承"大思政"理念,充分发挥课程、科研、实践、文化、网络、心理、管理、服务、资助、组织等育人要素思政功能,使思想政治工作贯穿教育教学全过程,着力构建思想政治工作合力育人格局,实现全员、全程、全方位育人。

第二,社会冲突论。社会冲突理论是对结构功能主义理论的反思而提出的。传统冲突学派认为:社会是动态的,无时不在变化,整个社会体系处于绝对不均衡中,在社会体系的每一个部分都包含着冲突与不和的因素,是社会变迁的来源。现代冲突论在承认社会冲突的普遍性的同时,将社会和谐作为了研究落脚点,并建设性地认为社会冲突具有社会整合的功能,是社会变迁的动力。社会冲突理论下的高校思想政治工作,要求辅导员清醒认识高校思想政治工作矛盾冲突存在的必然性以及大学生思想政治教育问题错综复杂的客观性,并且要充分认识到这些矛盾、冲突、问题的存在既给高校思想政治工作的创新发展形成了严峻挑战,同时也带来了发展机遇。

第三,符号互动论。符号互动论是一种主张从人们互动着的个体的日常自然环境去研究人类群体生活的理论派别。符号互动论认为事物对个体社会行为的影响,往往不在于事物本身所包含的世俗化的内容与功用,而是在于事物本身相对于个体的象征意义,而事物的象征意义源于个体与他人的互动,在个体应付他所遇到的事物时,总是会通过自己的解释去运用和修改事物对他的意义。这要求辅导员通过多种方式提升大学生对于思想政治教育的亲近感和认同感,积极地配合或参与到思想政治教育活动中,从与各种思想政治教育育人要素资源的互动中探索出其对于自己的"象征意义"。这种互动式的思想政治教育模式,将大学生与辅导员、授课教师等育人主体作为思想政治教育的共同主体,可以改变以往大学生相对被动的受教育者地位,也可以转变"师道尊严"的教育者的强势地位,促使思想政治教育在相对开放、自由、平等的情境中予以生成和开展。

第四,社会交换论。该理论主张从经济学的投入与产出关系的视角研究社会行为,认为趋利避害是人类行为的基本原则,人们在互动中倾向于扩大收益、缩小代价或倾向于扩大满意度、减少不满意度;应尽量避免人们在利益冲突中的竞争,通过相互的社会交换获得双赢或多赢。这要求辅导员从双赢或多赢的角度考虑如何有效开展思想政治教育工作。例如,开展的思想政治教育,既符合学生思想行为发展的实际,切合学生素质发展需求,又跟党的教育方针、学校的育人理念和人才培养方案所适应,圆满完成了立德树人根本任务,这就是"双赢";建立的校内外大学生思想政治教育育人共同体,既提升了学校思想政治教育实效,又促进了校外机构、企业或相关团体组织的自身发展,这就是"多赢"。只有在"双赢"或"多赢"的前提下开展大学生思想政治教育,才能使思想政治教育更具有持久性和生命力,也才能构建更加强大的思想政治教育育人共同体。

四、行政管理学的理论借鉴

辅导员既是教师又是干部,既要开展好思想政治教育,也要做好大学生日常事务管理。因此,学习借鉴行政管理学中的相关理论,对于提升辅导员事务管理能力具有重大意义。

第一,激励理论。激励科学源于西方的管理科学,它对指导组织进行成员管理,调动成员积极性产生了重要影响和促进作用。大学生存在以下五种激励需要:一是自我实现的需要。每个大学生都希望被他人尊重并重视,而且希望顺利完成学业,使个人潜能得到最大程度的释放。二是精神满足的需要。大学生的学习是以未来有理想的工作及事业发展为目标的行为过程。三是提升道德观念的需要。道德激励是激发人的社会道德观念和提升价值观的需要,是获得社会和公众认可其人格与价值的基础。四是渴望肯定的需要。行为学家认为,每个人都存在着渴望肯定的心理,都希望自己的行为能够得到组织或他人肯定。五是适当的物质激励机制。大学是以学习为主的特殊环境,对学生进行思想政治教育时,如果同时采用适当的物质激励,能够得到良好的激励效果,这是培养大学生积极向上心理和行为需求动机的手段之一。辅导员在学生管理中要深谙和善于利用激励理论,善于利用目标激励、荣誉激励、情感激励、榜样激励等多种激励方式充分调动学生自主发展的主动性、积极性和创造性。

第二,协同治理理论。协同治理理论是一门新兴的交叉理论,它的两个理论基础是作为自然科学的协同论和作为社会科学的治理理论。协同治理,简单来讲,就是在开放系统中寻找有效治理结构的过程。它主要包括治理主体的多元化、各子系统的协同性、自组织组织间的协同、共同规则的制定等内容。高校思想政治工作是一个协同治理的教育管理过程，需要学习和借鉴协同治理理论。一方面，要构建思政育人共同体。辅导员要将校内外各育人主体连接成一个育人共同体，共同开展大学生思想政治教育。另一方面，要加强思政育人协同。辅导员要通过各种渠道和手段，建立长效化的高校思想政治工作协调机制与协同创新机制，充分发挥各方力量的思政育人功能，着力构建一体化的思想政治工作体系。

第三，胜任力"冰山模型"理论。这一理论是"职业能力"或"胜任力模型"的典型例证。该理论将个体的素质和能力比喻为冰山，即个体素质的不同表现涵括"水平面以上的冰山"的表象部分和"水平面以下的冰山"的潜在部分。其中"水平面以上冰山"即显性素质，主要包括知识、技能、行为等，是易于被感知、衡量、培养和改善的通用性素质。而真正能区分优秀者与一般人的深层次因素，是潜伏在"水平面以下的冰山"，包括价值观、态度、自我形象、动机等隐性素质，是不易被感知、衡量、培养和改进的鉴别性素质。这部分隐藏于"冰山以下"的"内隐性胜任力"却对"水上冰山"起着关键而深刻的影响，往往对人的行为和工作绩效起着关键性的作用。辅导员在实际工作中，要切实将思想政治教育提升到促进学生"胜任力"全面发展的高度来认识，既要注重大学生知识、技能、行为等显性素质的提升，也要促进大学生价值观、个性、态度、情绪与情感、需求与动机等隐形素质得到发展。

第四，目标管理理论。目标管理理论最早是由美国管理学者德鲁克教授提出的，该理论首先应用于企业内部的组织管理，强调组织群体共同参与制定具体的、可行的、能够客观衡量的目标，从应用来看，该理论能从普适角度分析大学生就业能力问题，并且高校以大学生就业能力为立足点，结合高校办学特色和办学的实际情况，综合分析与确定大学生就业能力总体培养目标，根据培养目标制定相关的大学生能力培养内容。高校目标管理理论的不同之处体现在，其最终目的是实现学生综合能力的发展，培养知识技术型人才，以便能够为社会和经济发展提供充足的人力资源和智力资源。辅导员要对大学生思想政治教育进行目标管理，不仅要建立科学化的目标体系，还要量化考核指标，要充分利用云计算、大数据、人工智能等新一代信息技术提升大学生思想政治教育目标管理效能,这样才能切实提升思想政治教育的针对性与实效性。

五、伦理学的理论借鉴

伦理学以人类的道德问题作为自己的研究对象,将道德现象从人类的实际活动中区分开来,探讨道德的本质、起源和发展、道德水平同物质生活水平之间的关系、道德的最高原则和道德评价的标准、道德规范体系、道德的教育和修养、人生的意义、人的价值、生活态度等问题。马克思主义伦理学建立在历史唯物主义基础之上,强调阶级社会中道德的阶级性及道德实践在伦理学理论中的意义。伦理学中有关爱国主义、集体主义、义利统一观、公民道德建设的理论,对于辅导员开展爱国主义教育和大学生公民道德建设具有重要指导意义。

第一,爱国主义。爱国主义是指个人或集体对祖国的一种积极和支持的态度,揭示了个人对祖国的依存关系,是人们对自己家园以及民族和文化的归属感、认同感、尊严感与荣誉感的统一,爱国主义是中华民族的民族心、民族魂,是中华民族最重要的精神财富,是中国人民和中华民族维护民族独立和民族尊严的强大精神动力。2019 年 11 月,中共中央、国务院印发《新时代爱国主义教育实施纲要》,要求坚持把实现中华民族伟大复兴的中国梦作为鲜明主题,坚持爱党爱国爱社会主义相统一,坚持以维护祖国统一和民族团结为着力点,始终高扬爱国主义旗帜,着力培养爱国之情、砥砺强国之志、实践报国之行,使爱国主义成为全体中国人民的坚定信念、精神力量和自觉行动。辅导员要在新时代背景下对大学生大力开展以爱国主义为核心的民族精神教育,全面加强新时代大学生爱国主义教育,有效引导大学生不断增强"四个意识",坚定"四个自信",做到"两个维护",努力成长为德智体美劳全面发展的堪当民族复兴大任的时代新人。

第二,集体主义。集体主义通常指无产阶级的集体主义,与"个人主义"相对,它是共产主义道德的基本原则之一,贯穿于共产主义道德各项规范的核心。同时,它也是新时代公民道德建设的原则,是社会主义经济、政治和文化建设的必然要求。集体主义,主张个人从属于社会,个人利益应当服从集团、民族和国家利益的一种思想理论，是一种精神，最高标准是一切言论和行动符合人民群众的集体利益。辅导员应当积极引导大学生正确认识和处理国家、集体、个人的利益关系，提倡个人利益服从集体利益、局部利益服从整体利益、当前利益服从长远利益，反对小团体主义、本位主义和损公肥私、损人利己，把个人的理想与奋斗融入广大人民的共同理想和奋斗之中，成为集体主义的弘扬者、传播者和践行者。

第三，社会主义义利统一观。社会主义义利统一观是马克思主义伦理学的术语，主要是指把国家和人民利益放在首位同时又充分尊重公民个人合法利益的伦理价值观。它充分反映了社会主义物质文明建设和精神文明建设的内在要求。辅导员在开展大学生思想政治教育工作时，要坚持正确的义利统一观，既不能忽略或侵害大学生合理合法的权利诉求和利益主张，一味追求大公无私、公而忘私，要求大学生作无原则、无底线的奉献和贡献；又不能放纵大学生过分地追求个人利益，而不考虑国家利益、民族利益、学校利益和他人利益，需要对大学生进行正确的义利统一观教育引导。此外，在权利和义务关系上，也要引导大学生在享有法定权利的同时履行法定的公民义务，这样才能做一个享有个人合法权益、深明国家民族大义的合格公民。

第四，新时代公民道德。2019年10月，中共中央、国务院印发《新时代公民道德建设实施纲要》，提出了新时代公民道德建设的总体要求，以及"筑牢理想信念之基、培育和践行社会主义核心价值观、传承中华传统美德、弘扬民族精神和时代精神"四项重点任务，对新时代公民道德建设作出了重大决策部署。辅导员要把社会公德、职业道德、家庭美德、个人品德建设作为大学生公民道德建设的着力点，要把立德树人贯穿学校教育全过程，通过家教家风涵育道德品行，以先进模范引领道德风尚，以正确舆论营造良好道德环境，以优秀文艺作品陶冶道德情操，开展礼仪礼节教化和移风易俗行动，深入推进学雷锋志愿服务，培育践行绿色生产生活方式，抓好网络空间道德建设，引导大学生在对外交流交往中展示文明素养，并充分发挥公共文化设施的道德教育作用，全面加强大学生新时代公民道德建设。

第二章　新时代高校辅导员的角色定位

　　角色是与人们的社会身份相一致的一整套权利、义务的规范与行为模式。角色是社会结构的重要组成部分,是社会群体或社会组织的基础。任何一种社会角色总是与一定的行为模式相联系,承载着人们对于处在特定位置上的人的行为的期待。① 高校辅导员的角色定位主要是指按照党和国家的教育方针、政策要求,在工作中对辅导员身份、权利、义务、职责有正确的认知和相应的实践,并随时代发展不断进行调整的过程。② 社会对特定角色的要求和期待,会随社会变迁和时代发展而变化;角色定位也应与时俱进地进行优化,才能适应时代发展的要求。新时代高校辅导员要适应高校思想政治工作的形势与任务,进一步明确自身角色定位,为培养德智体美劳全面发展的社会主义建设者和接班人作出应有贡献。

第一节　高校辅导员一体多面的角色要求

　　社会角色具有丰富的内容,包含着人们对拥有某种社会位置或地位的个体所持有的一系列预期。③ 党和国家高度重视高校思想政治工作和

---

① 郑杭生:《社会学概论新修(精编本)》,中国人民大学出版社 2015 年版,第112 页。

② 冯刚:《大学生思想政治教育工作概论》,北京师范大学出版社 2020 年版,第253 页。

③ [美]理查德·谢弗、罗伯特·费尔德曼:《像社会学家一样思考(上)》,梁爽译,北京大学出版社 2018 年版,第 165 页。

辅导员队伍建设。2016 年,习近平总书记在全国高校思想政治工作会议上强调要坚持把立德树人作为中心环节,把思想政治工作贯穿教育教学全过程,实现全程育人、全方位育人,努力开创我国高等教育事业发展新局面。2017 年,教育部颁布的《普通高等学校辅导员队伍建设规定》指出,高校辅导员是开展大学生思想政治教育的骨干力量,是高等学校学生日常思想政治教育和管理工作的组织者、实施者、指导者。辅导员应当努力成为学生成长成才的人生导师和健康生活的知心朋友。从党和国家对高校辅导员的工作要求可以看出,高校辅导员的角色定位呈现出"一体多面"的特征,具有教师和管理人员双重身份,发挥教育、管理和服务等多种职能。在这里,"一体"指的是高校辅导员承担着大学生思想政治教育的主体责任,"多面"则是指辅导员要通过承担教育、管理、组织、实施、指导等职责,从而服务人才培养,促进大学生全面发展,培育时代新人。具体而言,新时代高校辅导员需要扮演好思政教育实施者、思政活动组织者、思政资源整合者、思政环境营造者、思政问题疏通者的角色。新时代高校辅导员角色要求中"学生思想政治教育"是"体",教育管理、活动组织、资源整合、环境营造、问题疏通等是"面"。其中,"一体"主导着"多面","多面"又从不同角度彰显"一体"的要求,共同作用于学生思想政治素质和道德水平的提升。

一、思想政治教育实施者

习近平总书记对学校思想政治理论课教师提出明确要求,强调思想政治理论课教师政治要强、情怀要深、思维要新、视野要广、自律要严、人格要正。新时代高校辅导员首要的工作职责是大学生思想政治教育,是思政教育的直接实施者。从角色要求的角度,作为思政教育实施者,高校辅导员应该具备较强的政治觉悟、理论素养、育人情怀和思政能力,通过课上课下相融合、网上网下相贯通、校内校外相衔接等方式,多渠道开展大学生思想政治教育工作。

新时代高校辅导员作为思政教育实施者,要不断提升政治站位。习近平总书记形象地把"政治方向"比喻为"政治指南针",生动阐述了政治方向和政治站位的重要性。新时代高校辅导员必须认真领会其深刻内涵和重要意义,才能自觉把党的路线、方针、政策融入学生日常思想政治工作之中。一个人谋事创业,其出发的起点、行进的方位、思维的层次、处事的方法不同,结果也就完全不同。站位不同,做人做事的格局和效果也就大相径庭。作为新时代高校辅导员,要牢记为党育人、为国育才的初心和使命,秉持自身作为思想政治工作者的角色要求和政治品格,旗帜鲜明讲政治,坚持党对学生思想政治工作的全面领导,确保学生思想政治工作的正确方向,致力于培养德才兼备、全面发展的时代新人。为此,新时代高校辅导员必须加强自身政治建设,学会从政治上看问题,深刻把握高校学生思想政治工作的政治意义、政治考量和政治要求,坚定政治信念,把牢政治方向,站稳政治立场,提升政治能力。新时代高校辅导员要着力增强"四个意识",坚定"四个自信",做到"两个维护",在政治上、思想上、行动上与党中央保持高度一致,从"两个一百年"奋斗目标和实现中华民族伟大复兴中国梦的高度,全面把握新时代背景下高校思想政治工作的新形势、新任务、新要求,以党的政治建设为统领,做好青年学生的政治引领、价值引领和思想引领工作。新时代高校辅导员要围绕培养什么人、怎样培养人、为谁培养人这个教育根本问题,坚持党的全面领导,坚持社会主义办学方向,坚持党的教育方针,落实立德树人根本任务,培养德智体美劳全面发展的社会主义建设者和接班人。

新时代高校辅导员作为思政教育实施者,要不断提高理论素养。思想政治教育是教育者与受教育者根据社会和自身发展的需要,以正确的思想、政治、道德理论为指导,在适应与促进社会发展的过程中,不断提高思想、政治、道德素质和促进全面发展的进程。① 高校辅导员要把习近平新时代中国特色社会主义思想学懂弄通做实,用习近平新时代中国特色社会主义思想铸魂育人。学习贯彻习近平新时代中国特色社会主义思想是全党的首要政治任务。如果高校辅导员自身缺乏相应的理论素养,不

---

① 教育部思想政治工作司组编:《大学生思想政治教育理论与实践》,高等教育出版社 2009 年版,第 2 页。

能用习近平新时代中国特色社会主义思想武装头脑,实际工作就不可能符合新时代的要求,工作就会偏离正确方向,更遑论从学理上为青年大学生"传道授业解惑"了。同时,如果高校辅导员没有一定的理论素养,在开展大学生思想政治教育时就会缺乏系统性,日常思想政治教育工作就容易发生"头痛医头,脚痛医脚"的现象,就不可能启迪青年大学生触类旁通、持续成长、全面发展。当然,高校辅导员作为思政教育实施者,不能只是从理论到理论,而是要把深奥的甚至"枯燥"的理论,转化为学生听得懂、记得住、接地气、能管用的话语体系,让理论具有温度、有力度、有美感,贴近青年、打动青年、引领青年。也就是说,思想政治教育要有问题导向和目标导向,从青年大学生遇到的实际问题出发,以引领青年大学生听党话、跟党走为目标,不断增强工作的针对性和实效性。

新时代高校辅导员作为思政教育实施者,要不断深化育人情怀。对于好老师的要求,习近平总书记提出了四条标准:要有理想信念,要有道德情操,要有扎实学识,要有仁爱之心。① 新时代高校辅导员要按照习近平总书记提出的要求,努力成为培育时代新人的好老师。辅导员工作的核心内容是开展学生的思想政治工作,必须围绕学生、服务学生、关照学生。这就要求辅导员有情怀、有格局、有担当,秉持为党育人、为国育才的教育初心和使命,引领学生立大志、做大事,增强本领、服务社会。辅导员首先要有家国情怀,要从中华民族伟大复兴的战略高度做好学生思想政治教育工作。要激励每一位青年学生向着梦想努力,汇集起当代青年建功新时代的追梦力量,以共同之奋斗,成就共同之目标。为做到这些,辅导员要从大处着眼,小处着手,把深沉的育人情怀转化为促进学生成长的具体行动,真正树立以学生为中心的发展观,想学生之所想,急学生之所急,解学生之所难,为青年学子的成长成才创造良好的条件。

新时代高校辅导员作为思政教育实施者,要不断增强思政能力。习近平总书记强调,要教育引导学生正确认识世界和中国发展大势,正确

---

① 教育部课题组:《深入学习习近平关于教育的重要论述》,人民出版社 2019 年版,第 133 页。

认识中国特色和国际比较,正确认识时代责任和历史使命,正确认识远大抱负和脚踏实地。四个"正确认识",既是青年学生成长发展的内在需求,也是我们培养青年、教育引导青年的重要目标,更是当前思政教育加强针对性、提升时效性的着力点和切入点。① 引导广大青年学生做到四个"正确认识"并不是一件容易的事,需要辅导员具备较强的思政工作能力。作为高校辅导员,一是要通过学习,不断提升学识修养,掌握马克思主义的立场、观点和方法,用习近平新时代中国特色社会主义思想武装头脑、指导实践,观大局、明大势,才能把青年学生引领到正确的方向和道路上来。二是要深入学生,做学生信任的知心人。只有取得学生信任,思想政治教育才能真正让学生入脑入心、打动人心、鼓舞信心。同时,辅导员唯有深入到学生当中,才能赢得青年学生的支持,才能取得青年学生的信任,思政工作的针对性和实效性才能得以彰显。因而,深入学生开展工作的能力对于高校辅导员非常重要,这是工作取得成效的关键所在。三是要提高网络思政能力,增强思政工作的吸引力。当前的青年学生几乎无人不网、无日不网、无处不网,不掌握互联网的领导权、话语权和主动权,就无法赢得青年,引领青年。新时代高校辅导员要高度重视网络思政工作,要与新时代同频共振、同向同行,运用新媒体新技术让思想政治工作活起来,使思想政治工作联网上线,增强时代感和吸引力。

二、思想政治教育活动组织者

组织开展思政活动,一方面是为了让学生接受思政方面的教育,从而提升学生的思想道德素质;另一方面也是为了让同学们在团队活动中培育集体主义精神,涵养家国情怀。因而,高校辅导员组织开展思政活动往往需要有载体或平台作为依托,也需要设置相应的主题。其中,党、团、班、学生社团、学生宿舍等是高校学生思政活动的主要承载平台,主题教育、社会实践等是学生思政活动的常见形式。

---

① 冯刚:《"强国一代"要牢固树立四个"正确认识"》,《中国青年报》2017 年 12 月27 日。

高校辅导员要大力做好党团建设工作。立德树人是教育的初心,为党育人、为国育才是教育之使命。因而,党建工作是高校辅导员核心业务。如果离开了党建工作,高校辅导员工作就没有了灵魂和依托,也就会因此而失去方向。在此意义上,党建工作能力是高校辅导员的核心能力,是高校辅导员的立身之本。党建工作包含引领符合条件的学生提交入党申请书,以及入党积极分子培养、发展党员、党员教育管理和党员作用发挥等方面的工作。党建工作链条长、程序多、工作量大,辅导员只有熟悉每一个业务流程,把握好时间节点,熟悉每一位学生情况,才能真正把党务工作做好。与此同时,要发挥好党建带团建的重要作用,教育引导青年学生听党话、感党恩、跟党走,积极向党组织靠拢,形成强大的凝聚力和战斗力。

高校辅导员要创新开展班级建设工作。从结构功能理论的角度来看,为实现高校立德树人、人才培养的功能,就必须建立起与之相匹配的组织体系。班级建设对青年学生具有重要的服务功能、凝聚功能和治理功能。当前,高校基本上是以学生班级为基本单元开展知识传授、师生互动、实践活动等,学生主要是通过班级这个组织参与日常教育教学活动。为此,高校辅导员要通过创新开展班级建设工作,通过发挥班级学生骨干的示范作用,推动学生自我教育、自我管理、自我服务、自我监督。与此同时,班级之间的互动也为大学生集体精神的培养创造了条件和机会。一个良性互动、关系和谐的班级集体,可以增强同学们的归属感,也有利于消解青年学生发展中遇到的问题和困难。此外,同学们参与班级建设的过程,本质上就是锻炼自身参与公共治理能力、提升自己综合素质的过程。

高校辅导员要规范组织学生社团活动。曾几何时,高校学生社团是以学生"趣缘群体"为其存在的理由。进入新时代,学校党组织从立德树人和政治建设的高度来认识和建设高校学生社团,特别重视发挥学生社团在人才培养和第二课堂建设中的重要作用,从学校文化建设和培育时代新人的角度来建设学生社团,助力学生德智体美劳全面发展。因此,新时代高校辅导员要从学校办社团的角度来组织开展学生社团活动,把学生社团的各项活动全面置于党的视野之内,坚持党对学生社团的全面领导,坚持正确政治方向,加强学生社团骨干和指导老师队伍建设,把学生社团建设成为有效对接第一课堂的育人阵地。同时,要加强学生社团的制度建设,推动学生社团规范化运行;用法治化思维开展学生社团活动,防范外部势力对学校学生社团的不良图谋以及潜在的意识形态渗透风险。

高校辅导员要高度重视宿舍园区建设。宿舍是青年大学生在学校生活的重要场所,也是青年大学生学习的重要场所。可以说,高校宿舍在大学生的校园生活中有着举足轻重的地位,记录着大学生们校园生活的喜怒哀乐,饱含着大学生青春岁月的酸甜苦辣。同时,青年大学生许多问题的发生也往往与宿舍同学的不良互动联结在一起。和谐的宿舍关系,有利于大学生成长发展。反之,不融洽的宿舍关系,则会给同学们带来负面影响。高校辅导员要把学生宿舍的文化建设摆在突出的位置,把学生宿舍作为一个重要的育人阵地来看待,加强力量投入和资源投放,营造关系和谐、文明卫生、积极上进的宿舍文化氛围。当前,不少高校在大力推进的"一站式"学生社区综合管理模式建设,目的就是把党建力量、思政力量、管理力量和服务力量下沉到学生生活的基本单位——学生宿舍,推动高校党员领导干部践行"一线规则",让思政工作融入学生的日常生活,起到对学生潜移默化、润物细无声的效果。

高校辅导员要善于开展主题教育活动。主题教育活动是结合重大节日、重要活动、重大历史节点、重要时政内容等而开展的宣传教育活动。高校开展主题教育活动,往往比较注意采用学生喜闻乐见的方式,让同学们在参与中得到熏陶、受到教育。作为高校辅导员,结合国内外形势与学生的实际生活开展主题教育活动,可以较好地吸纳学生参与。高校辅导员开展主题教育活动,关键要抓住"主题"和"教育"这两个关键词,首要的是做好主题选取,要结合实际精心研究,选择那些既有重大意义,又受学生欢迎的专题或主题开展教育活动,才能起到事半功倍的效果。同时,也要突出主题的教育意义,要充分发掘蕴含其中的思政元素,让学生在主题活动中受到启示和升华,得到浸润和涵化。

高校辅导员要有序推动学生社会实践。社会实践是高校学生用学到的专业知识去服务社会、奉献社会的重要方式，也是高校学生在参与社会服务的过程中认识社会、提升自我、实现知行合一的有效途径。"纸上得来终觉浅，绝知此事要躬行"，青年大学生在社会实践中可以砥砺品质、锻炼意志，培养团队合作精神。推动大学生深入社会参加实践，是一举多得的大好事。作为新时代高校辅导员，要多发掘社会实践的思想政治内涵，从培养学生家国情怀、增强学生热爱祖国、热爱劳动、热爱劳动人民的感情出发，深入推动青年大学生参与社会实践，引导他们树立起强国有我、舍我其谁的担当精神，推动广大青年学生在祖国最需要的地方建功立业。

三、思想政治教育资源整合者

高校思想政治工作是一个系统工程，做好大学生思想政治工作需要全面统筹各领域、教育教学各环节、人才培养各方面的育人资源和育人力量。[①] 众所周知，每个组织所拥有的资源尽管在数量、质量、种类上不尽相同，但一定是有限的。由于组织资源的有限性，这就需要通过一些活动或工作来对有限的资源进行安排，以便用尽量少的资源投入获取最大的收益。资源整合实际上是一种管理工作，而管理本质上是对组织的资源进行有效整合以达成组织既定目标的一种动态创造性活动，管理的核心在于对现实资源的有效整合。[②] 同样，高校学生思想政治工作作为高校工作的重要组成部分，必定需要一定的资源投入。高校辅导员作为大学生思想政治工作的专门人员，承担着思政资源整合者的角色。高校辅导员对思政资源的整合，既包括纵向贯通思想政治工作资源，也包括横向对接思想政治工作资源，以实现思政资源的纵向到底、横向到边，让思想政治工作像空气一样无处不在，从而对青年大学生起到潜移默化的影响，在润物细无声的过程中让社会主义核心价值观入脑入心。

作为高校思政资源的整合者，辅导员应注意增强思政资源配置的针

---

① 冯刚：《大学生思想政治教育工作概论》，北京师范大学出版社 2020 年版，第255 页。

② 芮明杰：《管理学：现代的观点》，上海人民出版社 2021 年版，第 23—24 页。

对性。增强思政资源配置针对性的前提是摸清青年学生面临的问题,要了解青年学生的真问题。资源的投入需要针对具体的问题,高校辅导员要有很强的问题意识和目标意识,秉持问题导向和目标导向,才能真正增强思政资源配置的有效性。高校辅导员作为与大学生接触最多、关系最为紧密的高校教育管理者,要真正走进学生的心灵深处,真正与学生建立起相互信任的关系,才能有效把握青年学生所思所想以及遇到的实际问题。需要注意的是,思政资源不仅仅是经济资源,更重要的还是人力资源。思政工作做的是人的工作,具有很强的科学性和艺术性,应该用价值去引领价值,用思想去影响思想,用心灵去打动心灵,要把人放在思政工作的核心位置,围绕学生、服务学生、关照学生。在此意义上,思政资源配置的针对性最重要的是为学生"找对人",辅导员要成为有理想信念、有道德情操、有扎实学识、有仁爱之心的"四有"好老师,这样才能真正走进大学生的心灵深处,才能成为推动学生成长成才的宝贵"资源"。

作为高校思政资源的整合者,辅导员应持续提升思政资源应用的实效性。组织资源是有限的,这就要求组织应该充分有效利用这些有限的资源,使之发挥最大的效用。[①] 为提升思政资源使用的实效性,需要把解决学生的思想问题与解决学生面临的实际问题结合起来。只有这样,思想政治教育工作才能真正对青年学生产生实质性的影响。同时,开展思政工作还要讲究方式方法,"一把钥匙开一把锁",持续提升工作的实效性。因此,思政资源的配置要针对学生具体的问题,采取"滴灌"的方式让学生得到"浸润",而不能"大水漫灌"让学生难以"吸收"。在此意义上,高校思政工作的针对性和思政工作的实效性是相辅相成的。思政工作的针对性是思政工作实效性的基础,思政工作的实效性是对思政工作针对性的结果反馈,是问题导向和结果导向的双向互动和共同升华。

四、思想政治教育环境营造者

"环境"一词是一个相对的概念,一般是指围绕某个中心事物的外部

---

① 芮明杰:《管理学:现代的观点》,上海人民出版社 2021 年版,第 26 页。

世界。中心事物的不同,环境的概念也随之不同。对人类而言,环境可总体区分为自然环境和社会环境。其中,自然环境是社会环境的基础,而社会环境又是自然环境的发展。[①] 从高校辅导员工作的角度,做好青年学生的思想政治工作,就必然要关注青年学生的行为,了解青年学生身处的环境,以及青年学生的行为与其环境之间的互动关系。为做好学生思想政治工作,辅导员要重视创设思政工作硬件环境,大力优化思政工作软件环境,深入开展环境育人工作。

思想政治工作硬件环境方面。高校思想政治工作的硬件环境主要是指高校开展青年大学生思想政治工作时所要依托的场地、设备、书籍、物资等条件,这些条件是开展青年大学生思想政治工作时需要使用、损耗的,往往是不可再生的,需要有经济方面的投入。高校思想政治工作要把解决学生的思想问题与解决学生的实际问题结合起来才能取得实效。思想政治工作要因时而动、因事而化,基本的条件保障是开展思想政治工作的基础。就辅导员而言,思想政治工作的硬件环境是客观现实的,不以个人的意志为转移。一般情况下,仅靠辅导员的个人力量无法改变思想政治工作的硬件环境。但作为思想政治工作的专门人员,辅导员可以通过发挥积极性和主动性,创设出有利于开展大学生思想政治工作的硬件环境。一方面,辅导员可以从学生需求的角度提出建议,推动学校相关职能部门和上级领导,为提升大学生思想政治工作而建设、改善相应的硬件条件。另一方面,辅导员还应该结合大学生思想政治状况的实际,科学合理、优化配置思想政治工作硬件,以形成有利于大学生成长成才的思想政治工作硬件环境,让大学生在潜移默化中受到教育,得到升华,获得成长。不论是校园的历史建筑、学生宿舍、校内食堂,还是学生活动中心、学校博物馆、图书馆等,都应该作为大学生思想政治工作的硬件环境予以建设和使用。同时,作为辅导员,还要善于用好校外的红色资源,特别是校园所在地的红色资源,把这些校外资源作为大学生思想政治工作的硬件环境统筹考虑,以形成校内外思想政治工作硬件环境的有效联动。

---

① 汪新建:《人类行为与社会环境》,天津人民出版社 2008 年版,第2—3 页。

思想政治工作软件环境方面。一个高校的规章制度、运行机制、大学文化、师生的心理环境,以及与其相关的外部社会文化氛围等,是这个高校的思想政治软件环境。从高校辅导员工作角度,思想政治工作软件环境既有确定性,同时又有能动性。思想政治工作软件环境确定性是因为一个大学的思想政治工作软件环境是经过历史积淀而形成的,是客观存在的集体记忆和文化现象。思想政治工作软件环境的能动性则指,大学的思想政治工作软件环境主要是由生活在其中的师生共同创造的,师生们的共同努力可以不断推动思想政治工作软件环境的发展进步。高校辅导员要秉持为党育人、为国育才的初心和使命,通过营造良好的思想政治工作软件环境,为落实立德树人根本任务创造良好的条件。

五、思想政治教育问题疏通者

高校辅导员在开展具体工作的过程中,要坚持底线思维和问题导向,不断提升政治判断力、政治领悟力和政治执行力,围绕学生、服务学生、关照学生、帮助学生解决实际问题。

首先,辅导员要善于发现学生中存在的问题。这就要求辅导员深入学生当中,与学生打成一片,取得学生的信任,成为学生的知心朋友。唯有如此,学生才会把心里话告诉辅导员,有困难的时候才会首先想起辅导员。学生的问题往往具有隐蔽性,在工作过程中辅导员还要充分发挥学生骨干的作用,通过培养一批学生骨干,推动学生自我教育、自我管理、自我服务、自我监督,并建立健全快速发现学生问题的工作机制。

其次,辅导员要及时反映学生中存在的问题。学生中存在的普遍性问题往往需要学校多个部门配合才能解决,仅由辅导员个人是无法处置的。比如,后勤保障方面的问题,学生学业发展方面的问题,经济资助问题等等,都是需要统筹学校职能部处和院系的力量才能予以解决。在这种情况下,辅导员要及时向主管部门反映情况,通过引入专门机构、专业部门的力量,更好地协助学生解决问题。

再次,辅导员要善于解决学生中存在的问题。发现问题、反映问题,最终都是为了帮助学生解决问题。辅导员最重要的是要激发学生自身的潜能,通过协调校内外各方面力量以解决学生的问题。一方面,要为学生解决问题创造条件、指明路径,而不是替代学生做事情,要树立起"助人自助"的工作理念,推动学生自己去思考、去实践,在此过程中提升学生解决问题的能力,从而也树立起自信心。另一方面,辅导员要从提升学生思想认识和思维能力的角度去开展工作。如果学生的政治站位、思想认识不提高,仅仅解决学生的一个个具体问题,最终导致的是学生的"等靠要",而不是学生解决问题能力的提升。

第二节 高校辅导员角色定位的实现

高校辅导员"一体多面"的角色要求,意味着辅导员必须从系统视角来开展工作,激发学生的主体性和积极性,通过师生良性互动推动文化的传承创新,发挥学生优势和特长促成学生自信自强。同时,也要从学生的需求和愿望出发,努力解决学生遇到的困难和问题,为学生成长成才提供必要的条件支撑。

一、从系统视角组织开展"三全育人"

高校推进"三全育人"就是要一体化构建内容完善、标准健全、运行科学、保障有力、成效显著的思想政治工作体系,使思想政治工作体系贯通学科体系、教学体系、教材体系、管理体系。高校辅导员工作是"三全育人"的重要组成部分,辅导员要注意从系统视角组织开展"三全育人"工作。思想政治工作作为一个系统工程,高校辅导员既要善于从思想政治工作系统本身去思考问题,厘清自身工作的边界,也要从开放系统的角度推动思想政治工作创新发展。同时,高校辅导员还要善于从输入、输出、作用和反馈等方面去把握思想政治工作系统的良性运行,稳中求进做好大学生思想政治工作。

高校实施"三全育人",是贯彻落实习近平新时代中国特色社会主义思想特别是习近平总书记关于教育重要论述的具体举措。"三全育人"

也是坚持党对高校学生思想政治工作全面领导的具体表现,是促进学生德智体美劳全面发展的需要。在高校党委层面,要全面统筹各领域、各环节、各方面的资源和力量,加强体制机制、项目布局、队伍建设、条件保障等方面的系统设计,真正形成"三全育人"的工作格局。在高校辅导员层面,要在政治上、思想上、行动上强化对"三全育人"重要性的认识,把"三全育人"融入具体的学生思想政治工作中,创造性地用好各方面资源和力量,为学生成长成才创造良好的条件。

"三全育人"包含全员育人、全程育人和全方位育人三大方面。高校辅导员从系统视角组织开展"三全育人",要注重凝聚人心、把握时长、拓展领域。在凝聚人心方面,辅导员要注重激发师生在立德树人方面的积极性和主体性,推动全体师生都参与到思想政治工作当中,承担起为党育人、为国育才的职责使命。当然,由于大多数辅导员只是一名基层的思想政治工作者,辅导员自身所拥有的各方面资源以及可以调动的力量都还比较有限。这就要求高校党委部门要主动做好顶层设计,在实际工作中能够赋予辅导员更大的资源调度能力,使教职员工能够自觉支持辅导员开展学生思想政治工作,主动投身到立德树人当中,使得每一个岗位都有育人的职责,真正实现全员育人。同时,辅导员自身也要注意工作方式方法,从愿意参与学生思政工作的教师、党政人员、学生骨干等开始介入,推动更多高校师生投身思想政治工作当中,形成立德树人强大的人才支撑体系。在把握时长方面,高校辅导员要注意从学生发展的生命周期角度开展思想政治工作,避免"毕其功于一役"的想法,强化"十年树木、百年树人"的思想观念,在学生思想政治工作方面久久为功、抓长抓常。对于当前表现优秀的学生,要从长远发展的角度,激励学生树立远大理想,引领他们真正做到德智体美劳全面发展。对于当前还处于后进位置的学生,重点是要引导这些学生树立科学发展的观念,多疏导、多辅导、多引导,制定方案,精准施策,全程跟进,常抓不懈,解决制约这些学生发展的瓶颈问题。在领域拓展方面,辅导员要学会创造性地开展工作,把学校与育人有关的人力、物力、财力、场地、制度、机制、校风、学风、校园文化等资源有机统合起来,为学生成长发展提供支持。全方位育人对高校辅导员提出了很高的要求,辅导员要全面了解学校各方面情况,要通晓学校的制度及其运行机制,要尽量熟悉学校各个部门、各个领域的专家学者、党政工作人员。由此,为做好学生思想政治工作,高校辅导员要以学习的态度来开展工作,以团队合作的精神去寻求支持,以攻坚克难的勇气奋力开拓进取。

二、从主体视角做好学生思想引领

主体作为价值关系的存在,在与不同的对象关系中具有不同的价值。从思想政治工作主客体关系而言,高校辅导员应该做好学生的政治引领、价值引领、思想引领和文化引领工作,在日常思想政治工作中应发挥主导作用。当然,主客体关系是相对的,师生是教育教学的共同体,是相辅相成、相互促进的,离开其中任何一方都不可能开展教育教学活动。在此意义上,辅导员和学生在思想政治工作中是"双主体",是互为主客体的。从辅导员的角度而言,"打铁还需自身硬"。高校辅导员想要承担好立德树人根本任务,就必须立足学生实际,担当主体责任,积极主动作为、发挥主观能动性,引领学生树立正确的世界观、人生观和价值观,听党话、跟党走,成为德智体美劳全面发展的社会主义建设者和接班人。从学生的角度而言,学生必须树立起自觉成才的意识,以对自身负责任的态度,树立远大抱负,坚定理想信念,加强思想修养,勤学苦练本领,把小我自觉融入到大我,投身于中华民族伟大复兴的崇高事业中。为此,高校辅导员在开展思想政治工作时,既要发挥自身的积极性和主动性,也要注意激发起学生自我教育、自我管理、自我服务和自我监督的热情,以营造积极向上、生动活泼的育人氛围。

从主体视角做好学生思想引领,要确实强化师生双方的主体责任。师生双方的主体责任主要包含两大方面的内容,一是辅导员要担当起思想引领的职责要求,二是学生要承担起自身成才的第一责任。因此,辅导员要注意全面梳理自身的岗位职责,对学生思想政治工作的方方面面都要全面学习、了然于胸,不断提升思想认识,持续增强工作本领。在履行工作职责的过程中,要遵循做事有依据、做事有流程、做事有记录、做事有效率的"四有"工作规范,依法依规、用心用情、规范有效地开展大学生思想政治工作。同时,还要推动学生承担起自己作为自身成长成才第一责任人的责任,通过制度宣讲、学习帮扶、经济资助、心理辅导、就业指导等方法,有针对性、嵌入式、立体化推动思想政治工作接地气、起作用。如果学生没有树立起自己是自身发展第一责任人的思想观念,思想政治工作就会被误认为是一种"强制",师生双方就会产生误解和疏离,思想政治工作的效果必将大打折扣。简单粗暴的说教和教训,有时候甚至会使得师生双方走向对立或对抗,这是高校辅导员在开展工作时要特别注意避免的。

从主体视角做好学生思想引领,要有效发挥师生双方的主观能动性。主观能动性是人的主观意识和行动对于客观世界的反作用,是人在实践中认识客观规律,并根据客观规律自觉地改造世界,推动事物发展的能力和作用。高校辅导员发挥主观能动性,意味着开展思想政治工作不能只是简单、呆板地执行上级和领导的指示,而是要结合学生实际、与时俱进地做好学生的引领工作,从而推动学生实现全面发展、成长成才。同时,这对辅导员开展青年学生的思想政治工作研究也提出了很高的要求。因为辅导员只有立足工作实践、立足青年学生的特点,认真开展思想政治工作思考和研究,才能把握思想政治工作规律,才能遵循教书育人规律,才能符合青年学生成长成才规律。与此相对应,青年大学生只有发挥自身的主观能动性,才能把思想政治工作的要求内化于心、外化于行,才能真正树立起"让党放心、强国有我"的政治自觉、思想自觉和行动自觉,成长为堪当民族复兴大任的时代青年。

三、从互动视角推动文化传承创新

文化是一种包括人们在社会中所习得的知识、信仰、艺术、道德、法律、风格,以及任何其他的能力与习惯的整体,是人们代代相传、累积增繁的成果。高校是立德树人的地方,也是传承和创新文化的阵地。习近平总书记强调,要推动中华优秀传统文化创造性转化、创新性发展。在此方面,高校辅导员可以发挥特殊重要的作用。因为青年大学生正处于其世界观、人生观、价值观形成和发展的重要时期,如果辅导员在这个阶段能够给予大学生于正确的引领、热情的帮助,通过师生之间的有效互动,传递正确的思想、价值和观念,特别是强化红色基因的传承、优秀校园文化的传播,就能够真正引导学生树立起道路自信、理论自信、制度自信和文化自信。同时,也要通过有效的师生互动,进一步增强青年大学生的文化自觉,激发他们树立起振兴中华、舍我其谁的雄心壮志,以青春之我融入到中华民族伟大复兴的征程。

习近平总书记指出,培养时代新人,要坚持立德树人、以文化人,要弘扬民族精神和时代精神,加强爱国主义、集体主义、社会主义教育。① 文化是一种社会事实,文化一经形成便会对身处其中的个人产生影响,以某种形式作用于人,塑造人们的意识。从更高的层面看,文化是一个国家、一个民族的灵魂。文化自信是更基础、更广泛、更深厚的自信,是一个国家、一个民族发展中更基本、更深沉、更持久的力量。作为高校辅导员,要重视发挥文化在育人中的重要作用,坚定不移、旗帜鲜明地用中国特色社会主义文化滋养青年大学生,以马克思主义为指导,与青年大学生一道,坚守中华文化立场,立足当代中国现实,结合当今时代条件,发展面向现代化、面向世界、面向未来的,民族的科学的大众的社会主义文化,推动社会主义精神文明和物质文明协调发展。② 社会主义核心价值观,集中体现了当代中国精神,高校辅导员要注重把培育和践行社会主义核心价值观作为凝魂聚气、强基固本的基础工程,用社会主义核心价值观凝聚学生、引领学生、武装学生,构筑起中华民族共同维系的精神纽带和思想道德基础,夯实共同维护社会和谐稳定、国家长治久安的思想根基。

当然,我们传承和弘扬中华优秀传统文化、发扬中国特色社会主义文化、培育和弘扬社会主义核心价值观,并不意味着故步自封、闭关自守,而是在树立"四个自信"的基础上,兼容并蓄、吸纳互鉴其他民族和国家的先

---

① 中共中央宣传部:《习近平新时代中国特色社会主义思想学习纲要》,学习出版社、人民出版社 2019 年版,第 144 页。

② 中共中央宣传部:《习近平新时代中国特色社会主义思想学习纲要》,学习出版社、人民出版社 2019 年版,第 139 页。

进文化和优秀文明成果。从互动视角推动文化传承创新,也包含了高校辅导员要从人类命运共同体的高度来审视文化,从讲好中国故事的维度来推动广大青年学生的成长发展。一方面,要扎根中国大地,用具有五千年历史的中华文明来滋养青年;另一方面,要助力学生走向世界舞台中央,讲好中国故事,促进文明互鉴。由此可见,高校辅导员必须通过学习和实践不断提升自己,才能在新时代肩负起文化传承创新的光荣使命和艰巨任务。

四、从优势视角促使学生自信自强

少年强则国强,培养学生的自信自强精神非常重要。增强学生自信自强精神,既是战略也是策略。在战略层面,青年大学生的心气、志气和底气,青年大学生整体上的自信自强精神,关乎整个社会的未来发展,关乎"四个自信"树立的牢靠程度。在战术层面,高校辅导员要从学生的具体情况出发,有针对性地开展思想政治工作,要真正激发起青年学生自身的潜能,充分发挥青年学生的积极性和主动性。基于优势视角的思想政治工作方法,有别于问题取向的工作模式,是基于青年学生自身特有的能力和资源,通过激发、开发潜藏于青年学生自身的热情和动能,从而增强青年学生攻坚克难的信心和勇气,实现推动青年学生发展成长的目标。事实上,一个人只有自己有了冲劲和干劲,才能发自内心地想把事情办好,才能竭尽全力把事情干成。在这个"闯"和"干"的过程中,青年学生自信心的提升和个人能力的增强也变得非常自然了。

发挥学生自身的特点和优势,这是高校辅导员工作基本的立足点和切入点。总体上,优势视角把优势分为能力和资源,关注工作对象内部的心理和外部的社会环境,而不仅仅把关注的焦点锁定在工作对象个人身上。① 这就意味着,辅导员在开展工作时要考虑学生自身和外部环境两个方面的因素,统筹调动外部可用资源,充分调动学生主观能动性,形成思想政治工作的强大合力。在学生自身方面,强调的是发挥学生的个人优势,以能力为核心,充分尊重学生个人的价值和潜能。与此同时,也基

---

① 童敏:《社会工作理论》,社会科学文献出版社 2019 年版,第 439 页。

于学生能力发展和潜能发挥所需的条件,寻求外部可用资源,为学生成长提供必要的条件,因势利导、因事而化、因时而进,不断提升学生的思想境界,逐步增强学生的能力水平,稳步强化学生的自信自强精神。

促成学生自信自强,除了学生自身的能力和素质之外,还与学生所处的社会环境密切相关。因此,新时代高校辅导员要善于从制度优势的视角引领青年学生,让学生真正发自内心地体会到"四个自信"的重要性与必然性。通过历史与现实的比较、国际与国内的比较,让学生领悟中国特色社会主义道路、理论、制度、文化等方面的内容。从而让学生认识到,中国特色社会主义道路是实现途径,中国特色社会主义理论体系是行动指南,中国特色社会主义制度是根本保障,中国特色社会主义文化是精神力量,四者统一于中国特色社会主义伟大实践。高校辅导员要充分认识到,必须通过教育引导,让青年学生坚定道路自信、理论自信、制度自信和文化自信,激发起学生为中华民族的伟大复兴而贡献的青春力量。①

五、从需求视角解决学生实际问题

人类需求虽然有各种各样,但主要呈现为普通需求和特殊需求两大类型。心理学家马斯洛认为,需求具有层次的高低之分,人类具有生理、安全、爱与归属、尊重和自我实现等五个层面的需求。同时,马斯洛认为,只有低层次的需求得到满足,高层次的需求才能得以实现。需求还具有阶段性特征,不同年龄段的人们面临人生的不同任务,与此相应也有不同的需求。② 对于身处成长关键时期的高校青年学子来说,他们面临重要的发展任务,具有各种各样的需求,需要方方面面的支持、帮助和关心。正如习近平总书记指出的,青少年阶段是人生的"拔节孕穗期",最需要精心引导和栽培。作为辅导员,一定要深入学生当中,为学生的成长发展释疑解惑,为他们提供发展所需的资源和条件,推动解决阻碍青年学生健康成长的各方面问题。

---

① 中共中央宣传部:《习近平新时代中国特色社会主义思想三十讲》,学习出版社2018年版,第22—23页。

② 顾东辉:《社会工作概论》,复旦大学出版社2019年版,第15页。

　　高校辅导员基于学生的需求视角开展思想政治工作,要把思想政治工作与解决学生的实际问题有机结合起来。青年学生正处于从学校到社会的过渡时期,在这个时期是他们的快速成长期,也是一个发展探索期,会产生多种多样的想法,也会遇到各种各样的问题。面临问题和挑战的青年大学生,是最需要有人指引、帮助和支持的。辅导员要主动深入到学生当中,真正掌握学生的所思所想、所言所行,深入了解学生的需求,从学生的急难愁盼入手,设身处地为学生着想,才能成为学生的良师益友。学生的问题既可能是学习方面的,也可能是经济方面的,还可能是思想、情感或人际方面的。无论是哪方面的问题,都有可能让处于青春期的学子陷入苦恼、困惑甚至迷茫。如果没有得到及时的帮助和支持,这些学生就容易产生更大的问题,以致偏离正常的成长轨道。所以,高校辅导员应及时掌握学生情况,定期排查学生潜在问题,有效回应学生诉求和关切,通过家校联动,助力青年学生健康成长。

　　在为学生解决实际问题,回应学生合理需求的同时,高校辅导员要特别注重从党和国家发展层面对学生进行正确引导,教育引导学生把个人的发展诉求与党和国家的期待有机结合起来,把个人的成长发展融入到民族复兴的伟大事业之中。习近平总书记旗帜鲜明地提出,教育要坚持以马克思主义为指导,坚持为人民服务,为中国共产党治国理政服务,为巩固和发展中国特色社会主义制度服务,为改革开放和社会主义现代化建设服务。这些论述深刻回答了新时代办好中国特色社会主义教育的根本性、全局性、方向性问题,高校辅导员要坚持正确的政治导向,落实立德树人根本任务,结合学生发展需求,对学生既严管又厚爱,以培养担当民族复兴大任的时代新人为己任,促进学生成为德智体美劳全面发展的社会主义建设者和接班人。

第三节　高校辅导员多重角色的冲突与调适

　　如上所述,高校辅导员的角色要求是"一体多面"的。高校辅导员应以学生思想政治工作为主线,从多重视角深入落实高校辅导员的角色要求。事实上,社会中的每个角色都不是孤立存在的,而是与其他角色联系在一起。任何个人都不可能只承担一种角色,而总是需要承担着多种社会角色,并且各种角色之间还存在着千丝万缕的联系,所有这些就构成了角色集。角色集包括两种情况,一种是多种角色集在一人身上,另一种是一组角色相互依存。① 同时,由于角色集结构的复杂关联性,人们对角色的扮演常常会产生矛盾,遇到障碍,甚至遭到失败,这就是角色的失调。② 常见的角色失调包括角色不清、角色紧张、角色冲突、角色中断及角色失败。高校辅导员的角色具有鲜明的角色集特征,在实际工作中,高校辅导员要注意避免角色不清、舒缓角色紧张、调适角色冲突、预防角色中断、规避角色失败,进而才能真正担当起立德树人、育人成才的重任。

一、避免角色不清

高校辅导员如果对自身的角色认知不清晰,就无法明确自己应该怎么办,在这种情况下就产生了角色不清的问题。高校辅导员的角色不清问题,既可能是辅导员对自身角色认知出现了偏差,也可能是辅导员在知识储备方面存在不足,还可能是辅导员对所从事工作的标准尚不清楚。以上方面问题的产生,归结起来主要还是因为辅导员自身的认知与辅导员的职业能力标准之间还存在差距,对自身角色的权利和义务认识尚不到位。为避免产生角色不清方面的问题,高校辅导员应加强职业能力标准的学习,了解党和国家对辅导员的工作要求,并注意向身边的优秀辅导员学习。

党的十八大以来,习近平总书记对教育事业特别是培养德智体美劳全面发展的社会主义建设者和接班人高度重视,对改进高校思想政治工作提出了一系列重要论断。"磨刀不误砍柴工",作为新时代高校辅导

---

① 郑杭生:《社会学概论新修(精编本)》,中国人民大学出版社 2015 年版,第112 页。

② 郑杭生:《社会学概论新修(精编本)》,中国人民大学出版社 2015 年版,第114 页。

员,要认真学习贯彻落实习近平新时代中国特色社会主义思想,把学习习近平总书记系列重要讲话作为必修课,特别是要学懂弄通做实习近平总书记关于教育的重要论述。同时,要把与高校辅导员工作相关的中央文件、政策法规列入学习的范畴,还要加强党团建设、教育管理服务、辅导员队伍建设等相关内容的学习研修。只有加强学习,才能明确工作的职责、定位和方向,才不至于出现偏差。此外,还要注意研究高校辅导员工作操作层面的问题,对照高校辅导员职业能力标准不断提高自己的能力和水平。2014 年教育部制定并印发的《高等学校辅导员职业能力标准(暂行)》,对高校辅导员的培养、准入、培训、考核等工作提出了明确要求,是新时代高校辅导员开展学生工作的基本规范,是引领高校辅导员专业化职业化发展的基本准则,有利于厘清高校辅导员的职业范畴,明晰辅导员的岗位职责和工作边界,从而避免陷入角色不清的境地。

在掌握高校辅导员职业能力标准和熟悉辅导员行为规范的基础上,通过观察和学习辅导员先进典型人物,也有助于避免产生角色不清的情形。近年来,各高校每年都会评选辅导员年度人物或开展优秀辅导员评选活动,遴选出一批师生公认、表现突出的优秀辅导员。各层级的教育主管部门也会以不同形式评选全省、全国范围的辅导员年度人物、"最美辅导员"等等。通过这些活动评选出来的优秀辅导员,是辅导员群体中的优秀代表。学习他们的优秀事迹,有助于直观、形象地学习辅导员的角色要求,可以激励更多的辅导员向上向善,成为学生思想政治工作的行家里手。此外,各级教育主管部门或辅导员行业组织,也会定期举办辅导员素质能力大赛,通过以赛促建、以赛促练,有利于辅导员在短时间内提升能力和素质,明确自身角色要求。总之,作为高校辅导员,要注意避免在工作中"脚踩西瓜皮,滑到哪里算哪里",而应该积极主动地通过学习身边及本领域的优秀典型,通过参与培训、比赛等活动,深入学习辅导员的角色规范、角色要求和工作知识、职业技能,才能避免角色不清的现象发生。

二、舒缓角色紧张

当个体发现某一角色的预期是难以协调的,以至于他们难以担当,就会产生角色紧张。① 角色紧张是由角色期待与现实角色担当之间的张力所引发,是个人的能力水平与现实要求之间的差距。高校辅导员角色紧张的状况通常发生在新任辅导员或是被委于重要任务及特殊任务的辅导员身上。新任辅导员因其刚刚进入辅导员队伍,对工作不是很熟悉,尤其是此前没有学生工作经历的新任辅导员,比较容易产生角色紧张的情形。担负重要任务的辅导员,由于领导的期待比较高,自身也有很强的做好工作的意愿,因此也往往容易产生紧张和焦虑情绪。处置特殊任务的辅导员,如突发事件处理、疫情防控、意识形态和政治安全工作的处置等,因为工作任务具有特殊重要性、工作难度比较大,也容易给辅导员带来较大的心理压力。

在辅导员个人层面,可着重从心理建设和深入实践两个方面入手舒缓角色紧张。在心理建设方面,高校辅导员可以把从事学生工作看成学习的机会、成长的机会、助人的机会。如果能从学习、成长、助人角度去看辅导员工作,心态就会更加从容淡定,紧张情绪也将得以舒缓。把从事辅导员工作当作学习的机会和过程,辅导员就会主动以学习的态度去钻研工作,遇到各种各样的问题也会觉得很有研究和学习的价值,就能够热情投入而干劲十足。因为把辅导员工作看成成长的机会和过程,所以辅导员能够以"初生牛犊不怕虎"的心气和锐气干事创业,也就不会有患得患失的紧张心态。因为把辅导员工作看成助人的机会和过程,所以辅导员不会一碰到问题就紧张不安、惊慌失措,而是能心平气和、用心用情做好学生的教育管理和服务工作。

辅导员角色紧张,除了自身心理方面的原因,也有环境因素和工作压力方面的原因。进入新时代,国内外形势也越加复杂,高校辅导员面临的各种困难和挑战越来越多。从辅导员队伍建设角度,各高校也应该建立起舒缓辅导员角色紧张的工作机制,以减轻辅导员的心理压力,促进辅导员的身心健康。为此,从学校层面,应该建立健全辅导员角色紧张的舒缓

---

① [美]迈克尔·休斯、卡罗琳·克雷勒:《社会学和我们》,周杨、邱文平译,上海社会科学院出版社 2008 年版,第 56 页。

机制。首先,可以从比较容易做的事情开始做起,学校心理健康咨询中心可以通过举办讲座或团队拓展活动,邀请有经验的辅导员传授舒缓角色紧张的方法技巧。也可以通过个案咨询的方式,为有需要的辅导员提供有针对性的心理咨询,通过一对一的指导,提高辅导员舒缓角色紧张的能力水平。其次,高校还可以通过建立健全辅导员传帮带工作机制,为新任辅导员提供有效的帮扶和指导,使他们尽快适应辅导员工作角色,减少新入职探索的时间和试错成本。再次,高校可以分类组建辅导员工作室或学工组,组织辅导员参与到不同类型的辅导员工作室或学工组,形成团队互帮互学的工作机制,营造互助互爱的工作氛围,让辅导员有困难的时候可以及时找到支撑和有效的帮助。

三、调适角色冲突

角色冲突包括角色间冲突和角色内冲突两种情形。角色间冲突主要是由于不同角色之间的规范和要求不同,导致了不同角色之间的矛盾冲突,通常发生在不同的人与人之间。角色内冲突则是由于同一个人担任了多个不同角色,这些不同的角色具有不同的规范和要求,导致担任多个不同角色的主体无所适从,陷入矛盾、苦恼和挣扎。对于高校辅导员来说,常常由于学生培养单位的党政人员职数有限,不少辅导员在从事学生工作的同时,还担任了党务秘书、人事秘书、教务秘书、研究生秘书或校友秘书等其中的一个或多个岗位职责。这样一来,角色之间的冲突也就产生了。此外,学生工作是"上面千条线,下面一根针",学生思想政治教育、心理健康教育、学业辅导工作、学生就业工作、家庭经济困难学生资助、突发事件处置等,最终都要由基层的辅导员来落实。一个辅导员承担了如此之多的角色要求,角色间的冲突也就难免发生。

为了避免辅导员经常性地发生角色间冲突,高校党委要从顶层设计的高度做好辅导员工作的安排。高校辅导员是履行高等学校学生工作职责的专业人员,在立德树人中具有特殊重要的作用。辅导员岗位的从业人员应该具有良好的职业道德,掌握系统的专业知识和专业技能,具有教师和党政人员双重属性。高校党委要高度重视、精心打造好辅导员队伍,而不能用"拆东墙补西墙"的方法让辅导员到处去补党政人员配置不足的"漏洞"。各高校要从人才培养的角度,把专任教师、党政管理人员、教辅和技术人员的建设摆在同等重要的位置,从"三全育人"的高度下大力气配齐建强各类型工作人员,为人才培养奠定有力的队伍支撑,最大限度地减少不同角色之间的冲突。

高校辅导员角色内冲突,主要还靠辅导员自身的努力。首先,新时代高校辅导员要树立起系统思维,紧紧抓住立德树人根本任务,以学生党建为引领,统筹做好学生的教育、管理和服务各项工作。要坚持把立德树人作为中心环节,把思想政治工作作为教育教学和管理服务的主线,贯穿学生工作的全过程。由此,不论是教育工作、管理工作还是服务工作,实际上都是育人工作,都与思想政治工作相关联,各项工作实现了融会贯通,角色内部的冲突也就随之消解了。其次,要树立"助人自助"的工作理念,充分发挥学生的积极性和主动性。高校辅导员只有立足于学生主体性的发挥,特别是要激发党团班骨干在学生教育管理服务中的重要作用,才不至于包办代替干了学生能干的事情,才能从纯粹的事务中解脱出来,角色内冲突的概率也将会减少。再次,高校辅导员还要注意树立法治思维,加强对相关政策文件、法律法规、校规校纪的学习,明确作为高校辅导员的权利和义务,并把相关要求贯彻落实到学生教育管理服务当中,这也将有利于调适个人角色的内部冲突。

四、预防角色中断

在社会学意义上,角色中断是指一个人前后相继所承担的两种角色之间发生了矛盾的现象。角色中断的原因主要是由于人们在承担前一种角色时并没有为后一阶段所要承担的角色做好准备,或前一种角色所具有的一套行为规范与后来的新角色所要求的行为规范直接冲突。[①] 就高校辅导员而言,角色中断常常是因为岗位的变动,从而导致辅导员离开原

---

① 郑杭生:《社会学概论新修(精编本)》,中国人民大学出版社 2015 年版,第115 页。

有工作岗位,不再从事高校学生工作。高校辅导员的角色中断,既包括辅导员因校内流动导致的岗位变化,也包括辅导员向校外流动而形成的岗位变动。同时,岗位变动后辅导员原有的工作规范已不适用于新的工作岗位,而且岗位的变动是在辅导员尚未做好准备时发生的,这就导致了辅导员角色的中断。

为预防角色的中断,新时代的高校辅导员要注意未雨绸缪,提前对自己的职业生涯做好规划。在进入高校辅导员行列前,辅导员就应该对岗位职责、工作内容、发展路径等进行全面了解和研究,对未来职业发展进行计划和规划,并在心理上、知识上、能力上做好相应的准备。这样,在走上辅导员岗位后才不会手忙脚乱、心浮气躁、无所适从,也才不会很快就被动陷入角色中断的进程。当前,党和政府对高校辅导员队伍建设是高度重视的,为辅导员设计了很好的发展通道,辅导员既可以向教师方向发展,也可以向党政管理干部方向发展。一般情况下,只要辅导员在品德、知识、能力上没有什么问题,发展路径是通畅的。因此,在预防角色中断方面,高校辅导员首先要成为自身发展的主人,要树立起"自己是自身发展的第一责任人"的意识,通过发展规划、学习实践、磨砺锻炼,不断提升自己的品德修养、知识水平、工作能力,在立德树人、培养人才的道路上行稳致远。

从组织角度而言,教育主管部门和各高校党委要立足学生思想政治工作的持续发展对高校辅导员队伍做好规划,确保学生思想政治工作队伍后续有人、源源不断。例如,教育部为切实加强高校辅导员队伍专业化职业化建设,于 2017 年制定了《普通高等学校辅导员队伍建设规定》,强调把辅导员队伍建设作为教师队伍和管理队伍建设的重要内容,整体规划、统筹安排,确保辅导员工作有条件、干事有平台、待遇有保障、发展有空间。高校组织人事部门,要深入贯彻落实全国高校思想政治工作会议精神和中共中央、国务院《关于新时代加强和改进思想政治工作的意见》,切实加强辅导员队伍专业化职业化建设,把对辅导员的日常化培养、常态化培训和制度化支持纳入组织人事工作的重要议程,配齐建强辅导员队伍,在制度上、机制上保障辅导员职业生涯的可持续发展。

五、规避角色失败

角色失败是角色扮演过程中发生的一种极为严重的失调现象。角色失败通常将导致两种情况:一种是角色的承担者不得不半途退出角色,另一种是角色虽然还处在某种位置,但其表现已被实践证明是失败的。① 高校辅导员的角色失败,表明该辅导员已经不能承担学生思想政治工作的职责和任务,将不得不退出高校辅导员岗位。辅导员的角色失败,不仅会给辅导员自身带来沉重的打击,也会给学生思想政治工作带来较大的负面影响,应该引起高校思想政治工作组织管理部门的高度重视。

高校辅导员的角色失败,常常是因为辅导员慢作为、不作为或乱作为引起的。辅导员慢作为的主要原因有两个方面,一是由于工作不熟练,导致在特定工作时点辅导员没有完成本该做好的工作。比如,新生入学之初本该开展家庭经济困难学生认定工作,而刚入职不久的辅导员没有及时完成新生的家庭经济困难认定,导致家庭经济困难新生无法得到资助。二是由于工作不深入,辅导员没有发现学生潜在问题或风险,耽误了帮助学生的最佳时机。辅导员不作为是指在学生日常教育管理工作中,辅导员没有履行本应由自己履行的义务,没有完成本应由自己完成的工作。不作为具有主观故意的性质,体现的是辅导员责任心缺失、纪律意识淡薄或政治站位低等问题。比如,辅导员在明知学生有心理问题的情况下,没有采取任何措施去帮助学生,导致学生心理问题不断恶化而产生意外身亡事件。此外,高校辅导员的乱作为是一种非常严重的角色失调事件。比如,辅导员向学生索要礼物、篡改学生考试分数、奖学金评审中徇私舞弊等,都是乱作为行为。这些行为与辅导员的身份角色背道而驰,违反了辅导员的职业操守,是应被谴责和严惩的。辅导员慢作为、不作为或乱作为,不仅会破坏学生发展成长的文化生态,给学生带来严重的伤害,也将给辅导员自身带来负面影响,进而也将直接导致辅导员职业生涯的失败。

为避免高校辅导员角色失败情形的发生,除了辅导员自身要不断提

---

① 郑杭生:《社会学概论新修(精编本)》,中国人民大学出版社 2015 年版,第115 页。

升政治站位、情怀修养、知识水平、能力素质之外,从组织管理的角度,学校党委也要重视加强对辅导员的正向引领、法律规制和日常监督等工作。在正向引领方面,要加强师德师风建设,培养高素质辅导员队伍,切实加强政治引领、思想引领和价值引领,引导辅导员增强"四个意识"、坚定"四个自信"、做到"两个维护",打造辅导员优秀典型人物,引导辅导员向"四有"好老师标准看齐,做学生的知心朋友,担负起学生健康成长的指导者和引路人的责任。在法律规制方面,要对辅导员开展相关政策、法律、法规、校规、校纪的教育宣讲,让辅导员的日常教育管理工作运行在法治的正确轨道上,教育引导广大辅导员树立底线思维和红线意识,规范自身的言行,践行《新时代高校教师职业行为十项准则》,从而增强作为新时代教师的责任感、使命感和荣誉感,树立高校辅导员的良好形象。在日常监督方面,要充分发挥各级党组织、广大党员和师生群众的积极作用。各级党组织,尤其是党组织的主要负责同志、学生工作主管领导,要以抓常抓长的要求做好辅导员的日常监督工作,对辅导员严管厚爱,抓早抓小,把问题解决在萌芽状态。总之,要通过系统性、针对性的制度机制和工作措施,为辅导员落实自身的角色要求保驾护航、纠偏领航,教育引导辅导员为中国特色社会主义教育事业作出自己应有的贡献。

第三章 新时代高校辅导员的
理论武装工作

高校辅导员是高校思想政治工作队伍的重要组成部分,其理论素养直接影响高校学生理论教育活动的开展。新时代高校辅导员要开展学生思想政治工作必须要加强自身理论学习,并深刻认识理论武装的新形势、新要求、新内容、新路径,正确应对新的挑战,做好学生的理论武装工作,从而带领青年学生增进理论认同与理论自信。

第一节 高校辅导员理论武装工作的新形势

思想建党、理论强党,是我们党始终保持马克思主义政党先进性和纯洁性、不断增强战斗力和创造力的重要法宝。我们党的理论武装工作,从来都是与党的事业同发展、与时代同进步的。习近平总书记指出:"理论创新每前进一步,理论武装就要跟进一步。"①做好新时代党的理论武装工作,根本目的是用党的科学理论提升全党的马克思主义理论水平,使全党始终保持统一的思想、坚定的意志、共同的目标、协调的行动、强大的战斗力。高校辅导员面对思想活跃的当代大学生,需要用科学的理论和先进的思想武装学生头脑,需要掌握理论武装工作新的特征、直面新的挑

---

① 习近平:《在"不忘初心、牢记使命"主题教育总结大会上的讲话》,《人民日报》2020 年 1 月 9 日。

战,才能探索实践的新方法,进而帮助学生树立正确的政治方向,引导学生掌握和运用马克思主义立场观点方法,更加坚定"四个自信"。

一、理论武装工作的时代特征

在当前时代背景下,应当牢牢把握新的时代特征,立足即将迈入第二个百年奋斗目标新征程的关键节点,把握住面对中华民族伟大复兴战略全局和世界百年未有之大变局的"两个大局",继续推进新时代伟大社会革命和党的自我革命的"两大革命"。

(一)迈入第二个百年奋斗目标新征程

在庆祝中国共产党成立 100 周年大会上,习近平总书记庄严宣告:"经过全党全国各族人民持续奋斗,我们实现了第一个百年奋斗目标,在中华大地上全面建成了小康社会,历史性地解决了绝对贫困问题,正在意气风发向着全面建成社会主义现代化强国的第二个百年奋斗目标迈进。"①这是习近平总书记向全党全国发出的动员令,凝聚起团结奋斗的磅礴力量。

全面建设社会主义现代化强国是在全面建成小康社会的基础上开启的,具有承续性,实现第二个百年奋斗目标,需要激发蕴藏于亿万人民中的磅礴力量。中国共产党从诞生之日起,就把为中国人民谋幸福、为中华民族谋复兴确立为自己的初心使命。在新的征程上,作为党在高校中开展大学生思想政治教育工作的重要一员,高校辅导员要准确把握第二个百年奋斗目标的深刻内涵、历史意义和时代要求;要牢记初心使命,坚持中国共产党坚强领导,深刻把握"两个确立",坚决做到"两个维护",增强"四个意识",坚定"四个自信",心怀"国之大者";要持续在青年学生中弘扬光荣传统、赓续红色血脉,永远把伟大建党精神继承下去、发扬光大,不断增强青年学生的志气、骨气、底气,引导广大学生为实现人民对美好生活的向往不懈努力,努力为党和人民争取更大光荣。因此,新时代高校

---

① 习近平:《在庆祝中国共产党成立 100 周年大会上的讲话》,《人民日报》2021 年7 月 2 日。

辅导员理论武装工作不能脱离当前党的历史任务,要着眼于为实现第二个百年奋斗目标提供理论支撑、智力保障,凝聚奋进力量。

(二)面对中华民族伟大复兴战略全局和世界百年未有之大变局的"两个大局"

中华民族伟大复兴的历史进程已经进入最为接近、最有信心、最有能力实现的关键时期。与此同时,一百年来世界政治、经济、军事、科技等领域正在发生深刻的历史性、革命性、全局性变化,其中最为显著的变化就是中国逐渐走向世界舞台中央,从半殖民地半封建社会发展成为世界上最大的社会主义国家。处于"两个大局"时空交汇的中国共产党,一方面,要在世界百年未有之大变局的环境下,抓住、用好重要机遇,走好中国特色社会主义发展道路,实现中华民族伟大复兴;另一方面,要使世界百年未有之大变局朝着有利于民族复兴和世界和平发展方向演变。

当前,我国国内国际形势共同发展、相互激荡。高校辅导员理论武装工作要引导学生辩证认识国内外大势,准确把握两个大局的规律性、互动性,增强胸怀两个大局的自觉性、主动性。从国内来看,我国已进入新发展阶段,新发展阶段仍是社会主义初级阶段中的一个阶段,同时是其中经过不断积累、站到了新的起点上的一个阶段。新发展阶段是我们党带领人民迎来中华民族从站起来、富起来到强起来历史性跨越的新阶段。从国际上看,新一轮科技革命和产业变革深入发展,芯片技术等卡脖子技术对我国发展带来新的挑战,国际力量对比深刻调整,和平与发展仍然是时代主题,人类命运共同体理念深入人心。同时,国际环境日趋复杂,不稳定性不确定性明显增加,新冠肺炎疫情影响广泛而深远,经济全球化遭遇逆流,世界进入动荡变革期,单边主义、保护主义、霸权主义对世界和平与发展构成威胁。

(三)推进新时代伟大社会革命和党的自我革命的"两大革命"

中国共产党的历史,就是一部党领导人民持续进行伟大社会革命的历史,一部党勇于进行自我革命、不断开拓进取的历史。伟大斗争精神是马克思主义的理论品质,是中华民族的精神财富,也是共产党人的光荣传统和重要法宝。进入新时代的中国特色社会主义,是伟大社会革命的成果和延续,也是党的自我革命的继续和深化。党的十八大以来,以习近平同志为核心的党中央进行伟大斗争、建设伟大工程、推进伟大事业、实现伟大梦想,统筹推进"五位一体"总体布局,协调推进"四个全面"战略布局,取得伟大成就。这些构成了新时代伟大社会革命和党的自我革命的主要内容。

推进新时代伟大社会革命,蓬勃发展中国特色社会主义,全面提升各项能力,增强党长期执政的力量。推进新时代党的自我革命,全面从严治党,在革命性锻造中坚定地走在时代前列,强化新时代中国特色社会主义的领导力量。新时代伟大社会革命和党的自我革命相互支持、相互促进,谱写出了新时代中国特色社会主义的新篇章。加强新时代理论武装,就是要从新时代"两大革命"的迫切要求和重大成就出发,提高全党推动"两大革命"的自觉性和坚定性。高校辅导员面对物质富裕与精神匮乏并存、全球视野与功利主义并存的部分"00"后大学生,开展理论武装工作需要直面问题,引领学生树立正确的世界观、人生观、价值观,引导学生以自我革命的勇气,不断完善提高自己,以敢于奋斗、不怕牺牲的奋斗精神,成长为党和人民信赖的可靠接班人。

二、理论武装工作的重大挑战

随着改革开放的深入和市场经济的发展,高校所处的社会思想文化环境更加复杂,对于辅导员开展理论武装工作的能力水平和指导解决实际问题的能力都提出了较高的要求。高校辅导员要深刻认识新时代高校开展理论武装工作所面临的新情况、新问题、新挑战,把握在大学生群体中开展理论武装工作的特点和规律,才能最大程度号召广大青年学党史、强信念、跟党走。

(一)社会思想意识复杂多样

我国经济社会深刻变革、利益格局深刻调整,意识形态领域局部多元多样多变的趋势日益明显,人们特别是青年的思想更加活跃,独立性、选择性、多变性、差异性显著增强。近年来,国际上围绕发展模式与价值观的竞争日益凸显,世界范围内各种思想文化交流交融交锋更加频繁,国际思想文化领域斗争深刻复杂，一些西方国家把我国发展壮大视为对资本主义价值观和制度模式的挑战，加大对我国进行战略围堵和牵制遏制力度，高校抵御和防范敌对势力渗透的任务更加艰巨。同时，因社会利益关系不断调整，一些深层次矛盾和问题日益凸显，人们的思想困惑增多。当下，我国高校青年学生思想政治状况总体健康向上，对党和国家高度认同，这是高校意识形态工作的优势，但也要警惕少数学生受到错误言论的影响及敌对势力的渗透、蛊惑、诱导，时刻绷紧意识形态这根弦。

（二）社会价值判断呈现多元

社会主流价值遭遇市场逐利性的挑战。社会中急功近利、自我为中心等浮躁情绪不断蔓延，给部分大学生也造成了一定的负面影响。发展社会主义市场经济有利于解放和发展生产力，增强国家综合国力，提高人民生活水平，也有利于增强人们的自立意识、竞争意识、效率意识、民主法治意识，使社会主义优越性进一步发挥出来。但也要看到市场存在的自身弱点和消极方面。

一是社会转型产生的影响。市场化的社会环境使学生在个人发展上获得了更广泛的自由度和选择权，也使他们感受到更强的竞争和更大的压力。处于人格成长期的青年学生，不得不在多重人格的冲撞当中去寻求协调、均衡和整合。同时，社会转型过程中所产生的一些深层次社会问题，也给青年学生造成了一定程度的负面影响。二是社会组织形态变化带来的影响。随着高校社会化办学程度扩大，学生以社会人的身份和非学校组织的身份参与社会活动和社会实践的机会也不断增多，高校传统的"看好门、管好人"的管理模式正面临新的挑战。三是学生群体特征变化带来的影响。当代大学生思想活跃、个性鲜明、独立意识比较强，但他们中也有一些人团结协作、艰苦奋斗精神不足，心理素质欠佳，抗挫折能力比较弱，更多地以自我为中心。整体来看，当代大学生群体思想政治面貌主流积极健康向上，他们对中国共产党的领导和中国特色社会主义的信心显著提升，对维护国家统一、民族团结和社会稳定普遍认同，立志成长成才、投身社会实践、提升文明素养、实现人生价值的意识和行动更加自觉。他们对当前的社会进步、经济发展表示出较高的认可度和满意度，对新中国的历史也体现出辩证认识、理性分析的努力,对未来的发展前景表现出光明、积极的心态,对自身人生价值的认识和追求,更多强调个体人格的完善、生活的自由独立。总体而言,当前大学生的思想状况、理想信念、价值观、世界观,既继承中国传统文化中注重家庭伦理、敢于负责等优良因素,又表现出注重个体、追求人生价值实现等鲜明的时代特征,同时也存在着一些模糊甚至错误的认识,需要进一步阐明和适时加以引导。

(三)网络舆论引导任务艰巨

信息化的飞速发展,互联网已经实现对高校学生的全面覆盖、全程融入,每日必网、无网不在已经成为高校学生的基本生活方式,特别是近年来移动互联网的迅速崛起,包括微博、微信等新兴媒体应用的诞生,使得网络对于学生影响的深入过程逐渐加速,在新冠肺炎疫情影响下,更加深了青年大学生对于网络的依赖,新时代高校辅导员开展理论武装工作要深刻认识互联网成为高校学生生活的"新常态"。

一是网络平台开放性强、话题发散自由。网络的开放性让人们接收信息的渠道变得更广,人们也由单纯的信息接收者走向信息源和传播者。网络公共参与的开放性和低门槛使信息变得纷繁复杂,这对于学生辨别信息真伪是一种考验,加剧了信息监管和控制难度。一些别有用心的人利用网络有意地将话题引到政治性、敏感性问题上去,误导舆论,把原本的利益诉求变成价值诉求,这给高校的宣传思想和意识形态工作带来挑战。二是网络信息传播度快、范围扩散面广。随着网络的扩散,事件的传播区域和参与人群将会不断扩大,这使得以往在某一单位、某一局部发生的事件将会随着网络传播的扩散而成为全国范围广受关注、备受讨论的热点,传统的线下处理方式将因为线上信息的快速扩散而大大增加难度。因此,网络不仅为事件酝酿提供了平台,而且也使得事件的应对处置难度增加。比如,过去在校园发生撞车等事件,学校及相关部门及时处理就能妥善解决,但如果通过网络的过度炒作,局部性、个别性事件就极易衍变成社会事件。三是网络舆论影响点多、人物引导性高。互联网开辟了舆论的新领域,在复杂和喧嚣的网络中,一批知名度高、影响力大的网络"大V"迅速崛起,他们聚焦于社会热点事件,或是在大型门户网站开设博客、微博、公众号,或是在热点事件中"出口成章",或是在时政论坛中"兴风弄潮",他们的观点言论往往对网络舆论走向发挥重要的导向作用。对此,必须高度注意部分"意见领袖"利用网络传播平台,以线上线下、现实虚拟、国际国内互动的方式将信息传播与社会动员结合起来,试图误导和煽动学生。

（四）理论学习有待深入落实

2019 年 3 月,中共中央办公厅印发的《关于解决形式主义突出问题为基层减负的通知》指出,"坚持用习近平新时代中国特色社会主义思想武装头脑,在深化消化转化上下功夫,把理论学习的成效体现到增强党性修养、提高工作能力、改进工作作风、推动党的事业发展上。将力戒形式主义、官僚主义作为全党开展的'不忘初心、牢记使命'主题教育重要内容"①。在新时代高校辅导员推进理论武装走深走心走实的过程中,形式主义和主观主义是我们面临的最大问题和挑战。

首先,少数辅导员不明确学习的目的,也不重视理论学习的意义,导致形式主义滋生蔓延。在理论学习中,摆花架子,做表面文章,不认真读书和思考研究问题,开展理论学习活动纯粹是为了完成任务,片面追求形式上的完美,拍照留痕,发布新闻报道,走走过场,并不是真正的学习。他们把理论学习当成任务、负担,而且常常是"说起来重要,做起来次要,忙起来不要"。这些现象尽管表现形式不同,但实质都是一样的,即只注重形式和过程,忽视内容和效果。其次是少数辅导员还存在着主观主义的学风,其典型的表现是经验主义和教条主义。经验主义指的是脱离实际,认为经验比理论更重要、更管用,自以为是、自我满足,对马克思主义理论的学习不以为然,缺乏学习的兴趣和热情,靠自己的主观经验或意志解决问题。教条主义则是在工作中呆板、机械地照搬照抄理论或文件,既不能领会党的路线、方针和政策的实质,也不了解地区实际,更不重视理论联系实际。结果造成他们口是心非,嘴上说的和实际做的各一套,理论宣传

---

① 《关于解决形式主义突出问题为基层减负的通知》,人民出版社 2019 年版,第 2 页。

大张旗鼓,但实际工作时却把理论置之脑后,甚至还盲目自信、自以为是,给实际工作造成很大危害。

第二节　高校辅导员理论武装工作的新要求

青年大学生作为时代接班人的生力军,要始终坚持正确的政治方向,矢志不渝为实现中华民族伟大复兴的中国梦不懈奋斗;高校担负着为党育才、为国育人的重要使命,是培养时代新人的主要阵地;高校辅导员是教育引导大学生树立正确的世界观、人生观、价值观,开展大学生理论武装工作的一线力量。新时代高校辅导员开展理论武装工作要做到守正创新,要根据时代特征、形势发展、使命要求,不断进行内容深化和形式创新,特别是要在关系党和国家前途命运的重大内容上进行深化创新,概括来说就是要落实立德树人根本任务,遵循实事求是工作思路,注重知行合一工作实效。

一、落实立德树人根本任务

习近平总书记在 2018 年全国教育大会上指出,"培养什么人"是教育的首要问题。立德树人作为高校理论武装工作的根本任务,"立德"就是要立共产主义之德,具体体现为"明大德、守公德、严私德";"树人"就是要培养德智体美劳全面发展的社会主义建设者和接班人,培养一代又一代拥护中国共产党领导和我国社会主义制度、立志为中国特色社会主义奋斗终身的有用人才,培养堪当民族复兴大任的时代新人。新时代高校辅导员要围绕培养什么人、怎样培养人、为谁培养人这一根本问题,围绕学生、关照学生、服务学生,强化马克思主义中国化最新成果的理论武装,不断提升青年学生的思想政治素质、道德品质、文化素养,使广大青年学生爱党爱国,立志听党话、跟党走,扎根人民、奉献国家,为全面建成小康社会、全面建设社会主义现代化强国而努力奋斗。

（一）引导学生正确认识世界和中国发展大势

大学生作为国家宝贵的人才资源,是推动时代前进的中坚力量,其认知水平和思想动态直接影响世界和中国发展大势。高素质的人才是实现中华民族伟大复兴中国梦的有力支撑,在全球人才竞争日益激烈的时代,我们势必要培养一批有理想有本领有担当的时代新人,以保证我们在国际竞争中占据优势地位,为中华民族伟大复兴提供人才保障。[①] 高校辅导员开展理论武装工作要将中国情怀和时代特征与世界眼光统一起来,从我们党探索中国特色社会主义和改革开放以来的伟大实践中去认识和把握社会发展的进程,认识和把握中国特色社会主义的理论与实践探索的过程,引导学生正确认识历史和人民为什么选择了马克思主义、选择了社会主义、选择了中国共产党。正确认识中国特色社会主义是社会主义,不是别的什么主义,正确认识全面深化改革为什么是新时代决定中国命运的关键一招,正确认识构建人类命运共同体为什么是中国共产党的崇高使命。有了对国内国际形势的正确判断,才有助于正确认识和定位自身责任,才能努力将个人理想追求与中华民族伟大复兴梦想同向同行,坚定为共产主义远大理想和中国特色社会主义共同理想而奋斗的信念和信心。

（二）引导学生正确认识中国特色和国际比较

面对世界百年未有之大变局,正确认识中国特色和国际比较,有助于引导学生全面客观认识中国特色社会主义,正确看待外部世界。高校辅导员开展理论武装工作要向广大学生讲清楚中国特色社会主义独特的实践道路、治国方略、理论体系和文化底蕴,用中国特色社会主义的精彩实践和伟大成就,向青年学生阐述社会主义的蓬勃生机和时代魅力,强调只有坚持走中国特色社会主义道路,才能有更加幸福的未来和更加伟大的成就。同时引导学生正确看待中国与国际的差异,能够客观、辩证、理性地看待中国的发展及存在的不足。

---

① 冯刚、彭庆红等:《新时代高校思想政治教育学原理》,人民出版社 2021 年版,第 159 页。

（三）引导学生正确认识时代责任和历史使命

高校辅导员开展理论武装工作要在引导青年大学生关注时代发展，重视责任承担上增强力量。要教育引导大学生学习历史、正视历史，了解和正视历史才能面向未来。在此基础上引导学生从新时代的历史定位中提振信心，认识到我们比历史上任何时期都更接近中华民族伟大复兴的目标，作为新时代大学生，应积极主动地将人民幸福、国家富强、民族复兴的中国梦与个人成长发展的青春梦结合起来，筑牢理想信念，牢记青年责任与使命，小我融入大我，青春献给祖国，将个人命运与国家命运紧密结合，只争朝夕地学习，时不我待地掌握本领，为报效祖国、担负历史使命打下坚实基础。

（四）引导学生正确认识远大抱负和脚踏实地

高校辅导员开展理论武装工作要引导学生充分认识到中国特色社会主义是中国共产党带领人民历经艰难险阻探索到的实现中华民族伟大复兴中国梦的正确道路，也是广大青年大学生应该坚定确立的人生信念。让勤奋学习成为青春飞扬的动力，让增长本领成为青春搏击的能量，青年学生要将理想信念落实到具体行动中，既要抱负远大也要脚踏实地，这两者应该是相辅相成的。广大青年学生唯有在校期间勤奋学习、刻苦钻研、培养创新精神和实践能力，不断尝试攻关卡脖子技术，将来走向社会、投身社会主义现代化强国建设时，才能用实干、实绩为实现中华民族伟大复兴中国梦贡献青春力量。

二、遵循实事求是工作思路

习近平总书记深刻指出："实事求是，是马克思主义的根本观点，是中国共产党人认识世界、改造世界的根本要求，是我们党的基本思想方法、工作方法、领导方法。不论过去、现在和将来，我们都要坚持一切从实际出发，理论联系实际，在实践中检验真理和发展真理。"①高校辅导员要做好学生理论武装工作，要遵循实事求是的工作思路，不断探索理论武装

---

① 《习近平谈治国理政》第一卷，外文出版社2018年版，第25页。

内在规律,做到因事而化、因时而进、因势而新,这是新时代做好高校学生理论武装工作的总要求,正确认识和深刻理解这个总要求,对于深化创新高校学生理论武装工作具有重要的理论意义和实践价值。

(一)做好大学生理论武装工作要因事而化

要准确掌握学生思想动态,积极回应学生思想关切,帮助学生解疑释惑,引领学生成长成才。学生思想认识的疑惑是学生思想关切的集中反映,这种思想关切往往来自学生对特定事物的感知、认识、理解。回应学生的思想关切,既要旗帜鲜明,又要方法得当。要通过摆事实、讲道理、平等讨论,循序渐进解决学生一个又一个思想认识问题,积极引导学生发展积极、健康、正确的思想,从而起到凝聚和激励广大学生的作用。习近平总书记曾同各界优秀青年代表座谈时强调,"把理想信念建立在对科学理论的理性认同上,建立在对历史规律的正确认识上,建立在对基本国情的准确把握上"①。

当前,开展新时代大学生思想理论武装工作,既要充分运用马克思主义理论的真理力量、逻辑力量引领学生,又要从社会主义革命、建设和改革"可感触到的物质事实"、从"全部事实的总和"、从"事实的联系"去及时廓清学生的模糊认识。② 只有让广大青年学生从整体、丰富、联系的事实感觉到中国共产党好、社会主义好,才能不断增强广大学生对中国特色社会主义的道路自信、理论自信、制度自信、文化自信,进而自觉投身中国特色社会主义事业的伟大征程中。因此,新时代高校辅导员做好学生理论武装工作,就要以"改革的实际进展"和"丰富的事实"来引导广大学生理解支持、积极参与中国特色社会主义伟大事业,并以中国特色社会主义事业发展的丰富事实充分彰显社会主义优越性,从而让广大青年学生做共产主义远大理想和中国特色社会主义共同理想的坚定信仰者。

---

① 习近平:《在同各界优秀青年代表座谈时的讲话》,《人民日报》2013 年 5 月 5 日。
② 魏强、周琳:《因事而化、因时而进、因势而新——做好高校学生思想政治工作的新要求》,《思想政治工作研究》2017 年第 3 期。

（二）做好大学生理论武装工作要因时而进

新时代高校辅导员开展理论武装工作的目标理念、方针原则、内容任务和方法手段都要关注时代发展、紧扣时代脉搏、顺应时代潮流、反映时代要求，敏锐发现学生思想认识接受特点的时机相机而动。当前，实现中华民族伟大复兴的中国梦，是包括广大青年学生在内的全体中华儿女对民族共同体未来发展的殷切期盼，是有力推进社会主义现代化建设的"时代最强音"。高校辅导员要深刻地认识到，开展大学生中国梦教育理所应当成为当前高校学生理论武装工作的重要时代主题。高校学生理论武装工作做到因时而进，核心内容之一就在于让广大学生正确认识时代责任和历史使命，激励学生自觉把个人的理想追求融入国家和民族的事业中。当下，做好高校学生理论武装工作，要充分察觉和捕捉一切合宜时机在广大学生当中深入开展中国梦教育实践活动，激励广大学生敢于筑梦、勇于追梦、勤于圆梦，让学生在逐梦旅程当中立大志、明大德、成大才、担大任。

（三）做好大学生理论武装工作要因势而新

要适应情势的演进常态，结合世界百年大变局、社会新变革、时代新呼唤，适应广大学生线上学习生活的新常态，推进高校学生理论武装工作创新发展。当前，互联网正在深刻改变着世界、影响着社会，尤其是自新冠肺炎疫情暴发以来，线上学习教育和管理已成为常态。习近平总书记曾深刻剖析产业技术革命给人类生产生活带来巨大而深刻的影响。随着信息科学技术的迅猛发展，人们社会生活的样态发生着深刻变化、领域同样日益拓展，逐渐从现实生活延展到"线上生活"。互联网日益成为思想文化交流交融交锋的重要平台。移动互联网已经逐渐成为大学生这个十分活跃群体的重要"栖居地"，"无人不网""无处不网""无时不网"，已经成为描摹大学生学习生活的主题词。大学生是国家社会宝贵的人才资源，同时又是"线上生活"的重要群体，作为与大学生联系最紧密的高校辅导员，在开展学生理论武装工作时，就要发挥"线上"功能。做到因势而新，把握好互联网这个"最大变量"，主动占领网络这个战略"新阵地"、创新理论武装工作"新话语"、运用理论武装工作"新方法"，"推动思想政治工作传统优势同信息技术高度融合"，形成高校线上线下理论武装工作的最大合力。①

三、注重知行合一工作实效

思想教育、理论武装不能只停留在思想认识层面，更要落实到指导具体实践当中。新时代高校辅导员开展理论学生武装工作必须在学懂、弄通、做实上下功夫，要增进学生政治认同、思想认同、理论认同、情感认同，做到学思用贯通、知行统一。高校辅导员开展理论武装工作的目的在于用先进的理论成果武装大学生头脑，并指引大学生自觉地参与到实现中华民族伟大复兴的中国梦的伟大实践中，凝聚大学生参与建设社会主义现代化强国的磅礴力量，归根到底，就是要通过正确的理论指导实践。因此，高校辅导员开展理论武装工作要时刻注重知行合一的工作实效，充分发挥理论的指导作用。

（一）要在"结合"上出思路

结合，就是理论联系实际、理论与实际相结合。科学理论，揭示的是一般规律，阐明的是具有一定普遍性的思想原则和工作指导思想，因而必须与具体的建设实践、工作实际结合起来。工作中，部分人常常把理论联系实际的方法简单化、庸俗化，认为学习马克思主义的一个理论观点，就要用它直接去说明和解决一个实际问题。事实上，理论与实际之间的关系是十分复杂的，二者并非简单地一一对应。

一方面，强调"理论要联系实际"，拒绝空谈和教条，因为"理论在一个国家的实现程度，总是决定于理论满足这个国家的需要的程度"，真正具有思想穿透力的理论必然反映实际，切中实际的需要；另一方面，理论的力量终究是思想的力量，思想的力量不能够直接"改变世界"。但正如马克思所说，"理论一经掌握群众，也会变成物质力量。理论只要说服人，就能掌握群众"②，理论也会产生现实影响力。同时应看到，理论与实

---

① 魏强、周琳：《因事而化、因时而进、因势而新——做好高校学生思想政治工作的新要求》，《思想政治工作研究》2017 年第 3 期。

② 《马克思恩格斯文集》第 1 卷，人民出版社 2009 版，第 11 页。

际相结合也内在包含"实际要联系理论"的要求。面对新形势、新任务，应当及时总结实践经验，找出规律性的特点，使之上升为理论，为进一步工作提供科学的理论指导。马克思的名言"理论需要是否会直接成为实践需要呢？光是思想力求成为现实是不够的，现实本身应当力求趋向思想"①正说明了这个道理。"实际联系理论"与"理论联系实际"尽管侧重点不同，但都是"理论要与实际相结合"这一要求的两个方面。高校辅导员理论武装工作要在结合上出思路，就是要在掌握科学理论一般规律的基础上，深入高校理论武装工作实际，深入学生群体，把工作中出现的问题难题找出来，把青年学生的思想关注点和利益关注点找出来，这样就能形成高校理论武装工作新局面的思路办法。

（二）要在"转化"上下功夫

转化，就是理论转化为实际行动，转化为学习和工作进步的实际进程。理论武装工作中存在的理论脱离实际，学归学做归做导致的学用脱节、学用"两张皮"现象，既是形式主义、官僚主义、主观主义的态度和学风问题，更是转化工作不到位、缺乏联系实际的本领和能力问题。

在转化上下功夫，要下两个方面的功夫：一是提高辅导员自身的理论武装水平和实践本领；二是要结合学生理论学习的实际情况开展工作。高校辅导员之所以谋创新、解难题的能力强，具有解决实际问题的突出本领，被人们评价为工作能力强、理论素质高，很重要的原因就是善于运用创新理论的大原理、理论思维的大格局做实际工作。高校辅导员开展理论武装工作要从青年大学生的思想实际和学习实际出发，把理论武装的目标任务转化为青年大学生思想和学习进步的具体指标、具体措施、具体办法，形成有个性的转化工作的具体抓手。要在学理论、悟原理的过程中，联系实际、联系工作学习，引导广大学生从"初心""使命"的意义上学懂弄通、学深悟透，悟出学习的使命任务、时代要求。

（三）要在"做实"上见成效

做实，就是求真务实、真抓实干，见实功、出实效。它是理论武装头

---

① 《马克思恩格斯文集》第 1 卷，人民出版社 2009 版，第 13 页。

脑、指导实践、推动工作的落脚点,也是学懂弄通做实、走深走心走实的落脚点。高校辅导员开展理论武装的各项工作要求,都要在"实"字上做文章,既从实践发展和工作实际出发,又落在实践和实际的具体进程、具体环节上,把知行合一、学以致用贯穿于理论武装的全过程;理论武装的各种计划安排、各次学习教育活动,都要在"实"字上见成效,把问题找实、把目标定实、把活动办实,让学生的每次学习教育活动都见人见事、见思想见行动,而不是仅仅体现在人员、时间、地点的"三落实"和做好规定动作及自选动作的计划落实。做实,是学懂弄通、学深悟透基础上的实,是入脑入心、走深走心之后的实,是学以致用、知行合一的实。没有真学、真懂、真信,不可能真用,脱离真学真懂真信自然就谈不上真用。

第三节　高校辅导员理论武装工作的新内容

《关于加快构建高校思想政治工作体系的意见》详细规划了理论武装体系的主要内容,强调要加强政治引领,厚植爱国情怀,强化价值引导。新时代高校辅导员开展理论武装工作,要与时俱进用党的创新理论、习近平新时代中国特色社会主义思想武装学生头脑,增进对中国特色社会主义理论体系的政治认同、思想认同、理论认同、情感认同。推动理想信念教育常态化制度化,大力开展中国特色社会主义和中国梦宣传教育,弘扬民族精神和时代精神,加强爱国主义、集体主义、社会主义教育,培育和践行社会主义核心价值观,加强教育引导、实践养成,深化党史、新中国史、改革开放史、社会主义发展史和形势政策教育,引导广大学生旗帜鲜明反对历史虚无主义,继往开来走好新时代长征路。

一、加强政治引领

加强政治引领是培养担当民族复兴大任时代新人的必然要求。习近平总书记在中共中央政治局第十四次集体学习时强调,"加强对广大青年的政治引领,引导广大青年自觉坚持党的领导,听党话、跟党走"①,新时代高校辅导员要在广大青年中加强和改进理论武装工作,动员广大青年把报国之志转化为实际行动,使广大青年成为担当民族复兴大任的时代新人。

（一）坚持以马克思主义为指导

马克思、恩格斯在《共产党宣言》中谈到共产党的先进性时指出,"在实践方面,共产党人是各国工人政党中最坚决的、始终起推动作用的部分;在理论方面,他们胜过其余无产阶级群众的地方在于他们了解无产阶级运动的条件、进程和一般结果"②。思想上理论上的先进性,是共产党能够指导工人阶级事业不断取得胜利的根本保证。党的力量在于它的理论武装。没有革命的理论,就不会有革命的运动,只有以先进理论为指南的党,才能实现先进战士的作用。中国特色社会主义进入新时代,以习近平同志为核心的党中央高度重视加强党的思想理论建设,要求全党认真学习马克思主义,把握马克思主义中国化最新成果,用党的科学理论武装头脑、指导实践、推动工作。习近平总书记指出:"实践证明,马克思主义是我们认识世界、把握规律、追求真理、改造世界的强大思想武器,是我们党和国家必须始终遵循的指导思想。"③新中国成立70多年来,我们党始终把马克思主义作为巩固社会主义制度、领导社会主义事业的理论基础,把理论武装作为团结人民实现党和国家战略任务的中心环节,这已经成为我们党和国家的重要政治优势。实践证明,坚持用马克思主义武装全党、教育人民,就能确保我们党发挥社会主义事业领导核心作用,就能充分发挥党和人民的历史主动性和时代创造性,就能使我们国家经受住国际国内风云变幻的严峻考验,就能更好地完成革命、建设和改革的各项任务,推进党和人民事业沿着正确方向加快发展,不断开拓中国特色社会主

①　《习近平在中共中央政治局第十四次集体学习时强调　加强对五四运动和五四精神的研究　激励广大青年为民族复兴不懈奋斗》,《人民日报》2019年4月21日。

②　《马克思恩格斯选集》第1卷,人民出版社2012版,第413页。

③　习近平:《在党史学习教育动员大会上的讲话》,人民出版社2021年版,第11—12页。

义事业新局面。

作为党的理论武装工作的重要阵地,高校要旗帜鲜明、立场坚定,自觉增强道路自信、理论自信、制度自信和文化自信,并把"四个自信"转化为办好中国特色社会主义大学的自信,充分汲取世界上先进的办学治校经验,遵循高等教育发展规律。在历史维度上,坚持马克思主义指导地位,扎根中国大地办教育,建设适应中国和时代发展进步要求、反映中国人民意愿的中国特色社会主义大学;在现实维度上,坚持马克思主义指导地位,需要坚持中国特色社会主义道路、坚持中国特色社会主义理论体系、坚持中国特色社会主义制度、坚持中国特色社会主义文化、坚持中国共产党领导,坚持中国高等教育发展规律以及学生思想政治教育规律。

(二)坚持用习近平新时代中国特色社会主义思想武装头脑

党的十九大把习近平新时代中国特色社会主义思想确立为党必须长期坚持的指导思想并写入党章,十三届全国人大一次会议通过的宪法修正案把习近平新时代中国特色社会主义思想载入宪法,实现了党和国家指导思想的与时俱进。习近平新时代中国特色社会主义思想,是对马克思列宁主义、毛泽东思想、邓小平理论、"三个代表"重要思想、科学发展观的继承和发展,是马克思主义中国化最新成果,是党和人民实践经验和集体智慧的结晶,是中国特色社会主义理论体系的重要组成部分,是全党全国人民为实现中华民族伟大复兴而奋斗的行动指南,必须长期坚持并不断发展。中国特色社会主义进入了新时代,这是我国发展新的历史方位。习近平新时代中国特色社会主义思想,正是在中华民族迎来从站起来、富起来到强起来的伟大飞跃中创立并不断丰富发展的,具有重大的时代意义、理论意义、实践意义、世界意义。

新时代高校辅导员开展理论武装工作要深刻理解习近平新时代中国特色社会主义思想的核心要义、精神实质、丰富内涵和实践要求。党的十八大以来,以习近平同志为主要代表的中国共产党人,顺应时代发展,从理论和实践结合上系统地回答了新时代坚持和发展什么样的中国特色社会主义、怎样坚持和发展中国特色社会主义这个重大时代课题,创立了习近平新时代中国特色社会主义思想。习近平新时代中国特色社会主义思想内涵十分丰富,涵盖新时代坚持和发展中国特色社会主义的总目标、总任务、总体布局、战略布局和发展方向、发展方式、发展动力、战略步骤、外部条件、政治保证等基本问题,并根据新的实践对经济、政治、法治、科技、文化、教育、民生、民族、社会、生态文明、国家安全、国防和军队、"一国两制"和祖国统一、统一战线、外交、党的建设等各方面作出新的理论概括和战略指引。习近平新时代中国特色社会主义思想的核心内容是"八个明确"和"十四个坚持",二者有机融合、有机统一,凝结着我们党坚持和发展中国特色社会主义的宝贵经验,反映了以习近平同志为核心的党中央对中国特色社会主义规律性认识的深化、拓展、升华,体现了理论与实际相结合、认识论和方法论相统一的鲜明特色。

(三)推进"四史"教育常态化

学习"四史"要坚持历史唯物主义的立场、观点、方法,要尊重历史事实、尊重历史规律,反对历史虚无主义。历史是客观存在的,谁也不能任意选择、任意打扮和任意篡改。历史既有偶然性,又有必然性和规律性。我们不能随意丑化历史、糟蹋历史。否定了老祖宗就会从根本上否定一个民族、一个国家、一个党。习近平总书记强调:"古人说:'灭人之国,必先去其史。'国内外敌对势力往往就是拿中国革命史、新中国历史来做文章,竭尽攻击、丑化、污蔑之能事,根本目的就是要搞乱人心,煽动推翻中国共产党的领导和我国社会主义制度。"[①]对于历史虚无主义我们要敢于亮剑,坚决抵制和斗争。学习历史、弘扬革命精神是坚定文化自信的基本途径。传承"四史"的力量,必须把"四史"教育作为基础性工程,做到常态化开展、制度化推进。

高校辅导员开展理论武装工作要以树立科学的历史观为基础,让青年学生正确认识党和国家的历史,教育引导青年学生通过学习历史做到明理、增信、崇德、力行。在历史教育的实践中,辅导员要根据青年学生的特点引导学生形成正确的历史观;要优化教育途径,创新历史观教育模式。理论武装工作要善于运用电视、网络、微视频、直播等学生喜闻乐见

---

① 《十八大以来重要文献选编》(上),中央文献出版社 2014 年版,第 113 页。

的新媒体形式,把历史知识有机融入,让广大青年在学习乃至娱乐中也能够获取丰富的历史知识,使学生有更深刻的历史感悟,令学生思想教育真正地入脑、入心、入行。

二、厚植爱国情怀

今天,正值中华民族伟大复兴的关键时期,面对世界百年未有之大变局,爱国主义教育面临着国际国内大环境、新形势新任务的大变化。作为高校理论武装体系的重要一环,辅导员进行新时代爱国主义教育,既要守正也要创新,不断丰富教育内容、拓展教育形式、创新教育载体、强化教育效果,让爱国主义教育紧跟时代脉搏,始终充满活力。实现新时代高校学生爱国主义教育的目标,必须加强爱国主义教育影响,从强化教育实践、丰富教育载体和营造教育氛围等方面入手。在爱国主义教育显性影响和隐性影响的双重作用下,引导学生树立国家意识、增进爱国情感。

(一)强化爱国主义教育实践

爱国主义教育不仅要在校园里和课堂上,还要有更广泛的实践活动,并不断拓展爱国主义教育空间,加大爱国主义教育力度,扩大爱国主义教育影响。要通过丰富且有教育意义的教育实践活动使学生把爱国和爱党、爱社会主义统一起来,实现课上课下、校内校外的有机结合。要广泛组织开展实践活动,通过主题党团日、主题班会、专题研讨会等途径深化爱国主义教育;组织开展丰富多彩的校园文化活动,鼓励青年学生积极参加志愿服务和公益活动;充分利用党史校史资源,组织学生参观各类革命纪念馆,感悟红色文化。要广泛动员和组织青年学生深入改革开放前沿、经济发展一线和革命老区、民族地区、边疆地区、农村地区,组织学生深入开展调研考察,加深对我国国情的认识,坚定爱国的追求。

(二)丰富爱国主义教育载体

要充分调动传统载体和新载体的力量,通过青年学生喜闻乐见的音乐、美术、书法、舞蹈、戏剧作品、微视频等,进一步增强爱国主义教育的吸引力和感染力。要重视爱国主义教育网络阵地建设,按照习近平总书记要求的通过推动媒体融合发展、建设全媒体来丰富爱国主义教育载体,唱响互联网爱国主义教育主旋律,形成爱国主义教育线上线下联动效果。要利用学生入学季、表彰季、毕业季等重要时间节点,国庆节、烈士纪念日等重大纪念活动,开展升国旗唱国歌等仪式礼仪教育,通过严肃入党入团仪式,认真组织宣誓活动,强化国家意识和集体观念。

（三）营造爱国主义教育氛围

在强化实践和丰富教育载体的基础上,要做好爱国主义教育工作,还要高扬爱国主义旗帜,营造全社会的爱国主义氛围,厚植爱国情怀,要通过多种多样的教育载体和浓厚的教育氛围让青年学生在大环境中自觉接受爱国主义教育。要加强校风建设,强化校训校歌校史的爱国主义教育功能,利用校训等对高校青年学生进行爱国主义教育。要把爱国主义教育贯穿国民教育和精神文明建设全过程,形成家庭学校社会三位一体的爱国主义教育合力。

三、强化价值引导

中国特色社会主义进入了新时代,我们必须聚焦于这一客观现实和宏观环境。高校辅导员开展理论武装工作要深刻理解新时代大学生社会主义核心价值观教育的时代内涵,加强大学生社会主义核心价值观教育,提高新时代大学生社会主义核心价值观教育的针对性和有效性,解决在进行社会主义核心价值观教育中存在的问题。必须以习近平新时代中国特色社会主义思想为行动指南,推动社会主义核心价值观教育落地生根。

（一）全面把握新时代社会主义核心价值观的丰富内容

党的十九大报告再次深刻阐述了社会主义核心价值观的丰富内涵和实践要求,为新时代决胜全面建成小康社会,开启新时代全面建设社会主义现代化新征程、实现中华民族伟大复兴中国梦提供了根本指引。第一,教育方式要贴近学生。教育学明确指出,教育活动中教师和学生都是人,相对物的因素来说,他们都是教育活动中的两个主体因素。面对"00后"大学生,互联网已经成为他们获取知识和信息主要来源,在开展社会主义核心价值观教育时,要准确认识大学生的特点,采取专题讲授、参与体验、研究展示等丰富的方式,把线上线下的学习成果展示出来,激发青年学生的学习兴趣与动机,引导他们主动学习和实践,实现学思行的结合。第二,教育内容要紧扣特点。针对青年学生敢于追梦,勇于实现自己的想法及对新科技产品感兴趣的特点,开展微代言活动。在微博、微信、微视等青年学生常用的交流工具上,征集如"晒一晒,我的核心价值观实践"等活动。第三,教育要注重时代元素。互联网、移动互联网、新媒体及网络技术、数字技术等发展而产生的现代科技产品这些"时代元素",已经深入渗透到人们生活的每一个角落,深刻影响着现代人的思想与生活。高校辅导员要以此为切入点,积极营造健康的网络生活空间,建立微信公众号、学习交流群等平台,及时传递理论学习、最新动态等信息;通过精神文化产品潜移默化地影响学生的思想观念、价值判断、道德情操,如微电影、微视频、微动漫、校园歌曲等大学生喜闻乐见的精神文化产品,它们具有传播力强、影响面广、渗透性深、接受性易的特点,通过这些精神文化"产品",实现社会主义核心价值观"润物细无声"的教育效果。

(二)科学认识新时代社会主义核心价值观的重大意义

新时代,中国正在经历最为广泛而深刻的社会变革,正在为实现民族复兴梦想不懈努力,但面临着外部环境的挑战和内部矛盾的干扰。一方面是西方各种社会思潮和价值观念不断涌入;另一方面则是人们思想活动的多元性和差异性明显增强。高校辅导员在开展理论武装工作时,需要认识到社会主义核心价值观的重要引领作用,通过社会主义核心价值观教育,实现大学生价值理念的突破和价值实践的升华,达到知行合一。

一是家庭、学校、社会要形成整体育人环境、系统推进。每个学生的价值观均来源于其所生活的家庭、学校和社会。因此,社会主义核心价值观教育是一项系统工程,应构建家庭、学校、社会合力育人的协同平台,形成统一的整体育人环境,系统推进。高校辅导员应在其中发挥桥梁作用,通过新媒体和相关主题教育活动,搭建学校、家庭、社会三方的联系机制,定期开展和推送相关活动,通过多方面教育引导使大学生形成关于社会主义核心价值观的正确认知。二是强化社会实践活动。实践是能动地改造客观世界的物质活动,是价值活动以及价值关系产生的最根本基础,实践决定着主体价值观的生成、发展与实现,决定着主体价值观的基本指向,因而要特别注重实践活动,促成社会主义核心价值观的行为转化。高校辅导员要注重开展志愿服务、为留守儿童辅导功课、关爱老人、结合专业为贫困地区农民脱贫致富出谋划策等形式多样的社会实践活动,从而找到个人发展与社会的结合点,进而养成行为习惯,达到"知行合一"。

(三)深刻回应新时代社会主义核心价值观的时代课题

习近平总书记在党的十九大报告中明确指出,培育和践行社会主义核心价值观"要以培养担当民族复兴大任的时代新人为着眼点"①。这一重要论述,创造性地提出了担当民族复兴大任与时代新人。担当民族复兴大任,就是实现中华民族伟大复兴,要实现复兴需要培育一大批时代新人,时代新人必须扣好人生的第一颗扣子,就是社会主义核心价值观,因为它是基准线、规范线,是照亮道路的明灯,它可以决定人生的方向。

开展社会主义核心价值观教育,不能抛弃我们党的红色基因,不能丢掉的根本。习近平总书记强调,红色基因就是要传承,要把红色资源利用好、把红色传统发扬好、把红色基因传承好。把红色基因与社会主义核心价值观教育融为一体,从而真正让大学生把社会主义核心价值观内化于心、外化于行。新时代高校辅导员开展理论武装工作要立足地情,邀请专家、学者进校讲授"红色故事"。利用革命老区的革命遗址、遗迹、文物、人物的精神等宝贵的红色资源培养时代新人,增进大学生对自己学习、生活所在地的详细了解和热爱。带领学生重温红色经典,弘扬革命传统,在重大节庆日,开展"唱红歌""讲红色故事""红色走读"等活动,通过现场生动活泼的宣讲,提升自我、感染他人,弘扬革命传统,引导他们理解社会主义核心价值观的红色起源。开展主题实践活动和体验活动,脚踏实地"走"和用情用心"访"相结合,强化大学生对红色基因的情感认知和社会主义核心价值观的理性认同。

---

① 习近平:《决胜全面建成小康社会　夺取新时代中国特色社会主义伟大胜利——在中国共产党第十九次全国代表大会上的报告》,人民出版社 2017 年版,第 42 页。

第四节　高校辅导员理论武装工作的新路径

从教育基本规律来看,"让有理论的人讲理论",这是增强辅导员日常思政工作的理论性、学理性的内在规律性要求。高校辅导员如果想"理直气壮"地肩负起对大学生政治、思想正确引领、学习精准辅导、情感关怀疏导、行为教育教导、就业规划指导的时代使命,只有靠"彻底的思想理论根本"去实现。

一、深化理论学习与研究

辅导员在理论武装工作开展的过程中,既是理论武装工作的组织者,又是理论武装工作的接受者。"打铁必须自身硬",加强理论武装离不开对理论知识的深入理解和有效掌握,离不开对理论研究的系统思考和实践创新。

（一）与时俱进开展理论学习

深入开展理论学习,要坚持读原著、学原文、悟原理,夯实基础理论;坚持全面学、贯通学、深入学,聚焦热点前沿;带着信念学、带着感情学、带着使命学,坚持问题导向,真正做到学深悟透、融会贯通、真信笃行。

一是要夯实基础理论。精研细读马克思主义的经典原著,深入学习思想政治教育原理、中国特色社会主义理论体系以及中国共产党党史、新中国史、改革开放史、社会主义发展史,花大力气、下大功夫认真研究基础理论问题,才能为成果转化奠定理论基础。目前,高校辅导员没有统一标准的准入机制,辅导员专业背景复杂、基础理论缺乏,成为制约其工作和开展科学研究的难点。很多辅导员对于马克思主义理论、思想政治教育等基础学科的基本概念、学科内涵、知识体系、理论方法不够了解,工作开展以经验居多,理论较少,其转化成果只能沦为一般的工作总结,缺乏学术价值和理论深度,难以形成高质量的学术成果。因此,提高高校辅导员的专业化水平应当从学科着手夯实基础理论,坚持原原本本地学、专心致志地读、细嚼慢咽地去感悟思考,深入学习领会这一思想的核心要义和基本精神。

二是要聚焦热点前沿。理论学习的各个知识点不是孤立的、零散的,需要突出整体性要求,全面理解其基本内容、基本观点。理论武装工作具有时代性、实践性、规律性,高校辅导员必须要树立前沿意识,善于把握理论研究和实践探索的前沿问题,聚焦学科发展过程中的重点、难点、热点问题。一方面要聚焦思想政治教育实践前沿。辅导员工作所面对的工作对象随着环境、年龄变化而不断变化,各个阶段都会产生新现象、新特点、新问题。高校辅导员只有不断地思考解决新发问题、热点问题,才能找到成果转化的实践生长点。另一方面要聚焦思想政治教育理论前沿。高校辅导员应当具有敏锐的科研意识,认真学习高校思想政治工作相关的会议精神、政策、文件,密切关注学术界理论动态,对思想政治教育理论研究的焦点前沿有及时准确的把握,确保成果转化的学术价值。

三是要坚持问题导向。理想信念的坚定,来自思想理论的坚定。辅导员在理论学习中,要坚持问题意识、问题导向,问题既是理论创新的起点,又是理论发展的动力源。特别是辅导员在直接参与学生思想政治工作的过程中,要树立强烈的问题意识,善于发现问题,一方面在帮助青年学生解决实际问题;另一方面也是思想政治教育不断获得新认识的源头活水。理论武装工作就是要根植于学生思想政治工作的伟大实践中,从实践中产生的新问题、新情况,蕴含着丰富的思想、理论源泉。对这些问题给出我们的理解、解释、解决的路径和可能的前景,从现实到理论,方法到应用,再从应用中发现新问题,提炼新理论、新方法,实现思想政治教育理论的不断创新发展。

(二)结合实际开展理论研究

新时代的理论武装工作要求辅导员要立足工作实践,善于思考,善于总结,从繁杂的事务工作中提炼规律,形成实践和研究成果,为立德树人、人才培养提供科学方案贡献力量。

一是要完善学科体系,创新理论成果。高校辅导员开展大学生日常思想政治教育虽然实践性强,但更需要依托相应的学科知识和理论体系。

学科发展取决于研究对象的生动实践,辅导员的日常工作是思想政治教育学科重要的实践基础,注重把工作转化为研究成果,把经验上升为科学,总结提炼工作中经验规律,能够促进思想政治教育原理、理念、方法的更新,形成不断完善的理论体系。辅导员立足工作转化而成的丰富理论成果,势必促进与之密切相关的马克思主义理论一级学科特别是思想政治教育二级学科的发展完善。

二是要推动工作进展,提升育人实效。辅导员所做的一切工作,其最终目标都是落实高校立德树人的根本任务,借助相应的理论和方法,将新时代大学生培养成德智体美劳全面发展的社会主义建设者和接班人。因此,辅导员在日常工作基础上总结形成的科学理论,可以反过来指导育人实践,为自身和辅导员职业群体提供一定的理论引导和可借鉴、可利用的先进经验,帮助其解决育人过程中的实际问题,使理论研究成果转化为实践工作成效,切实提升理论武装的成效。

二、创新工作方法

理论是严谨、科学的,但并不意味着理论学习就是枯燥、乏味的。理论武装工作的方式有许多种,如果我们选择一成不变的方式,学生就会认为理论本身也是僵硬的;而如果我们选择专业的、创新的方式,那么理论武装工作也会变得深入人心。

(一)扎实开展理论宣讲

理论宣讲工作,是党的理论武装工作的重要组成部分,是新时期传播党的理论创新成果、武装和教育基层干部群众的有效途径。辅导员在面对学生的时候,要做到上接天线,下接地气,既要把党的政策理论说得透彻,还要让青年学生能共情、有感悟。

宣讲内容要让学生"坐得住"。学生关注点在哪里,理论宣讲工作就做到哪里。很多高校成立了辅导员宣讲团,讲校情校史,立足高校深度挖掘文化传承;讲身边的人和事,紧扣问题开展生涯规划与就业指导;讲红色故事,用革命人物事迹阐述大道理。辅导员开展理论宣讲工作,其内容要紧扣形势与政策,从政治理论到时政热闻、从习惯养成到心理健康、从学业指导到考研就业,为同学们及时提供全方位的指导。辅导员可以从自身的经历和实际生活中的学生实例出发,用贴近学生的语言和视角来传递思想和理念。

宣讲语言要让学生"听得进"。理论宣讲中的抽象概念、空洞说教,可能让人觉得枯燥无形,如果辅导员善于将"大道理"与大学生易于感知和接受的"小确幸"有机结合,就会使原本单调的话语变得立体、丰满。辅导员要关注学生们常用的话语表达方式,大学生根据自身的兴趣爱好、特定文化背景以及其他需要,组成指向性鲜明的话语圈层,用于朋辈之间网络互动交流。有的是网络流行语,有的是即兴口头禅;有的是谐音,还有的是字母、数字、符号等诸多网言网语。形象地说,理论宣讲就是把自己的思想"装"进别人的脑袋里,曲高和寡肯定是不行的,只有入耳入眼,才可能入脑入心。这就需要辅导员精准把握当代大学生的认知特点,把深刻的道理通过生动的形式、贴切的语言表达出来,让他们不仅听得进、记得住,还能"良久有回味,始觉甘如饴"。

宣讲形式要让学生"记得牢"。要致力于将"互联网+"打造为理论宣讲的新兴阵地,通过播放微视频、组建微信群等方式,将理论宣讲由"一时一地"拓展为"随时随地",便利辅导员与学生、学生与学生间的交流沟通。在新冠肺炎疫情期间,很多高校辅导员第一时间在网络平台开展"微宣讲",用剪辑的影片、用榜样的力量,唤起了青年学子的责任与担当。青年学生们纷纷在朋友圈和网络空间转发、点赞,起到了很好的宣传效果。"微宣讲"通过选取合适的宣讲切入点,用学生们感兴趣的话语风格,以微平台、短视频来吸引学生。这种模式相较于普通的说教式,更为重视学生的情感体验,能将问题说得更直白,道理讲得更清楚。

(二)搭建有效平台

一是抓好学生党支部。着力学生党支部书记的示范引领学。辅导员要强化学生党支部书记的理论学习工作,要带头先学一步、学深一层、精学一些。着力学生党支部的集中常态学。辅导员要推动各学生党支部把学习党的理论贯穿支部政治思想建设全过程,充分运用"三会一课"、主题党日、组织生活会等日常载体开展经常性学习,广泛开展讲读《习近平新时代中国特色社会主义思想学习纲要》等主题鲜明、各具特色、便于操作的学习活动,努力把党支部打造成为学习传播习近平新时代中国特色社会主义思想的"微党校"。着力每个党员的自主计划学。辅导员要推动广大党员干部在积极参加学习的基础上,依据自身实际情况,制订切实可行的自学计划,把各项学习措施量化细化具体化,认真读原著、学原文、悟原理,带着问题学、联系实际学、注重运用学,边学边对照新思想找差距、补短板、促提升,真正把党的创新理论参悟透、领会准、运用好。

二是用好校园文化力量。营造多层次、高品位、高学术性的校园文化,使广大师生通过文化艺术节、大型文艺演出等校园文化建设受到政治理论教育,寓高校理论武装于校园文化建设之中,使校园文化成为高校理论武装工作的重要载体。要挖掘理论的文化内涵。习近平新时代中国特色社会主义思想汲取了古今中外的优秀文化成果,具有厚实的文化底蕴。因此,在进行理论教育时,不仅要呈现其基本内容,更要将其中蕴含的文化依据、文化根基、文化特点展现出来,充分发挥文化的感染和凝聚作用,增强理论的说服力。要加强校园环境布局、规划,使校园文化创新,融文化性、艺术性、思想性为一体。开展丰富多彩的校园文化艺术活动,举办文化艺术节、大型文艺演出及各类文艺竞赛活动。要完善校园文化制度,逐步健全校园文化场所管理、校园文化设施管理、校园文化活动管理、高校社团管理、校园网管理等方面的规章制度,使校园文化创新规范化、法律化。

三是开展多样化学习教育形式。辅导员要着眼于引导大学生在学习中深入思考、相互启发、学用相长、研究问题、学以致用,设计开展多种形式的互动式学习、调研式学习、开放式学习,充分调动和发挥学生对于理论学习的积极性、主动性和创造性。很多高校推出"移动思政课"等行走的思政课,通过场景启发性教育,让学生从"要我学"转为"我要学"。也可以充分运用"两微一端"等新媒体平台,积极探索"微学习""微党课""微宣讲"等新的学习教育形式,让我们的理论学习更富时代性、更具针对性、更有实效性。

三、筑牢工作阵地

（一）积极参与思政课程建设

在"三全育人"综合改革推进中，辅导员参与思政课程的教学已成为一种趋势。部分辅导员成为了思政课的专兼职教师，开展理论宣讲和教学工作。相较于专职思政教师，辅导员在日常工作中积累了丰富的工作经验，积累了能有效将理论与学生实际问题联系起来的教育形式。不少高校将"思想道德修养与法律基础""形势与政策"等课程，以学生工作部门牵头单位，辅导员直接参与授课。

一是直接参与授课，补充思政课教学师资力量。思政课意义的强化和高校课程的改革创新对师资力量提出了更高的要求。辅导员参与思政课教学既是与思政课教师形成育人合力，也是辅导员对马克思主义理论学习和理解的系统性的考验。这也要求辅导员要与专任思政课教师开展备课研讨，丰富马克思主义理论相关背景知识，学会在教学过程中深入阐释与辨析问题。二是丰富实践教学，创新思政课教学模式。由于辅导员日常中与学生的接触较多，且多为年轻教师，与学生的代沟较小，能够与学生较好地沟通，教学形式与想法也较多。因此，辅导员相较于专职思政课教师最大的特点，就是将思政课程实践化。三是搭建桥梁，促进思政教育与专业发展相融合。辅导员参与思政课就是要让专业课传递思政理念，让思政课结合专业特色，解决好人才培养过程中，如何让大学生在"服务祖国的伟大实践"中尽快成长。突出思政课的实践性创新和环节，加强对青年学生参与社会实践的理论指导至关重要，引导学生在躬身实践中寻找答案、释疑解惑，在服务祖国的伟大实践中担负民族复兴大任。

（二）充分利用新媒体技术

理论武装工作的与时俱进，不仅要求理论与时代同发展。伴随着互联网和信息化技术的迅猛发展，以大数据为代表的高科技手段已经渗透至政治、经济、社会等各个领域，改变着我们的生活习惯和行为方式，也将深深地影响理论武装工作。相比传统的电影、电视、报纸、期刊等理论宣传平台，互联网等新兴信息生成和传播载体优势明显。

善用传播手段。伴随着 5G 技术的广泛应用，理论武装工作将迎来新一轮的载体变革。通过网络直播、网上党课等手段开展理论武装工作，我们必须科学认识网络传播规律，善于运用互联网技术和信息化手段，为理论武装工作"插上科技的翅膀"，使互联网这个最大变量成为促进事业发展、理论传播的最大增量。要推进媒体深度融合，构筑传播矩阵，加强同频共振。学习借鉴媒体"中央厨房"模式，按照"一次采集、多种生成、多元传播"的融合发展思路，组织力量深入一线，广泛采集生动案例，再在不同的平台上推出适应各自特点的融媒体产品，全方位、多层次、多声部传播党的创新理论，用心、用情、用脑将透彻的思想讲透彻，把鲜活的理论讲鲜活。

加强精准传播。一是把握差异性，因材施教，针对不同受众群体的特征与需求来推送内容。对于青年而言，新时代深化理论武装就是要掌握马克思主义的立场、方法和观点，明确习近平新时代中国特色社会主义思想的基本内容、精神特质和方法论要求。因此，要将提高理论素养作为青年培养的重要内容，发挥理论素养对政治素养和业务素质的促进作用。比如，对大学新生要讲理想信念、扣好人生第一粒扣子；对毕业生要讲家国情怀、担当精神。对于党员干部而言，系统化、体系化和深层次地把握理论，坚持、发展和创新理论，是其职责所在和重要使命。理论素质反映党性修养，加强理论武装是党员干部义不容辞的政治责任。二是分时传播，视时定策，针对不同的时间节点，提前谋划宣传工作。在高校学习生活的不同时段，在年度重要节点纪念日或是传统节日庆典，都可以有针对性地开展理论解读和政策宣传。

增强交互参与。新媒体技术在理论武装工作上的运用不能自说自话，还要与受众产生对话和交流，从而强化理论知识在认知层面的认同和情感层面的共鸣。例如大学生对热点事件的热议、热评，辅导员要加强引导，将理论认同转化为政治自觉，始终坚守正确的政治立场，保持思想上的清醒与行动上的冷静。与此同时，微信公众号、朋友圈和微博等新媒体的交互性功能也使得内容"生产者"和"消费者"能够实时互动，学生能及时沟通想法，辅导员也能在互动中开展更个性化的指导服务，从而提高理论武装工作的实效性。

第四章　新时代高校辅导员管理服务工作

学生管理服务工作是高校办学治校的重要组成部分,是培养德智体美劳全面发展的时代新人的重要内容。辅导员作为直接面对学生的高校管理服务人员,必须着眼落实立德树人根本任务,深入了解和把握新时代高校学生管理服务的丰富蕴涵、重要价值,根据时代的要求和学生特点不断提高工作能力和水平。

第一节　高校学生管理服务的内涵解读

新时代高校学生管理服务是一项具有较强理论性与实践性的工作,涉及丰富的工作内容和工作要素。厘清相关概念,明确工作内涵,是深化新时代高校学生管理服务工作的首要前提。

一、新时代高校学生管理服务的相关要素

正如恩格斯所说:"只有清晰的理论分析才能在错综复杂的事实中指明正确的道路。"[①]管理最早开始于部落等形式的人类群体之中,体现在人类的共同劳动之中。管理主要是一种自上而下的模式体系,管理主体即管理行为的实施者通过一定的规章制度、手段等对管理客体施加影响和要求,使其按照管理主体本身的需要或者社会发展的需求进行活动。

---

① 《马克思恩格斯全集》第 37 卷,人民出版社 1971 年版,第 283 页。

新时代高校必须构建一整套完整的以教书育人、管理育人、服务育人以及环境育人为主的教育系统,为学生的成长发展保驾护航。在我国高等教育系统中,管理既体现在对教师群体的规范之中,更加体现在对学生的培育之中。管理服务育人是指高校的管理者围绕育人的根本任务,通过加强管理和服务的途径,对学生施以积极的影响。为了能够营造更好的育人环境,必须要明确高校管理服务的相关要素。

(一)高校学生管理服务要注重把握服务对象

2018 年 4 月 19 日,习近平总书记在清华大学考察时指出,当代中国青年是与新时代同向同行、共同前进的一代,生逢盛世,肩负重任。近年来,我国各项事业蓬勃发展,亟须培养一大批优秀的后备人才使事业持续发展、后继有人。青年人尤其是大学生群体是后备人才的主力军,是中国特色社会主义的建设者和接班人,高校的一切体系机制设置也都是为了培育新时代大学生而服务的。因此,必须把大学生群体的成长需求和成长规律作为制定教育方针、实施教育任务的出发点和落脚点。在高校管理和服务的过程当中,要凸显大学生在整个育人体系中的主体地位,发挥学生的主观能动性,注重学生的切身利益,满足学生发展需求,促进学生全面发展。高校要做好管理服务工作,就"必须坚持以人为本,因为我们的教育对象是有血有肉、有性格、渴望实现自身价值的优秀青年,我们必须正视他们的这些特征,树立人本主义的现代化教育管理理念"①。

(二)辅导员是高校学生管理服务的主体

我国高校一般采用学校—学院—班级的分级管理模式,形成一整套自上而下的人性化育人体系。在整个管理和服务的双向活动中,真正能够接触到学生并实施培育学生任务的,就是辅导员这一基层群体。由此可见,管理和服务是辅导员工作的重点。辅导员对于学生的思想政治教育起到了至关重要的作用。如今很多学校都采用专职和兼职辅导员的聘任模式,教师队伍年龄也趋于年轻化,和学生之间年龄差的缩小、思想鸿

---

① 姜焕良、冯金丽:《以人为本、德育为先 全面提升学生思想素质》,《今日中国论坛》2013 年第 5 期。

沟的削弱等也成为辅导员进行思想政治教育活动的极大优势,显著提升了高校思想政治教育工作的成效。辅导员作为基层教师,统筹学校各育人体系与育人主体,通过管理和服务双向互动的模式对学生实施服务,从而达到促进学生身心全面发展的目的。在这个过程中,辅导员和学生之间的关系超越了简单的师生关系,将人生导师和知心朋友的概念有效诠释,更多的成为一种相互学习、共同进步的伙伴关系。

(三)高校学生管理服务的环境涉及到学校、社会与家庭

高校是具有开放性、多元化特点的学生发展场所,并且与社会相衔接。学生在这种双重环境作用下必然需要一个正面的、导向性的指引,需要高校管理和服务在这种环境下对学生进行制约和引导。管理手段可以通过制度、规章、规范以及规则等制度性成文体系对学生起到制约、约束作用,使其按照规定的方向以及社会和时代的发展要求进行学习和生活;服务手段主要是为学生提供辅助作用,对学生的经济、心理、生活等方方面面进行服务式帮助,帮助其解决现实问题,为其学习和生活提供较为稳固的后勤保障。管理的接受性与服务的精准性都离不开校园文化、学生成长环境、社会大环境的影响和协同。只有学校、社会、家庭的同向、互通才能形成更加有效的管理与服务。

(四)高校学生管理服务的目标是立德树人

新时期尤其是党的十八大以来,"为谁培养人、培养什么人、怎样培养人"是我国社会主义教育事业发展中必须解决好的根本问题,更是思想政治教育的根本问题。十八大报告提出要"立德树人",明确表达了中国特色社会主义大学的政治属性和政治使命,坚强而有力地回答了这一事关党和国家前途命运的问题,具有里程碑意义。全国教育大会明确了我国的人才培养目标是培养德智体美劳全面发展的社会主义建设者和接班人。它抓住了教育的本质要求,明确了教育的根本使命,符合教育规律和人才培养规律,进一步丰富了人才培养的深刻内涵。随着我国教育目标的更新和改进,随着人本主义的理念深入人心,高校管理工作的建设成为一项必不可少的重点工程。为此,各高校充分考虑和响应当今时代的要求和国家号召,从不同维度、不同方面对本校管理模式进行与时俱进的根本性变革,通过学校管理和服务的双重手段施加作用,为实现立德树人的根本任务而努力奋斗。

二、新时代高校学生管理服务的内涵解析

管理和服务各有其丰富内涵,在实践创新和理论深化中不断发展。管理包括个体管理、行为规范、组织建构;服务则可分为个体服务、心理扶助、经济资助、权益保障、生活服务。同时,管理和服务并不是相互隔绝、"各自为政",而是相互交融、辩证统一的。

(一)高校学生管理的内涵

习近平总书记在全国高校思想政治工作会议上强调:我们的高校是党领导下的高校,是中国特色社会主义高校。办好我们的高校,必须坚持以马克思主义为指导,全面贯彻党的教育方针。高校管理体系主要是通过一系列具有强制性、权威性的规章制度以及行为规范,对学生进行思想和行为上的制约和调控,使其按照整个时代和社会的发展要求去成长,能够担得起社会主义建设者和接班人的历史重任。作为高校管理体系的重要组成部分和高校立德树人的机制构成之一,高校学生管理体系主要包括个体管理、行为规范、组织建构三个方面。

1. 个体管理

在个体管理中,个体既是管理者,也是被管理者。在管理者的身份上,这个概念主要体现在个体对于自身的约束和规范,体现在个体的自律行为;而以被管理者的身份,个体管理主要表现于规章制度体系、行为规范守则等成文规定对个体的制约和调控。在高校管理体系中,学生的个体管理一方面主要体现在校规校纪、宿舍管理办法等成文的文件对于学生的思想和行为的规范;另一方面也是更为重要的,是让学生在成文规定的制约下能够形成自我管理、自我调控的习惯和行为。

学生初入大学校园,刚刚完成了从高中生到大学生的身份转换,他们的思想和行为会受到周围环境以及网络信息等因素的影响。面对当前严峻复杂的社会环境和学校环境,高校的管理体系需要发挥其自身作用,为学生的思想形成和行为规范提出标准、做出标杆,给学生提供一个合格的

示范。合理的规章制度体系给予学生的不仅仅是端正思想、制约行为的单纯制约作用,更重要的是为身心发展尚未成熟的学生指明前进的方向,推动学生朝着中国特色社会主义建设者和接班人的标准不断靠拢。教育的最完美形态就是要实现学生的自我教育和自我约束,因此,高校要特别重视通过制度来加强大学生的自我教育。一方面,在制度规范发挥制约、强制作用时,学生能够按照规则要求进行活动;另一方面,也是作用更大的一方面在于:规章制度在潜移默化过程中在学生内心扎下规范的种子,使学生产生强烈的自我管理意识,促进学生从"他律"到"自律"的思想观念变化。

2. 行为规范

高校管理制度体系的突出特点在于它的规范性、强制性、约束性,对学生的行为方式和习惯具有导向作用;对于学生身处校园环境之中"可以做""不可以做"的行为提供指引方向的标准,并对好的行为与违规违纪的行为做出明确的区分和界定。高校管理通过具体的奖惩制度,对于优秀的、先进的行为给予鼓励和支持,并对其他同学发挥榜样模范作用;对于消极的、违规违纪的行为给予批评和警告,严重者给予不同等级的处分,并对其他同学发挥提醒警示作用。在更高的层次上,规范一词,不仅能促进学生的行为方式和习惯朝着制度所规定的方向发展,更能够促进学生以行为规范来涵育文明行为,在接受规范、内化规范的基础上促进正确价值观念的形成,推动学生形成良好的行为风尚。

3. 组织建构

就每个学生而言,他们作为个体而单独存在,而无数个学生个体因为他们之间的共性特点而连接成一个庞大的学生群体。从学生个体来看,其个体差异性表现明显,而将其置于整个学生群体组织之中,我们又能够准确把握其中的共性之处。对这样一个个体与群体之间的关系,高校的管理就需要将个体与群体相结合,将个体融入群体之中,既把握学生身上的共同点,又采取不同的方式对学生进行针对性教育和培养。基于个体管理和行为规范,组织的共性价值观念和行为方式影响将形成巨大合力,潜移默化地带动和引领学生个体向上、向善,形成青年成长成才的组织动力。目前,高校的年级、班级组织健全,基层党组织建设呈现扎实推进的良好态势,团组织、学生会组织的建构日趋严格。这些组织的建构既是对学生的组织制约,更是通过学生参与管理、自我约束的方式去发展学生在正确政治方向和价值观念下的自组织发展,从而推动立德树人这一既定目标的实现。

（二）高校学生服务的内涵

著名的"威斯康星理念"认为,社会服务职能就是"把大学的资源和能力直接用于解决公共问题"。[①] 如今教育理念不断更新和发展,我们更加注重学生主体概念,把学生看作完全的自由发展的人,教育服务的本质越发凸显。当前高校服务体系的内涵就在于:在办人民满意的高校的思想指导下,在机制创新和制度保障的基础上全面推行开放式办学,既坚持培养高质量人才服务社会的信念,又充分利用高校教育资源直接做好社会服务,追求教育服务社会效益的最大化。[②] 高校学生服务既是高校社会服务的有机组成又是高校人才培养不可或缺的内容,对高校的社会声誉、学生满意度等有直接影响。聚焦高校学生服务体系,可概括为个体服务、心理扶助、经济资助、权益保障、生活服务五个方面,这五个方面共同为学生的健康成长提供了有效保障。

1. 个体服务

个体服务聚焦于学生作为个体的差异性上。每个学生的家庭背景、生活场所以及教育经历等方面都存在着很大差异,这也就间接地使得学生的性格、思想、行为等方面所表现出的特点不尽相同。在教书育人理念体系中,有一个重要的教育原则即因材施教原则,这个原则主要是指教育者在对受教育者进行教育和施加影响的过程中,必须要根据每个学生自身的独特特点,选择与其相适应的教学方式和方法。这条原则在高校服务学生的过程中也同样适用,在实施服务时,辅导员必须要根据学生的各

---

① 刘献君:《论高校贯彻落实科学发展观中的十个关系》,《高等教育研究》2009 年第 4 期。

② 何向荣、邱开金:《建设教育服务型高校的实践与思考》,《浙江工贸职业技术学院学报》2009 年第 3 期。

方面特点,把握其特殊性,有针对性地、精准地为学生提供服务,帮助其解决思想的错误和偏差以及现实生活中所遇到的困难和障碍,为学生排忧解难,促进每个学生的良性发展。

2. 心理扶助

面对我国当前复杂多变的社会大环境,学生在成长和发展中的压力在不断增大,身心尚未完全成熟的学生在压力负荷下很容易出现消极倾向。因此,学生的心理健康教育也就显得尤为突出。各大高校都会设置相应的心理咨询室、情绪发泄室等为学生提供相应的心理扶助服务,并且会以心理健康问卷等形式去了解学生内心的真实想法,找到其内心中的脆弱点和矛盾之处。在辅导员、心理老师以及家长的共同合力下,使学生尽早摆脱消极情绪,恢复原有的积极健康、努力向上、朝气蓬勃的青年人模样。

3. 经济资助

各大高校会对本校学生的家庭经济状况进行调查,通常采用问卷等保护隐私的方式,对于学生的家庭经济状况进行等级划分和评定;根据国家的资助标准,对于不同等级的家庭经济困难学生给予不同等级的助学金支持并提供相应的勤工俭学机会,为学生的家庭减轻负担。同时,高校也通过颁发奖学金的方式,激励学生努力学习,实现自身的多方面、多层次、立体化的发展。考虑到学生受到经济方面的影响可能会出现自卑等消极情绪,学校也会联合辅导员对学生进行谈话,在帮助学生解决经济问题的同时鼓励学生摒弃消极情绪,促进其持续健康发展。

4. 权益保障

权益保障主要体现在对于学生的学习、生活等各个方面正当利益的合理维护。各大高校纷纷组织权益提案大赛、"我为学校提建议"等系列活动鼓励学生积极发言,表达大学生群体的真实诉求和切身利益,从而对其中的突出问题作出相应调整和解决。同时,辅导员作为学生学习和生活的指导者,也会为学生提供权益保障方面的服务。辅导员会经常以走访寝室、开年级会议等形式了解学生内心的真实想法和生活上遇到的一些问题和情况,并及时、精准地为其提供帮助,为学生的正常学习和发展提供强有力的支持和保障。

5. 生活服务

生活服务聚焦于学生生活层面的需求。高校学生生活服务管理体制是高校后勤社会化的主要内容。它主要包括住宿、饮食、洗澡以及日用生活、学习用品的供应等方面。[①] 随着时代不断进步、社会不断发展,人们尤其是学生各方面生活配置有所提高,对于生活水平和质量的要求不断提升,对宿舍条件、饭菜质量、服务态度以及环境卫生等方面提出了更高的要求。因此,高校服务必须要充分考虑到生活服务层面,充分体现以人为本的服务理念,主张服务第一,切实保障学生的生活条件和质量,为学生的成长发展提供正常稳定的场所和环境。

三、高校学生管理和服务的辩证统一

管理与服务可以作为两个概念独立存在。管理,是通过实施计划、组织等职能来规范他人的行为举止,合理协调各种资源的分配和配置,为整个团队或群体既定目标的实现而前行。这种手段多具有强制性、执行性,体现管理行为施加者的刚性规定。服务,是通过为他人工作,以各种物质或精神形态的方式满足服务对象的某种层面需求的活动。

管理和服务二者之间的关系既相互独立、各有体系,又相辅相成、"你中有我、我中有你"。这种关系的合理运用和实施,对于新时代高校学生管理服务的运作具有重要的理论意义和现实意义。二者之间的关系主要体现在如下几个方面:

首先,在目标上具有高度的一致性。新时代对高等教育事业提出了更高层次的要求,其必须坚持立德树人的根本任务,培养学生正确的价值观念和良好的行为规范,为祖国和民族的未来输送高质量人才。管理和服务作为高校育人的基本途径和载体,是高校育人体系中必不可少的一部分。二者实施作用的主要对象是学生,立德树人是二者实施育人职能

---

① 陈站华:《高校学生生活服务管理体制改革》,《中国高校后勤研究》2001 年第4 期。

的最终目标。管理表现在制度化、规范化，通过个人管理、行为管理以及组织管理对学生的身心各方面提出要求并促使其发生合理正确的转变；服务则表现在关心学生、帮助学生的过程中，通过个体服务、心理扶助、经济资助、权益保障、生活服务等综合性保障措施，使学生在关爱之下得到成长进步。两种手段虽然在实施途径、实现方式、实施力度等方面不甚相同，但是它们的出发点和落脚点都是为了给学生营造良好的成长环境，使其在管理和服务的过程中不断形成正确的人生观、世界观、价值观，养成良好的行为习惯和行为方式，从而成长为德智体美劳全面发展的社会主义建设者和接班人。

其次，在达成上具有高度的互补性。管理和服务作为高校育人的两种重要途径，在实施和真正发挥作用方面具有相互补充、相辅相成的特点。在高校培养学生、塑造学生的过程中，优质的服务是高校管理公信力的基础，规范的管理是高校服务质量的有力保障。优质的高校服务能够充分体现人文关怀理念，给学生家一般的感觉：对于学生的必要需求和合理诉求能够及时精准地给予满足，能够认真倾听学生内心中多样化的声音，对于各项工作模式作出及时的调整以满足学生的现实需要。只有这样的高校服务才能赢得学生发自内心的信任、拥护和支持，才能保证高校管理体系的有效实施。同时，高校管理体系达到足够规范、足够合理的标准，才能准确定位到学生经常出现的问题和错误，制定与学生发展相适应的制度规范，才能更好地保障高校服务质量的不断提高。无论是管理还是服务，在实现其育人价值的过程中，绝不仅仅只发挥其中一方的作用，二者必须相辅相成、相互促进，才能行而至远，实现立德树人的既定目标。

最后，在实施上具有高度的一体性。作为高校育人体系的具体实施路径，管理行为和服务保障是密不可分的。一方面，管理之中蕴含服务理念。如今高校的管理模式绝不仅仅局限于过去被动的、僵化的单向管理体系，而是抛弃了旧有的、落后的观念，将管理这一行为放到了新时代的背景下，从学生真实需求出发而形成的管理和服务相交融的双向互动化的良性管理模式。在这种新的模式实施下，要以服务的态度和基调去对学生进行管理，使学生能够在相对轻松且优质的服务环境下受到制度的约束,从而实现其自身的向上发展。另一方面,服务过程体现着管理导向。在高校服务的过程中,如果一味地按照学生的需要进行针对性服务,而忽视了要遵循正确的、适合学生发展的标准,那必然会导致教育的失败。服务并不意味着满足学生的一切需求,在服务过程中必须要确定一个明确的标准和规范,而这一标准和规范也就明确了管理的导向作用。管理打好制度的根基,为服务手段和行为提供规划和引导,从而要求学生在享受服务的过程中,遵守相关的制度规定,有效保障管理和服务育人路径的有效实施。

第二节　高校学生管理服务的育人价值

育人是高校的基本职责,培养德智体美劳全面发展的社会主义建设者和接班人是中国大学办学治校的根本目标。高校学生管理服务在育人方面具有深远的价值意蕴,是思想政治教育的现实途径、是解决思想问题和现实问题的契合点、是行为内化和文化传承的组织动力。

一、管理服务是思想政治教育的现实途径

2020年,教育部等八个部门联合出台的《关于加快构建高校思想政治工作体系的意见》(以下简称《意见》)中提出:要加快构建高校思想政治工作体系,切实将思想政治工作贯穿教育教学全过程,这是落实立德树人根本任务、推动把思想政治工作贯穿高校教育教学全过程的关键抓手。在《意见》中强调了"三全"育人的理念,作为如今我国高校思想政治工作体系构建的基本准则。所谓"三全"育人,主要内涵是在构建高效思想政治教育工作的体系中,建立完善的全员、全过程、全方位的思想政治教育体制机制。这种多维度、主体化的育人理念充分体现了我国教育事业对于学生成长发展的充分考量。在高校教育体系和机制中,要贯彻"三全"育人的理念,必然离不开管理育人和服务育人两方面相结合的育人手段。

管理育人主要是从严格的、具有强制性的规章制度、准则规则层面,

通过规范和约束的方法和手段对思想政治教育对象施加影响,以达到育人的目标。这种育人方法体现在高校学生管理体系的方方面面,以奖惩机制为主要的规范办法,对于先进的、积极的行为,高校会给予适当的鼓励与表扬,这既是对于学生行为的高度认可,也对其他学生的发展发挥了先锋模范作用;同样当出现消极的、不符合规章制度的行为,学校也会及时地对学生提出批评,并对其严重违纪行为给予处分,以示警戒。例如,某学生在宿舍生活过程中,与同寝室室友发生矛盾,情急之下和宿舍室友发生肢体冲突,造成极为恶劣的影响。对于这种情况,学校会凭借学校规章制度的权威性,根据事件的严重程度,依据规章制度给予涉事学生通报批评和纪律处分,并对调节好宿舍关系、解决学生矛盾提出可行方案,让学生明白自己的冲动和错误以及自身行为所要承担的责任。管理育人不仅仅是对学生行为进行规制和约束,更重要的是在学生出现错误行为以后及时对学生进行适度惩戒,使学生看到自身问题,并明确自己对自身行为所需承担的责任,为自己负责,从而在管理过程中,增强学生的规则意识和责任担当。

在实现既定目标的过程中,仅仅凭借管理育人这一方面是不够的,还必须结合服务育人的行动。服务育人的突出特点主要体现在变通性、服务性上,以柔性的、帮助性的手段,在教育教学、日常生活、心理帮扶、图书资料、医疗卫生、安全保障、后勤服务等学生日常生活和学习的各个方面,通过为学生服务给予学生一定的影响,从而达到育人的效果。高校服务突出大学生在高校教育体系中的主体作用,充分发现和解决学生的思想问题和现实困难,充分听取学生的内心声音,在帮助学生、服务学生的过程中引导学生、塑造学生;让学生在享受高校所提供的各项优质服务的过程中,成为服务他人、服务社会的新时代社会主义建设领先人才。高校聚焦于以具体的服务方式等人文关怀,为学生提供思想、专业、生活以及心理等方面的指导服务,使学生感受到学校的温暖,增强归属感和主体意识,循序渐进地感受服务中自己的发展与提升。例如,高校会对学生家庭经济状况进行评定,为贫困程度不同的学生提供不同等级的助学金支持,从而精准为每个经济困难学生减轻负担,保证学业的正常完成。发放助学金并不只是单纯把钱款发给贫困生,在给予帮助以后,高校相关资助部门工作人员会对学生进行谈话教育,让学生充分理解国家、社会以及学校对于学生自立成长成才的高度期待;既对学生的多维度发展提出更高层次的要求,也对学生的心理变化及时提供相应的疏导。

管理育人和服务育人是达成思想政治教育目标和任务的现实途径。二者作为思想政治教育的重要载体,在多方面发掘育人价值,相互有机协调形成综合性的教育合力,把握学生成长发展的切实需要,提供精准的靶向管理和服务,"不仅注重技能培育,更要牢牢把握好理想信念教育、爱国主义教育和道德素质教育等,突出发挥中国特色社会主义办学优势。为大学生自由全面发展,提供多元化成才路径,为社会主义事业培养有用之才"①。

二、管理服务是解决思想问题与现实问题的契合点

高校管理育人工作具有极强的导向型、实操性以及规范制约性,通过一系列的制度文化对学生提出基本的学习和生活要求。整个高校管理体系在执行和贯彻学校的制度规定,开展高校管理活动的过程中,也承担着培养大学生积极的思想素养和行为规范这一责无旁贷的任务。这一整套实施程序和过程突出体现了育人与管理过程的同时性以及制度化和人性化的相结合。但是其中的首要问题在于:在对学生进行思想政治教育的整个程序体系中,作为高校管理者,关键的任务就是在遵循制度原则的基础之上,发现学生学习、日常生活、人际交往等方面经常出现的问题和困难,找到学生的思想偏差和误区;针对这些思想认识的问题,制定相对应的解决方案,及时帮助学生摆正自己的思想根基、树立正确的价值取向和思维方式,从而为学生的头脑注入正确的理论观点,使他们从思想层面得到熏陶和培养。如今社会竞争激烈,对于人才的多方面要求不断提高,再加上人际关系的复杂、青年大学生情感的波动等,都很容易使得尚未成熟

---

① 卢凯、梅运彬:《高校服务育人的内涵与实践路径研究》,《黑龙江教育(理论与实践)》2020 年第 4 期。

的大学生出现思想和情绪上的问题,常常表现为焦虑、抑郁等消极情绪,严重者会出现极端的行为。因此,高校必须在管理过程中对学生充分了解和研究,从而实现早发现、早解决,促进学生的健康成长。

服务作为高校育人体系的重要组成部分,以围绕学生、关心学生、爱护学生为宗旨,通过为学生提供个体服务、心理扶助、经济资助、权益保障、生活服务等综合性保障服务方式,针对学生的具体问题和困难采取实际行动,制定对症下药的解决办法,从而高效率、高质量地帮助学生解决现实问题。比如,在每一届新生入学时,各高校都会采取问卷、线上填报等不同的方式,在保障学生隐私的前提下,去了解学生的家庭经济状况;依据国家标准,给予各个学生的家庭经济状况以等级评定,并对不同等级的困难学生提供必要的物质帮扶和勤工俭学机会;定期与困难学生、受资助学生谈心谈话,了解他们的切身诉求和生活中遇到的困难和问题,并制定相应办法给予适当帮助。此外,高校还会定期举行"我为校长提建议"、高校管理服务提案大赛等活动,鼓励同学们积极建言献策,为自己所看到、感受到的不满意不合理的问题和机制提出建议或意见。以上这些具体体现,都是解决学生现实问题的重要具体实现形式,为学生排忧解难提供了有力保障。

管理能够及时发现学生的思想困惑和问题,并针对其消极倾向给予疏导和排解,帮助其走出阴霾,积极阳光地学习和生活。服务主要通过物质和精神层面的扶助与咨询,有针对性地对学生的困难予以解决,充分保障学生合理利益,维护学生正当权益。管理和服务作为高校育人体系的两种重要途径,为解决学生思想问题和现实问题提供了重要支持和保障,成为解决学生思想问题和现实问题的契合点。

三、管理服务是行为内化与文化传承的组织动力

管理通过规范性、权威性的方式方法,对学生的行为和思想进行规范和制约,从而发挥其育人效果。从管理的规制性和约束性角度来讲,管理对学生个体而言是对学生行为习惯和表现方式所提出的规制性约束手段,对学生的"可为"与"不可为""必须做"与"必须不做"的行为作出了

准确的界定,明确了学生在大学生活中应该且必须有怎样的行为方式,不应该有怎样的不良行为。这种约束和导向正向强化了学生个体在行动上向正确、规范的方式迈进,使学生在被制约、管理中得到引导和塑造。同时,这种规范规定也会将学生尊重规则的被动行为在长期坚持中内化为下意识的习惯,进而上升为内化于心的优良品质。另外,通过严格的惩戒制度体系对存在不良行为的学生作出相应的惩罚和告诫,使其认识到自身的问题与错误,进而促进其正确发展方向和价值观念的形成。

每个学生都是立体的、多面的,作为个体他们既存在着与他人不同的独特特点,又存在着与整个学生群体相一致的共同点。在学生群体总体角度上而言,同学们个体行为的共性总和形成了整个群体的行为文化,此文化既彰显了社会公共所要求的政治方向、价值观念和行为范式,又体现了学生发展不同阶段所呈现出来的规律性内涵。这种文化的传承需要动态的行为接续,通过学生的日常学习行为、学生的文化活动等具体形式,使学生在潜移默化的过程中不断接触和传承。此外,这种文化的延续更需要通过动态的不断更新,根据时代要求和变化,制定出与时代进步、学生发展相一致的与时俱进的规则和要求。

管理服务是行为内化与文化传承的组织动力。高校管理服务的规则性、导向性使学生在被动接受的环境下得到合理规范和要求,使其在遵守的过程中不知不觉产生心灵的共鸣,使其认同规定的合理性,从而内化于心,并更好地指导自身现实行为。而学生群体共性所构成的组织文化的传承和发展也正是由学生管理的规则、导向所实现的。因此,高校管理服务是传承组织文化的重要媒介,其圭臬性和价值导向性正是文化传承的组织动力。

第三节　高校学生管理服务的实践进路

新时代背景下,高校建设和发展的内外环境发生了复杂深刻的变化,青年学生身心发展呈现出许多新特点,高校思想政治教育迎来众多未知和挑战。新的实践呼唤新的作为,为了更好地实现"立德树人"的根本目标、推动整体工作的高质量发展,高等院校必须不断更新自身,探索创新实践路径。

一、系统构建管理服务体制机制

一套科学完整的体制机制是学生管理服务建设的有力抓手。现阶段,高校通过形成完善的管理服务运行体系和全方位的管理服务组织体系来助力体制机制的构建。

（一）构建完善的管理服务制度体系

对于高校而言,维持校园日常教育教学的正常运行离不开完善的教育体系,而针对学生个体来说,其自身大学生活的顺利开展更离不开完善的日常管理服务制度保障。新时代高校应当着力建立健全学生管理制度,深入贯彻落实《普通高等学校学生管理规定》(教育部41号令),围绕个体管理、行为管理、组织管理三个方面的高校管理体系,积极完善、修订、健全现行学生管理制度。以科学的管理制度与管理体系,促进学生日常管理水平提升,确保学生日常行为有章可循、有据可依,同时公平公正做好各项制度的执行推进。为了提升教育治理体系和治理能力的现代化,引导学生自觉遵守校规校纪,应当进一步建立二级单位学生管理制度审核备案制度。在加强学校依法治校,促进现代大学治理体系建设的同时,高校还需注重提高管理效率与管理科学性,切实维护学生权益,增强学校组织文化的归属感和认同感,实现大学生文明素养与爱校情怀的双重提升。

高校辅导员作为与大学生朝夕相伴的老师,需要努力成为学生成长成才的人生导师和健康生活的知心朋友。在日常管理服务工作开展过程中,应当结合所在高校、专业的实际生源情况与学生特点,科学制定管理制度,规范管理学生行为,做到公平公正公开,程序正当、证据充分、依据明确、定性准确、处分恰当,尊重并保障学生陈述、申辩、申诉等权利,教育引导学生承担应尽的义务与责任,将管理与育人相结合,从遵守规章制度到自主地养成良好行为规范,促进学生文明行为养成。

（二）形成全方位的管理服务组织体系

在开展管理服务工作时,高校应充分且广泛地调动校园优质资源,努力构建全员、全过程、全方位的管理服务组织机制,将"三全育人"的教育理念与高校管理服务工作密切融合,紧密围绕学生,满足学生德智体美劳的全面成长需求。

目前,部分高校在学生思想政治教育工作中,缺乏对管理服务工作的重视,未能形成一个良好的育人环境,呈现出育人队伍合力不够,学生成长阶段出现工作断层,在学生全面发展过程中出现部分横向工作教育指导缺失等问题,高校管理服务组织机制亟待获得各高校重视和完善。在组织机制的完善中,高校应当优化组织架构和人员结构,构建立体化管理服务育人网络。形成由学校领导小组、工作小组、学生工作处、研究生工作机构协同构成的管理服务体系,以辅导员为主体,专业、行政班主任及导师形成全员育人的主体合力,筑牢家校沟通桥梁,加之以班团与学生组织等多方力量,能够共同汇聚而成立体的管理服务育人环境,使得学生存在的问题与困惑能够第一时间获得全员队伍的重视与关注并得到不同主体的有侧重的协同帮助。在发现学生出现亟待纠正的问题时,高校立体化管理服务育人网络能够将指导教育行动及时落位,与此同时,还能够结合学生发展状况,以学生为中心,多角度、全方位引导学生前进方向,激发学生成长内生动力,提升教育效果,保障思想政治教育工作实效的连续性。

二、有效落实日常管理组织实施

高校学生管理服务不仅要具备完善的体制机制,更要确保各类措施能转化为实际行动、确保"能落地""有实效",通过刚性约束与人文关怀相结合、管理服务与咨询疏导相结合,在日常的点点滴滴中体现育人力量。辅导员在其中具有不可替代的重要作用。

（一）坚持刚性约束与人文关怀相结合,促进学生文明养成

1. 促进日常行为规范养成,提升学生纪律意识

对初入校园的大学生来说,日常行为规范的养成尤为重要。高校学

生是否能自觉地讲文明、懂规矩、守底线,将直接影响学生自身的发展状态与管理工作的育人实效。高校辅导员作为与大学生联系密切的思想政治教育工作者,具有与学生沟通、对学生进行引导教育的便捷时空优势,能够在日常管理中帮助大学生养成良好的日常行为习惯、形成较高的纪律意识、塑造健全的人格品质,为大学生全面发展奠定坚实基础。

在学生日常管理工作中,高校辅导员应始终牢记立德树人的根本目标,以学生为本实施教育指导,循序渐进引导学生养成日常行为规范,有效开展管理工作。首先,在新生入学之初,即可全面开展《大学生手册》学习宣讲,带领学生详细解读各项规章制度,一同领会文件精神,让学生入学伊始便知晓自身的权利与义务,了解学校针对优秀学生的各项奖励办法,明晰违反校规校纪必须承担的处分惩戒,懂得规矩,守住底线。随后,在常态化管理工作中,辅导员还需夯实学生日常管理基础,从细微处着眼,将小事落实落细。比如,严格课堂出勤考核,依规检查寝室卫生、鞭策学生集体自习、保障晚间平安归寝等,将规范管理的严格要求和春风化雨、润物无声的教育方式结合起来,形成有效的常态化管理机制。此外,在必要时间节点,辅导员可组织带领全体学生开展"校园文明建设"及"安全规范教育"等富有意义的主题教育活动,通过引导学生思考"寝室是否像家一样温馨?""是否在不经意间违反了纪律?""怎样才能将寝室区域整理得更加干净整洁?"等问题,激发学生培养良好行为习惯的内生动力,培养学生的规则意识与底线思维。

辅导员在一定程度上是学生步入大学的第一位引路人,在开展学生的管理服务工作中,应当一边充分了解、掌握当代学生身心特点,一边保持充足的耐心与责任心,采用科学适当的方法增进与学生之间的联系,引导学生形成自我管理、自我服务的强烈意识。辅导员还应注重自身的道德品质与言行举止,潜移默化影响学生的思想行为。

2. 开展班寝建设行动计划,强化集体主义培育

在大学,班级是高校开展教学与管理活动的基本园地,寝室是学生维持正常学习生活的最小单位,两者都是高校对学生进行思想政治教育的主要阵地。在新时代背景下,高校大学生有着较强的自主性,个性张扬,

处事方式常以自我为中心,这也往往导致部分学生群体缺乏凝聚力,集体意识较为薄弱。辅导员应当充分利用好这两大教育阵地,"精耕细作",不断尝试更加新颖有意义的教育引导模式,引导学生群体有效提升集体意识。

针对高校班级建设,辅导员还应充分掌握班级学生的思想动态与班风走向,多措并举调动学生自身力量,强化班级建设。首先,可组织学生定期召开主题班会,有计划地设计多样的班会形式,实现团结学生、组织学生、教育学生的功能。其次,充分发挥专业班主任、行政班主任、学生导师的指导作用,利用如元旦、党的生日、国庆、中秋佳节等特殊时间节点,定期举办具有教育意义的主题活动,把握方向性和思想性原则,让学生在积极参与集体活动的过程中互相激励、共同成长。尤为重要的是,要发挥班级骨干模范带头作用。在班级管理实践中培育骨干,系统设计操作性强的培训指导方案,让学生骨干掌握处理和解决问题的规则、流程和要点,全面提升班级骨干的领导智慧和管理能力;在日常工作中充分发挥班级骨干的示范引领作用,引导学生形成"我因班级而自豪,班级因我而骄傲"的积极态度,强化优良班风建设,培养集体荣誉感。

围绕寝室建设,辅导员可以依照学校文明寝室建设目标,充分发挥寝室作为学生日常生活的最小单元和学校文化、秩序彰显的最基层组织的特性。首先,要从寝室卫生抓起,帮助学生知晓寝室的整洁标准与可行性实操方法,落实寝室长责任制。其次,辅导员还应做好阶段性寝室卫生监督检查,多检查,严督促,可鼓励学生制定适合自己寝室的专属值日计划,保障寝室每天都有成员打扫,保持整洁环境,常住常新;定期开展"卫生清扫日",有计划地进行阶段性大扫除,引导学生将清扫寝室变为一种自然而然的习惯。此外,辅导员可以充分借助寝室育人阵地,采取如"星级寝室评比"等组织方式,结合不同类别高校、不同专业学生的不同特点与实际情况,挖掘学生宿舍建设的模范先进典型。如根据寝室卫生成绩、党员先锋、学风建设、文体展示、精神文明等多方面表现情况,打造优秀的"标杆寝室"。借助多种媒介的有力宣传,以学生宿舍为抓手树立典型榜样,在学生群体中营造出比学赶帮超的氛围,以促进大学生养成文明行为,加强集体意识。

3. 加强社区文化建设,发挥社区育人功能

近年来,高校社区建设逐渐成熟,社区综合管理制度也日臻完善。高校学生社区作为学生于课堂学习之外,交融学习、生活、活动的特殊区域,是辅导员管理服务工作的又一教育阵地。高校社区具有一定的特殊性,其与学生学习生活的各个场所相融一体,通常融入学生宿舍区、食堂、教学楼、活动中心等,更多以公共区域的身份为广大师生提供服务。

在学生社区,以"社区驿站"等公共空间作为一个特殊的管理服务区域,可以发挥日常交流、休闲放松、文化浸润的积极作用。在社区公共空间建设上,相应对标负责的辅导员进行教育指导时,应形成一套适合学生管理的规划制度与方案。一是要明确好学生管理的责任分工,辅导员应当为对应社区功能区安排确定好分管项目的学生负责人,提升社区功能的管理工作实效。二是要合理制定管理办法,使得管理与服务均有展现,鼓励学生主动参与社区公共空间的各项管理教育主题活动,并获得一定归属感。三是要充分发挥社区公共空间的育人功能,辅导员应借助这一特殊阵地,围绕多样主题开展丰富有教育意义的管理活动,开拓好课程文化滋养的功能,实现社区育人实效。

从辅导员开展个体指导教育的角度来说,在进行学生管理规范教育引导时,同样也可尝试带动学生进一步开展社区建设探索,在学生寝室阵地的基础上开辟整洁、文明、和谐的学生社区。辅导员需加强学生社区的组织建设,根据学校"辅导员—级队长—班长—寝室长""楼委会指导教师—楼委会—楼长—层长—寝室长"互为补充的学生社区双重管理链条,与楼委会指导教师协助配合,强化学生社区管理,维护社区秩序。同时,辅导员还可以创造性发挥公共空间作用,坚持以文化人、以文育人,通过打造红色党建、劳动教育、民族文化、读书文化等主题的学生社区公共空间,促进学生在社区公共空间学习交流、思想碰撞、休闲研讨等,繁荣学生社区文化建设,强化学生社区的文化浸润功能;通过打造主题学生社区公共空间,加强学生社区文化交流,持续有计划地开展社区精英汇、社区影院、图书角、嘉年华等社区文化品牌活动,发挥学生社区文化育人功能,

涵育学生品行,提升学生文化素养,进一步赋予校园文化以时代精神。

(二)坚持管理育人与服务学生成长相结合,在解决实际问题中蕴含思想教育

1. 推进心理育人,围绕学生需求提供发展支持

习近平总书记在党的十九大报告中指出,加强社会心理服务体系建设,培育自尊自信、理性平和、积极向上的社会心态。2017 年,教育部《高校思想政治工作质量提升工程实施纲要》明确提出"心理育人"并将其纳入思想政治教育工作范畴。高校辅导员在管理服务工作中,应注重培育学生自尊自信、理性平和、积极向上的健康心态,促进学生身心健康和谐,积极推动学生心理健康素质、思想道德素质与科学文化素质协调发展的良性教育循环。

近年来,我国高校大学生心理健康状况越发受到广泛关注,有心理困扰的学生比例呈上升态势,其问题多围绕自身适应能力、学业发展、职业探求、情感处理等。各高校的心理育人工作也面临着不同程度的挑战,如新生的心理问题高发,学生面临心理困扰时的求助意识不强,辅导员发现、甄别与处置问题时面临尴尬处境,网络化生活方式诱发心理问题,心理育人供给能力无法充分满足学生需求,高校突发事件社会关注度高且易引发网络舆情等等。这些心理育人工作遇到的问题亟待解决,是辅导员开展工作必须关注的重要方面。

加强高校心理育人工作是实现立德树人根本任务的要求,是促进大学生健康成长成才的有效途径,是维护校园安全稳定的有力保障。辅导员应充分认识到这项工作的重要意义,紧密围绕所在学校关于心理育人工作的指导思想与基本原则开展心理育人工作。一方面丰富心理育人文化,充分利用好类似于"5.25"心理健康节、"10.10"心理文化月等契机,通过搭建心理教育实践平台、强化学生团体心理训练、加强学生朋辈心理辅导等方式,促进学生心理健康素质提升,在积极向上的心理文化中培育学生自尊、自爱、自律、自强的优良品格。另一方面不断优化心理咨询体系,如完善心理咨询服务流程、优化学生分类心理咨询等,有效解决学生心理困扰。此外,还应加强日常危机干预水平与能力,强化学生心理危机

预警与干预,保持心理危机转介绿色通道畅通。辅导员要将心理育人与立德树人紧密结合,面向健康的心理素质、积极的行为方式、正确的价值观念等学生成长成才需要,帮助学生树立健康心态、养成完善人格、培育优良素质。

在学生心理服务方面,辅导员还要允分发挥主观能动性,提升心理扶助的专业性和实效性。有条件的高校要组织辅导员进行相对系统的心理学和心理咨询技能培训。辅导员在业务提高的过程中也要将发展心理学、心理咨询技能实务等作为自身的必修课,增强对学生心理扶助过程中的专业性。同时,必要的心理学知识既有助于提高和学生谈心谈话的针对性、实效性,也有助于辅导员对学生心理状况和情绪状况准确辨别,进而予以有效的干预、疏导和转化等。

2. 落实精准资助,着力提升资助育人工作实效

党的十八大以来,中国在中国共产党的领导下确立了精准扶贫的战略规划,在全面开展脱贫攻坚战与全面聚焦疫情防控的背景下,我国高校的学生资助工作的意义更为深远,这不仅是对学生物质经济的支持,更是我国人才培养的重要组成部分,肩负着铸魂育人的教育使命。

经济资助是高校资助育人的重要手段,高校辅导员在开展资助工作的过程中,应紧密围绕立德树人根本任务,牢牢把握中央要求、紧密结合学校实际,根据学校资助工作统筹与标准化建设,努力实现学生范围内的精准资助与科学资助。可以通过面向学生需求挖掘资助育人规律,搭建励志平台发挥朋辈育人力量,围绕红色基因传承打造资助育人精品项目,探索构建凸显红色基因的资助育人工作体系,以此不断探索适合学校发展和学生需求的资助育人有效模式。

辅导员在开展家庭经济困难学生认定工作时,应深挖内涵,围绕精准资助全力推进业务领域优化增效,做到多措并举精准识别、把握节点精准服务、合理统筹精准帮扶、树立导向精准激励、内外联动精准保障,扎实做好家庭经济困难学生的精准帮扶工作。此外,聚焦疫情防控常态化的背景,还应围绕扶贫助学全力做好抗疫期间专项资助,做到资助工作始终在线不缺位、用心关爱留校学生做到位、情系疫区精准资助有作为,及时帮

扶每一名受困学生。

辅导员可以组织学生开展富有教育意义的资助育人活动，拓宽个人眼界，强化责任担当。例如，带领学生围绕建党百年，追寻红色足迹，以综合表现优秀的家庭经济困难学生为主体，组织形成红色基因实践团，让学生近距离感悟党的奋斗历程和伟大成就，组织和引导广大获奖受助学生寻踪脱贫攻坚、教育扶贫路上的中国精神、中国力量。再如搭建平台，围绕多元育人全力提升贫困学生综合素质，辅导员老师应善于选树励志榜样传承红色基因，开设"筑梦课堂"提升能力，创设家庭经济困难学生走出国门的机会，拓展学子国际视野。归根结底，围绕资助育人工作，高校辅导员应将帮助扶智与促进立志相结合，努力实现"助学·筑梦·铸人"一脉相承，有效提升铸魂育人工作实效。

3. 深化就业指导，激励学生成大才、担大任

基于新时代社会背景，高校大学生的职业、就业、生涯规划也伴随着诸多问题与挑战。高校肩负着对学生就业指导的责任，人生规划、就业指导等工作的开展质量将直接影响大学生在毕业时是否能够顺利就业，是否能够获得令自己满意的工作，而辅导员在学生的就业指导工作中，同样承担着重要责任，肩负着就业科学指导与学生价值观引领的重要使命。

高校辅导员作为与大学生日常学习、生活朝夕相伴的指导老师，也是高校就业指导工作的重要推动者。在学生的就业、职业、个人生涯规划中，应当坚持将思想政治教育与就业指导工作相结合，帮助学生牢固树立正确的价值导向，充分调动各方力量，保障各个时间节点工作紧密衔接，有序推进，努力实现"三全育人"。

围绕全员育人格局，辅导员应当充分调动学校就业资源，可邀请就业指导专业教师为学生开展求职讲座，围绕面试技巧、简历制作等提高学生求职能力；结合学生学科专业，邀请专业教师推荐优质企业、相关科研院所，开展线上线下面对面帮扶；调动班主任、导师等多方力量，对学生职业规划提出合理建议，对学生个体进行及时督促。围绕全过程就业培养，辅导员应充分了解学生求职各个关键时间节点，提前准备好就业步骤提示，为学生保驾护航。在面对学生求职就业过程中提出的问题时，作为就业

工作的主要力量,辅导员应熟知就业政策,提升自身就业指导的专业能力,不断探索切实有效的工作方法,并结合自身经验,努力尝试从客观的角度、专业的态度为学生答疑解惑,进一步深入探究开展大学生就业指导工作的有效方法与路径。围绕全方位工作导向,辅导员不仅应通过多种途径提高学生的求职专业能力与水平,更应潜移默化地做好学生思想引领,鼓励学生甘于奉献,积极投身于党和人民最需要的事业。在此基础上,通过多种类别媒体进行宣传推介,为学生提供更多求职可能,完善就业指导体系。

职业生涯规划是高校教育与未来社会发展的重要接口,也是思想政治教育的现实载体,对解决学生思想问题和实际问题的结合至关重要。其现实效应直接作用于高校学生的就业创业基础与潜力,关乎社会稳定与发展;其潜在效应长期体现在作为社会主义建设者和接班人的青年学生持续的贡献社会热情与强国担当上,是考察思想政治教育培育明大德、立大志、成大才、担大任的时代新人的重要考量。辅导员应充分将就业创业指导作为开展日常思想政治教育的重要手段,挖掘内涵并充分利用,使管理服务工作切中青年需求的要害、呼应青年成长的关键。

三、扎实做好安全维稳预警应对

在学生管理服务过程中,立德树人的使命牵引标定了工作的高线和目标,与此同时,管理服务的另一项底线功能同样不容忽视,那就是学生群体和个体的安全稳定。当前,高校学生群体、个体事件偶有发生,其诱发原因多样。在群体方面主要源于意识形态领域的复杂斗争、高校管理服务与学生需求之间的不平衡、社会热点问题衍生的高校学生群体情绪辐射。在个体方面主要源于学生生活及学业压力、心理情绪偏差、认知及人格偏差等。这些都给高校学生管理服务提出了新的挑战。以扎实的管理服务有效保障高校学生群体安全稳定是日常思想政治教育工作者必须关注的,也是推进深层次、高水平思想政治教育所必需的工作基础。

(一)强化特殊学生群体实时关注制度,落实落细预警研判

当前,高校大学生的各种压力随着社会发展而逐渐增大,辅导员对学生的管理服务并不局限于日常思想引领,还有对危机突发事件的预警研判。一般情况下,高校各类突发事件在发生前,都暗含着一段发展过程,从萌生、酝酿、发展、蔓延,最后到实际行动的过程中,学生在情绪波动以及行为做法上是有一定变化规律的,会通过某种方式或者某一特定渠道展现出来。辅导员在工作中,应当把握住这一过程的黄金处理期,捕捉并确定预警信号,及时进行分析研判并采取有效的处理措施。

高校辅导员在与学生相伴成长的过程中,应该不断培养及时发现、甄别、妥善处理问题的能力,提升预警意识,拓宽掌握信息的渠道,并将预警工作与其他管理服务工作结合,巧用多种方法推进预警工作的进行。例如,通过强化重点学生关注制度,加强对特殊学生群体研判。对少数民族学生、心理问题学生、学业困难学生、校外住宿学生、信仰宗教学生等重点关注,一人一档,动态跟踪、定期研判,将重点关注学生思想动态分析与帮扶工作做在日常。加强预警研判,构建年度、节点、专题、应急研判一体化的研判分析机制,将形势研判与个案分析有机结合。与此同时,辅导员应强化心理危机预警与干预,督促学生积极配合心理普查工作,组织好学生应用教育部《中国大学生心理健康筛查量表》和"中国大学生心理健康网络测评系统",完成科学施测。在此基础上,还需做好心理普查和动态排查,准确把握学生心理健康状况及变化规律,精准识别、动态评估学生心理问题;结合学校要求,完善学校、部院、班级、宿舍"四级"预警防控体系,完善心理危机干预工作预案,做好重点关注学生的评估、跟踪服务;建立心理危机评估转介诊疗机制,与所在城市相关医院和心理门诊建立紧急危机事件绿色通道。此外,辅导员还应充分借助大数据与新时代网络等信息工具,在日常生活中及时收集学生的动态信息,定期对学生信息进行集中预测,结合学生日常表现作出合理综合评价;及时与家长沟通反馈学生的客观情况,侧面与重点关注学生相关密切联系人进行实时沟通,家校联合共同做好预警研判,通过及时、科学、有效的干预避免学生发生过激行为。

(二)完善学生突发事件处置机制,全面提升应急水平

高校学生个体突发事件通常指学生在校内外发生的、无明显缘起征兆的,影响学校正常秩序,侵害个人或他人权益、安全或生命的各类事件,其种类繁多,形式各异,危害或影响程度也有差异。学生个体突发事件既有其偶然性,又有一定的统计规律和共性影响因素。经过研究分析,大学生突发事件的产生原因主要源于个体自身、家庭环境以及应激因素,如个体的内向敏感、偏激认识、任性冲动、抗挫折能力差等原因。家庭关系、经济状况以及学业、情感、就业等问题,都会影响学生的情绪和行为。而当前高校辅导员队伍趋于年轻化,普遍存在经验、支持等方面的困境,如突发事件所隐含的问题甄别困难、辅导员老师能够采取的有效措施受到一定限制、心理教育咨询资源相对匮乏,专业预警研判队伍不足等。同时,辅导员个人精力有限,有限能力与无限责任间的矛盾凸显,在这项工作推进中,依然任重道远。

突发事件无小事,对于高校学生工作者来说,应高度关注并努力加强管理,力争通过细致工作予以预判、化解,以科学的方式妥善处置,减少负面影响。而对身于一线的辅导员而言,在探索中还需不断提高自身专业能力,掌握处理突发事件的科学方法。在突发事件发生之前,辅导员应坚持不懈重视学生个体极端事件问题,加大危机事件预警力度,完善学生突发事件应急预案,建立学生突发事件预警和研判机制,及时排查影响校园安全稳定涉及学生的因素。在此基础上,充分做好与家庭的及时沟通,加强重点关注学生的谈心工作,解读以往突发事件后的总结与分析,强化学生心理健康教育,在重点时间节点、重大事件组织、毕业生离校等特殊期间,更需提高预警意识。在既发突发事件处理过程中,辅导员应当明晰分工职能职责,了解各项相关政策,做到有规可依;处理各项细节事务时冷静对待,调整自身心态,充分做好应对准备,提高应变能力;接待时需保持热情,做事还应考虑周到,体现人文关怀;与此同时,言谈需保持谨慎,张弛有度,表明立场,注意工作方法。在突发事件处理结束之后,还需多反思总结,提升个人预防、处理危机突发事件的能力与应急水平,切实做好安全稳定的预防与应对工作。

在应对各类突发事件的过程中,我们必须清楚地认识到,辅导员是预警、发现和现场处置突发事件的直接参与者,但绝不是一切工作和一切责任的承担者。辅导员在处置过程中应本着责权统一、信息共享、充分协作的态度统筹好各处置主体,如卫生部门、保卫部门、宣传部门、学籍管理部门等。在此过程中学校的学生管理部门应当承担主要的协调功能,主动把涉及的相关部门主体充分整合,建立应急工作小组,高效地沟通信息、明确方案、实施预案,给辅导员工作以有力支持。

(三)加强学生网络言论规范引导,维护校园和谐稳定

在当今社会,网络信息快速流转,不经意间的小事在上传到网络空间后,往往会迅速传播、发酵,引发不可控的网络舆情。对于高校事件来说,其或将对高校校园的和谐稳定带来威胁。由此,强化大学生网络行为管理,从根本上教育引导大学生树立正确的网络观,规范大学生网络行为,就显得尤为重要。

辅导员在网络教育引导中,首先,应强化网络道德教育,提升学生网络素养。将加强学生网络道德培育工作落于平时,辅导员可以通过网络法制安全政策宣传、案例分享等方式,教育引导学生树立积极向上的网络观念,提升网络素养水平。其次,应着力强化网络阵地建设,积极主动占领微博、抖音、知乎等学生喜欢的网络阵地,打造积极向上的网络内容,创新设计网络思想政治教育内容呈现的形式,丰富网络内容的思政元素和学校特色,主动策划选题,提升官微、网站影响力与育人功能。此外,辅导员还需积极研判网络舆情,营造清朗网络育人空间,加强网络文化工作室建设;选拔优秀学生骨干,积极参与校园网络文化建设,通过网络舆情关注、搜集、分析、研判等,发挥学生组织在网络舆情研判中的积极作用;同时,及时排查网络信息安全隐患,强化网络舆情预警,注重信息对称,努力化解网上负面舆情和苗头信息。

立足当前全媒体时代的重大挑战,辅导员还需结合大学生群体的实际特点,发挥网络思想政治教育的功效,坚持网络平台建设与网络内容设计相结合,坚持网络素养提升与网络道德培育相结合,坚持网络文化建设与网络管理约束相结合。在现有工作基础上,辅导员可探索从网络阵地和网络内容两个维度出发,坚持守正创新,强化网络文化建设,提升网络舆情应对能力和水平,强化网络舆论引导,为广大学生营造一个风清气正的网络空间;提升大学生网络素养和网络道德水平并加强网络意识形态和学生网络舆情研判,及时发现网上不良信息,及时化解网上苗头信息。努力在网上发出正面声音,弘扬网上主旋律。

四、持续强化管理服务时效与实效

(一)挖掘管理工作的育人内涵增进实效

高校管理服务工作的开展,一方面应坚持科学管理,维护学校正常教育教学和校园生活秩序。另一方面还应坚持围绕学生、关照学生、服务学生,以学生发展需求为工作出发点和落脚点。管理与服务缺一不可,两者相互融合、辩证统一,促进大学生健康成长成才。

一是要严格落实规范管理。高校思政工作者应当健全和完善学生管理制度,规范管理学生行为,强化学生规则意识,加强学生法治教育,确保学生日常行为有章可循、有据可依。同时,公平公正做好各项制度的执行,引导学生自觉践行高校学生行为准则,促进学生文明行为养成。

二是要咨询服务春风化雨。在咨询服务中,应当突出思想政治引领,涵育正确的思想观念和价值观念。坚持以学生成长发展的实际需要为出发点和落脚点,遵循和把握教育规律、思想政治工作规律、学生成长规律,既解决学生思想问题,又解决学生实际问题,做到既讲道理又办实事,增强育人实效。

三是要两者结合刚柔并济。在学生管理服务中,高校应该结合学生的共性问题与个性需求,发挥规章制度对学生日常行为的刚性约束作用,同时注重对学生的人文关怀,夯实学生日常管理基础,完善校园维稳网络,确保校园安全稳定。把规范管理的严格要求和春风化雨、润物无声的教育方式结合起来,积极推进管理育人。

(二)缩短应急处置的反应链条增进时效

当高校发生紧急突发事件时,尤为考验思想政治教育工作者的事件处理能力,若要提升处理时效,缩短应急处置的反应链条是关键。

一是要做好预警研判。防患于未然,突发事件的预警研判工作还是应扎实落实于常态化工作中。精准识别、动态评估学生心理问题,夯实学校、部院、班级、宿舍"四级"预警防控体系,完善心理危机干预工作预案,做好重点关注学生的评估,提升对预警信号的辨识与判断力,将有效缓解应急处置可能出现的棘手处境,多线路掌握学生信息,也将有效缩短应急处置的反应链条。

二是要协同处置合力。当遇到紧急突发事件时,高校应该明晰分工职能职责,明确负责单位在危机事件处置中的主体地位,学生处、保卫处、宣传部等在危机事件处置中的分工职能。针对不同事件做好不同应对策略,充分认识事件处置的复杂性,避免经验主义。针对事件的具体处理应当充分考虑学生家长情绪感受,以人文关怀作为突破口,遵循最有效的事件解决途径。

三是要深入反思总结。在突发事件处理结束之后,还需多反思总结,将预警研判工作做在前面,落细落实,考量每位学生可能存在的问题与潜在风险,提升个人预防、处理危机突发事件的能力,强化事件处理过程中次生问题的应对能力与应急水平,切实做好安全维稳的预防与应对,增进工作实效。

(三)强化个体信息掌握增强咨询服务针对性

辅导员与高校学生朝夕相处,其对学生的了解程度将直接影响咨询服务质量。因此,还应强化高校辅导员对学生个体信息的掌握程度,增强咨询服务的针对性。

一是要找准学生发展需求。坚持调查与工作改进相衔接、咨询与个体指导相呼应、大数据与一线工作相配合。创新建立大学生思想政治状况、新生学习期望、毕业生满意度调查与学生网络行为画像的矩阵式思想行为研判体系,找准学生需求与工作供给的契合点与着力点,系统推进精准分析、精准咨询、精准管理、精准激励。

二是要优化学生个体分类指导。完善以学业困难、资助认定、干部任用、党员发展、就业发展、心理访谈、违规违纪、生涯规划、重点关注类等为主要谈话对象的辅导员谈心谈话体系,加强学生个体分类指导,增强谈心谈话的针对性与实效性。

三是要提升辅导员谈心谈话质量。加强辅导员谈心谈话规范化和标准化建设。完善谈心谈话记录表格的功能设计,增强对谈心谈话的工作指导。建立谈心谈话档案,形成纸质档案和电子档案相结合,一班一档、一人一档、一问题一档的谈心谈话记录档案,增强咨询服务的针对性。

(四)丰富咨询服务手段提高学生获得感

随着科技的迅速发展,单一的线下咨询服务已经无法满足学生的成长需求,亟待探索丰富的咨询服务手段,以提升管理服务工作实效,增强学生的成长获得感。

一是要顺应时代发展,拓宽咨询服务媒体渠道。随着信息化水平的不断提高,高校开展管理服务工作已不仅仅局限于线下,且当今学生熟练掌握各类信息媒体平台使用方式,部分学生更加渴望能够与辅导员进行线上交流。因此,高校辅导员可以根据实际情况,采用线上线下多种媒体平台结合,开展咨询服务。

二是要围绕学生成长需求,开设咨询服务类课程,如加强心理课程建设,开设职业生涯规划课程。发挥课程主渠道作用,通过常识讲授,引导学生正确认知自我、他人和社会,帮助学生树立健康心态、促进人格完善、培养优良素质、形成正确"三观",促进学生全面发展。

三是要抓住重要时间节点,增进咨询服务效率效果。以重要时间节点为契机开展思想引领和咨询服务工作,推进思想政治教育,这不仅有利于学生的思想培养,也有助于促进师生与同学之间的关系,起到事半功倍的作用。例如,围绕学生成长过程的重要时间节点开展的相关规则教育、主题教育等更容易为学生所接受;围绕国家民族重要时间节点开展的相关主题教育更容易提升学生共鸣,增进教育效果。

第五章　新时代高校辅导员文化培育工作

大学作为文化机构承载着文化继承、传播、创造的使命,大学的价值、使命、核心竞争力都需要通过文化培育来实现。辅导员队伍是高校文化继承、传播、创造的直接参与者、组织者、实施者,承担着新时代直接面对学生的高校文化培育工作。本章从新时代高校辅导员文化培育工作的丰富内涵、重大意义、实施路径展开论述,为辅导员相关工作的开展提供指导。

第一节　高校辅导员文化培育工作的内涵和职责

新时代高校文化培育是弘扬大学精神、支撑大学内涵式发展的重要抓手,辅导员作为其工作开展的主要力量,首先需要明晰工作内容和工作职责。

一、新时代辅导员文化培育工作的内涵

(一)大学文化的内涵与发展

习近平总书记指出:"文化是一个国家、一个民族的灵魂。"文化有广义和狭义之分,广义的文化是指人类创造的一切物质产品和精神产品的总和。狭义的文化专指语言、文学、艺术及一切意识形态在内的精神产品。大学文化是大学在长期办学实践的基础上,经过历史的积淀、自身的

努力和外部环境的影响,逐步形成的一种独特的社会文化形态。① 而在新的历史时期,大学文化的内涵被赋予了显著的时代特征,逐步发展成为涵盖治学文化、"三大文化"及社会主义核心价值观在内的,以培养德智体美劳全面发展的社会主义建设者和接班人为目标的文化。

我国大学文化发展和建设经历了不同的阶段。从"校园文化建设"到"人文素质教育"再到"大学文化建设",发展经历了从兴起到成熟再到高度自觉的发展历程。② 随着新时代的到来,被赋予时代特征的大学文化不断发展,成为社会主义大学赖以生存和发展的重要根基和血脉,也是核心竞争力之所在。而作为思想政治工作者的辅导员,在其中发挥了不可或缺的作用。

(二)辅导员在大学文化培育中的工作内容

大学文化培育的主要内容在于引导文化的本土化和现代化,构建文化的价值性和特色性,培育文化的传递力和感知力。辅导员是培育文化传递力的主体,是培植学生文化感知力的主要教育者,在引导文化的本土化和现代化,构建文化的价值性和特色性中发挥重要作用。因此,辅导员在大学文化培育中应该充当好组织者、管理者、教育者的身份,做好以下几个方面的工作内容。

1. 引导文化的本土化和现代化

文化的本土化强调的是传统文化在新的历史和社会条件下自身横向内容的传承与创新,文化的现代化突出的是传统文化在时代发展脉络下自身纵向内涵的更新和变迁。作为高校学生事务最基层、最具有活力的人员,辅导员成为大学文化传承的重要载体和创新发展的动力源泉,在引导文化的本土化和现代化中发挥重要作用。高校辅导员应该紧扣时代脉搏,立足本国国情,承担好文化载体的职能,激励好文化创新的动力,把握好文化宣传的尺度。现阶段,高校辅导员应该着重传承治学文化,弘扬"三大文化",践行社会主义核心价值观,来促进大学文化培育更好地实

---

① 王冀生:《大学文化的科学内涵》,《高等教育研究》2005 年第 10 期。

② 眭依凡、俞婷婕、李鹏虎:《大学文化发展和建设历程研究——基于改革开放 30 年来的发展脉络》,《中国高教研究》2015 年第 10 期。

现本土化和现代化。

2. 构建文化的价值性和特色性

习近平总书记指出:"世界上没有放之四海而皆准的具体发展模式,也没有一成不变的发展道路。""我们走自己的路,具有无比广阔的舞台,具有无比深厚的历史底蕴,具有无比强大的前进定力。"①由此可见,大学文化培育中应该注重文化的价值和特色塑造。大学文化的形成是一个不断积淀、发展的过程,它的价值和独特涵化在校风校训、教风学风、规章制度中,也体现在校园文化环境和基础设施中。作为高等学校学生管理工作中的组织者、实施者,高校辅导员应该发挥好教师和管理者的身份,在构建文化的价值性和特色性中做好引导与管理工作。

3. 培育文化的传递力和感知力

"师者,传道授业解惑也。"文化的传承需要媒介,高校辅导员在大学文化培育中充当了媒介的角色,是信息传递的桥梁,具有上传下达的作用。辅导员的职能包括学生思想引导和日常事务管理,通过传播校园文化、先进文化等,弘扬主旋律,传播正能量,辅导员工作是加强学生文化素养教育,构建校园文化培育重要阵地。作为教师,辅导员具备文化属性,是特殊的文化载体,其通过日常言传身教的示范,将蕴含着文化属性的价值观念潜移默化地传递给学生,引导大学生体会文化、感悟文化,用文化丰富自我、提升自我。

(三)辅导员在大学文化培育中的角色定位

习近平总书记指出:"没有文明的继承和发展,没有文化的弘扬和繁荣,就没有中国梦的实现。"②《普通高等学校辅导员队伍建设规定》中也明确提出:辅导员的首要职责是"思想理论教育和价值引领"。由此可见,辅导员在大学文化培育过程中肩负着神圣使命,扮演着重要角色。

辅导员要在传承大学文化的过程中,做学生思想动态的"掌舵者"。对新时代大学生进行文化培育说到底就是引导学生做到对"治学文化"

---

① 《十八大以来重要文献选编》(上),中央文献出版社 2014 年版,第 699 页。
② 《习近平关于社会主义文化建设论述摘编》,中央文献出版社 2017 年版,第 5 页。

"三大文化"及"社会主义核心价值观"的高度认同。辅导员的工作是围绕学生、关照学生、服务学生，是一个全方位、全过程存在于大学生成长过程中的角色。他们了解每个学生的家庭、学习、心理健康、人际关系等各方面情况，能够精准把握学生特点，及时掌握学生思想动态，能够结合不同学生群体特点因材施教，有针对性地开展文化培育工作，并随时结合学生最新思想动态调整工作方式方法和内容。

辅导员要在弘扬大学文化的过程中，做文化培育工作的"研究者"。大学文化作为一种经过长期积淀所形成的社会文化形态，随着时代的发展，其内涵也会被赋予不同的时代特征。因此，在大学文化培育的过程中，辅导员要注重对大学文化内涵、外延及其发展历程进行深入研究，领悟其内涵，理解其培育目标，掌握培育方式方法，进而全身心地投入到大学文化培育工作中去，在继承的基础上有所创新。

辅导员要在推动大学文化的过程中，做文化发展工作的"助力者"。对一种文化的认同在一定程度上是建立在情感的信任、依赖和归属感的建立基础上的。[1] 而辅导员作为学生成长成才的人生导师和健康生活的知心朋友，是最具温情的文化培育工作推动者。辅导员可以立足学生实际，有针对性地开展文化培育工作，打造文化培育的品牌文化活动。例如，入党谈话、心理辅导、班团建设等，都可以成为开展文化培育工作的方式方法，使得对大学生的文化培育过程变得柔软而亲切，自然却深刻，在潜移默化中推动文化发展。

二、新时代辅导员文化培育工作的职责
（一）传承"治学文化"启发学生产生思想认同、情感认同

"大学之道，在明明德，在亲民，在止于至善。"回顾教育的发展历史，纵观教育的理念方略，我们都能从中华优秀传统文化中寻找启发、获取真谛，《大学》作为中华优秀传统经典著作之一，对大学功能定位、实践目标

---

① 丁莉婷：《辅导员在大学生文化自信树立过程中的角色定位与实践探索》，《黑龙江教育·理论与实践》2018 年第 10 期。

都有蕴含哲理的解析,至今仍对我们大学教育发展有重要启示意义。从古至今,每所大学在建立、兴起、壮大的过程中都在注重大学之"道"的树立。这个"道"在前文研究中更加明确表述为文化培育,大学文化包括制度、器物、思想等多个层次,但价值观内容是大学文化的核心和精髓。即包括大学精神、校风校训、人才培养理念、办学宗旨目标,我们将其概括为大学的"治学文化"。其中大学精神所体现出独立性、批判性、人文性、价值性、创新性等显著特征,使之必然成为一所大学生命力的源泉和改革发展的内驱力。[①] "治学文化"是一所大学在办学历程中的精神提炼和宗旨凝结,是对办学方向的思索与人才培养的探寻。在新时代的今天,我国已经进入了一个新发展阶段,第一个百年奋斗目标已经实现。随着国家跨越式发展带动中国高等教育事业由教育大国向教育强国转变,在"双一流"建设目标下我国高等教育朝着高质量、高水平、高层次的要求发展迈进。

贯穿中国高等教育百余年的发展历程,大学"治学文化"中彰显了历经沧桑、艰苦创业的历史性,体现了命运与共、听党号召的时代性,突出了育人育才、启发心智的引领性。辅导员处在大学的文化环境中,站在学生思想引领的最前沿,是信仰者、传承者、践行者。辅导员作为大学"治学文化"传承弘扬的"第一棒接力手",要把"治学文化"的内涵原原本本、实实在在地在学生群体中教育传承下去,引领启发学生传承本校的"治学文化",成为为时代所需、为国家所用、为学校所荣的新时代人才。大学是青年学生成长成才的关键期,更是理想信念养成的成熟期,大学"治学文化"是青年学生入校后首要接受的第一堂思想文化课,我国高校是党领导下的高校,坚持中国特色社会主义的办学方向,大学"治学文化"在内涵上都会凸显出爱国奉献的时代精神。就大学精神而言,习近平总书记先后前往清华大学、西安交通大学等高校进行考察调研,对大学的光荣传统和教育育人特色,以及大学精神给予了充分肯定。新时代青年如果

---

① 颜晓红、刘颖:《以一流大学精神推进现代大学治理》,《中国高等教育》2019 年第20 期。

没有对大学文化的高度认同，没有对大学精神的传承践行，就没有充分的文化自信和行动的自觉。因此，大学"治学文化"作为一种内在的精神驱动力与信仰催化剂，在辅导员的教育引领激励下，与学生的实践身体力行发生"化学作用"，潜移默化中使"治学文化"的深厚内涵、深邃思想、博爱精神在学生头脑中产生印象，对学生行为产生规范，在持久的灌输启发中使学生对大学"治学文化"产生强烈的思想认同和情感认同，用大学精神作为思想引领的风向标和行动落实的动力泵。

（二）弘扬"三大文化"引领学生树立文化自信、文化自觉

文化滋养心灵，文化涵养德行，文化引领风尚。文化自信和文化自觉是实现国家富强、民族复兴、人民幸福的重要动力。新时代的青年学生生逢盛世，责任在肩，是实现全面建成社会主义现代化第二个百年目标的实践者、接力者、奋进者。辅导员是大学生日常思想政治工作和管理工作的组织者、实施者和指导者。面对经济全球化、文化多元化和自媒体时代快速发展的环境，高校辅导员要以中华优秀传统文化、革命文化和社会主义先进文化为重要抓手，引导学生做中国特色社会主义文化自信的生力军，推动文化培育工作内涵式发展。

中华优秀传统文化是新时代辅导员引领学生树立文化自信、文化自觉的思想来源。中华优秀传统文化，是中华民族文化的精气神所在，体现中华民族精神的最具价值内涵的本质。习近平总书记指出，"中国传统文化博大精深，学习和掌握其中的各种思想精华，对树立正确的世界观、人生观、价值观很有益处"①。中华优秀传统文化为辅导员在文化育人中提供了坚实的思想来源，辅导员要引导学生从延续五千多年的中华优秀传统文化中汲取力量，探寻树立文化自信的方向，找寻提高文化自觉的来源。

革命文化是新时代辅导员引领学生树立文化自信、文化自觉的精神支撑。诞生于革命年代的红色革命文化集中体现了中国共产党人的智

---

① 习近平：《在中央党校建校 80 周年庆祝大会暨 2013 年春季学期开学典礼上的讲话》，人民出版社 2013 年版，第 9 页。

慧、信念和意志,有助于增强辅导员自身的政治定力和政治自觉,有助于引导学生明确学习目的,完成学习任务,深刻理解中国共产党为什么能、马克思主义为什么行、中国特色社会主义为什么好。将红色文化思想教育融入高校辅导员日常的教育管理工作中去,是高校大学生管理的切实要求。① 高校辅导员要引导学生增强"四个意识",坚定"四个自信",做到"两个维护",弘扬光荣传统,赓续红色血脉,增强做中国人的志气、骨气、底气。

社会主义先进文化是新时代辅导员引领学生树立文化自信的现实动力。社会主义先进文化作为正确的思想价值导向,保证了高校发展的方向,是做好文化培育工作的重要保证、内在要求和重要内容。习近平总书记在不同场合都强调发展先进文化对提升综合国力和培育人才的重要性。一个国家,一个民族的强盛,总是以文化兴盛为支撑的,推动社会主义文化大发展大繁荣,实现中华民族伟大复兴。辅导员要充分发挥好大学生文化自信、文化自觉培育工作的引领者、组织者和指导者的作用,带动青年学生更好提升大学生文化自信和文化自觉培育工程,加强党史、国史、改革开放史、社会主义发展史教育,加强国家意识、法治意识、社会责任意识教育和民族团结进步教育、国家安全教育、科学精神教育,使文化自信和文化自觉成为学生心中的内在驱动力。

(三)践行"核心价值观"滋养学生实现全面发展、素质提升

十九大报告中明确指出,"社会主义核心价值观是当代中国精神的集中体现,凝结着全体人民共同的价值追求"②。青年大学生作为社会主义事业的建设者和接班人,如何使社会主义核心价值观成为当代学生认同、拥护的主流价值观至关重要。因此,做好新时代大学生对社会主义核心价值观的认同教育,对于当前巩固社会主义现代化建设、创新高校思想政治教育工作、加强大学生自身思想道德修养具有重要意义。

---

① 叶纯亮:《高校辅导员加强中国特色社会主义文化教育的路径研究》,《广西科技师范学院学报》2018 年第 6 期。

② 习近平:《决胜全面建成小康社会 夺取新时代中国特色社会主义伟大胜利——在中国共产党第十九次全国代表大会上的报告》,人民出版社 2017 年版,第 42 页。

首先,文化培育工作与社会主义核心价值观二者是辩证统一的有机整体。校园文化中体现的文化沉淀、价值取向、理想信念和精神源泉等,不仅与社会主义核心价值观路径一致,而且对青年大学生有着润物无声的引导作用。文化作为价值观的外显形式,不仅是价值观的传输载体,而且影响着价值观的生成与发展,高校文化培育工作只有与社会主义核心价值观相契合,才能满足社会和国家的发展需要。

其次,将社会主义核心价值观与文化培育工作紧密相连是新时代提升辅导员工作实效的必由之路。高校辅导员是开展思想政治教育的主干力量,肩负着价值引领的重要职责。在文化培育工作中注重与社会主义核心价值观相融合,不仅有助于提高辅导员工作的能力与实力,更有助于社会主义核心价值观的培育与高校育人功能的发挥。社会主义核心价值观不仅汇集了中华优秀传统文化中的优良基因,而且汇聚了全体中国人民的最大共识,高校以社会主义核心价值观引领校园文化建设能够在为学生营造积极向上学习生活氛围的基础上,逐步提升学生的综合素质,使其树立正确的价值观,引导其成为社会主义核心价值观的坚定信仰者、积极传播者和模范践行者。

最后,新时代辅导员文化培育工作要把培育和践行社会主义核心价值观融入立德树人的各方面、全过程。习近平总书记指出:"要利用各种时机和场合,形成有利于培育和弘扬社会主义核心价值观的生活情景和社会氛围,使核心价值观的影响像空气一样无所不在、无时不有。"①因此,辅导员要通过教育引导、舆论宣传、实践养成、文化熏陶等,让核心价值观占领学生的精神高地,使之无处不在、无时不有。统筹网上网下,用好新媒体平台,广泛开展爱国主义、集体主义、社会主义教育,讲好可亲可敬可学的身边典型故事,推动青年学生将社会主义核心价值观内化为精神追求、外化为行动自觉,不断提升思想水平、政治觉悟、道德品质、文化素养,有效发挥高校的示范效应,弘扬主旋律,传播真善美,带动引领社会风尚。

---

① 《习近平谈治国理政》第一卷,外文出版社 2018 年版,第 165 页。

第二节　高校辅导员文化培育工作的意义

文化自信,是更基础、更广泛、更深厚的自信,是更基本、更深沉、更持久的力量。大力培育高校文化,推动高校文化创新性发展,不断增强文化自觉、文化自信,具有深刻的时代价值和意义。

一、立德树人崇高使命的时代要求

党的十九大报告中强调,"文化是一个国家、一个民族的灵魂。文化兴国运兴,文化强民族强"。文化是一个国家、民族的历史积淀、精神纽带和思想引力,做好文化的传承、弘扬和培育工作,既是面向当下为社会主义现代化建设提供活力支持,更是面向未来为实现中华民族伟大复兴提供底蕴保障。党的十八大以来,以习近平同志为核心的党中央高度重视文化建设工作,把文化建设作为"五位一体"的总体布局之一,并提出了文化自信的重要内涵,在多场调研多次会议中强调要加强社会主义精神文明建设,围绕中心、服务大局,不断推进社会主义强国文化建设。这充分彰显了文化自信对我国道路发展的内在推动,对我国制度建设的深刻影响,对理论探索的价值引领。

要实现文化自信,归根结底是实现人对文化的认同、践行。人在创新创造文化中产生思想认同,也在文化影响下产生行动自觉。而高校承担着立德树人根本任务,围绕培养什么样的人、如何培养人、怎样培养人的核心目标。在前文中指出,要以文化人、以文育人,就是要以"三大文化"来引领人,坚定学生理想信念,弘扬社会主义核心价值观,传播主流价值理念;以"大学治学文化"来感染人,引导学生思想认同,积极开展各类文化实践活动,提高学生综合素质。

2017年,中共教育部党组印发《高校思想政治工作质量提升工程实施纲要》,将文化育人质量提升体系确定为基本任务,将深入推进文化育人作为主要内容。2020年,教育部等八部门发布《关于加快构建高校思想政治工作体系的意见》，明确提出加快构建目标明确、内容完善、标准健全、运行科学、保障有力、成效显著的高校思想政治工作体系。十四五时期，我国教育由高速发展向高质量发展转变，高校要把立德树人的成效作为检验高校文化培育工作的重要指标，加强文化培育工作的改革与创新力度，充分发挥以文化人、以文育人的重要作用。

在全球化日趋复杂的背景下，多元文化的快速发展给文化培育工作带来了更多的困难和挑战，高校学生接触不同文化和价值观的方式与途径更多样。随着科学技术高速发展，自媒体蓬勃发展，高校学生青年与网络的关系更加紧密。学生由于年龄、人生经历的限制，难免会出现迷茫、困顿等情绪，有时很难辨别出主流文化和主流价值观，这对提升大学生文化自信与文化自觉带来了更多的挑战。高校作为党和国家人才培育的重要基地，承担着立德树人的根本任务，首先要明确的就是培育什么人的问题。高校文化培育工作要不断深入提升高校学生文化素养，加强文化自信和文化自觉的内在驱动力，培育高校学生成为德智体美劳全面发展的社会主义建设者和接班人，引导学生成为担当民族复兴大任的时代新人。这不仅是高校学生自我发展的需要，更是顺利完成第二个百年奋斗目标的时代需求。

做好文化培育工作是落实立德树人根本任务的重要途径。站在实现中华民族伟大复兴的战略全局和世界百年未有之大变局的战略高度，做好文化培育工作，帮助高校学生树立正确的世界观、人生观、价值观，提升文化自信和文化自觉的内在驱动力，是学校发展战略的重要一环，更是党和国家事业发展的必然要求。高校文化育人和立德树人的目标都是客观存在的"人"，旨在实现"人自由全面的发展"。一方面，文化培育和立德树人在功能上有趋同性；另一方面，文化培育和立德树人的内涵本质相呼应。① 因此，做好文化培育工作过程中形成的内驱动力是实现立德树人中心环节的重要法宝。

---

① 舒文琼、李梅峰：《立德树人视域下高校文化育人的功能实现研究》，《教育观察》2019 年第 28 期。

二、传承创新办学功能的必然要求

随着我国经济和社会发展进入新时代,高等教育规模和质量也进入新时代,对于高校文化培育工作如何提质增效、高校学生的文化自信如何根植于心等问题提出更高的要求。大学文化作为社会主义文化的重要组成部分,在引领社会文化建设方向、提升文化品位、培养高素质文化人才方面发挥着重要作用。2018 年全国教育大会上,习近平总书记再次要求,坚持以美育人、以文化人,提高学生审美和人文素养。这为新形势下更好地秉承文化育人理念,探索新时代高校文化培育工作提出更高要求。高校作为教育的重要场域,以何种方式实现价值引领、确立学生正确的价值导向,是当前高校文化培育工作中亟待解决和思考的问题。

2016 年中共中央、国务院印发的《关于加强和改进新形势下高校思想政治工作的意见》指出,高校肩负着人才培养、科学研究、社会服务、文化传承创新、国际交流合作的重要职能。文化传承创新既是高校的基本职能之一,也是新时代大学核心竞争力的重要组成部分,是展示学校形象、学校文明程度的重要体现,更是落实立德树人根本任务的重要内容和实践抓手。大学作为现代社会以人才培养为中心任务,传承高层次知识体系的基本社会设置,是特定的育人空间,大学文化育人功能的发挥与大学的办学方向和办学目标的实现直接相关。大力繁荣校园文化,创新校园文化品牌,推进"一校一品"校园文化建设,是大学必须承担的功能。文化育人是一个有目标、有计划、有方向,与全体社会成员主流意识形态建构密切相关的主动过程。立德树人崇高使命的实现,必须将其融入高校"五大"基本职能实现的各领域、各环节、各方面,以凝聚人心、完善人格、开发人力、培育人才、造福人民为工作目标,培养德智体美劳全面发展的社会主义建设者和接班人,为实现"两个一百年"奋斗目标和中华民族伟大复兴中国梦提供坚强的人才保障。

文化自信是一个民族或国家在时代变革中既能保持自我又能面对世界的标识。但在新时代多元文化的相互激荡中,价值观尚未完全确立而又处在知识和文化前沿地带的大学生正面临着更加严峻的挑战。新时期高校创造性开展文化培育工作,坚持走内涵式的发展道路,是充分发挥高校基本职能所在,也是增强大学生文化自信,实现中华文化传承创新,落实立德树人根本任务,提升高等教育高质量发展,实现高等教育强国梦的必然要求。然而,近年来以简单化、片面化、绝对化为评价标准的"唯分数、唯升学、唯文凭、唯论文、唯帽子"现象,扭曲了教育的本质,驱使高校走上"重论文轻育人""重数量轻质量"的畸形发展道路,给高等教育带来了诸多负效应。习近平总书记强调,要扭转不科学的教育评价导向,坚决克服唯分数、唯升学、唯文凭、唯论文、唯帽子的顽瘴痼疾,从根本上解决教育评价指挥棒问题。新时代新形势,这对高等教育提出了新的更高的要求。

教育工作的根本任务是立德树人,培养和培育社会主义建设者和接班人。实现这一目标任务,必须推动教育评价导向从"量化指标"向"社会服务"转变,培育新文化氛围,回归教育的本质、回归教育的规律、回归教育的初心,充分激发师生主体性,释放办学活力,真正办好人民满意的教育。高校辅导员队伍作为大学生思想政治教育的组织者、实施者和指导者,承担着建设创新型文化进而培养创新型人才的重要使命,他们是高校文化培育工作的中坚力量。大学文化的高度是大学思想,大学是靠思想去引领社会,靠思想去推动文化走向社会。辅导员队伍是大学思想共同体中的活跃力量,要通过全方位的思想政治教育工作成为大学生思想创新的推进器。传承立德树人根本使命,创新高校办学功能,培育健康积极的新文化氛围,推动高等教育内涵式高质量发展,是新时代高校辅导员做好文化培育工作的必然要求。

三、思想引领工作职责的内在要求

中共中央、国务院《关于加强和改进新形势下高校思想政治工作的意见》中指出:要强化思想理论教育和价值引领。《普通高等学校辅导员队伍建设规定》中明确提出:辅导员的首要工作职责是"思想理论教育和价值引领"。即引导学生深入学习习近平总书记系列重要讲话精神和治国理政新理念新思想新战略,深入开展中国特色社会主义、中国梦宣传教育和社会主义核心价值观教育,帮助学生不断坚定中国特色社会主义道路自信、理论自信、制度自信、文化自信,牢固树立正确的世界观、人生观、价值观。习近平总书记指出:"坚定中国特色社会主义道路自信、理论自信、制度自信,说到底是要坚定文化自信。文化自信是更基本、更深沉、更持久的力量。"①因此,做好文化培育工作、引导青年学生坚定文化自信是新时代高校辅导员思想引领工作职责的内在要求。

目前,我国正处于两个一百年战略交汇期,国际国内形势的深刻变化,使大学生的思想引领工作既面临有利条件,又面临严峻挑战。当代青年学生主流是积极健康向上的,但不可否认的是,随着国家之间的文化交流日益频繁,国外影片、电视剧、综艺节目等对青年学生的影响越来越深刻,很多传统文化、民族文化正在弱化,取而代之的是西方文化思潮、价值观念和生活方式的大量传播,从而导致一些大学生不同程度地存在政治信仰迷茫、理想信念模糊、价值取向扭曲、社会责任感缺乏等问题,对本民族文化缺乏应有的认同感和自豪感。习近平总书记指出:"青年的价值取向决定了未来整个社会的价值取向,而青年又处在价值观形成和确立的时期,抓好这一时期的价值观养成十分重要。"②因此,面对新形势、新情况,做好思想引领工作的首要任务是做好文化培育工作。

做好思想引领工作有利于高校文化建设坚持中国特色社会主义这一根本方向。现阶段全球化的范围越来越广,程度越来越深,西方文化、各类价值观念不可避免与中国特色社会主义文化发生碰撞,从而影响大学生对中国特色社会主义道路、理论、制度、文化的认同。做好思想引领有利于坚持马克思主义意识形态的指导地位。历史证明马克思主义是适合我国国情的科学理论,是我们立党立国的根本指导思想,也是我国大学最鲜亮的底色。我国高校是中国共产党领导下的高校,独特的国情、独特的文化传统、独特的社会制度,决定了我国高校必须以马克思主义为指导,坚持中国特色社会主义根本方向。做好思想引领工作有利于高校文化建设完成传承与创新这一基本使命。大学是文化机构,是随着人类文化的

---

① 《十八大以来重要文献编选》(下),中央文献出版社 2018 年版,第 323 页。

② 《习近平关于社会主义文化建设论述摘编》,中央文献出版社 2017 年版,第 117 页。

发展与社会实践的积累产生的,承载着文化传承、创新的功能。在新时代,做好思想引领工作,有助于明确大学文化应该传承什么、为谁传承、如何传承。文化的传承与创新是一个浩瀚的工程,从横向和纵向来看,内容都非常巨大。因此它需要方向引领和内容取舍,这样可以规避错误信息和错误方向的选取,有利于提高传承与创新的针对性、正确性、效能性。做好思想引领工作有利于高校文化建设实现立德树人这一价值目标。习近平总书记多次强调学校是立德树人的地方,"立德树人"是教育的根本任务。人无德不立,育人的根本在于立德。新时代大学文化要根植中国特色社会主义文化,围绕社会主义办学方向,突出立德树人根本任务。做好思想引领,让高校具备良好的文化环境,有利于提高校园文化质量、促进师生共同成长发展。好的校园文化可以在潜移默化中对学生产生积极影响,引导学生树立正确的世界观、人生观、价值观,实现立德树人的根本目标。因此做好思想引领工作是新时代高校辅导员文化培育的内在要求。

第三节　高校辅导员文化培育工作的实施路径

新时代对高校文化培育工作提出了新的要求,作为直接工作者的辅导员队伍必须认清形势、把握规律,不断探索和创新文化培育工作的实施路径。

一、领学力行、强化塑造,厚植文化培育情怀

(一)文化自信的认同上要"高和深"

文化自信是一个民族、一个国家以及一个政党对自身文化价值的充分肯定和积极践行,并对其文化的生命力持有的坚定信心。① 在当代中

---

① 云杉:《文化自觉文化自信文化自强——对繁荣发展中国特色社会主义文化的思考(中)》,《红旗文稿》2010 年第 16 期。

国,对文化自信的认同是指对以中国特色社会主义先进文化为主体内容,优秀传统文化为根本底蕴,奋斗精神的革命文化为价值导向,社会主义核心价值观为思想引领的基础上,坚持不断继承创新,对中华优秀传统文化进行创造性转化和创新性发展,对坚持和发展创新中国特色社会主义先进文化具有坚定的信念和足够的信心并充分认同。

习近平总书记指出:"文化自信,是更基础、更广泛、更深厚的自信,是更基本、更深沉、更持久的力量。"①当今社会,国际国内形势的深刻变化,使大学生思想政治教育既面临有利条件,也面临严峻挑战,大学生面临着大量西方文化思潮和价值观念的冲击,这对大学生的思想产生的影响不可低估, 些大学生不同程度地存在政治信仰迷茫、理想信念模糊、价值取向扭曲、诚信意识淡薄、社会责任感缺乏、艰苦奋斗精神淡化、团结协作观念较差、心理素质欠佳等问题,这导致一部分大学生对中国特色社会主义文化认同度低。而文化自信是维系民族生存、推动国家发展的重要精神纽带,是中华文化繁荣昌盛和中华民族走向伟大复兴的重要精神力量,大学生作为坚定文化自信最重要的主体之一,是推动历史发展和社会进步的重要力量,更是未来社会主义的建设者和接班人,这就要求青年要有坚定的文化自信心和文化自觉性,要求辅导员在文化培育工作的过程中引导学生在文化自信的认同上要"高和深"。

作为一名高校辅导员,厚植文化培育情怀,就要引导学生对文化自信的认同上要"高和深"。首先,文化自信的认同上要"高",即站位要高,要充分认识文化自信的重要性。当今,各国综合国力竞争日趋激烈,文化越来越成为衡量综合国力的重要因素,文化不自信,没有坚定的信念和信仰,就会出现精神上的迷茫和困惑。因此,我们一定要引导学生具有家国情怀,要把个人理想和国家、民族的前途命运紧密结合,在中国特色社会主义事业的伟大实践中,在时代和社会的发展进步中感悟中国特色社会主义文化的强大精神力量,从中汲取营养,培养爱国情怀,正确认识时代责任和历史使命,努力成长为堪当民族复兴大任的时代新人。其次,文化

---

① 《十八大以来重要文献编选》(下),中央文献出版社2018年版,第474页。

自信的认同上要"深",即信仰要深,要充分认识到中国特色社会主义文化的先进性和正确性,加强对大学生的理想信念教育,坚持不懈地用马克思列宁主义、毛泽东思想、邓小平理论、"三个代表"重要思想和习近平新时代中国特色社会主义思想武装大学生头脑,深入开展中国特色社会主义先进文化教育,使大学生正确认识到其先进性和重要性,认识国家的前途命运,认识自己的社会责任,确立在中国共产党领导下走中国特色社会主义道路,坚定中国特色社会主义文化自信,为实现中华民族伟大复兴而努力的坚定信念。最后,必须不断引导大学生在思想上认同中国特色社会主义文化的理念,在行为上用理念指导行动,增强大学生的民族自尊心和自豪感,提升对中国特色社会主义文化的信心,真正成为中国特色社会主义先进文化的传承者和实现中华民族伟大复兴中国梦的践行者。

(二)文化环境的营造上要"亮和鲜"

文化环境是指包括影响一个社会的基本价值、观念、偏好和行为的风俗习惯和其他因素。人们成长在特定的社会中,社会塑造了人们的基本信仰和价值观,确定他们与周围人们的关系的世界观也随之形成。[①]校园的文化环境包括物质文化环境和精神文化环境两大层面。这两种环境相互影响,并共同对学生发挥着导向、熏陶、激励、娱乐等育人功能,产生着潜移默化、深远持久的作用。中共中央、国务院颁发的《关于进一步加强和改进大学生思想政治教育的意见》中提到"全社会都要关心大学生的健康成长,支持大学生思想政治教育工作。宣传、理论、新闻、文艺、出版等方面要坚持弘扬主旋律,为大学生思想政治教育营造良好的社会舆论氛围,为大学生提供丰富的精神食粮"。"努力营造大学生思想政治教育工作的良好社会环境。"因此,营造一个良好的校园文化环境对新时代高校辅导员文化培育工作具有很重要的影响。

营造校园文化环境需要根植社会主义核心价值观,紧贴时代发展脉络,关注学生的思想动态和现实生活,主题鲜明,内容多元,采用学生喜闻

---

① Philip Kotler、Gary Armstrong:《市场营销原理(第七版)》,清华大学出版社 1997 年版,第 62 页。

乐见的方式。首先,创新开展丰富多彩、积极向上的文化活动。把德育与智育、体育、美育、劳动教育有机结合起来,寓教育于文化活动之中。要善于结合传统节庆日、重大事件和开学典礼、毕业典礼等,开展特色鲜明、吸引力强的主题教育活动。2021 年正值建党百年,可以加强设计、突出重点、举措到位,以喜迎建党 100 周年为契机,切实开展好党史学习教育活动,以征文、演讲、歌舞、走访参观等多种形式,开展党史学习教育活动,推动学生工作高质量发展,开阔思路,以文化人,打造富有学校特色的文化育人品牌。将思想政治教育融入学生成长全过程,提高思想政治工作的针对性和实效性。其次,注重加强校园人文环境和自然环境建设。一个学校的建筑、设施、绿化、装修等都长期、默默地影响着学生的性格与价值选择。良好的环境,优美的建筑,会对学生的心情和审美产生积极正向影响。反之,如果长期处于恶劣的环境,不仅会对情绪产生影响,长久下来也会对人的情绪和性格有影响。因此,学校应该注重校园自然环境建设,将自身的教育理念、学校特色融入校园环境建设中,并完善校园文化活动设施,建设好大学生活动中心,让学生有机会接触到好的文化氛围。最后,要坚决占领网络思想政治教育新阵地。要全面加强校园网的建设,使网络成为弘扬主旋律、开展思想政治教育的重要手段。要强化意识形态底线思维,确保意识形态领域和育人阵地的绝对安全,尤其是网络阵地安全,不能有一丝一毫的懈怠与放松。要"加码"做好安全管理、抵御宗教渗透等工作,对国内国际热点问题、学生群体思想动态要前置研判和分析,坚决抵御和防范各种不稳定因素和宗教思想向校园渗透传播,务必筑牢校园稳定安全的铜墙铁壁。

(三)文化育人的本领上要"全和新"

习近平总书记在主持中央政治局第四十三次集体学习时谈到,发展 21 世纪马克思主义、当代中国马克思主义,必须立足中国、放眼世界,保持与时俱进的理论品格。学生工作不是花拳绣腿,辅导员要在淬炼担当中有新作为,要在时代更迭中有新成长。

辅导员要不断学习,坚持把学习习近平新时代中国特色社会主义思想作为一种政治责任、一种精神追求和一种生活方式,切实通过加强学习淬炼思想;要努力实践,不断筑牢信仰之基、补足精神之钙、把稳思想之舵,自觉加强政治历练,在实践锻炼中勤学苦练,勇于担苦、担难、担重、担险,在实际行动中彰显精神;要敢于拼搏,在具体工作中保持战略定力,面对困难险阻和复杂问题要敢于斗争;要紧紧围绕国家发展战略需要和学校发展目标需要提升本领;要正视问题,找差距、补短板,正视个人努力程度与成果产出及对学校发展贡献大小之间的关系,从而生成正向的工作动因和向上能量,在共同的事业中不断实现新突破;要注重总结,进一步总结既往工作中的好做法、好经验,谋策略、想办法、出实招,始终坚持"以生为本"的工作理念,做到知行合一,学以致用,立足本职岗位,切实为学生办好事、办实事,努力解决学生普遍关心、反应强烈的重点突出问题,在不断奋斗中增强自身能力,在"五育"并举中更好地促进学生健康成长成才。

二、丰富形式、营造氛围,拓宽培育的"四条"渠道

(一)以思想政治教育引领为关键

高校辅导员在文化培育过程中既扮演着文化传承者的角色,同样也是文化践行者、传播者。从育人角度来讲,立德树人是高校的根本任务,而在立德树人过程中更要以文化传播与塑造为载体,润物细无声般的持续感召和引领学生,充分发挥文化育人作用。高校辅导员作为从事思想政治教育的骨干力量,在思想理论教育和价值引领方面有着独到的"看家本领"。辅导员应该把思政引领与文化培育相结合,通过构建"一核两翼三驱"的思政引领教育体系来强化社会主义先进文化的传播力度,提升文化培育的效度和广度,在思政教育交流引领中促使学生满怀文化自豪感、坚定文化自信力、凝聚文化认同度。

"天得一以清,地得一以宁",思政教育引领从来都是有着鲜明的主题,有着核心的主旨,有着根本的目的,是有导向的而非自由的。这个主题、主旨、关键,就是始终坚持一个核心思想,要以习近平新时代中国特色社会主义思想培根铸魂。我们当前发展正处于百年未有之大变局和中华民族伟大复兴的战略全局背景下,伴随着经济全球化浪潮的不断影响,加剧了世界多样文化在国内的传播速度,高校作为文化传播的前沿阵地和意识形态斗争的主要场所,更要坚定不移地举旗帜、聚民心、育新人、兴文化、展形象,要把习近平新时代中国特色社会主义思想作为宣传的"根"、宣讲的"魂"、引领的"本"。通过对思想内涵、精神要义、观点方法的理解和掌握,用真理的力量来端正和引领学生的价值取向,引导学生正确理解"中国之治"和"西方之乱"的鲜明反差,真正让思想引领力内化于心、外化于行。

习近平总书记在全国宣传思想工作会议上特别提出了"四个讲清楚",这为如何做好文化宣传工作指明了方向。高校辅导员在思想引领教育中特别要注重方式方法,更要注重形式内容。思政引领中文化培育的内容要有时代气息,彰显时代精神,蕴含时代活力,又要把中华优秀传统文化的精髓和内含镶嵌其中,让大学生能够不忘本来、面向未来。在平时的思政引领中要把社会主义核心价值观和弘扬"三大文化"作为我们理论宣讲素材的"两翼支撑"。在社会主义核心价值观中汲取时代精神价值内涵,用学生喜闻乐见的形式手段、用学生常听常用的网络媒介来开展宣传;在中华优秀传统文化、革命文化、社会主义先进文化中攫取永恒经典文化精髓,可以通过经典诵读、主题观影、榜样对话、实践参观等方式,让大学生敬畏传统文化、牢记民族历史、崇尚捍卫英雄、求真探索创新。

就目前而言,在高校做好文化培育工作的主要受众面是学生主体,辅导员在文化育人中也通常以大会集中宣讲、小会集中研讨的方式开展,但从受众面、覆盖率、时效性三个方面来考虑实际效果时存在一定的"真空区"。我们从阵地、渠道、平台三个侧重点出发,辅导员、思政课教师等联合组成的育人结合体让思政引领无死角,为思政引领实效装上了"三驱动力"。抓住课堂文化传播的主阵地,课堂是大学生在校学习、接受知识的主要场所,利用课堂这个主阵地,辅导员与思政课教师从不同角度不同方面对学生进行文化价值塑造;抓住班级文化熏陶的主渠道,班级是大学生在校管理、联络的主要形式,利用年级大会、主题班会等形式,与大学生就文化培育主题进行交流和研讨;抓住学生社区文化交流的主平台,学生社区是大学生生活的重要场所,大学生的业余时间大部分都在学生社区度过,在学生社区的文化教育宣传往往会被辅导员进行忽视。针对这种情况,不少学校在"书院制"建设过程中大力开展文化进社区活动,精心设计宿舍园区文化墙、打造辅导员宿舍园区工作室、开辟学生宿舍园区文艺活动室,确保社区宣讲有阵地、文化活动有场所、文化普及有氛围。

(二)以校园文化精品活动为切入

大学生在接受文化传播过程中,要实现入脑入心的目标,往往不是靠大学生自发自觉,更多是依靠外在的力量,我们在论述过程中一直强调辅导员在文化培育过程中是起到关键的"宣传队"作用。在文化培育中实现育人目标的关键是如何把宣传面扩大、把宣传影响力增强,把价值观理念、文化思想内涵等精神追求的内容与大学生活的灵魂相结合,从而在大学生身上产生身体力行的生命力。结合的方式除了理论宣讲外,必须通过某种载体、某种客观实践的方式进行。而校园文化精品活动正是把感性实践与理性认识完美融合的有效举措。通过开展各类校园文化精品活动,会使大学生更直观地感受到大学绚丽多彩的生活,会激励大学生在活动认识上实现从被动逃避到主动参与的良性转变,进而使大学在文化精品活动的参与面越来越广,对文化的理解力、领悟力越来越深,逐步做到知行合一。不仅能够满足学生对各类文化实践活动的诉求,提高学生的文化素养,更加彰显高校以人为本、立德树人的核心理念,丰富多样的校园文化精品活动更多是以学生喜闻乐见的形式开展,反映了学生的呼声与需求,把大学生对成长规划的展望与实际生活中的真实诉求紧密结合,营造"文化为人人,人人有文化"的大浪潮。

在实际工作中辅导员往往是各类校园文化精品活动的策划者、组织者、推动者,各类校园文化精品活动都离不开辅导员组织学生参加的身影,但在实践调研中各类文化活动组织使辅导员跑前顾后忙于折腾,但学生疲于参加,有的甚至抱有怨言。总体上,高校辅导员在校园文化精品活动的组织、筹备、参与上呈现出"三多三少"的特点:活动参与指派性任务多,学生自主踊跃参加少;活动策划散点开花式多,主题创新能够系统持续开展的少;活动唯次数、唯报道的多,与文化元素相契合的少。要想克服校园文化精品活动开展陷入"怪圈",高校辅导员首要在思想上明确把社会主义核心价值观和中华优秀传统文化、革命文化、社会主义先进文化贯穿于活动的全过程全方面。只有融入这些元素,与时俱进提高宣传方式方法,结合时代精神,校园文化精品活动才更有活力、富有生命力,更能"飞入寻常百姓家",在大学生群体中的影响力、参与力日益显著。

以中华优秀传统文化为纽带,开展"礼敬中华优秀文化"主题系列教育。传统文化中有礼、乐、射、御、书、数的六艺,可以支持在校大学生围绕"六艺"成立各类优秀传统文化社团,每个传统文化社团专题打造属于各自的风格,在专业教师指导下形成特色的文化作品和成果,在校内重大节庆日时进行展演。同时,成立传统文化社团能够吸引当代大学生的接踵加入,在其中学习、锻炼、成长本身也是对优秀传统文化的继承和弘扬。同时可以依托各高校特色的校情校史和人文学科的师资队伍,打造优秀传统文化经典项目,如经典话剧、诵读会、名篇解读、专家报告会等多种形式,加大学科建设对文化建设的反哺和支撑力度。

以革命文化为力量,开展"学党史、映初心"主题系列教育。中国共产党走过百年的光辉历程,百年辉煌的党史就是我们前行和发展的宝贵财富,应该从百年党史中汲取奋进的力量。以当前党史学习教育为契机,充分宣讲党的重大历史事件、重要历史节点、英雄光辉事迹,教育引导学生在读原著、学原文中铭记苦难辉煌的过去,在忆过去、感当下中展望光明宏达的未来,不断激发大学生的爱国主义热情。利用重大纪念日组织开展活动,在五四青年节、七一建党节、八一建军节、十一国庆节等节日中开展缅怀活动,以实地参观、影片观放、人物口述等形式,深入加强大学生爱党爱国教育,使大学生永葆爱党爱国心、永铸强国报国志。

以社会主义先进文化为动力,开展"感时代精神、学时代楷模"主题系列教育。"位卑未敢忘忧国",习近平总书记"七一"重要讲话中对青年给予了殷切期望,大学生是社会主义事业建设的生力军,更是未来实现中华民族伟大复兴的人才希望。辅导员要引导大学生把实践锻炼作为成长的必修课,把担当奉献作为发展的座右铭,以大学生志愿服务西部计划和研究生支教团项目为平台,以寒暑假社会实践为媒介,以各级政府组织基础实习实践为载体,引导大学生有扎根西部、扎根基层的情怀,有敢于吃苦、敢于担当的格局,让大学生的青春风采在磨砺中彰显芳华、在奋斗中实现价值。

(三)以学生社区阵地建设为抓手

社区是指具有共同精神、休戚相关的一群人所定居的区域。① 学生社区是对社区概念进行了人群和地点细化的分类形式之一,是学生在学校范围内居住、学习、生活的区域。高校学生社区是高等学校学生在校期间学习活动的重要场所,也是辅导员开展文化培育工作的重要阵地。辅导员要认识到高校学生社区在育人工作的独特作用,高校学生由于年龄、人生阶段和社会经历等方面的限制,在学生社区中的思想、生活、学习、行为习惯等都会受到他人潜移默化的影响。身处在新时代的青年学生思维更活跃、思想更敏锐,接收到的信息更开放,范围更广泛。因此,高校学生社区建设也更具有时代性,面临更多种挑战。

做好高校文化培育工作与抓好学生社区阵地建设有诸多共同点。一是育人目标的一致性,二者旨在引导学生刻苦学习、全面发展,成为德智体美劳全面发展的社会主义建设者和接班人,成为担当民族复兴大任的时代新人。二是育人手段的互通性,一方面,做好文化培育工作,有利于促进学生社区阵地规范化建设,营造向上向善的社区氛围;另一方面,加强学生社区阵地建设是做文化培育工作的重要途径和载体,能够让学生以多种形式充分理解文化培育在个人成长中的重要性。三是育人内容的相似性,前文提到,传承"治学文化",弘扬"三大文化",践行社会主义核心价值观是新时代辅导员文化培养工作的职责。同时,这三点也是加强学生社区阵地建设的主要内容。辅导员以学生社区阵地建设为抓手,做好文化培育工作,可以以构建"学生社区+"模式为突破。

筑牢"学生社区+思想引导"模式。高校学生社区文化是做好学生思想政治工作的重要载体,对学生的思想、性格、思维方式等都会产生潜移默化的影响,抓好学生社区阵地建设,有利于学生形成正确的世界观、人

---

① 《辞海》,上海辞书出版社1999年版,第1221页。

生观、价值观,培育学生的社会责任意识、奉献精神。辅导员可以积极探索将学生党建融入学生社区建设,通过建立"党员宿舍""党员先锋服务站"等方式,充分发挥学生党员模范带头作用,将党的最新理论成果贯彻到每个宿舍,引导广大学生刻苦学习,全面发展,加强理论引导和政治辨析,引导学生立大志、明大德、成大才、担大任。

构建"学生社区+学业指导"模式。高校学生集中居住在学生社区,辅导员可以积极探索,运用"寝风"带"社风","社风"带"学风"的学业指导方式,通过寝室文化建设,将学业指导融入其中,充分发挥学生骨干,特别是寝室长在建设优良"寝风"的重要作用。每个寝室都制订适合自身实际情况的学习计划,相互督促,互相勉励,互帮互助。每学期评选"学霸宿舍""先锋宿舍"等,选树先进典型。有合适学生社区条件的高校,可以将科研讲座、学术报告会、读书分享会等融入学生社区,将文化培育工作充分浸润到学生社区,将书院文化形式创新、内容深入,真正落地、落实,切实有效发挥好学生社区在学风建设中的积极作用,营造文明健康、积极向上、优美安全的学生社区文化氛围。

打造"学生社区+生活督导"模式。学生社区是高校学生生活的主要场所,辅导员可以将劳动教育、体育、美育、心理健康教育等与文化培育相结合,融入到学生社区建设。一是培育学生掌握满足生存发展的基本劳动技能。例如,洗衣、拖地、打扫寝室卫生等,在保持寝室文明整洁的基础上,培育学生牢固树立劳动最光荣,劳动最崇高,劳动最伟大,劳动最美丽的观念,热爱劳动,尊重普通劳动者。二是以体育人,组建体育运动兴趣小组等,定期举办各种形式体育活动,提高学生身体健康素质。三是以美育人、以美化人、以美培元,通过加强学生寝室文化建设,充分发挥学生创造能力、动手能力,以正确方向为引导,装点寝室,陶冶情操。四是辅导员将心理辅导、团体辅导走入学生社区,通过设置"知心话信箱""悄悄关心你"等心理育人活动,帮助学生找到正确的情绪宣泄方式,培育学生形成理性平和、健康向上的积极心态。

(四)以多样社会实践活动为延展

马克思主义哲学深刻阐释了实践决定认识。社会实践是高校加强和改进思想政治工作,落实立德树人根本任务,做好文化培育工作的重要活动载体。党的十八大以来,党和国家把社会实践作为提升人才培育质量,培育德智体美劳全面发展的社会主义建设者和接班人的重要方式。习近平总书记在多种场合强调,在实践中学真知、悟真谛,加强磨炼、增长本领,坚持知行合一,通过躬身实践将所学知识转化为服务社会的综合能力。高校学生通过社会实践,不断提升自身专业素养和实践能力,完善健全人格,培养思维品质。2018 年 5 月,习近平总书记在北京大学师生座谈会上强调,人的潜力是无限的,只有在不断学习、不断实践中才能充分挖掘出来,不论是学习还是工作,都要面向实际、深入实践,实践出真知。2019 年 3 月,习近平总书记在全国思想政治理论课教师座谈会上强调,扎根中国大地办教育,要同生产劳动和社会实践相结合,通过理论与实践相结合,引导学生把爱国情、强国志、报国行自觉融入坚持和发展中国特色社会主义事业之中。我国高校社会实践活动起源于 20 世纪 50 年代,经过近 70 年的蓬勃发展,已处于向高质量发展转型阶段。《高校思想政治工作质量提升工程实施纲要》中,将文化育人与实践育人作为十大育人体系的重要内容。由此可见,形式多样的社会实践活动是做好文化培育工作重要的载体和路径。

做好大学文化培育工作对于提升高校学生思想道德素质、科学文化素质具有隐形的导向性作用。大学文化培育工作不能仅限于学校范围,应该走出校园,走向社会,有利于丰富文化育人载体,也有利于提高大学文化对全社会的辐射和带动作用,进而提升全民族的思想道德素质和科学文化素质,活跃繁荣社会文化,为我国实现第二个百年目标提供精神动力和文化源泉。高校师生是社会实践活动的重要参与者和践行者,高校要加强对社会实践活动的引导和管理,鼓励并创造条件开展主题鲜明、积极向上的社会实践活动,使其成为学生开阔视野、增长才干、提升创造力、拓展信息交流渠道的重要方式。大学文化的社会化趋向要求必须不断改进社会实践的具体形式,随着社会与校园界限越来越模糊,大学文化培育工作也逐渐向社会拓展。这也给做好大学文化培育工作提出了新问题——如何更好地推进校园文化走向社会,与社会文化同频共振,充分发挥好校园文化的先进作用。因此,我们要以多样社会实践为延展,提升高校文化培育工作质量和水平。

首先,让学生走出校园,开展实践活动。学生在实践中出真知,运用所学理论指导实践,向社会文化学习,向实践学习,才能更加深刻体会所学理论知识的真正意义,更好发挥实践育人和文化育人协同效应。例如,开展沉浸式和体验式的红色实践活动,能够感同身受地领悟革命烈士、英雄人物保家卫国、视死如归、报效国家的精神品质。① 在烈士陵园、红色主题纪念馆等地开展沉浸式、体验式的红色文化实践,能够让学生从心灵深处体会到我们一路从站起来、富起来、强起来的艰辛不易。其次,创新实践载体,加强宣传教育。随着融媒体等技术的高速发展,高校学生社会实践活动的宣传方式也更加灵活和多样,我们可以把影音媒介作为社会实践的宣传方式,通过拍摄、制作短视频,开发、应用小程序等,增强社会实践活动的亲和力、渗透力和感染力。最后,总结实践成果,树立先进典型。高校学生的实践活动内容丰富、形式多样,要按照主题和规律把社会实践成果系统化,将社会实践效果作为学生考核评价和奖励制度的重要参考内容,通过社会实践成果答辩、经验交流分享、实践成果分享,提升学生的获得感、参与感和成就感,更好地将社会实践成果辐射社会。

三、新时代高校文化培育工作典型案例

(一)东北师范大学:思想政治教育研究中心十年探索——以思政教育交流引领为关键

东北师范大学思想政治教育研究中心是东北师范大学于 2007 年设立的科研和硕博人才培养机构,成立多年来,中心始终聚焦思想政治教育应用研究和比较研究两个方向,积极进行学术探索。思想政治教育应用研究旨在破解高校思想政治工作和学生成长中面临的现实难题,把问题变成课题,把经验上升为理论,把成果转化为成效;思想政治

---

① 郭红:《新时代高职院校红色文化育人途径探索》,《河北青年管理干部学院学报》2021 年第 5 期。

教育比较研究旨在通过跨文化德育比较，探索构建比较思想政治教育的理论体系与研究范式，推动思想政治教育由本土走向世界。十余年来，中心始终坚持扎根中国、融通中外、立足时代、面向未来的发展理念，以"双十平台"为依托，培养高层次、应用型、国际化的思想政治教育人才，争创具有重大国际影响的标志性的科研成果，为建设在关键领域和关键问题上具有国际话语权、"中国特色、世界一流"的思想政治教育学科而奋力前行。

搭建"双十平台"，努力占据国际青少年德育研究的制高点。中心坚持"一流高等学府、一流研究机构、一流学术大师"的遴选原则，联合汇聚了国外 10 所一流学府和研究机构的 10 支青少年德育研究领军团队，至今合作伙伴已遍布世界四大洲的 10 余个国家。依托"双十平台"，中心联合国际德育顶尖学术团队，围绕当代青少年人生理想教育、价值观变迁、中外价值观教育比较等重大问题，开展高水平合作研究、高层次人才培养、高质量学术交流，形成了以问题为驱动的中外协同攻关机制，不断推动青少年德育研究的理论与实践创新。

秉持高层次、应用型、国际化人才培养理念，打造新时代思想政治教育青年人才队伍。新时代对思想政治教育人才提出了新要求：一是学术水平要高，否则难以发挥引领作用；二是能力素质要强，具备切实解决学生成长现实问题的素质和能力；三是研究视野要宽，能够学涉中西、融通中外。为此，中心在全国率先提出高层次、应用型、国际化的人才培养目标，聚青年英才、育创新团队、塑国际形象，努力培养出一支既有扎实专业基础又有广博见识学识，既有深厚理论素养又有解决现实问题能力，既坚守中国立场又通晓当代世界发展的思想政治教育创新型人才队伍。为推动教师到海外深入学习研究，中心大力度培育、高标准要求，实施"青年教师海外驻站研修计划"，在国家留学基金委资助一年海外访学的基础上，再配套资助一年的访学经费，使青年教师深入当地文化，充分开展理论和实证研究。同时，中心还相应建立起"10—5—3—1"（"4S"）海外科研成效管理与考核机制，要求每位海外研修教师在研期间至少走访调研 10 所典型学校，专访 5 位德育学术名师，在国际学术会议上作 3 次主旨发言,翻译 1 部代表性学术著作,最大限度地提升访学效益。

策划推出集群式学术成果,探索思想政治教育比较研究新路向。对当前国际上有分量的思想政治教育相关经典与前沿论著进行系统整理、遴选和译介,是推动新时代思想政治教育创新发展的一项十分重要的基础性工作。中心早在成立之初,就开始有针对性地对译著成果进行战略谋划。本着权威性、代表性、典型性的遴选原则,先行启动《思想政治教育前沿译丛》《创新创业教育译丛》两大丛书编撰工作。截至 2017 年,两套译丛首批译著共 13 部已分别在人民出版社和商务印书馆正式出版发行。《思想政治教育前沿译丛》先后获吉林省第十二届社会科学优秀成果奖、第八届长春市社会科学优秀成果奖等多项学术奖励,现已被国内多所高校列为思想政治教育专业研究生必读书目。

统筹资源,共谋发展,不断提升思想政治教育学科的国际影响力。讲好中国故事,传播好中国声音,是开展思想政治教育研究的应有之义。多年来,中心汇聚了一大批国内和国际德育领域的知名学者,有效整合高端学术资源和人才,搭建德育国际交流合作的中国舞台,传播中国德育的核心价值理念。依托"当代青少年德育研究学科创新引智基地",中心于 2017 年建立"当代青少年德育创新发展年度国际高端论坛建设机制",每年 6 月定期举办主题国际论坛,传播中国德育声音,汇聚国内外名家,共话德育改革发展。中心在"请进来"的同时也坚持"走出去"。多年来,中心青年教师在海外持续开展学术对话,对学术大师进行专访,在学术对话中把中国思想政治教育理念推向世界各地。

中心在思想政治教育比较研究和应用研究领域十余年来的不懈探索,为学校一流学科建设提供了有力支持。东北师范大学马克思主义理论学科入选国家"双一流"建设学科,在第四轮全国高校学科评估中,东北师范大学马克思主义理论学科被评为 A+学科。2017 年 6 月,教育部部长陈宝生、吉林省委书记巴音朝鲁到东北师范大学调研期间,专程视察中心并对中心国际化科研机制和人才培养模式给予了充分肯定和高度评价。

（二）中南大学：助力学业帮扶，打造辅学义工践行传承雷锋精神——以校园文化精品活动为载体

中南大学以培育和践行社会主义核心价值观为引领，秉承"奉献、友爱、互助、进步"的志愿服务精神，构筑传承雷锋精神载体，打造辅学义工——优秀学生志愿服务队伍，培养德智体美劳全面发展的社会主义建设者和接班人。

立足学生实际需求，促进雷锋精神深度融入校园文化。一是聚焦学生学业需求，构建朋辈学业帮扶体系。中南大学学科门类较多，学生生源多元，部分科目尤其是理工医科课程难度大，部分学生学业发展存在困难。为解决这一实际困难，学校立足实际，统筹规划，系统构建"学在中南"朋辈辅学帮扶体系整体推进解决学业困难，打造辅学义工团队作为课堂教学之外开展朋辈辅学强有力的支持。二是搭建辅学平台阵地，推进雷锋精神在校园的培育生长。为引导广大学子践行"向善求真唯美有容"的中南校风，挖掘和厚实校园文化，学校倡导雷锋故里学雷锋，围绕学业辅导建设了知新馆、问渠长廊等校院两级朋辈辅学品牌阵地，使之成为弘扬校园雷锋精神的志愿服务平台，阵地化推进雷锋精神在校园的生长，营造浓郁的友爱互助、向上向善的校风学风。三是汇聚优秀朋辈辅学力量，推动雷锋精神在校园的示范引领。选拔汇聚400余名学习成绩优秀、辅学经验丰富、具有奉献精神的学生组建校院两级辅学义工志愿服务团队，形成学业帮扶合力，促进学生在自我奉献与成长提升的同时，达到良好辅学效果，浓厚友爱互助、共同进步的校园文化氛围。

构建义工文化，厚植奉献情怀提升服务能力。一是凝聚义工团队文化，厚植无私奉献情怀。提供制度平台保障，制定《中南大学辅学义工管理办法》，将知新馆打造成辅学义工之家，设置辅学义工专属学习备课区；凝练辅学服务理念，在开展辅学服务过程中，辅学义工自觉提炼出"义工不放假，辅学不打烊"的服务口号，全年365天每天24小时在线解答各类学习问题；厚植奉献情怀，辅学义工每学期定期参观雷锋纪念馆，将发扬雷锋精神这一信念深植于心；丰富团队文化内容，定期推出义工辅学读本、义工成长笔记、义工服务札记等专属成长记录；在"中南知新馆"

微信公众号开设辅学义工宣传专栏,推出系列专访,并通过人民网、中南大学官微等多家校内外媒体对辅学义工志愿服务先进事迹进行宣传展示,增强团队凝聚力与认同感。二是勤练基本内功,提高辅学服务能力。强化力量保障,邀请专业教学名师针对不同学科授课内容、讲授方式定期开展业务培训;邀请心理健康教师传授沟通、交流、倾听的技巧与方法;每学期组织赴名校访学,开展辅学交流探讨;定期集体备课,每周安排固定时间分组别进行课程内容辅导探讨;实现以赛促学,组织开展知识难点短视频大赛、双十佳学业辅导评选、十佳学霸笔记评选等特色辅学活动,打造精品辅导课程与金牌辅学义工;构建辅导课程评价标准和反馈机制,近两年授课及答疑满意度稳定在95%以上。三是构建成长激励荣誉链,促进内在服务动力。实施《中南大学辅学义工星级认定标准》,打造辅学义工星级认定晋升体系,颁发星级辅学义工聘书,三星级于个人档案中体现、五星级授予辅学荣誉勋章;建立辅学服务认定及认证管理体系,开发辅学义工认定、日常工作上报系统,以志愿服务时长为基本标准、辅学效果为参考条件,统筹动态管理日常辅学服务;将辅学服务适当纳入学生综测评定考评体系,鼓励和肯定学生参与志愿服务的行为表现。

畅通工作机制,深耕细作提供精准服务。一是辅学服务形式立体化。线上线下授课答疑相结合,线下开设基础课程与专业课程两类辅导课程,特色"辅学茶餐厅"——全校性基础课程学业辅导系列课程已开展3年,共有近百名辅学义工参与,累计开设近2000节课程,服务学生近2万名;开展"辅学小食光·约你在三七"每周坐馆答疑,面对面帮助同学解决学业难题;线上组建各类答疑咨询群,学习打卡群,知新馆辅学课程群365天,每天开展线上24小时在线答疑,平均每天解答近60次提问,累计整理解答1.5万多个问题;团辅、个辅结合以及校院两级协调推进,校级层面开设基础课程辅导,立项支持学院开设专业课程辅导,分学科解决专业性学业困难;提供精细化定制辅学服务,根据不同需求,深入学院、年级、班级开展定制辅学服务小课堂,并开展一对一辅学成长激励计划,精细化满足个性学习需求。二是辅学服务对象网格化。结合学科特点,将辅学义工分为数学组、物理组、化学组、英语组等不同小组,同时针对例如高数招募教授文科类、理工科类、医学类不同类型辅学义工,结合课程涉及学院以及辅学义工人数,明确负责学院、学科等辅学任务分工;制定辅学服务标准,明确细化辅学科目、学院(年级)的服务分工,公共基础课程挂科超过2门的学生,由知新馆制定相应科目组别的辅学义工提供学业辅导服务,公共基础课程挂科低于2门与专业课程挂科的学生,由学院辅学义工按服务对象网格化分工承担相应的学业辅导工作。三是辅学服务过程全程化。根据学生学习规律特点,细分重要学习时间节点,开展全过程追踪式学业辅导。每学期初组织辅学义工集体备课,重点针对知识难点分年级、分不同学习阶段制订本学期授课计划;学期中根据课程学习进度开设系列辅导课程,梳理200个课程核心知识点,发布30余门学业辅导教案、200个知识点讲解短视频、近300份学霸笔记、300余份学习经验贴;迎考季期间,考前根据学生需求开设考点串讲定制辅导课,制订不同时间段各学科考前复习计划;考后针对补考学生开设小班精准辅导课程,针对重修学生联合专业教师,制订一对一重修帮扶计划。实现辅学过程全程化不断线,累计开展辅学志愿服务工作近两万个小时,累计服务学生三万余人次,真正将雷锋精神转化为榜样力与实践力,推进社会主义核心价值观内化于心、外化于行,营造"励志、勤奋、积极、自律"的学在中南优良校风学风。

(三)浙江大学:打造"一站式"学生社区综合管理模式,扎实推进生活园区育人工作——以学生社区阵地建设为抓手

浙江大学认真贯彻落实全国高校思想政治工作会议精神,紧紧围绕立德树人根本任务,以深入开展"一站式"学生社区综合管理模式建设试点为契机,大力推进党建和思想政治工作融入学生社区建设,积极探索富有学校特色、体现思政要求、贴近学生实际的"一站式"学生社区综合管理模式,不断提升生活园区育人质量。

加强统筹谋划,稳步推进试点工作。学校成立"一站式"学生社区综合管理模式建设试点工作领导小组,协调校内29个职能部门定期召开工作例会,加强规划设计,整合资源力量,统筹推进试点工作。将学生社区建设纳入学校党委常委会议题进行专题研究,作为学校2020年度重点任务,做好责任分解,统筹协调推进。制定一流学生社区建设方案,划拨2000万元专项经费用于学生生活园区空间改造升级。成立园区学生工作指导委员会,健全院系与园区协同育人工作机制,把解决学生思想问题与解决生活问题等结合起来,着力提升园区育人功能。

注重共建共享,打造良好育人空间。从学生需求出发,优化丹青学园、云峰学园、蓝田学园三大学生生活园区功能布局,以园区为单位标准化建设"一站式"育人服务中心、健身房、艺术室、师生交流吧和宣传电子彩屏等设施;以宿舍楼群为单位配备党员之家、谈心讨论室、自习室、公共厨房、自助洗衣房和自助服务室,并面向全校师生免费开放。通过改造存量、扩建增量等方式,新增辅导员工作室56个、党员之家19个、谈心讨论室19个、自习室19个、健身房3个,升级空间3600平方米,学生可借用房间数比改造前增加114%,学生活动空间面积增长174%。这些空间自投入使用以来已举办学生党团活动、师生谈心讨论、主题班会、专家讲座、交流会等各类校园文化活动5000余场,为增进师生交流、助力学生成长创造了良好条件。

坚持以文化人,营造文化浸润氛围。以党建文化塑造人,建成"红船精神""马兰精神""到祖国最需要的地方去""国防教育"等主题化党员之家,举办"在鲜红的党旗下"主题教育活动,引导学生传承红色基因、弘扬爱国精神,勇担青春使命。以榜样文化引领人,通过设立优秀人物展、文化墙等形式,大力宣传"竺可桢奖获得者""十佳大学生"等身边榜样人物、先进事迹,让身边人讲身边事,以身边人育身边人,传播青春正能量。以制度文化管理人,出台园区功能用房使用公约,制定育人空间使用管理规范,成立学生自我管理委员会,推动学生由"要我干"向"我要干"转变,不断提升学生自我管理、自我服务、自我教育、自我监督的能力。

践行"一线规则",推动育人力量下沉。健全"新生之友"寝室联络制度,依托师生交流吧推出"coffee time",推动校领导、专业教师、机关干部等1500余名教师走进园区与新生开展交流。成立名师工作室,每周组织"新同学,如何走好第一步"等"有约"活动,聘请名师专家每周五晚上为学生提供职业规划、核心课程学习指导等主题的一对一咨询服务。邀请专业教师、心理咨询师、思政课教师、高年级学长等进驻园区学业加油站、心理辅导站、职业生涯规划基地,开展课程答疑、心理辅导和生涯指导。建强专兼职辅导员队伍,依托辅导员工作室,要求一线辅导员入住园区,每周固定时间开展各类咨询,每月开设 1 次主题沙龙;从院系选派 200 余位研究生兼职辅导员,配备到每一个新生班级,推动多方力量参与一线学生工作,形成育人工作合力。

（四）北京科技大学:重视选题研讨,引领实践方向,品牌化扩大社会实践活动影响力——以多样化社会实践活动为延展①

北京科技大学社会实践每年围绕国家发展战略,围绕社会热点,确立一个具有全局性、前瞻性的实践教学主题和多个专项实践行动,引导学生以国家发展为己任,到祖国大地上奉献自己的力量。学校引导学生开展深度实践,搭建宣传平台扩大影响力,使社会实践的体验真正由"用手用脚的具体行动"转化为"入脑入心的系统认识",使得社会实践的文化影响功效得以辐射扩展,实践育人水平实现了螺旋式上升。

近年来,学校认真研究党和国家重大战略部署和相关文件精神,结合学生认知能力和特点,有针对性地制定实践活动方案,倡导"青年服务国家",开展"中国精神与中国梦学习宣讲""聚焦农村精准扶贫""京津冀协同发展调研"等十大专题行动,为每项专题行动配备专业教师,提供资源保障,促使精心设计的专题实践有指导、有保障、有成效。

在感悟中国力量中修身励志。学生实践紧跟时代步伐,出现一批又一批具有较大社会影响力度的实践团。2019 年是新中国成立 70 周年,组织学生回顾 70 年来的风雨历程,通过寻访行业先锋和道德模范,对话革命英雄和时代楷模,参与新中国成立 70 周年系列活动服务保障工作,追寻强国足迹,继承爱国传统,弘扬民族精神。学生围绕"强国之路青年体验行动",组织 8 支团队接近 100 名学生组建奔赴广西、广东、重庆、河南、辽宁、海南、山西等地,观察新中国成立以来的发展成就,了解新民主主义革命故事。学生以"寻访红色遗迹,培育革命精神"为主题,组织 10

---

① 以上 4 个案例均选自 https://www.sizhengwang.cn。

支团队前往北京市各区县,收集整理北京革命遗迹资源,利用这些资源开展特色鲜明的宣传教育,传承民族精神血脉,弘扬核心价值观。

在助力脱贫攻坚中体验民生。学生实践围绕"乡村振兴青年作为行动"深入人民群众,助力基层脱贫攻坚工作。北京科技大学"乡村振兴"实践团13个分队在暑期深入贫困县,发掘美丽乡村生态环境、风土人情、特色产业、优质产品。实践团也得到了社会的普遍认可,中新网、网易新闻、北京时间等多家媒体对社会实践进行报道。乡桥实践团发现湖南省慈利县渠溶村夏季多发洪水,步桥多发洪水,已坍塌多年。实践团成员利用暑期时间,为渠溶村筹集69800元资金,修筑一座连接村落到河对岸以及周边村庄的快捷通道,方便村民出行。

在推进国家战略中观察思考。学生实践注重加强"两岸四地"学生交流,携手同做中华民族伟大复兴中国梦的参与者、见证者、贡献者。学校与北京团市委、香港专业人士(北京)协会构建"三来一往"伙伴机制,创新京港青年交流模式,全国政协副主席梁振英来到京港青年交流营现场,与两地青年亲切交流,共话"粤港澳大湾区和青年发展机遇"。京港青年伙伴训练营实践团也获得《人民日报》海外版、《人民网》《新华网》《新京报》《北京晚报》《中新网》《北京青年网》《人民政协报》《中国青年报》《香港文汇报》《大公报》等媒体的报道。

在倡导文化繁荣中传承创新。"华夏拾遗"非遗调研实践团在2018年的足迹遍布祖国大江南北,119名拾遗人结合时代背景,明确传承现状,分析调研形式,分为10个小队,前往北京,山西,贵州等取得了对白族扎染、北京面塑等8个非遗项目进行调研与传承。万象非遗调研实践团,针对非物质文化遗产的传承和发展状况,采访60余位非遗传承人,受邀进入故宫,与文保科技部传承人深度交流,共拍摄《刻骨铭心》《幽幽葡萄情》《戎马一生》《声影》《声生世事》五部微纪录片,记录北派竹刻、葡萄常料器、绒鸟绒花、皮影的制作过程,并通过互联网传播的方式扩大宣传力度,引起更多人对非物质文化遗产的关注。

在城市发展经济转型中创新驱动。城市发展和科技创新带动着社会进步,当前我国经济发展进入新常态,面临经济转型的新要求。多年来,共有 127 支团队、1218 名学生走进现代城区,围绕城市和经济转型发展过程中遇到的突出问题开展调查研究。"砸钢记"调研实践团组织了 7 支实践团队前往宝钢、鞍钢、武钢、河北钢铁及部分民营钢铁企业就钢铁行业产能优化状况进行了实践调研,就兼并重组、产业转型、员工分流等维度提出了研究建议。山城记忆实践团寻访拜师重庆"棒棒军",感受"负重前行"的劳动精神,为城市基层劳动者权益维护建言献策,得到《重庆晚报》头版报道。禾欣实践团连续六年前往苏州为社区孩子开办暑期夏令营,覆盖当地 60 个小区、700 余个小朋友,已经成为园区内最受欢迎和最受期待的未成年人关爱活动,活动模式得到了民政部门的关注,并已注册成立公益组织,将在当地社区活动中进一步推广。

因事而化、因时而进、因势而新,社会实践教学成为培育和践行社会主义核心价值观的重要载体,通过选题策划将核心价值观融入前期理论学习、中期过程指导、后期总结交流的实践教学全过程,真正实现落细落小落实。将时代背景、国家战略、社会需求与学生个人兴趣、专业特色、职业规划紧密结合,助力学生通过实践教学活动增进将个人梦融入中国梦的使命自觉。

第六章　新时代高校辅导员心理健康教育工作

心理健康教育是提高大学生心理素质、促进其身心健康和谐发展的教育,是高校人才培养体系的重要组成部分,是高校思想政治工作的重要内容。习近平总书记在全国高校思想政治工作会议上强调:"要加强人文关怀和心理疏导,引导师生正确认识义和利、群和己、成和败、得和失,不断提升心理健康素质。"加强大学生心理健康教育是新时代高校全面贯彻落实党的教育方针的重要举措,是促进大学生全面协调发展的重要途径和手段,也是高校辅导员岗位职责的重要内容。

第一节　辅导员心理健康教育的岗位职责

中央《关于加强和改进新形势下高校思想政治工作的意见》明确要求,要在服务引导中加强思想教育,把解决思想问题与解决实际问题结合起来,加强人文关怀和心理疏导,促进大学生身心和人格健康发展。高校辅导员是高校思想政治教育工作的中坚力量,在促进大学生身心和人格健康发展上承担着重要的职责使命。

一、辅导员与大学生心理健康教育

教育部第 43 号令《普通高等学校辅导员队伍建设规定》指出,高校辅导员"应当努力成为学生成长成才的人生导师和健康生活的知心朋友"，并明确规定"心理健康教育与咨询工作"和"校园危机事件应对"是高校辅导员的工作职责。辅导员必须高度重视并积极开展大学生心理健康教育工作。

（一）大学生心理健康教育的价值

大学生正处在人生发展的重要阶段，面临着学习、交友、恋爱、就业、成长等方面问题的挑战，同时也有着强烈的成长成才、追求卓越的愿望和动机。心理健康教育，就是要通过各种手段和方法，引导学生正确认识义和利、群和己、成和败、得和失，培育学生自尊自信、理性平和、积极向上的健康心态，促进学生心理健康素质与思想道德素质、科学文化素质协调发展。

1. 心理健康教育可以助推大学生健康成长

青年大学生是祖国的未来和民族希望，心理健康是大学生健康成长的重要方面，对学生个人和整个青年一代的未来发展都有着极为重要的影响。近年来，随着我国经济社会改革发展和全面对外开放，大学生心理健康面临着前所未有的挑战，心理健康教育的必要性与重要性日益凸显。心理健康教育不仅可以帮助大学生以健康的心态面对现实，还能帮助他们以正确的心态处理学习、生活中的各种挑战与失败，对他们未来的健康成长发挥着重要的影响。此外，人的心理健康状态从有严重的心理疾病和心理障碍到心理亚健康，再到心理完全健康，呈现出连续渐变的状态。心理健康教育就是要把大学生的心理健康水平不断由较低层次推向较高层次。

2. 心理健康教育可以提升大学生的综合素养

新时代背景下，我国的教育目标更加强调培养和提升人的综合素养。心理健康作为大学生综合素养的一个重要组成部分，是学生其他能力培养和提升的基础。在大学生中开展心理健康教育，帮助学生树立正确的人生观和价值观，让他们以积极的心态面对挫折、失败，提高他们思考问题、解决问题的能力，让他们在遇到问题时能够坦然面对，还能让他们在不断处理问题、解决问题的过程中培养自己的其他各种能力与素质。因此，在大学生中开展心理健康教育有助于培养和提升学生的综合素养。

3. 心理健康教育可以促进大学生思想道德修养

心理健康教育有助于大学生加强对自我和他人的认识与理解,有利于他们正确认识自己的情绪和情感,学会情绪调整和行为管理的方法,保持积极乐观的心态,进而提高他们自我认识、自我管理、自我教育的能力。归根结底,心理健康教育是改造人的主观世界的工作,无论是哪种具体的心理健康教育方式,其作用过程都发生在教育对象的心理领域;无论是何种模式的心理健康教育,都是要重建或改善教育对象的精神生活。也就是说,心理健康教育不可避免地对学生的人生观、世界观和价值观产生影响。因此,科学有效的心理健康教育,有助于引导学生树立正确的人生观、世界观和价值观,促进学生良好思想道德素质的形成。

(二)辅导员承担心理健康教育的必然性

心理健康教育是提高大学生心理素质、促进其身心健康和谐发展的教育,是高校人才培养体系的重要组成部分,是高校思想政治工作的重要内容。辅导员在落实立德树人使命过程中必然会面向学生开展心理健康教育。

1. 辅导员德育工作与心理健康教育具有契合性

心理健康教育与思想政治工作有着天然的联系和内在的契合性。一方面,心理健康教育旨在培育学生良好心理素质,帮助学生理性对待学习生活及工作上的问题与挑战,保持积极向上的乐观心态和人生态度,从而为思想政治教育提供助力。另一方面,思想政治工作也为心理健康教育提供着丰富的教育资源,对心理健康教育发挥着重要的支持作用。例如,思想政治教育帮助学生树立起积极向上的世界观、人生观、价值观,能够减少甚至避免许多心理极端事件的发生,对许多心理健康问题的预防也发挥着积极作用。

2. 辅导员工作性质与心理健康教育具有亲近性

首先,高校辅导员不仅是"传道授业"的教育工作者,而且也是学生的知心朋友。大学生在进入高校以后,他们在面对全新的环境之后,第一个接触的就是辅导员,辅导员一般都与学生年龄相近,不会存在沟通上的代沟,因此更容易深入到学生内心,可以以平常朋友的姿态去开导学生。

其次,高校辅导员具有资源优势,辅导员不仅是学生管理工作的主体,也是高校各项政策决策的宣传者。同时,辅导员在工作中需要与学校各个部门都要建立联系。因此,当学生在遇到问题时,辅导员可以根据学生具体需求及时进行有针对性的帮助。

3. 辅导员在应对大学生心理问题时具有主导性

近年来,大学生因心理问题发生校园暴力事件,引起了党和政府高度重视,大学生心理问题已经成为当前高校学生管理工作的重点与难点。大学生心理问题的预防与干预工作成效如何,直接影响着高校立德树人根本任务的落实,关系着高校为党育人、为国育才使命的实现,关系着德智体美劳全面发展的社会主义建设者和接班人的培养。大学生在校期间的心理问题是大学生处于人生发展重要阶段必然会经历的挑战和困难,特别需要辅导员的全面参与、发挥优势、主动作为。

（三）辅导员开展心理健康教育的优势与挑战

在高校面向学生开展心理健康教育方面,辅导员可以说拥有许多天然的优势,但同时也面临着一些不容忽视的挑战。

1. 沟通交流优势

高校辅导员队伍一般都比较年轻,他们和大学生之间年龄相仿、思想相近,容易拉近距离、制造共同话题,因此能更加高效地了解学生的想法。由于辅导员与学生之间的相似度高,容易获取大学生的信任,从而打开大学生的心扉,更加深入地了解大学生存在的心理健康问题。例如,当学生遭遇学习上的困难挫折时,辅导员可以利用自己大学期间学习适应的经验与学生展开一次亲切友好的谈话,转变一贯的师生关系,以彼此平等的角度,在充分了解学生困难的基础上,讲一讲学习适应的心路历程,分析学生所遇到的问题,寻求解决方案或实施心理疏导。

2. 信息获取优势

了解学生的日常生活学习情况是辅导员的重要职责。辅导员可以建立畅通的信息渠道,加强对学生心理健康状况的了解。例如,如今不少高校都在班级层面设立了心理委员,辅导员可以通过心理委员、寝室长等学生骨干,建立起班级学生心理动态信息发现和上报的工作网络,从而帮助自己及时掌握学生中的各种特殊情况。

3. 专业知识优势

高校各院系一线辅导员往往都毕业于与所带班级学生的专业相近的专业,同时他们也在实际工作中持续接受学生思想政治工作、学生日常管理等方面的专门培训。辅导员自身专业学习过程及其所掌握的专业知识,有助于他们更好地理解和体会所带班级学生学习生活中的困难与挑战;而思想政治教育和学生管理方面的知识的学习掌握,则有助于辅导员更好地结合实际开展包括心理健康教育在内的思想政治教育工作。

虽然辅导员具备开展心理健康教育的一些天然优势,而且确实在学生心理健康教育中发挥着重要作用,但与新时代学生对心理健康教育的相关需求相比,辅导员开展心理健康教育仍面临着一些挑战,如角色身份的冲突、专业能力的限制、职业发展的局限等,需要辅导员自身和主管部门高度重视并着力解决。

二、辅导员心理健康教育角色与任务

辅导员是高校思想政治工作的中坚力量,同时也是大学生心理健康教育的重要力量,是学生积极心理素质培养的促进者、心理健康知识的传播者、学生心理健康状况的观察者、学生心理健康问题的疏导者,也是学生成长相关资源的组织协调者。

(一)辅导员是大学生积极心理素质的促进者

积极的心理素质是个体生存和发展的核心驱动力。大学生心理健康教育,关注积极心理品质培养,将关注点聚焦在人的健康幸福、积极进取、乐观开朗、勇敢创造等良好心理状态和积极心理品质方面,强调"标本兼治",即解决心理问题与培养健全心理素质相结合。重视积极心理素质的培养不仅在个体层面有利于其发展健全人格,实现个人价值,更有利于和谐社会的创建和发展。积极心理素质的提升为个体在面临挫折时增强了心理弹性,可以帮助其更好地应对困难。辅导员作为班级学生的"大总管",在以促进学生成长成才为目标的教育管理服务过程中,必然会承担起学生们积极心理素质培养的促进者这个重要角色。

（二）辅导员是大学生心理健康知识的传播者

提升大学生心理健康知识水平是目前大学生心理健康教育的重要目标。2011 年教育部印发的《普通高等学校学生心理健康教育课程教学基本要求》指出,高校学生心理健康教育课程要集知识传授、心理体验与行为训练为一体,旨在使学生明确心理健康的标准及意义,增强自我心理保健意识和心理危机预防意识,掌握并应用心理健康知识等。研究显示,心理健康知识水平的提升确实有利于大学生的心理健康,大学生习得心理健康知识,对心理健康负性状态有显著的保护作用,心理健康知识水平高的人更少会焦虑和抑郁。① 另外,心理健康知识还对心理健康有较强的预测作用,具体表现为心理健康知识水平越高,心理健康水平也越高。学生心理健康问题的处理和预防,也离不开心理健康知识的支撑。辅导员与学生日常接触十分密切,对学生了解程度较高,是学生在校学习生活中的"引路人",必然会担负起面向学生开展心理健康知识普及教育的职责任务。

（三）辅导员是大学生心理健康状况的观察员

因身心发展阶段的特殊性,大学生属于心理健康问题多发群体,心理健康状况可能对情绪、学习、认知等方面的成长与发展造成消极影响,甚至威胁到他们的生命安全。心理健康问题由一般的心理困扰发展至严重的心理危机,存在一个逐步积累加剧的过程。因此,如果辅导员能细致观察,做到早发现、早干预,就可能防患于未然,避免极端情况发生,拯救学生生命。辅导员对学生心理健康状况进行观察的渠道有许多,如日常寝室走访、谈心谈话、网络交流,或者通过面对面谈心等,可以有效评估学生情绪状态和自我照料能力,以及普通社会交往的功能是否正常。辅导员还可以通过间接方式观察学生的状态改变,从室友、班级骨干、导师、家长等角度,有意识地判断学生的一贯表现与异常情况。如果学生出现了重大的心理健康问题,首先注意到异常情况的往往是当事人信任的室友、好

---

① 韩建涛、秦鹏生、葛明贵:《心理健康知识对大学生心理健康影响的研究》,《扬州大学学报(高教研究版)》2013 年第 6 期。

朋友或家长,因此,他们是辅导员了解学生的重要信息来源。

（四）辅导员是学生心理健康问题的疏导者

目前,我国高校心理健康教育体系中,有学校心理中心专职教师、辅导员队伍、思政课教师队伍、朋辈心理健康教育队伍等不同层次的工作队伍。辅导员对学生心理健康问题进行疏导和干预具备一定的天然优势。首先,良好的教育学、心理学培训背景使得辅导员在工作中能够理论联系实际,能更好地为学生服务。其次,与学生交往密切,事先建立的信任关系使得辅导员在学生突发危机时更容易成为学生求助的对象和走出困境想要依赖的"大人"。因此,辅导员比其他工作队伍能更快地走进学生内心,为困境中的学生搭建"救生梯",指导学生向专业机构如学校的心理中心或是医院等求助,发挥关键性的桥梁作用。最后,有一定心理咨询资质和经验的辅导员,还可以从咨询师的角度来为学生心理健康问题提供一定的心理干预。当然,在这种情况下需要特别注意伦理边界和身份带来的限制。

（五）辅导员是大学生心理帮扶资源的协调员

大学生心理健康问题的有效识别,需要学校积极构建和完善"学校—院系—班级—宿舍—家庭"多元立体预防干预工作体系。在这个干预体系之中,辅导员是学校、班级、宿舍三方的主要协调人,担任多种角色,发挥多重效用。家庭方面,辅导员可以为学生家庭提供较为客观的学生在校信息,在学生发生心理危机时可以及时与家长取得联系。班级方面,辅导员是具体协调员,当班级内部出现矛盾时,辅导员最有可能帮助学生化解矛盾,使他们和平相处。学院工作方面,辅导员起到上传下达的联结作用,向学院汇报学生各方面状态情况,向学生传达学院相关任务信息。对于学校心理中心和医院方面,辅导员则是"转介者"身份,当学生遇到心理危机需要到学校的心理中心或医院寻求专业心理支持时,可以为心理咨询师及精神科医生们提供及补充学生的相关信息。

三、大学生心理健康教育的基本原则

大学生心理健康教育目的是为了提高大学生的自知力,促进大学生的心理成长与潜能开发,增强大学生的社会适应能力,健全大学生的人格,提升大学生的心理素质并维护其心理健康,因此需要遵守以下几个方面的基本原则。

(一)生命至上原则

人的生命是一切的基础和前提。心理健康教育工作必须对学生生命健康负责,因此,辅导员开展心理健康教育工作必须以学生生命安全和健康为底线,在此基础上才能进行其他的工作。学生出现自伤自杀或是伤害他人的情况,通常都是由于学生自身被他人否定或者自我否定造成的。因此,辅导员在对学生进行心理健康教育工作时需要鼓励学生多视角、多元化看待问题,规避学生走入死胡同、产生极端化的思想与行为的倾向。即使学生出现了极端化的行为倾向,辅导员也要努力及时化解,保障学生自身与他人的生命健康。

(二)以人为本原则

要充分研究和理解大学生的特点和需要,根据大学生群体的心理发展特点和个体的特殊心理问题,有针对性地展开心理健康工作。要充分尊重每一个学生的个性,在心理健康教育工作中,鼓励、支持和指导他们个性的发展。社会要求每一个成员遵守各种规章制度和法律法规,只有这样才能维持社会的相对稳定。同时,社会需要每一个成员发展其个性,适度的个性发展能推动社会进步。最后,辅导员要尊重学生的隐私,不能将学生在接受咨询、指导和治疗过程中暴露的隐私作为考核学生的依据。

(三)发展导向原则

发展性原则是指心理健康教育工作者要注意以发展变化的观点来看待学生身上出现的问题,不仅要在问题的分析和本质的把握中善于用发展的眼光做动态考察,而且在对问题的解决和教育效果的预测上也要具有发展的观点。大学生心理健康问题总有一个发生、发展的历史过程,注重对这一过程的分析,对于"对症下药"地采取心理健康教育措施以消除这些问题不无裨益。此外,从人的发展来看,青少年时期是身心发展的重要时期,变化很快,因此教育者切不可用固定的眼光带着成见去了解、研究学生的心理和进行心理健康教育。同时,心理健康教育的要求应高于学生现有的心理发展水平,要能促使学生向心理上的更高水平前进。最后,要做到心理健康教育早进行,早做准备,采取主动态势,努力对学生心理健康问题防患于未然。

(四)资源取向原则

每个大学生都可能遇到各种各样的心理问题,但只要提供给他们恰当的资源,都有产生改变的可能性,可以产生积极的改变。辅导员的任务就是给他们提供这些恰当的资源,让他们获得成长和改变的机会。凡是可以帮助学生解决问题的东西都可以称之为资源,既包括物质资源和非物质资源,例如经费、物资、图书、情感支持、经验体悟等;还包括不同来源的资源,如自身的资源、家庭的资源、朋辈群体的资源、学校的资源、历史文化的资源等。辅导员要充分考虑和调动一切可用资源来帮助学生解决遇到的问题。有时候,甚至学生所经历的困难本身也可能成为资源。

(五)助人自助原则

辅导员在开展学生心理健康教育工作时,要努力帮助学生掌握独立解决自身问题的能力。也就是说,辅导员心理健康教育工作的原则是助人自助。助人过程是辅导员工作的基本过程和工作重点之一。另外,保证大学生的心理健康发展,有效化助人过程,加强辅导员队伍的朋辈关系建设很重要,朋辈关系的建设能够促进辅导员与学生之间的双向沟通,加强助人过程的有效实施。朋辈的经验往往也更加适用于需要帮助的学生,相较于辅导员来说,朋辈经验能够更加切实地帮助处于问题情境中的学生发展出解决问题的能力。

第二节　辅导员心理健康教育的基础知识

近年来,大学生心理健康问题日趋凸显,对高校辅导员工作提出了新挑战、新要求。系统学习和掌握大学生心理健康教育的基本知识,切实提高心理健康教育工作的实效性和针对性,已成为当前高校辅导员的"必修课"。

一、心理健康的具体内涵

什么是心理健康？1946 年,第三届国际心理卫生大会对心理健康进行了界定,"所谓心理健康就是指在身体、智能以及情感上与他人的心理健康不相矛盾的范围内,将个人心境发展成最佳状态"。1989 年世界卫生组织也作出阐释:"所谓心理健康,是指个体能够正确认识自己,及时调适自己的心态,使心理处于良好状态以适应外界的变化。"2001 年,世界卫生组织重新对心理健康概念进行了界定,认为"心理健康是一种健康或幸福状态,在这种状态下个体可以实现自我,能够应对日常的生活压力,工作富有成效和成果,以及有能力对所在社区作出贡献"。此外,许多学者都提出了各自的心理健康的定义,包括心理活动或心理机能系统健全、没有缺损,协调统一、较少矛盾冲突,高效运转,能胜任个体在现实环境中良好生存和发展成长所需,能够在本身及环境条件许可范围内所能达到最佳功能状态等。

综合而言,心理健康就是指个体心理的各个方面及活动过程处于一种良好或正常的状态。心理健康的个体能够适应变化的环境,具有完善的个性特征,其认知、情绪情感、意志行为处于积极状态,并能保持良好的调控能力。在生活实践中,心理健康的个体能够正确认识自我,自觉控制自己,正确对待外界影响,使心理保持平衡协调。总的来说,心理健康与个体的适应能力、耐受能力、调控能力、社交能力和康复能力等多个方面紧密相关,这些方面的欠缺或弱化会导致心理健康问题或心理异常。

二、大学生心理健康的标准

大学生处于成年初期或成年期,其心理具有青年期的许多特点,但作为一个特殊的群体,大学生并不完全等同于社会上的青年人,心理健康标准因此也有不同于一般青年之处。关于大学生心理健康标准,也存在许多不同观点,总的来说可以概括为以下几个方面。

1. 了解自我,悦纳自我

一个心理健康的人能体验到自己的存在价值,既能了解自己,又接受自己,有自知之明,即对自己的能力、性格和优缺点都能做出恰当的、客观的评价;对自己不会提出过分苛刻的、非分的期望与要求;对自己的生活目标和理想也能定得切合实际,因而对自己总是保持比较满意的状态;同时也会努力发展自身的潜能,即使发现或认识到自己存在无法补救的缺陷,也能努力做到坦然面对和接受。

2. 接受他人,善与人处

心理健康的人乐于与人交往,不仅能接受自我,也能接受他人,悦纳他人,能认可别人存在的重要性和作用;同时也能为他人所理解,为他人和集体所接受,能与他人相互沟通和交往,人际关系协调和谐;与自己所属的集体融为一体,既能在朋友同事相聚时共享欢乐,也能在独处沉思时无孤独之感,在与人相处时,积极的态度(如同情、友善、信任、尊重等)总是多于消极的态度(如猜疑、忌妒、畏惧、敌视等)。因而在社会生活中有较强的适应能力和较充足的安全感。

3. 正视现实,接受现实

心理健康的人能够面对现实,接受现实,也能够能动地去适应现实,进一步地改造现实,而不是逃避现实;能够对周围事物和环境作出客观的认识和评价,并能与现实环境保持良好的接触;既有高于现实的理想,又不会沉湎于不切实际的幻想与奢望。同时,对自己的力量有充分的信心,对生活、学习和工作中的各种困难和挑战都能妥善处理。心理不健康的人往往以幻想代替现实,而不敢面对现实,没有足够的勇气去接受现实的挑战,总是抱怨自己"生不逢时"或责备周遭环境对自己不公而怨天尤人,因而难以适应现实环境。

4. 热爱生活,乐于工作

心理健康的人能珍惜和热爱生活,积极投身于生活,并在生活中享受人生的乐趣,而不会认为生活是重负;他们还在工作中尽可能地发挥自己的个性和聪明才智,并从工作的成果中获得满足和激励,把工作看作是乐趣而不是负担。同时也能把工作中积累的各种有用的信息、知识和技能存储起来,便于随时提取使用,以解决可能遇到的新问题,克服各种各样的困难,使自己的行为更有效率,工作更有成效。心理不健康的人常常感觉生活无意义,在工作中容易出现职业倦怠、心理疲劳等。

5. 情绪协调,心境良好

心理健康的人,其愉快、乐观、开朗、满意等积极情绪总是占优势的,虽然也会有悲、忧、愁、怒等消极情绪体验,但一般不会长久;能适度地表达和控制自己的情绪,喜不狂、忧不绝,胜不骄、败不馁,谦而不卑、自尊自重,在社会交往中既不狂妄自大,也不退缩畏惧;对于无法得到的东西不过于贪求,争取在社会允许范围内满足自己的各种需要,对于自己能得到的一切感到满意,心情总是开朗的、乐观的。心理不健康的人常常控制不住自己的情绪,容易被激怒、莫明其妙地发脾气,一点小事就能引起情绪波动。

6. 人格完整,内心和谐

心理健康的人,其人格(气质、能力、性格、理想、信念、动机、兴趣、人生观等)能均衡发展,人格作为人的整体精神面貌能够完整、协调、和谐地表现出来;思考问题的方式是适度和合理的,待人接物能采取恰当灵活的态度,对外界刺激不会有偏激的情绪和行为反应;能够与社会的步调合拍,也能和集体融为一体。心理不健康的人常常表现出人格上的纠结、冲突等不和谐状态。

7. 智力正常,善于学习

智力正常是人进行学习、工作、生活的基本心理条件,同时也是心理健康的重要标准。智力是人的观察力、记忆力、想象力、思考力和操作能力的综合,是从事学习、工作的重要前提。一般而言,大学生智力往往较高,但可能会存在智力效能是否能够有效发挥的问题,这往往涉及的是非智力方面的因素,如是否有强烈的求知欲和浓厚的探究欲,是否具有良好的学习习惯、学习方法和学习目标,是否能够适应时代要求,快速加工、处理、整合信息,并能利用所学知识进行创新创造等。

8. 心理行为,契合年龄

人的行为习惯是与他的年龄、地位、社会角色相适应的,是与社会环境相和谐的。如果一个人的心理行为经常呈负性,严重偏离自己的年龄和社会角色要求,大都是心理不健康的表现。例如,有些大学生总是以悲观的角度对待生活、学习上的事情,或者似乎自己历尽了红尘心态垂暮、感叹当年等,就不是心理健康的表现。大学生处于人生黄金时期,精力最充沛,思维最敏捷,情感最活跃,与之相适应,行为上应该表现为朝气蓬勃、热情洋溢、生龙活虎、反应敏捷、勇于探索、勤学好问,这才是大学生健康心理的表现。

三、大学生心理发展的主要特点

进入大学开启新的人生阶段的大学生属于青年期,介于青春期和成年期之间,是个体逐步从依赖走向独立、进入成人社会的关键时期,也是一个重要的转折期。个体对这一转折的适应,既直接影响其当前的身心发展,也对其成年期发展具有深远影响。

(一)年级与大学生心理发展

四年大学生涯,大学生一般都会经历从困惑迷茫到逐步适应发展的过程。虽然每个同学都带有各自的特点进入大学,也会在大学期间面临各自不同的挑战,他们心理发展的快慢、心理健康水平好坏、心理适应能力高低等方面也各有不同,但总体上还是会呈现出大致的年级特征。

1. 大学适应(大学一年级为主)

大学新生大多都是第一次长时间离开父母和原生家庭,进入全新的大学环境,容易在生活起居、饮食、学习、人际关系等各个方面产生不适应,自卑感与自豪感并存,独立感与依赖感交织,孤单感可能一直伴随,由此也可能带来一系列心理上的困惑与挑战。例如:(1)生活环境方面不适应,角色变化延迟。不少大学生原本依赖父母照顾,独自开始大学集体生活,从他律变为自律,面临较大的挑战,在时间管理、经济管理、习惯养成、生活自理等方面都需要不断学习,这种情况下容易出现角色转换困难,产生受挫感、盲目感、焦虑感甚至自卑感。(2)学习环境方面不适应,竞争更加激烈。与高中相比,大学学习竞争不仅仅体现在分数上,而且是全方位的比较。大学生面临学习方式上转变,需要适应老师教授方式的变化,需要强化自学能力,这些可能导致新生出现放松心理和困惑心理,学习动力缺失、考试焦虑、情绪低落。(3)人际关系方面不适应,孤单疏离明显。大学生来自四面八方,其不同的生活背景和习惯,容易引发人际冲突和矛盾,导致孤单、离群、疏远等不利情况,有的甚至还会发生抑郁、孤独、沮丧、焦虑、烦躁等负面情绪。

2. 冲突管理(大学二年级为主)

从大二开始,专业课程逐渐增多,难度也有所增大,大学生开始进入学习紧张的阶段,加之有些还存在情绪情感方面的一些不稳定因素,心理矛盾与心理冲突也容易随之出现,主要有:(1)人际关系紧张。同学之间熟悉程度增加,为人处事往往不再像之前那么收敛拘束,个体间性格、家庭、习惯等不一致,以及各自存在的缺点等问题逐渐浮出水面,交往能力和态度上一些偏差,可能导致人际关系冲突,导致一些学生产生孤独、自卑、冷漠等消极情绪。(2)异性交往困扰。大二的学生异性交往的需求也不断增长,渴望与异性建立友情和爱情关系,但是有些学生分不清友情和爱情的界限,不能很好地处理异性交往和日常学习生活等各方面的关系,容易造成心理困惑。(3)选择取舍困难。随着专业课程增加,学习任务增多,而社团或社会实践活动丰富,正确处理学业与课外活动的关系,合理安排学习时间与休闲时间,需要学生有良好的自我控制能力和时间管理能力。

3. 自我探索(大学三年级为主)

大三学生开始更多地关注与自身息息相关的国家政策变革和周边环境的变化,如就业政策、高校改革政策、国内外时事政治等,尝试将学校生活和社会生活逐步接轨,由此产生了理想与现实的冲突及自我期望值与社会评价标准的落差,心理困惑和消极情绪可能随之而来。(1)自我评价的两极分化。在这一时期,由于自我控制情绪能力仍有所欠缺,有些学生在自我剖析和价值判断方面常常摇摆不定,产生强烈的负性情绪甚至因情绪失控作出冲动性的行为。(2)异性交往中的波折。一些大三学生在与异性的交往中可能发生恋爱关系波折,比如失恋问题,导致一部分学生陷入困惑、痛苦境地,无法自拔,甚至走向伤害自己或者报复别人的极端。有些学生因同伴影响而急于尝试恋爱,有的甚至会觉得不谈恋爱"没有面子"等,因此盲目追求异性,容易遭遇情感挫折。(3)理想与现实的冲突。大三学生社会实践经验较丰富,对社会现状有了更多的认识,有些人可能面临梦想在现实面前遭遇无情打击的情况,可能会产生自我怀疑、自我贬低等负面情况,"内卷""躺平"等说法极其容易引发他们的共鸣,对他们的身心健康带来很大的挑战。

4. 生涯选择(大学四年级为主)

毕业年级的大四学生面对就业问题、未来发展问题带来的抉择和困惑。就业方面,有些大学生存在着自我期望过高、择业目标不明确、择业互相攀比、过分在意就业单位的社会地位与工资待遇、忽视自身条件兴趣爱好等问题。此外,有的同学还存在就业还是考研、出国等选择难题。(1)就业期望值较高。有些大学生在毕业求职时,对工作通常有很高的要求或期待,不切实际地希望找到一个好工作,容易错失有潜力的工作机会。(2)就业心态不稳。有些大学生在毕业求职时将专业看得过重,认为必须要专业对口,还有一些学生对于就业形势产生一些悲观情绪,盲目放大了求职过程中的一些不利因素,产生自卑情绪和畏难心理。另外,有些学生有过高自我评价,出现"眼高手低"现象。(3)就业动机功利。有些大学生将工作报酬和福利的高低作为评判一个工作好坏的标准,更多的是看重物质回报,而忽略了大学生的社会责任和奉献精神,忽略了国家利益和社会需要,这既不利于国家和社会的和谐和可持续发展,对大学生自身的成长与发展也将产生不利的影响。

(二)性别与大学生心理发展

大学生正处于身体成熟期,性别上的生理差异与一定的社会、历史、文化条件相结合,导致心理特点差异进一步扩大。男女大学生各自承担着自己的压力,表现出不同的心理状态,其中人际交往与恋爱情感方面的差异比较明显。

1. 男女生人际交往特点

人际交往问题始终贯穿大学生活时代,也是当代大学生发展成长的重要课题。不论男生还是女生,在人际交往中都表现出以下几个方面的特点:(1)追求平等。由于大学生都处在同一身心发展水平上,彼此之间相同的年龄、认知和经历,其知识结构和思想特点也相差无几。因此,男女大学生的交往带有明显的人格平等、角色相同等特征。(2)强调纯洁。

大学时代正是思想活跃、感情丰富的时期,大学生更珍视友谊,把友谊作为重要的追求目标,而且大学生极富浪漫性,头脑中充满了对理想的憧憬和对生活的热爱,较少出现互相利用的功利色彩的人际关系。男生之间的"兄弟之情",女生之间的"闺蜜之谊",是他们日后继续交往和互动的重要纽带。(3)重视独立。由于大学生之间个性差异很大,每个人的交往都可能不同于他人,这促使大学生的交往活动呈现出多彩的个性特点。但是不论活泼好动,还是孤僻喜静的大学生,在交往中都表现出自主性。无论男生还是女生都希望有属于自己的成长空间和个人领域。(4)保持开放。大学生的交往呈现出开放式的特点。他们的交往意识很强,交往范围较宽,交往的方式丰富多彩。无论男生还是女生,彼此之间的交流和互动更加开放,保持流动开放的态度,允许和接纳彼此的不同。

2. 男女生恋爱心理特点

在恋爱亲密关系中,人们一般更容易包容和理解男性,对待女性则倾向于更为苛责和约束。这种倾向或现象同样也影响到大学生对待恋爱的态度和行为。(1)恋爱态度的差别。总体上看,男女生在恋爱态度上都比较严肃和慎重。但是,男生相对更倾向于容易动心并希望快速建立恋爱关系,女生则相对更倾向于谨慎决策而更希望关系稳定长久。① 此外,在大学阶段不准备谈恋爱的女生远多于男生,大学生中恋爱次数为零的女生也明显多于男生。② (2)恋爱动机的差别。研究发现,男生相比于女生,更倾向于将恋爱看作自我魅力的展现,更加关注性与玩乐的需求,更可能因为好奇与空虚而选择谈恋爱。女生比男生更多希望与对方拥有共同理想和兴趣爱好,而为了弥补内心空虚和满足生理需求而谈恋爱的男生比例明显高于女生。(3)承受压力的差别。许多大学生在恋爱感情挫折到来之后常常会出现一段较长时间的心理郁闷,有的对自己失去信心,有的放弃对爱情的追求,有的甚至走向极端。而有的大学生,他们的自控能力较强,内心坚定隐忍,承受压力的能力相对较高。研究显示,在恋爱

① 董开莎:《大学生恋爱动机的性别差异分析》,《新余学院学报》2012 年第 3 期。
② 丁小燕:《90 后大学生恋爱的性别差异研究——基于湖南某重点高校的调查分析》,《高校辅导员学刊》2013 年第 3 期。

过程中,男生承受的物质条件方面的心理压力显著高于女生。此外,由于生理和心理上的差异,女性容易被认为是恋爱关系中的"弱势方",更容易受到挫折和伤害,但也有研究指出,多数(52.0%)大学生认为"恋爱受挫情况男女均等",29.2%认为"女生多",18.8%认为"男生多"。[①]

(三)学业与大学生心理发展

由于学业成绩目前仍是考评学生综合素质的重要标准之一,也是评优、升学、招考等人生关键节点的必备条件。虽然当前学业困难学生只占大学生总数中的极少比例,但是,学业困难意味着重修、补考、降级乃至退学,对学生个人来说是一种严重的挫折,这使得他们成了大学校园中的一类特殊群体。

1. 强烈的心理冲突

由于自身的期望与现实的成绩之间存在巨大冲突,学业困难学生普遍都存在着强烈的心理矛盾。一方面,在社会、家庭和自身的期望下,他们有着强烈的上进心与自我实现的意愿;但另一方面因为种种主客观原因的制约,他们又无法实现这种意愿,这使得他们感到力不从心,外界的刺激很容易使他们的心理状态失衡,进而产生各种心理困扰。辅导员可以开展学业困难团体的辅导活动,搭建安全温暖的对话交流平台,让学生放下压力,主动宣泄内心的焦虑,在对话中建构新的力量,达到内心的平衡。

2. 自我怀疑与否定

由于长期的不良成绩以及消极评价带来的负性心理暗示,学业困难的大学生极易对自我产生怀疑与否定甚至自卑,无法正确地看待与接受自己,使得个体陷入认同危机而无法自拔。带着这样的困扰,学生常常放弃学习的努力和劲头,很多转向网络游戏,甚至旷课逃学。辅导员需要格外关注这一点,通过谈心了解他们的痛苦,有针对性地开展帮扶工作。比如,开展学习经验分享活动、一对一帮扶活动、团体辅导活动,通过这些带

---

① 檀芬、张福珍:《当代大学生恋爱挫折现状调查研究——以江苏省某高校为例》,《科教文汇(中旬刊)》2016年第4期。

动学业困难的大学生为自己的学业负责。

3. 明显的疏离感

学业困难的学生往往会觉得自己会遭受同学或老师的冷遇,在评奖、评优、升学、推荐等方面被排除在外,集体意识容易变得淡漠。这种情形使他们自我防备与自我保护心理强烈,对外界和他人容易持警惕的态度,疏离感尤为强烈。特别是当学习困难学生遭遇了生活事件或其他突发问题的时候,因为缺乏一定的社会支持,极易引发心理问题。

4. 容易自我放弃

学业困难的学生面对学业的压力,常常选择逃避和放任。他们有些鸵鸟心态,明知道必须面对却一拖再拖。时间久了,逃避变成放弃。放弃了自己的潜能,放弃了改变的希望,也放弃了努力的行动。这个时候,需要去重新找回初心,看到曾经的梦想,看到蕴藏的潜力。永不言弃是特别重要的一种心态,辅导员需要走进学生的内心,发掘他们力量。

(四)家庭与大学生心理发展

家庭对大学生心理发展和心理健康有着十分重要而深远的影响。多数学生在成长过程中,心理健康得到家庭的正面影响,形成了积极向上的健康心态。但也确有少部分学生,因为家庭教育方式、家庭形态(如单亲家庭、离异家庭、再婚家庭、隔代养育家庭等)和家庭经济状况等原因,心理上承受了不利影响和压力,形成抑郁、焦虑等负面心理状态。[1] 比如,有研究指出,家庭教育中,打压式教育、引发负罪感以及道德绑架,对子女实行精神操控和心理控制,试图让孩子无条件服从,会对孩子心理健康构成严重不良影响。[2] 一般而言,由家庭原因导致的负面心理状态主要有以下几类。

1. 自卑自信并存

部分学生缺乏对自己和所处家庭的正确评价,他们或多或少存在不

---

[1]　董晓玲:《家庭结构与大学生心理健康水平的关系研究》,《校园心理》2020 年第2 期。

[2]　周文、杨东:《家庭教育中的 PUA 现象对青少年心理健康的影响》,《中国德育》2020 年第 24 期。

同程度的自卑心理。在他们看来,自己可能是被父亲或母亲"抛弃""嫌弃"的孩子,容易产生"自己很不幸"的想法。他们害怕让别人知道自己的家庭或家庭教育,害怕被别人歧视、嘲弄。这种认识上的偏差和心理上的畏惧,有可能使他们的自卑心理越发严重,以致他们在各方面开始轻视、否定自己。这种自卑心理还在一定程度上影响他们的正常学习和交往,也直接影响到了他们的身心健康。但是,如果他们能够克服家庭的束缚,走出家庭的羁绊,摆脱家庭的不利影响,就会变得更加坚强、成熟稳重、自尊自信。

2. 敏感信任共生

自幼受家庭不利影响的大学生,对涉及自己的事情往往特别敏感,有的总爱把简单的问题复杂化,有的甚至总在猜测别人说话的另一层含义,以至于别人一句好话或者无心的话,一个随意的动作和眼神,在他们那里都可能会产生误解。这种不良心态客观上促使其对周围人抱以怀疑和不信任的态度,在一定程度上造成了他们人际交往上的困难,如果长时间无法解决,势必会影响其身心的健康成长。他们也渴望真诚和友善,别人的支持和理解是他们特别强烈的情感需求。辅导员在与他们的互动中,要大力鼓励他们积极参与社交活动,引导他们适当相信人的美好品行,同时创造互助友爱的氛围,带给他们信任的力量。

3. 渴望安全稳定

焦虑是该类学生中比较常见的心理特征。早年经历的不堪或痛苦,使他们在内心深处更加渴望一种安稳的生活状态或者比较温馨的情感氛围。但是,他们往往又具有细腻敏感的人格特质,以及生理或心理上的某种"弱势",容易使他们倾向于杞人忧天、无故烦忧,经常会为一些琐事无端地烦恼和忧虑。另外,成长于特殊家庭环境中大学生,往往要花费更多的心思考虑"生存"之道,因此常常需要更多顾虑自己的表现,这种持续而长久的思虑,容易触发焦虑神经,产生焦虑情绪。

4. 承受孤独忧郁

抑郁是该类学生易于出现的心理状态。家庭的变故或不良影响,给他们带来心理冲击和压力。家庭关系不和、家庭温情缺失等体验,容易让他们感到孤独、伤感和无助,长期积累则容易形成抑郁情绪。在大学生中,在遭遇学业、人际、情感等困难的时候,来自特殊家庭的学生比其他人更容易产生抑郁症状。因此,辅导员面对他们的这些状态,要保持高度的敏感,从心理危机的视角加强评估和判断,务必重视其是否存在危机,必要时,应当安排宿舍同学和班级干部积极关注、随时反馈。

当然,受到家庭负面影响的学生,更多数情况是在面对困难和挫折中增强了向上成长的力量,能够笑对生活,即使经历抑郁也能够顽强地走出困境,成为生活的强者。

第三节　辅导员心理健康教育的实务技能

新时代,党中央站在立德树人的战略高度上,赋予了高校辅导员心理健康教育、心理辅导、危机事件处置干预等基本职责,明确要求辅导员应当具备开展大学生心理健康教育工作所需的知识和技能。

一、心理健康教育的组织实施

一般而言,辅导员面向大学生组织开展心理健康教育的主要方式包括以下几个方面。

(一)开展专题讲座

辅导员开展心理健康教育主要涉及两类主体对象:学生与学生家长。对学生的心理健康教育可利用的途径是多方面的。比如,学习系统的心理健康课程及心理健康教育讲座、组织心理健康教育主题班会、组织学生开展心理健康社团相关工作(编撰心理健康刊物、开展心理剧比赛、举办知识竞赛、心理电影展播)等,提升学生学习心理健康知识的兴趣,潜移默化地帮助学生提高心理健康水平。对家长开展学生心理健康相关的教育,辅导员可在新生入学的家长会议时向学生家长传递心理健康的重要性,以及高校学生的心理发展特点。后续当学生遇到困难情境需与家长联系时,可以一对一地进行联系,还可以借用网络的途径转发专业心理健康教育内容等,帮助家长提高心理健康知识水平,助力学生心理健康。

(二)组织心理训练

心理训练可分为辅导员心理训练和朋辈团体心理训练。辅导员自身的心理训练可由两方面组成。一方面定期接受学校组织的针对辅导员关于学生心理健康教育的培训。另一方面通过线下机构培训、网络课程、书籍等途径有针对性地补充关于学生心理健康的知识和技能。朋辈心理干预团体的训练,一方面学校的心理健康中心定期组织的对班级心理委员的业务培训。另一方面对班级内部其他朋辈心理干预团体的训练可由辅导员组织,例如组织学生骨干开展研讨,提高这一团体对班级内其他成员心理健康状况的关注意识和能力。另外,资深辅导员可以在学校的支持下开展对其他辅导员的心理训练,从辅导员的角度出发切实帮助辅导员群体提升对学生开展心理健康教育与干预的能力。

(三)普及心理知识

心理知识的科普贯穿学生整个求学生涯,辅导员首先要帮助学生建立对心理支持的正确认知以及对学校心理中心服务的基本了解。之后,结合不同阶段的学生需求开展多样的心理知识科普。辅导员开展心理健康知识科普,有两点需要注意:一是内容要符合学生需求,即评估工作要做到位。二是形式要有吸引力,传播途径丰富而多元化,以此来吸引学生对心理知识的关注。辅导员在工作中可以参考兄弟院校相关的资源,同时也可以根据学生的需求拓展内容,例如转发一些有趣的视频、音频资源及文字资料等。

(四)营造集体氛围

班级氛围是影响教育过程的一个重要因素。辅导员伴随着大学生生活的各个阶段,是与学生接触多、交流多,对学生影响最广泛、最深入的教育者之一。在辅导员带班的过程中,能够营造出良好的班级氛围,教育效果就显著。因此,辅导员在班级中通过树立威信、合理带班、与学生建立良好的关系等,营造出一个良好的班级氛围,是带好班级学生的关键,也是辅导员做好思想政治教育和管理工作行之有效的手段。

二、心理问题的筛查与处置

因为各种原因导致心理健康问题的学生,是辅导员工作中难免会碰到的重要挑战。如何识别、发现和处置学生的心理健康问题,是辅导员工作中必须解决的重要问题。

(一)开展心理测评

心理测评是为了筛查出那些心理状态异常的学生,并为他们提供及时的专业帮助。心理测评主要是由学校的心理健康中心负责实施,辅导员协助讲解与施测。目前,我国最常用的心理测评筛查工具包括症状自评量表(SCL-90)、大学生人格问卷(UPI)、卡特尔十六种人格因素量表(16PF)和中国大学生心理健康筛查量表等。SCL-90 是自陈式的症状量表,主要用于测量个体的感觉、思维、情感、饮食、睡眠等方面的状况。UPI 是广泛用于日本的一种心理健康状况调查工具,主要测量的是学生的苦恼、焦虑以及与身体相关的症状等。16PF 是用来评估个体的人格特点的测量工具,其中的稳定性、兴奋性、忧虑性和紧张性四个因素可以用来衡量个体的心理健康水平。目前,由教育部组织专家编制"中国大学生心理健康筛查量表"①应用十分广泛,该量表立足中国大学生心理发展特点和中国当代社会文化因素,对受测者进行三级筛查,涉及 22 个筛查指标维度,共 96 道题目,一级筛查为严重心理问题症状筛查,包括幻觉等严重精神病性症状、自杀行为与意向两个指标;二级筛查为一般心理问题症状筛查,分为内化心理问题症状和外化心理问题症状两类,其中内化心理问题症状包括了焦虑、抑郁、偏执、自卑、敏感、社交恐惧、躯体化七个指标,外化心理问题症状包括了依赖、敌对攻击、冲动、强迫、网络成瘾、自伤行为、进食问题、睡眠困扰八个指标;三级筛查为发展性困扰筛查,包括了学校适应困难、人际关系困扰、学业压力、就业压力、恋爱困扰五个指标。其中一级和二级筛查为学生心理健康问题筛查的核心,而三级筛查主要反映学生的适应性问题以及提示潜在心理问题的来源。量表具有良好的

①　方晓义、袁晓娇、胡伟等:《中国大学生心理健康筛查量表的编制》,《心理与行为研究》2018 年第 1 期。

信效度和实用性。

（二）建立心理档案

辅导员可以建立本班级学生的心理健康档案,内容一般应包括：(1)学生的一般资料：包括姓名、性别、民族、出生地、年龄、出生年月、政治面貌、身体总体状况、个人爱好、特长等。(2)学生家庭背景：家庭经济收入、人口情况、家人精神状况、家人身体状况、家庭对自己的期望值等。(3)学生受教育情况：学生文理科偏好情况、现行课程学习困难情况、学校(包括以前学校)所获得奖励和惩罚情况、担任班干部情况(包括以前学校)等。(4)身体健康情况：过去和现在是否患有重大疾病或者慢性病、家族是否有遗传性疾病、学生对健康的期望值等。(5)学生心理情况：包括重大心理创伤事件和生活应激事件下的心理状态、心理困惑、学生自评和他评、各项心理量表测试结果等。(6)阶段性重要情况交流记录：不同时期学生身体、心理、家庭、学习等情况的变化。

辅导员在建立心理档案的基础上,针对心理问题的特点和轻重程度进行分类标注,根据对学生学习和生活情况的动态了解,及时对档案进行维护和更新,动态观察学生心理变化(特别是重大应激事件下的心理,如失恋、家人亡故、个人患重病等)。对于有心理疾病和特殊心理问题的学生要进行重点关注和心理干预。

（三）构建工作网络

朋辈心理健康互助近年来成为高校心理教育体系中的重要一环。辅导员应充分发挥学生群体内在的力量协助建立班级心理问题预防及干预防线,建立健全学校心理健康服务体系。班级朋辈建设包括心理委员及朋辈辅导团队的建设。设班级心理委员,协助辅导员工作、给予同学朋辈心理或情绪方面帮助与支持。另外,辅导员积极发动班级党员、寝室长等学生骨干,鼓励他们发挥带头作用,积极关心同学。与此同时,班级朋辈团体需要定期接受学校组织的相关知识和业务的培训,以提高团队为同学提供心理支持的能力,促进这支队伍向更为专业化和实战性的方向发展。

三、心理辅导的基本技术

面对学生个体的心理问题,辅导员需要通过深入的谈心谈话开展心理辅导,帮助学生缓解心理问题、提高应对能力、增强适应水平,实现更好地成长。这期间,辅导员需要用好一些心理辅导的基本技术。

(一)专注与倾听

专注是指辅导员在心理辅导过程中与学生保持躯体和心理上的积极同在状态。专注技术是指辅导员在心理辅导过程中有意识地表达与学生同在的身心状态的方式和方法。例如,辅导员面向学生,上身略向对方倾斜,保持恰当的视线接触等。倾听,是指辅导员获取和理解同学所传达信息的过程,包括通过自己身体的及内心的专注与回应,向同学传达自己正在倾听的状态。专注与倾听是辅导工作所必需的基本态度,也是辅导过程中的基本技术,因此其使用时机非常广泛,可以说在辅导的全过程都需要。但是,在辅导关系建立的阶段,专注与倾听尤为必要。

专注与倾听具有以下作用或功效:(1)传递辅导员的关切、尊重以及与学生同在的态度,使学生感到自己正被尊重、被重视,与辅导员建立起信任关系,进而产生分享其感受、问题、困扰的勇气和愿望。(2)有助于辅导员聚焦于学生,从而更好地获取其信息,增进对学生心理状态的认识和把握。(3)可以让学生产生被支持的感觉,具有一定的舒缓情绪、缓解问题的作用。

伊根(G.Egan)认为,面对对方、开放姿态、倾斜上身、视线接触、自然放松(即SOLER)是表达专注的有效做法。(1)S:面对(Squarely)学生。面对是表示投入的基本姿态。心理辅导中一般不正面相对而坐,而是双方呈直角或斜角,辅导员侧转身面向学生。(2)O:开放(Open)姿态。开放的肢体姿态,传递对学生所抱持的开放、接纳的态度。(3)L:前倾(Lean)上身。将上身向学生略微倾斜,表达或强化对学生的专注,但不要过于频繁或过度地前倾靠近学生,以免给对方带来压力或误解。(4)E:目光(Eye)接触。与学生保持良好而适当的目光接触,但不要一直盯着对方看,也不要目光过于频繁地转向别处。(5)R:放松(Relax)身心。在面对对方、开放姿态、前倾身体、目光接触等过程中都要轻松自然。

（二）共情与表达

共情是指设身处地地体会、感受对方。按罗杰斯的观点，共情是体验别人内心世界的能力。具体可以包括三个方面：一是辅导员借助于当事学生的言谈举止，深入对方内心去体验他的情感、思维，所谓"神入"；二是辅导员借助于知识和经验，把握当事学生的体验与他的经历和人格间的联系，以更好理解问题的实质，也就是"体验"；三是辅导员运用会谈技巧，把自己的"共情"传达给对方，以影响对方并取得反馈，也就是"表达"。

共情的表达往往采用情感反映技术来实现。情感反映是指辅导员用简明扼要的话语把学生的情绪情感反馈给对方。学生的情绪情感可能是他们自己在讲述过程提到的，或者学生非语言行为、所处处境以及个人信息等内容中所包含的。情感反映的表达可以是试探性的（如"我想知道你是不是感到很愤怒"），也可以是比较直接的（如"听起来你似乎很生气"）等。情感反映可以只强调情绪情感（如"你感到很恼火"），也可以包含情绪情感产生的原因（如"你做了那么多，老师却没有注意到，你感到很恼火"）。情感反映能够帮助学生识别、澄清、确认、体验、宣泄或接纳他们的情绪情感，并有助于后续的辅导工作；情感反映能体现辅导员对学生的共情，有助于辅导关系的建立和强化；情感反映为学生提供表达情绪范例，为不善情绪表达的学生提供了学习的机会。

（三）提问与反馈

提问是指辅导员为了鼓励同学有更多表达，在必要的情况下，配合同学的问题与辅导目标，提出相关问题询问同学的过程。一般分为开放式提问和封闭式提问两类：（1）开放式提问：通常使用"什么""如何""为什么""能不能""愿不愿意"等词来发问，可通过"能不能""愿不愿意"来表示委婉，目的是让当事学生就有关问题、思想、情感给予详细说明。它没有固定的答案，容许当事学生自由地发表意见。（2）封闭式提问：通常使用"是不是""对不对""要不要""有没有"等词，同学只能就事实状况用"是"或"否"加以回答。常用于收集资料并加以条理化，澄清事实，获取重点，缩小范围。

反馈是指辅导员在辅导过程中根据学生的讲述等情况予以必要的简短的回应。反馈一般采用语义简述来实现。语义简述是指辅导员用自己的话,提纲挈领、简明扼要地将学生所表达的内容反馈回去,也称为重述。语义简述可追溯到 C.罗杰斯(1942),他认为助人者要做一面"镜子"或"回音壁",让人不被评判地听到自己在说什么。语义简述可以让学生了解到自己的问题在别人看来是什么样子的,进而思考自己真正的想法或问题;可以让辅导员能够验证自己对学生的认识和理解;还可以让辅导员向学生传递出用心倾听、尊重理解的态度,从而增进辅导关系。辅导员所简述的语义,是对学生所述内容的概括,不多于学生叙述的内容,也不少于学生叙述的内容,要尽可能地与学生所表达的意义保持一致。语义简述常常用这样的句式进行:"我听到你说……","听起来你似乎……","我想你是不是……","你说的是……","你想要告诉我的是……","你是不是说你……"等。

(四)自我表露

自我表露又叫作自我开放或自我揭示,由杰拉德(Jourard)1958 年提出。自我表露是指辅导员有意识、有目的地表露个人的特征、经验等信息的过程。自我表露有两种形式:一种是向来访学生表明自己在辅导会谈时对来访学生思维和言行的体验;另一种则是告诉对方自己过去的一些有关的情绪体验及经历经验。根据自我表露内容的时间和性质,把自我表露分为四种形式:现在积极的自我表露、现在消极的自我表露、过去积极的自我表露、过去消极的自我表露。

自我表露有助于辅导员与学生建立相互信任和开诚布公的良好关系。自我表露可以使学生的自我表露增多。辅导员自我表露具有示范作用,可以让学生学习更有效地开放自己。辅导员对与学生所讲内容有关的负性信息自我表露的话,可以使学生感到更多的共情、温暖和信任。辅导员的自我表露可以提高学生参与会谈的兴趣,引发他们的体验程度加深。辅导员类似的经验及感受的分享,可以增进学生对自己的经验及行为的思考与了解,从中得到积极意义的启示。

(五)信息提供

信息提供是指在辅导的过程中,辅导员在必要的情况下,为了协助学生了解问题、作出决定,或规划行动、解决问题时,向学生提供具体资料、事实、资源、问题的答案,或是对学生的看法等等。信息提供对学生具有教育功能,提供事实依据或相关重要信息,纠正错误观念或错误信息,给出辅导行为的理由或说明原因等,可以促进学生发生改变。心理辅导中提供的信息主要有四种:(1)说明意图和目标;(2)教会学生不同的行为方式;(3)提供关于活动或心理服务方面的信息;(4)帮助学生了解这个世界或是一些心理规律等。当然,信息提供的重要前提是辅导员自身掌握的信息必须是充分的、准确的、真实的。

第四节　大学生常见心理问题及其应对

面对学习生活工作中的种种挑战或压力,大学生难免出现这样或那样的心理健康问题。辅导员要开展好学生心理健康教育工作,必须了解大学生常见的心理问题,掌握评判心理问题的原则,熟悉各种问题的表现和特点,并掌握应对的方法或策略。

一、大学生心理问题的判别原则

心理问题与心理健康之间,虽然有规范的诊断标准可用来进行判别,但不像躯体健康与否有严格、明确的界限,因而判别难度大。一般而言,判断是否心理健康、是否存在心理问题或心理障碍,可以参照以下三个方面的原则。

(一)心理反应合理性

个体经历多年的成长过程,都会形成对外界事物的特定反应模式,这种模式的建立,使个体与周围的人和事的互动中能够保持动态的平衡,使人感到其对外界刺激的反应在形式和内容上都是合理的、必然的。也就是说,一个人在长期的与外界互动过程中形成了自己的反应模式,使得其心理活动和行为表现,一般总能与客观环境相适应,而且也能够被人理解。比如,当我们个人尊严遭到侵犯或践踏时,我们感到愤怒,以及产生攻击性言行的倾向等,一般都会被看作正常的、符合人之常情的。但是,如果这样的反应模式遭到破坏,使得个体对外界事物的反应不再具有一致性和统一性,就可能心理异常了。值得注意的是,心理反应和行为表现的合理性,与个体所在的时代、地域、文化、法律体系等因素有密切关系,一些行为表现在某些特定时代、特定地区或特定文化等情境下,是否是心理健康问题,可能并不能一概而论。

（二）心理过程协调性

正常个体的心理过程,不论是某个心理过程的各个心理现象之间,如认知过程的感知觉、记忆、思维、想象等心理现象之间,还是各个心理过程之间,如认知过程、情感过程、意志过程之间,都具有协调一致性。正是这种协调一致性才保证了个体在反映客观环境时的精确性和有效性。如果这种协调一致性遭到破坏,如感知觉能力正常而出现记忆衰退、思维迟缓、想象力缺乏,或者说微笑着说自己非常痛苦,或者表情痛苦地表达自己有很愉快的情绪感受等,有可能就是心理异常了。还有,比如有的人虽然认识到学习对自己很重要,但在情绪感受上却对学习活动感到毫无兴致、枯燥乏味,而且学习行为上也磨磨蹭蹭、拖沓不前,甚至南辕北辙地去上网、打游戏,就很可能是心理异常了。

（三）个性特征稳定性

个性心理特征是心理活动和心理过程在具体个人身上所表现出来的相对稳定的个人风格或独特性。一般而言,个性特征不会轻易改变而且常常明显地表露出来,所谓"江山易改,本性难移"。如果环境条件并没有发生大的改变,个性特征却发生了人们难以理解的改变,且迁延持续难以恢复,则可能发生了心理异常。比如,一个同学本来总是乐观热情、嘻嘻哈哈的,突然毫无原因地变得长时间的沉默冷淡,或者即使有一定原因,但根据常理看这些原因尚不足以使其发生如此剧烈的变化,那么就要考虑心理上是否已经发生异常了。

通常,以上三个原则需要综合考虑。判断个体是否心理异常,既要看个体的心理反应在其所属时代文化及当时所处情境等背景下是人之常情还是怪诞离谱;又看个体的反应在各心理现象或过程之间是协调统一还是自相矛盾;还要看个体反应是否与其性格特征相符一致还是变化巨大(变化大到无法用其遭遇来解释的程度)。依据这三个原则,我们对于心理是否异常的判断,就会比较准确了。当然,这三个原则,不仅适用于我们去评估判断他人的心理状况,同样也适用于我们对自己心理状态的自评和自查。

二、大学生常见心理问题及其应对

大学生因身处人生发展的重要阶段,既面临繁重的发展任务、学业任务、同辈压力,还要适应时代发展变化所带来的各种挑战,会在不同时期、因为不同的原因,引发不同程度的心理健康问题。

(一)一般心理问题

通常情况下,人群中某些不良心理倾向、轻微或局部心理问题的存在具有普遍性。在大学生中,一般较为轻微的或局部的心理问题或倾向,包括分心走神、忧郁、烦恼、焦虑、空虚、自卑、急躁、孤独、依赖、怯懦、冲动、敌对、情绪波动等。这些不良心理倾向或问题通常并不单独构成心理疾病,因此其不良影响相对较小、严重程度相对较低,但这类不良状态或倾向中的几个或一部分以持续、集中的方式发生,则可能成为影响较大、程度较重的心理障碍或疾病。一般心理问题的克服或改善需要在日常学习、生活中有意识地予以纠正或调适,当然若自我调适的效果不佳,则应该寻求心理咨询师的专业帮助。

(二)轻性心理疾病

大学生人群中发生轻性心理疾病也较为常见,主要有两大类:一是面对学习生活中的各种压力性事件、挫折打击或困难挑战等应激源而引发的适应障碍;二是主要以自身人格缺欠为基础在心理社会(环境)因素影响之下而发生的各类神经症性障碍。

1. 适应障碍

适应障碍是指因明显的生活改变或环境变化,或者长期存在应激源或困难处境(如居丧、离婚、升学、转学、患重病、经济危机等),加上当事人某些人格或个性上的缺陷,引起以烦恼、抑郁等负面情绪状态为主的情感障碍,有时也伴有适应不良的行为障碍或生理功能障碍,并使社会功能受损。适应障碍的临床表现包括抑郁、焦虑或烦恼,感到不能应对当前的生活或无从计划未来、失眠、应激相关的躯体功能障碍(头疼、腹部不适、胸闷、心慌),以及暴力行为等。以抑郁为主者,表现为情绪不高,对日常生活丧失兴趣,自责、无望无助感,伴有睡眠障碍、食欲变化和体重减轻,有激越行为。以焦虑为主者,则表现为焦虑不安、担心害怕、神经过敏、心慌、呼吸急促、窒息感等。以品行障碍为主者,常见于青少年,表现为逃学、斗殴、盗窃、说谎、物质滥用、离家出走、性滥交等。

适应障碍属于相对较轻的心理异常,一般可以通过自我调适或因刺激性事件消除而缓解,有的可能需要心理咨询或心理治疗帮助加以缓解,严重者可能需要药物对症治疗。大学生因面临学业、交往、工作、生活等多方面的变化或持续的要求或期待而容易发生各类适应障碍,如生活适应问题、学习问题、人际关系问题、恋爱问题、求职择业问题等。

2. 神经症

神经症是一组主要表现为焦虑、抑郁、恐惧、强迫、疑病症状,或神经衰弱症状的心理障碍。该障碍有一定的人格基础,往往受心理社会(环境)因素的影响。症状没有可以证实的器质性病变基础,与患者现实处境不相称,但患者对存在的症状感到痛苦和无能为力,自知力完整或基本完整,病程多迁延。大多数神经症患者能坚持工作和学习,并保持较好或一定的社会适应能力,无精神病性症状。神经症是相对较轻的心理疾病,在大学生中较为常见,如强迫症、恐惧症、焦虑症、疑病症等。神经症通常难以通过患者自行心理调节而祛除,一般需要通过心理咨询、心理治疗才能得到缓解,严重者甚至需要药物对症治疗并配合进行心理治疗。

(三)重性心理疾病

大学生中较严重的心理疾病是指那些对大学生学习、生活、交往、健康及个人生活质量造成较为严重影响的心理疾病,包括失眠、饮食障碍、人格障碍、性心理障碍等。这些比较严重的心理疾病,很难通过患者自我心理调节得到缓解,一般都需要进行系统的心理咨询或心理治疗的帮助,针对症状(如入睡困难、抑郁、焦虑等)的药物治疗也是必要的甚至首选,有的甚至还需要生理相关的治疗,如有的严重饮食障碍的患者可能因营养不良首先需要一段时间的营养补充以维持和提升身体机能。

大学生中严重心理疾病发生率极低,但由于这类心理疾病对大学生当下的学习、生活、交往及生活品质影响很大,对其未来发展也有一定的不利影响,有的甚至还对大学生自己或他人的人身安全构成威胁,因此特别值得重视。通常,这类问题成为大学生学业困难、休学甚至退学的重要原因。它们包括:心境障碍(情感性精神障碍)、精神分裂症、偏执型精神障碍、反应性精神障碍等。这些严重的心理疾病,不能在患者的自我调节之下得到缓解,必须尽早到专门的精神卫生机构进行诊治,药物治疗应做首选,配合心理治疗,有的甚至需要长期的住院或在家人监护的条件下治疗。

三、大学生心理危机预防与干预

生活在急剧变化、压力日增的当代社会,各种各样的意外乃至危机事件的发生往往在所难免。辅导员需要在心理和知识两个方面做好充分准备,方能从容应对大学生的意外遭遇或危机状态。

(一)什么是心理危机

"危机"翻译自英文"Crisis",其本义是十字路口,做出重大抉择的时刻。中文"危机"一词把"危险"和"转机"统合起来,很好地诠释了"祸兮福所倚,福兮祸所伏"的洞见和智慧。所谓"危机"或者"心理危机",是指个体因遭遇自身无力应付的困境而产生的情绪情感、认知及行为等方面的功能失调状态。

危机干预(Crisis Intervention)是指面向处于危机中的个体提供紧急的、短程的、支持性的心理治疗的过程,目的是解决或改善当事人的困境,帮助顺利度过困境或急性应激反应,防止或减少创伤后应激障碍(PTSD)的发生。因此,危机干预会采用任何能有效避免诸如自杀、自伤、伤人等恶性事件发生的措施,针对问题的解决,帮助当事人渡过难关,获得对生活的自主控制,并不涉及个性或人格的改善。

危机干预依据不同的对象和方法可分为三种形式:(1)对处于心理失衡状态的个体进行简短而有效的帮助,使他们度过心理危机,恢复生理、心理和社会功能水平。(2)紧急状态下的危机干预,即当事人面临生死抉择的紧要关头,如处于将要跳楼、割腕、自焚、释放煤气等极度危险的情况,进行干预和帮助,使其脱离危险。(3)重大灾难事件(如地震、车祸、空难、海难等)或巨大冲击性事件(如目睹悲剧发生、亲密关系者罹难等)发生后,对幸存者、目击者、救护人员等进行心理援助与支持,防止创伤后应激障碍的发生。

(二)创伤后心理危机干预

有的危机是个体在遭遇外部不良环境或变故而导致,包括两大类:一是重大生活事件打击后的应激障碍,这是指由于受到突发的外部事件(如父母突然亡故或失业、与他人突发激烈冲突等)引起的情绪和行为的失调;二是个体自身遭遇伤害或创伤后的应激障碍,这是指个体遭受突然的侵犯、事故、灾害或恐怖事件(抢劫、暴力事件、性侵犯、血腥或恐惧场面等)而引起的情绪和行为的失调。当发现同学遭遇此类创伤而陷入心理危机时,可以使用"六步干预法"[①]进行危机干预,帮助他们度过危机。

(1)确定问题。在危机干预的第一步,站在当事学生的角度设身处地理解和确定其问题,应当通过认真的倾听,利用开放式提问,关注对方的言语和非言语信息等倾听和沟通技术,把握对方真正的问题重点。

(2)保证安全。危机干预必须把当事学生的安全作为第一目标,将当事学生的生命危险及心理危机降到最小。在干预过程中,必须全面地评估当事学生认知、情感、精神活动情况,判定危机的严重程度,评估当事学生情绪状态及自我伤害的危险程度,确保当事学生安全。

(3)提供支持。通过与当事学生的交流和沟通,通过语言、语调、身体语言等向当事学生表达干预工作的可靠性和有效性,切实赢得当事学

---

① 　[美]Gilliand B.E.、James R.K.著:《危机干预策略》,肖水源等译,中国轻工业出版社 2000 年版。

生的信赖,使当事学生切实体会到干预人员是能够给予其帮助和关心的人。

(4)替代方案。帮助当事学生探索可以利用的替代性解决方案,促使当事学生积极搜索可获得的环境支持、可资利用的资源,以及积极的思维方式替代消极的思维方式,看到自己的主观能动性和力量。

(5)制订计划。这是和当事学生共同合作的过程,是一个取得危机干预内容共识的过程。在确定当事学生认同和理解的基础上,与当事学生一起作出现实可行的用于摆脱困境的短期计划,帮助当事学生看到摆脱困境的途径和可能性。计划的内容包括如何争取社会支持,也包括探讨如何采用积极有效的应对机制。在制订干预计划时应十分关注当事学生,予以其充分的尊重。

(6)获得承诺。干预必须获得当事学生愿意按照计划行动的承诺,从而使危机处于初步的可控状态之下。若只有计划没有行动,当事学生会很快丧失对局面和自我控制的信心,很快又会重新陷入危机之中。

(三)自我伤害危机的识别与干预

自我伤害危机或自杀危机属于心理危机中的一种,是指当事人因各种原因身心失去平衡,无法通过自己的力量在短期内恢复常态,同时又无法承受身心的痛苦时,绝望之下自愿并主动采取结束自己生命的行为。人们之所以选择自杀,常见的原因如下:(1)无法接受和处理自己的伤痛;(2)希望通过自杀终止痛苦,包括生理及心理上的痛苦;(3)认知狭隘的情况下让当事人认为只有这一种选择;(4)自杀是解决问题的最后方式;(5)自杀是逃离痛苦的唯一手段;等等。

从自杀意念的产生到自杀行为的实施,这一过程并不是一蹴而就的,背后其心理经历了一系列变化。一般而言,其发展路径或过程如下:(1)自杀观念的形成;(2)自杀动机的形成;(3)自杀计划的形成;(4)自杀计划的实施。多数情况下,危机当事人会在前三个阶段中徘徊,他们会反复思考、权衡、挣扎,这个过程中会有很多预兆和信号是可以被发现的。当然,在某些极端的情况下,因为冲动或忽然的精神失控,当事人也会很短时间内实施自杀行为,让周围的人来不及采取干预措施,形成冲动性自杀。

自我伤害危机的干预,首先需要建立危机预警干预工作预案和常态化运行机制,强化危机信息识别上报工作网络,争取尽早获取危机信号,及时跟进干预,综合多方资源,密切家校医协同机制。其间,辅导员要充分发挥好三个方面的作用:一是信息收集报告;二是家校沟通协调;三是危机学生照护。

（四）自我照料危机的识别与干预

自我照料危机是指当事学生对自身是否处于危险之中缺乏主观自觉或丧失主观掌控力,因而存在生命安全之虞,自己无法摆脱,进而处于危机之中。典型情况下,可能是当事学生处于精神分裂症发作期、重度急性应激障碍、严重的厌食症、神经活性物质所致的意识受损或丧失状态等情况。处于这样的情况下,当事人无法确保自身的基本安全,或者不能遵守现实社会的安全规则,有的甚至还有可能对他人的安全构成威胁。辅导员发现这类情况,一般应该及时联系学校心理健康教育中心、校医院、保卫处等部门寻求指导,同步报告院系领导,酌情考虑是否联系学生家长。若是明确存在精神障碍症状,送医诊治往往是必要的干预措施。

（五）攻击伤人危机的识别与干预

引发暴力行为的基本因素通常来自生物、心理、社会三个方面。生物因素一般包括:低智商、激素失衡、器质性脑损伤、精神病性神经病变、身体疾病(重大慢性疾病、艾滋病等重大传染性疾病且存在报复心态的患者)、化学药品、慢性强烈痛苦、头部创伤等。心理因素主要包括:心态失衡(如强烈挫折感、激怒盛怒、尊严受损、价值遭贬)、精神错乱、人格障碍、性格缺陷(自卑、敏感、多疑、冲动、冷酷、攻击性)等。社会因素包括:对他人暴力行为模仿、现实环境恶劣(炎热、拥挤、躁动、群体动力影响、偏僻荒凉无人之处、不当交流、冲突对立的氛围)等。

辅导员一旦发现学生可能存在攻击伤人的倾向性或意图,需要进行评估。对于伤害对象特别明确、计划特别详细的,辅导员要在确保自身安全的基础上,在当事人还未实施暴力行为之前,及时通报或引入家人、警察、安保等相关人员采取措施,尽一切努力防止暴力伤害行为的发生。

第七章　新时代高校辅导员网络思想政治工作

随着信息技术的快速发展,网络已经成为高校师生学习生活的"第一环境",也是思想政治工作面临的"最大变量"。① 高校辅导员承担着网络思想政治工作的职责使命,需要高度重视发挥网络在思想政治工作中的重要作用,全面把握网络环境下高校思想政治教育的新特点、新变化、新要求。

第一节　高校网络思想政治工作的内涵与发展

作为计算机技术、网络技术与思想政治教育的高度融合,高校网络思想政治工作有着自身独特的内涵,并且随着技术的更新和网络文化的丰富而不断呈现出新的特点。近年来,党和国家高度重视高校网络思想政治工作,出台了一系列方针政策推动理论和实践的不断发展。

一、高校网络思想政治工作的内涵与特点

高校网络思想政治教育是指高校利用网络对大学生进行思想引领为主的教育工作,将计算机网络技术与思想政治教育高度融合,是线下思想政治教育在网络平台上的延伸与拓展,需要高校思想政治教育工作者把

---

① 冯刚:《互联网思维与思想政治教育创新发展》,《学校党建与思想教育》2018 年第 3 期。

握互联网发展的特点和规律,运用互联网思维推进思想政治教育创新发展。

（一）高校网络思想政治工作的内涵

1. 思想引领是高校网络思想政治工作的重要内容

利用网络平台开展大学生思想政治教育,重在对大学生群体进行思想引导,构筑高校网络思想政治教育新阵地。党的十九大报告指出:"加强互联网内容建设,建立网络综合治理体系,营造清朗的网络空间。落实意识形态工作责任制,加强阵地建设和管理,注意区分政治原则问题、思想认识问题、学术观点问题,旗帜鲜明反对和抵制各种错误观点。"①这充分肯定了互联网在思想政治教育中的重要性,在对大学生的思想教育和价值引领中,要牢牢把握网络空间意识形态的话语权,大力弘扬社会主义核心价值观,培育积极健康、向上向善的网络文化,营造良好的网络生态,切实维护国家利益和公共利益,为青年学生成长营造风清气正的网络空间。

2. 线上与线下的融合发展是网络思想政治工作的有效机制

网络思想政治教育是传统思想政治教育在信息网络时代下的发展和需要,是传统思想政治教育和现代信息网络技术的有机结合。互联网发展经历了信息提供者、公众平台、智能工具三个阶段,每一阶段呈现出不同的阶段性特征,对青年学生思想特点和行为方式也产生不同的影响。1999 年,清华大学推出以理论学习为内容的"红色网站"是高校思想政治教育"进网络"的第一步;2004 年,"中国大学生在线"正式开通,打造社会主义核心价值体系教育传播平台;进入 21 世纪,网络思想政治教育全面发展,将微信、微博、抖音等新媒体平台与育人相结合,将思政工作融入网络"第一线",开展到移动"最终端"。新时代背景下,网络助力学生成长成才,已然成为高校线下育人工作的线上延伸平台。

3. 创新活动模式是高校网络思想政治工作的有效延伸

互联网思维不断与改革、创新、发展的理念融合,融入社会生活的各

---

① 习近平:《决胜全面建成小康社会　夺取新时代中国特色社会主义伟大胜利——在中国共产党第十八次全国代表大会上的报告》,人民出版社 2017 年版,第 42 页。

个领域,不断推动高校大学生思想政治教育工作的创新与实践。做好网络思想政治教育工作,就要聚焦网络思想政治教育基本问题,探寻网络思想政治教育规律,找到网络思想政治教育工作创新发展的突破口和增长点。[①] 丰富网络文化内容,提高网络产品质量,充分发挥网网络思想政治工作的优势,如建立大学生网络文化工作室、大学生网络社团,搭建学生网络创新创业平台,制作适应新媒体传播的网络应用和优秀文化作品。利用网络新兴手段,增强思想政治教育工作的感染力,围绕大学生关心关注的重点和热点问题,吸引校内外具有影响力的学术名家、教学名师参与到网络文化建设中,把教书育人的领域进一步延伸到网上,发挥立德树人的作用。高校在网络思想政治工作中,拓展观念、内容、方法和机制等方面的新模式,依据大学生身心发展规律,运用网络技能,充分体现了高校网络思想政治工作的实效性。

(二)高校网络思想政治工作的特点

高校网络思想政治工作作为传统线下工作的创新发展与延伸,是高校育人的新阵地,与网络发展紧密结合,有着其独特的属性,主要包括以下几点。

1. 时间空间开放性

互联网打造多方参与的生态圈,促使网络思想政治工作在时间和空间上更具开放性。高校网络思想政治工作平台突破了地区、时间、空间和存储信息量等因素的限制,教育内容的传播范围更加广泛。网络平台日益多样化,思想政治教育工作通过文本、图像、视频等传播途径,可以给大学生带来海量的教育信息。同时,传播技术突破了时空的阻碍,不同年龄、职业以及阶层之间实现了信息共享。网络交流丰富的交互性,完善的传播平台联动机制,使得教育内容可以跨平台、跨设备传播。例如,微博、微信、短视频应用等多媒体平台,其信息展示模式具有极强的开放性,增强了思想政治教育信息的传播效果,大学生可以在任何时间、任何地点获

---

① 冯刚:《创新网络思想政治教育的几点思考》,《学校党建与思想教育》2014 年第 5 期。

取网络上的思想政治教育资源,进一步增强了网络思想政治工作的时空开放性。

2. 方式载体多样性

互联网技术不断创新发展,使得网络思想政治工作方式更加灵活多样。网络平台的更新迭代,为丰富思想政治工作的方式提供了坚实的技术支持,以其独特的方式和魅力在思想政治教育中发挥越来越重要的作用。由于电子设备的日渐普及升级,日志的形式从最初博客上的网络日志(WebLog)逐步发展到微博的照片日志(PhotoLog),以及 B 站的视频日志(VideoLog);随着交互方式的更新,师生交流从电话、短信丰富到 QQ、电子邮件以及微信、微信群组;顺应时代的需求,授课方式从线下教室拓展到线上"慕课""翻转课堂""智慧课堂"等,思想政治工作者不断更新与学生的交流方式,师生也获得了更多沟通、资源共享的渠道。这些丰富的形式,使得思想政治教育方式能够绵绵用力、持续推进,也更易受到当代青年大学生的欢迎。

3. 主体客体平等性

基于网络自身的虚拟性,网络思想政治工作更具备平等性。在虚拟网络中,人在人际交往中的信任危机以及思维模式均有所改变,体现在网络思想政治工作中,一方面是网络消除了一切传统人际交往中的固有特征,学生与教育者不再受身份、年龄、学识等的影响,学生可以获得更多的自主性;另一方面是在虚拟网络中,学生与教育者往往处于教学相长、共同促进的状态下。无论是在互联网的哪一个阶段,互联网思维下成长的一代都更注重沟通与交流,都更注重话语权与参与感;教育者必须重视教育对象特点的改变,转变工作的思维和方式,淡化传统身份的权威,倡导自由沟通,平等对待教育对象。

4. 教育目的隐喻性

与传统思想政治工作不同,网络思想政治工作的方式更加隐喻。高校网络思想政治教育与传统思想政治教育的目的一致,但是在具体的教育活动中,传统思想政治教育的目的是公开的,而网络思想政治教育的目的则往往是隐蔽的。① 在网络思想政治工作中,受教育者与教育者以网络为桥梁,交流方式从线下的"面对面"形式变成了线上的"键对键"形式。正如微信、微博等新媒体,契合了思想政治教育的自我建设,成为与现代科学技术相结合的产物,符合移动互联网传播的特征,契合学生的表达习惯,利用学生喜闻乐见的方式进行了思想引领,使学生在润物无声中接受了教育。高校辅导员只有深刻把握网络思想政治工作的特点与规律,才有可能有针对性地在网络背景下不断创新思想政治工作方式,提升思想政治教育的效果和质量。

二、高校网络思想政治工作的定位与功能

网络的飞速发展对大学生的思想观念和价值取向有着极大的影响,网络思想政治工作不仅成为新时代高校落实立德树人根本任务的重大挑战,也是高校需要重点强化和全面创新的教育工作。

(一)网络思想政治工作在高校立德树人中的定位

1. 网络思想政治工作是高校立德树人的前沿阵地

党的十八大以来,党和国家明确强调将"立德树人"确立为教育的根本任务,为高校思想政治工作指明了前进的方向。网络是时代发展进步的产物,网络思想政治教育是一种符合当代学生特点的新的教育方式与手段,为高校扎实推进立德树人工作提供了全新阵地。高校要切实用好网络这一工具,充分发挥网络在思想政治工作中的突出优势,运用深受学生喜爱与乐于接受的方式开展育人工作,从而全面提高高校思想政治教育质量。

2. 网络思想政治工作是实现立德树人根本任务的重要实践

习近平总书记在 2018 年北京大学师生座谈会上指出,要把立德树人的成效作为检验学校的一切工作的根本标准。这足以说明高校在坚持社会主义办学方向,落实立德树人根本任务中的重要性,其中网络思想政治

---

① 韦吉锋:《关于网络思想政治教育界定的科学审视》,《学校党建与思想教育》2003 年第 2 期。

工作是十分重要的实践内容。网络思想政治工作在当前信息技术高度发展的时代有着广阔的天地,高校要抓住时机,积极开展网络思想政治工作的具体实践,落实到日常学生教育引导和管理服务过程中。高校辅导员要注意网络背景下大学生思想观念、行为方式、成长规律等方面的新变化,深入研究思想政治教育在网络中的运用,充分发挥网络在大学生思想教育中的作用,不断探索总结网络思想政治教育的成果和经验。

"立德树人"思想内涵是随着时代的发展而不断丰富的,立德树人为网络思想政治工作提供了遵循目标与原则,网络思想政治工作也正成为高校立德树人工作中的创新实践。与时俱进把握网络思想政治工作发展特点和学生成长规律,让网络思想政治工作深入学生日常生活中,潜移默化地影响学生的言语行为,引导学生树立正确的人生观与价值观,真正让网络思想政治教育入脑入心,成为高校立德树人工作体系中不可或缺的重要力量。

(二)网络思想政治工作在高校立德树人中的功能发挥

高校开展网络育人实践,是实现高校思想政治教育可持续发展的必由之路,是新时代教育和引导学生立大志成大才的重要方式。[①] 新时代背景下,高校思想政治教育要勇于担当新使命,展现新作为,充分发挥网络育人功能,培育能担当民族复兴大任的时代新人。

强化价值引领,把握网络思想政治工作正确方向。"立德树人"要求我们必须坚持培养学生树立正确的价值观,网络思想政治工作坚持正确的育人导向,充分发挥网络引领的方向性作用,增强网络思想政治工作的感染力和影响力,潜移默化影响学生的思想成长。通过网络思想政治教育内容的表达与传递,让学生在用网实践过程中思想上有收获、有成长。

增强育人实效,提供网络思想政治工作抓手。"立德树人"必须着眼于促进学生全面发展,网络思想政治工作可以渗透于学生生活教育的各个环节,贯穿于学校教育、家庭教育和社会教育的各个方面,为高校推动

---

① 《习近平在全国高校思想政治工作会议上强调　把思想政治工作贯穿教育教学全过程　开创我国高等教育事业发展新局面》,《人民日报》2016 年 12 月 9 日。

立德树人工作提供了有力抓手。网络作为一种全新的教育媒介,在教育过程中发挥着突出的工具性作用。创新应用网络开展思想政治工作,是高校做好大学生思想政治教育的重要途径,对高校思想政治工作起着极大的推动作用。

创新教育形式,开拓网络思想政治工作视角。"立德树人"要求我们必须坚持德育为先,网络思想政治工作开拓了新的视角,创新教育形式、丰富教育内容,不断提高工作的吸引力和感染力,增强德育工作的针对性和实效性。传统教育形式单一,缺乏吸引力,难以激发学生的兴趣度和接受度,而网络打开了大学生看世界的大门,通过网络这一途径,极大丰富了教育的形式与内容,采用多样且极富创新力的方式对大学生开展思想政治工作,更能让学生受到教育与启迪,真正地做到入脑入心。

(三)网络思想政治工作为高校立德树人提供了新的创新平台

高校思想政治工作从根本上说是做人的工作,高校要坚持立德树人,把握时代特征和对象特点,因事而化、因时而进、因势而新。新时代背景下,网络思想政治工作为高校各项工作创造了新的平台,有效推动了高校立德树人工作的创新发展。

网络思想政治工作是立德树人工作的重要组成部分。中共教育部党组印发的《高校思想政治工作质量提升工程实施纲要》详细规划了课程、科研、实践、文化、网络、心理、管理、服务、资助、组织"十大育人"体系的实施内容、载体、路径和方法,其中明确提出创新推动网络育人,为高校加强网络育人工作指明了方向。[①] 网络思想政治工作作为高校立德树人工作的重要组成部分,不仅承担着传播主旋律、弘扬正能量的重要使命,还发挥着不可或缺、不可替代的独特作用。同时,其他育人工作的开展也离不开网络育人的协同合作与贯通联动。

网络思想政治工作为深化立德树人提供了方式方法创新的可能。新时代,高校应充分利用网络技术优势,注重方式方法创新,提高网络思想

---

① 徐世甫:《网络育人:新时代高校思想政治教育新范式》,《中国高等教育》2019 年第 9 期。

政治工作实效,从而促进高校立德树人工作高质量发展。高校应从加强工作统筹开始,打造富有高校特色的网络思想政治工作网,建立从信息发布、到交流研讨、再到数据分析和效果反馈等全过程平台,实现学校育人体系的有效联动。建立起网络思想政治工作"全员育人、全过程育人、全方位育人"的组织架构,从学生大一进校到毕业离校、从校内活动到校外实践、从线下课堂到网络课堂,打造从线上到线下有效配合的网络思想政治工作网,让大学生获取网络空间正能量,帮助大学生树立正确的世界观、人生观和价值观,成为社会主义合格建设者和可靠接班人。

三、新时代高校网络思想政治工作的形势与任务

进入新时代,高校网络思想政治工作机遇与挑战并存,对国家网络安全和高校立德树人产生着深刻的影响,高校辅导员需要结合自身工作职能对此加以深刻认识和把握。

(一)新时代高校网络思想政治工作面临的机遇

1. 高校思想政治工作新发展阶段的需求

在中国共产党成立 100 周年之际,中共中央、国务院印发了《关于新时代加强和改进思想政治工作的意见》,意见指出,加强网络思想政治工作,深入实施网络内容建设工程,加强网络传播能力建设,依法加强网络社会管理,推动思想政治工作传统优势与信息技术深度融合,使互联网这个最大变量变成事业发展的最大增量。[①] 习近平总书记在全国网络安全和信息化工作会议讲话中强调:"要加强网上正面宣传,旗帜鲜明坚持正确政治方向、舆论导向、价值取向,积极培育和践行社会主义核心价值观,构建网上网下同心圆,更好凝聚社会共识,巩固全党全国人民团结奋斗的共同思想基础。"[②]高校网络思想政治工作,是"十四五"新的发展阶段高校思想政治工作的应有之义。不论是从落实高校立德树人的根本任务的角度,抑或是服务国家战略的角度,高校网络思想政治工作都被提到了前所未有的高度。

---

① 《中共中央国务院印发〈关于新时代加强和改进思想政治工作的意见〉》,《人民日报》2021 年 7 月 13 日。

② 《习近平谈治国理政》第三卷,外文出版社 2020 年版,第 306 页。

2. 互联网技术的发展为高校网络思政搭建了平台

互联网技术自 20 世纪 50 年代诞生以来,经过了不断的演进,已经从单纯的网络工具转变为社会各行各业发展的载体,不断改变着人们的生活方式以及人与人之间沟通交流的形式。

时至今日,互联网技术的广泛应用为高校大力推进网络思政工作提供了前所未有的机遇。随着互联网接入的门槛的下降以及移动终端的普及,特别是近年来 5G 应用的大量部署,高校网络思政工作驶入了快车道,高校思政工作者不再受限于时间和空间,可以随时随地开展学生的思想政治教育工作。大数据技术的应用,打破了信息"藩篱",帮助高校思政工作者以更清晰的视角宏观地掌握学生群体的特征,真正做到"对症下药",实施精准思政,全力提升高校育人水平。视频会议、直播软件等数字化技术的全面落地,新媒体技术的成熟及平台的涌现,极大地提高了高校网络思政工作的效率,为网络思政工作的开展开辟了新的思路。物联网技术可以将现实物理空间中的物体与在网络虚拟空间中的物体实现互联互通,推动物理空间与网络空间的融合,使网络思政工作更加智能和精准。新兴的区块链技术,具备去中心化、加密安全性、可追溯性等特点,可以有效解决高校网络思政工作中的痛点,丰富工作模式。作为引领新一轮科技革命的人工智能技术的蓬勃发展,为"教育革命"带来了新的机遇,图像识别、语音识别、人机交互等技术可以有效促进个性化教育发展,提升教育效能。

3. 大学生网络"原住民"属性决定了网络思想政治工作的实现可能

当前高校的大学生属于"Z 世代",出生于信息时代,从小与互联网、即时通信设备等密切接触,习惯通过网络获取知识、收集信息,受网络影响深刻,更愿意拥抱以网络为载体的思想政治教育。而就网络信息技术的掌握和应用情况而言,相比高校思想政治教育者,青年学生往往更容易适应和接受,在信息广度、知识获取等方面体现着主动探索的意愿。[①]

网络信息技术、手段、工具等在高校的普遍应用,使大学生更加全面

---

① 王方、王楠:《网络时代高校思想政治教育对象的特征与启示》,《高校辅导员学刊》2021 年第 4 期。

地了解世界、认知社会,储备了丰富的知识,提高了综合素质。在此背景下,互联网时代的大学生思想政治教育呈现出新的特点,为大学生认识世界提供了新的视角,有利于在大学生群体中塑造社会主义核心价值观,并深化了我们对思想政治教育的功能、特征和规律的认知。[1] 高校的大学生具备较高的网络素养,不仅是教育的对象,还可以成为教育内容的协作者甚至创作者,他们热衷于通过网络分享专业知识和生活动态。通过对大学生的引导和培训,可以让他们承担思想政治教育工作中的一部分角色,实现受教育者与教育者之间的身份转化协同。

(二)新时代高校网络思想政治工作的重点任务

要注意防范化解网络空间高校意识形态领域面临的风险。现今,经济全球化加剧和网络信息技术飞速发展,国际间的合作交流从经济延伸至文化等多个领域。思想文化激荡的大背景下,西方资本主义国家借助其在信息技术方面的优势,源源不断地向其他国家特别是发展中国家进行思想文化输出,不断冲击着我国的传统文化,我国主流意识形态的主导地位面临严峻挑战。网络思想政治工作的首要任务,就是占领意识形态高地,牢牢掌握网络话语权,在互联网这个意识形态斗争的"主战场",以更高的站位、更强的能力构建网络思政工作体系,抓牢落实高校意识形态工作。

要重点强化高校网络思政工作队伍管网用网能力。新的时代背景下,高校网络思政工作对思政教育工作者的网络意识、网络思维方式、网络运用能力等提出了新的要求和挑战。思政教育工作者存在着掌握网络技术不够、运用新媒体平台不充分,工作理念相对传统,工作方式相对落后等情况。原有的管理模式、培训体系以及处理机制已逐渐无法适应新形势下的工作要求。同时,高校思政工作队伍中普遍缺少互联网和信息技术等专业背景人员,对于思政工作与网络技术的融合方面的研究和实践缺乏理论和技术路线支撑。

---

[1]　高翔、杨云霞:《互联网时代大学生思想政治教育的新特点新思路》,《中国高等教育》2019 年第 20 期。

要深刻把握高校思政教育对象变化对思想政治教育带来的挑战。在高校思想政治理论课中,大学生作为教育对象,是思想政治理论课的重要参与者,是其实现思想政治教育功能不可或缺的角色,并直接影响其教育效果。但在高校思想政治理论课中受教育者的参与性、积极性并不高,他们对课堂内容不闻不问,呈现出不想说、不愿意说的现象。同样的情况在网络思政工作的实施过程中依然存在,学生参与度不足、主动性偏弱。此外,大学生们在网络中成为更具独立人格和自我意识的主体,而虚拟化的网络使网络思政工作中的主客体无法面对面交流,思政工作者在工作开展过程中缺乏现实场域的环境氛围。

第二节　辅导员网络思想政治工作内容与方法

习近平总书记指出:"因应信息技术的发展,推动教育变革和创新,构建网络化、数字化、个性化、终身化的教育体系,建设'人人皆学、处处能学、时时可学'的学习型社会,培养大批创新人才,是人类共同面临的重大课题。"①辅导员做的是坚定理想信念、筑牢初心使命,培根铸魂、启智润心的工作,更需要对网络思想政治工作的内容与方法进行深入研究,把握规律,进一步增强网络思想政治教育工作的实效。

一、参与构建全程、全方位网络育人工作体系

在探索构建全程、全方位网络育人工作体系中,学校要充分发挥校、院两级网络育人主体作用,建立校院两级的网络育人领导机制和管理体制等,并在顶层设计与实践相融合、政策牵引与内在驱动相融合、目标考核与专项培育相融合中,有效推动全程、全方位网络育人工作体系的开展。辅导员对网络育人体系应该有全面了解,自觉找准自身的定位,在网络育人中发挥应用的作用。

---

① 《习近平致信祝贺国际教育信息化大会开幕》,《人民日报》2015 年 5 月 24 日。

（一）校级顶层设计与院级工作实践相融合

1. 校级层面做好顶层设计。学校成立以校党委书记、院党委书记任组长的校院两级网络文化建设领导小组，定期召开工作会议，抓协调、抓推进、抓落实。同时成立专门工作机构，增设一定的专职编制，配备专项工作经费，提供专门工作场地，确保工作有效推进。

2. 院级层面做好工作实践。院级要充分发挥校级顶层设计优势，立足自身学科潜能，发挥自身专业特色，汲取相关学科营养，成立院级思想政治工作坊或院级网络文化工作室等，开展网络育人工作，并将网络育人建设取得的成果及时转化为新内容和新方向，促进学科网络育人新特色的形成，以此促进校院两级网络育人工作相得益彰、共同发展。

（二）政策牵引与内在驱动相融合

1. 学校政策牵引。学校应出台一系列政策文件，激励全校师生广泛参与网络育人建设工作。修订职称评聘条例，将发表网络文章纳入思想序列职称评选条件等；在学校评奖评优中，设立网络育人专项名额；开展网络育人工作年度表彰，对优秀网络平台、优秀工作者、优秀网络作品等给予奖励。

2. 学院内在驱动。学院要设立专职工作人员、提供专门工作场地，配齐专业工作设备，配套专项工作资金为本学院网络文化建设工作提供保障。搭建工作平台，为网络名师配备专门工作团队，为学生创作网络文化作品提供项目支持，激发广大教师和学生参与积极性。

（三）目标考核与专项培育相融合

1. 目标考核。学校应将网络育人纳入学院目标考核、辅导员工作考核、学生工作团队考核中，鼓励学院各育人单位和各育人主体积极利用网络新媒体开展思想政治教育工作，出台系列考核办法，明确将网络育人工作情况纳入工作考核。

2. 专项培育。学校可出台网络文化建设工作支持计划和研究课题支持计划的具体实施条例，划拨专项资金，对优秀的网络名师、网络平台、网络文章和研究课题给予支持，并在校园网站、校园官方公众号和本校学报等开辟网络育人专栏，刊登网络育人最新研究成果。

针对学校和院系网络育人体系,辅导员既是育人体系的参与者和组成部分,又是校院两级网络育人体系政策的实施者,既要了解学校层面网络思政的政策设计,也要善于在党团和班级建设、文化培育和实践育人过程中运用好网络载体的作用,不断丰富网络思政的内涵。

二、创新推动网络育人内容建设

新时代辅导员网络育人内容是指在网络空间中,根据一定社会的具体要求和大学生具体思想实际,辅导员这一育人主体通过一定的步骤、计划和设计,将思想观念、政治观念、价值观念和道德素质等内容传播给大学生。新时代创新推动网络育人内容应着力于精品内容打造、精品活动开展和网络舆情引导等方面。

(一)精品内容打造

1. 优质网络作品创作。辅导员要鼓励和引导学生积极参与网络文化产品创作,征集如微电影、动漫、网文、公益广告等网络创新作品,并推送优秀网络作品参与中央网信办、教育部举办的相关评选。辅导员还应积极寻求对外媒体平台合作,与共青团、新华网、新浪微博、中兴通讯、网易新闻、今日头条、中国大学生在线等大型网络平台在网络育人作品创作方面展开多形式合作。

2. 特色网络品牌打造。一方面,要依托校园网络文化节,依据主流文化和时代要求,每年设置不同类型的校园网络文化节主题,辅导员要鼓励学生积极参与到校园网络文化节中,进行精品内容创造,通过参与集时代发展特色和校本品牌特色为一体的校园网络文化节,创新推动网络育人内容的建设。另一方面,积极建立学校特色的网络育人品牌专栏。以思政聚焦、爱国教育、改革前沿、杰出学生、国际学堂、创新创业、社会实践等为网络专栏内容,采取先进的技术、丰富的素材和多样的手段丰富网络专栏内容。

(二)精品活动开展

1. 大力开展网络主题教育活动。网络主题教育活动是网络育人的重要形式。辅导员要立足网络,把握网络,利用网络,通过数据采集、数据处理、行为建模和数字画像的形式,对学生的学习情况、思想状态和行为逻辑进行临摹,并根据学生思想行为特性,利用重要时间节点,以网络主题比赛、主题展览、主题讲座、学术论坛等形式,开展丰富多彩的主题教育活动,如"不忘初心、牢记使命""网络安全宣传""百年党史""就业创业""爱国主义""中国梦"等主题教育活动。在进行网络主题教育活动时,将网上主题教育活动与网下主题教育活动的有机结合,以实现网上育人和网下育人有机统一。

2. 推动校园网络文明建设活动。辅导员要教育引导学生为网络文明代言,科学上网、正确识网和合理用网,通过校园网络文明素养实践教育基地建设、争做校园好网民活动的开展,促进学生网络文明素养的提升。辅导员还应通过优秀网络文化内容供给,推动网络正能量宣传教育活动,展示多样网络文明风采,激励大学生做网络文明的建设者、传播者和维护者。

(三)网络舆情引导

1. 做好网络舆情的识别和应对工作。首先,要"学网、懂网、用网"。辅导员要不断提高自身的舆情敏锐力和鉴别力,准确识别网络舆情类型,了解不同网络舆情的传播特征和规律,并利用校园舆情平台,对网络舆情进行数据分析,有针对性地因势利导。其次,辅导员要努力成为学生的"意见领袖"并利用好学生中的"意见领袖",引导"意见领袖"传播正能量,通过"意见领袖"对网络舆情的观点和评论,引导学生掌握主流意识形态。最后,建立网上网下双向沟通渠道,全方位、全时段、全息候回应学生需求,回答学生所疑所惑。

2. 面对网络舆情的引导不失声和不误语。学校要构建从舆情发现、研判、处置和回应为一体的网络舆情引导机制,做到舆情热点在哪里,网络舆情引导在哪里。当面对突发重大舆情事件,辅导员要迅速研判,利用各大平台发布官方信息,在重大舆情时间的不同发生期,给予有针对性、分层次、分众化的舆情引导,切断重大谣言的传播扩散,紧紧占领网络舆论引导高地。

3. 积极主动设置网络议题。辅导员要主动利用好教育部打造的"三微一端一网"新媒体平台和网站、国家级信息技术交流平台、校园网站和个人移动端应用平台如微博、微信和抖音等,抓住重大纪念日和重大活动点,主动设置与国家主流意识形态相契合的内容,引导学生对议题背后所承载的思想观念和价值导向进行主动交流讨论互动和传播,以抢占舆论热点,占据舆论空间,化"被动式回应"为"主动式引导"。如在建党100周年,可组织"百年党史在我心"短视频话题线上征集和宣传活动、"一天一讲百年微党课"线上讲课活动和"党的领导下百年巨变之我看"网上交流讨论活动等。

二、拓展网络育人平台阵地

网络育人平台是科学技术迅猛发展和生产社会化发展的产物。网络育人平台有利于思想政治工作的全员、全程、全方位育人。网络育人平台是思想政治工作的新阵地和新战场。高校拓展网络育人平台阵地,要利用好全国性、权威性国家级平台,要利用好专题性、交互式的国家级信息技术交流平台,要建好辅导员个人网络育人平台。以平台建设为抓手,以政府主导、多方参与、抢占信息传播上游为策略,挖掘信息技术优势,积极搭建辅导员网络思想政治教育育人平台矩阵,有利于提升网络育人成效,促进真育人、育真人。

(一)利用好全国性、权威性国家级平台

党的十八大以来,教育部把筑牢平台阵地作为战略基点,重点建设全国性、权威性国家级平台,以信息的权威性、全面性和综合性为特点,打造了一批集聚中国特色、中国风格与中国气派,在国内极具权威、国际上有一定影响力的高校思政工作网络育人平台。到目前为止,教育部通过多渠道平台建设,已基本实现新媒体全覆盖,旨在凝聚人气、发挥网络中的"滚雪球效应",提升网络育人的吸引力和影响力。

1. 利用好教育部打造的"三微一端一网"新媒体平台和网站。近年来,教育部积极打造了微博、微信、微视、新闻客户端"三微一端"的新媒体平台。2018年,由教育部主管,教育部思政司指导,高等教育出版社负责建设、运行和维护的全国高校思想政治工作网正式开通上线。辅导员

要学会挖掘"三微一端"新媒体平台和高校思政工作网站中的育人资源，将最具有亮点、闪光点的人物、事件、素材传递给学生，涵养学生主流价值观，鼓舞学生引领社会主流价值观、传播正能量。此外，辅导员还要积极鼓励学生将身边事、生活事、社会事和国家事，以文章、视频、动漫等多种形式，形成自己的所思所想、所感所悟，投送到新媒体平台和网站，使学生在亲历亲察中受教育。

2. 利用好专题性、交互式的国家级信息技术交流平台。教育部通过支持与建设并重等方式，重点打造和支持了一批侧重专题性、交互式的国家级信息技术交流平台建设。如"中国大学生在线"，以"弘扬健康文化、服务大学生活、塑造大学生人格、引导大学生成才"为主题，是覆盖面宽、影响力大、引领性强的高水平综合性大学生主题教育网站。"易班"是集思想教育、教务教学、生活服务、文化娱乐为一体的大学生网络互动示范社区，已先后在几十所高校开展了试点和推广应用，并取得了良好效果。辅导员要掌握不同国家级信息技术交流平台特点，根据不同的网络育人需求和不同的育人内容，选取适宜的技术平台加以利用。

（二）建好区域性、特色性校级平台

各高校要积极构建具有区域性、特色性的校级网络育人平台。校级网络育人平台是展现学校自身形象的名片、辅导员网络育人的载体以及学校网络育人实力的体现，加快其建设步伐刻不容缓。

1. 丰富校园网站建设。校园网站的建设应以思想性、教育性、服务性、互动性为特点，打造校园网站集群，包括综合性门户网站、主题性教育网站、专业性学术网站等，通过校园网站集群，对学生学习生活全方面辐射，并根据网络育人新变化、网络育人内容新要求、网络技术新发展，不断推进校园网站集群创新发展。

2. 加快建设"一体化"的网络平台。高校要形成电脑版、手机版、微信、微博公众账号"一体化"的网络平台，融视频、音频、文字、图片等多种功能于一体，汇聚学校多个部门网站、多个频道及栏目，形成较具规模、构成多样、功能完善的校园网络方阵，打造宣传教育和文化建设的网络大平台、主阵地。

3. 建立网上育人平台与网下育人平台融合互通相关机制。首先,确立主导机制,明确网上网下育人责任主体、规定网上网下责任主体职责,制定相关政策,正确引导融合。其次,建立创新机制,组建专兼结合的创新团队,研究融合条件,找准融合切入点,针对如何更好地融合进行研究探讨。最后,建立保障机制,创设融合情境,为融合提供技术支持、人员保障和资金支持。

（三）培育建好辅导员个人网络育人平台

1. 推进辅导员个人视频号、微博及微信公众账号建设。辅导员个人的新媒体平台对学生而言,更具有亲和力、更易于接受,目前部分高校已形成来了一批颇具影响力的个人网络育人平台,如"南航徐川""辅导员娘亲""仍然在路上"等。辅导员要积极学习相关示范,立足个人风格、学科优势和校本特色,将思想政治教育内容渗透到日常网络生活平台,促进学生的吸引、吸纳和吸收。

2. 推动大学生网络文化工作室建设。辅导员要以大学生网络文化工作室为依托,促进网络文化平台互联互通,以实现活动共推、资源共享、声音共鸣,积极营造良好的校园网络文化氛围。

四、健全网络育人工作队伍

人才资源是第一资源,新时代辅导员网络思想政治教育成效好坏关键在人。新时代网络育人工作队伍的建设,需要联合一切可以联合的力量,调动一切可支配的资源,建设从网络管理到网络监管再到网络技术支撑的育人工作队伍。

（一）建设网络管理队伍

推动高校网络育人工作,建设网络管理队伍,仅靠辅导员单个育人主体的力量是远远不够的,要设置专岗专人负责网络育人顶层设计,配备专职人员负责内容建设。要以高校党政干部和共青团干部、"两课"教师、辅导员和班主任为核心,打造专兼职结合的骨干管理队伍。要积极引导支持学术大师、教学名师、优秀导师等先进典型人物和知名公众人物参与网络育人建设。

（二）组建网络监管队伍

近年来,各高校坚持专兼结合原则,汇聚思想政治工作骨干、专家学者、优秀学生,积极组建网络监管评论队伍,提升监管评论队伍的议题设置能力。

1. 强化监管队伍的有效发声能力。针对重大事件、重要活动和关键节点,定期撰写网络评论文章,做到敢于发声、善于发声,更好地服务于国家大局和社会发展。

2. 利用技术手段监管。组建网络监管队伍,通过对校内外各类论坛、网站、社交平台、移动客户端的各类数据进行抓取和分析,帮助广大辅导员短时间快捷监管热点事件走向的全过程。

3. 选拔网络文明员。选拔思想素质过硬、责任心强、文字功底扎实的学生骨干担任网络评论员和文明传播使者,开展网络文明行动,传播正能量。

（三）建立技术支撑队伍

在辅导员中打造一支既懂政治、懂理论、懂教育,又具备信息处理技能和信息筛选、鉴别和使用能力的信息技术支撑队伍。

1. 成立网络育人工作技术团队。各高校应积极鼓励具有信息技术特长的专业教师、辅导员、学生骨干成立技术团队,围绕新技术应用开展研发和创意产品设计,同时建立进度追踪、协同开发、灰度测试等规范管理。

2. 定期组织网络技能和网络素养相关培训。辅导员应采取专题辅导报告、分组讨论、经验交流、实战演练等多种形式,开展实践技能专项培训,强化知识储备,提高学生业务能力。定期开展媒介专题研修、专家媒介素养培训班、形势与政策示范课程等,努力提高辅导员的网络素养水平,同时将网络素养教育作为学生教育的重要内容,并纳入教育培训环节。

五、优化网络文化成果评价

2020 年 4 月,《教育部等八部门关于加快构建高校思想政治工作体系的意见》明确提出"引导和扶持师生积极创作导向正确、内容生动、形式多样的网络文化产品"①,评价事关方向,有什么样的评价,就有什么样的网络文化成果。自2015年以来,根据教育部思想政治工作司、中央网信办社会工作局的工作总体部署,电子科技大学、教育部高等学校社会科学发展研究中心、上海交通大学已组建成立"高校网络文化研究评价中心"。几年来,该中心积极探索优秀网络文化成果评价机制,在评价指标体系研制、工作平台建设、数据库建设等方面已取得初步成效,达到推广使用的要求。而建立一套科学的网络文化成果评价体系,将网络文化成果评价以制度化、规范化的形式表现出来,有利于进一步强化引导辅导员积极参与网络文化产品创作生产,有利于高校占据网络空间以文化人,也有利于形成清朗的网络空间。

(一)优化网络文化成果评价办法

一般来说,一个事物采取不同的评价方法,评价结果也就千差万别。就网络文化成果这类新型事物,学界和社会各界就其评价方法尚未形成统一的认识。在此,对网络文化成果的评价方法作出初步探索。

1. 对网络文化成果内容评价。网络文化成果是指依托于互联网载体创作并传播的文字、视频、微电影等文化作品。而优秀网络文化成果特指在网络上撰写、发表和创造的呈现党和国家的方针政策、研究当前经济社会发展的阶段性特征、阐释师生关心关注的思想理论热点难点问题、厘清错误思潮和观点、普及网络法律法规、倡导网络文明等方面的文章、视频、微电影等文化作品。

2. 对网络文化成果影响力评价。对于网络文化成果的评价要评价其产生的影响力,影响力可以通过转载量、播放量、阅读数等表现。对于转载量、播放量、阅读数具体数字的规定,各高校可由高校网络文化研究评价中心进行认定。

3. 明确网络文化成果的评价主体。各高校可根据高校网络文化研究评价中心认定优秀网络文化成果,也可根据本校教师所刊发作品网站

---

① 《教育部等八部门关于加快构建高校思想政治工作体系的意见》,2020年5月15日,见 http://www.gov.cn/zhengce/zhengceku/2020-05/15/content_5511831.htm。

级别及字数等,依托科技处或学校学术委员会自行开展成果评价认定工作。

4. 加大优秀网络文化成果的推广。加大优秀网络文化成果推广要实现线下线上结合,制定有效措施和途径将高校网络文化研究评价中心评选出来的优秀网络文化成果及本校师生创作的优秀网络文化成果进行再传播、再推广。学校要积极向高校网络文化研究评价中心提交优秀网络文化成果,中心选送至教育部官方微博微信、全国高校思想政治工作网、中国大学生在线、"易班"大学生网络社区、高校网站、社会主流网站,并定期结集出版,扩大优秀网络文化成果育人覆盖面和社会影响力。

(二)强化网络文化成果评价的保障

保障是对事物的有效支撑和支持,网络文化成果评价的保障需要加强组织领导、建立相应的体制机制,来给网络文化成果评价提供强有力的支撑和支持。

1. 加强组织领导。各省教育厅宣传处、高校思想政治工作处及科研产业处等负责指导网络文化成果评价工作开展,各省高校网络思想政治工作中心具体负责全省高校优秀网络文化成果评价及其推广运用专项工作等。

2. 建立机制体制。各高校要确保领导到位、机构到位、人员到位,为网络文化成果评价提供政策支持,在队伍建设、软硬件条件配备、专业技术支撑、经费保障等方面创造条件,保障网络文化成果评价工作顺利开展。

(三)落实网络文化成果评价的应用

高校将优秀网络成果评价的应用落实到职称评审、科研成果及评奖评优等环节,有利于高校师生积极投入到网络文化成果的生产创造中,促进网络文化成果的繁荣创新。

1. 列入教师职务(职称)评审内容。人事部门牵头修订教师职务(职称)评审标准,将优秀网络文化成果作为教师业绩成果列入教师职务(职称)评审内容。

2. 纳入科研成果统计。科研部门牵头修订教师科研成果统计办法,将优秀网络文化成果纳入学校科研成果统计,作为教师年度考核、科研成果奖励和聘期科研绩效考核的依据。

3. 作为评奖评优依据。组织、人事、学生工作部门协同修订师生奖励考核办法,将优秀网络文化成果列为优秀教师、优秀教育工作者等先进人物评选条件。

第三节 高校网络思想政治工作的发展展望

随着第四次工业革命即智能化时代的到来,高校网络思想政治工作将不断与新兴技术如大数据、物联网、区块链、人工智能等深度融合,带动其自身转型升级、内涵发展,持续提升工作的科学化水平。高校辅导员应自觉承担起网络思想政治工作的责任,在网络思想政治教育创新发展中更好地体现自身的价值和作用。

一、大数据与高校网络思想政治工作的融合发展

(一)大数据的内涵及特点

大数据是现代信息技术高速发展的集中体现和重要产物,对人类生产生活实践产生巨大影响。埃里克·西格尔在《大数据预测》一书中详细分析了大数据在犯罪行为、民主选举、超市销售等方面的强大预测分析功能。舍恩伯格在《大数据时代》中也深入分析了大数据在政治选举、经济发展、文化传承、社会治理、生态保护以及民生服务等方面的重要作用。总的来说,大数据是通过现代信息技术,以"字节"为计算单位从海量数据中提取出有价值的信息,同时利用专业技术软件对数据进行整合、分析、处理以及提炼的现代技术手段。

大数据的特点主要体现在四个方面:第一,分析对象的规模性和庞大性。大数据不仅能够对庞大冗杂的数据进行搜集分析,而且能够对海量信息进行有选择、有目标的筛选和提炼。第二,数据类型的多样性和复杂性。大数据的研究对象不是固定不变的,其具体内容与表现形式会随着

时间、空间和环境的变化而发生改变。第三,数据分析的高效性与价值性。通过对数据的精确分析,显著提高了生产效率,给人们带来了数量更多、质量更优的产品和服务。第四,应用范围的广泛性。大数据通过对信息的分析、处理和提炼,能够进一步发掘信息的潜在价值,并对人们的行为进行有效预测,从而帮助人们更好地安排生产生活活动。

(二)大数据技术的引入增强了高校思想政治教育的时代感和吸引力

大数据技术引入高校网络思想政治工作不仅是落实立德树人根本任务的重要途径,也是推动思想政治工作时代化、信息化、智能化、精准化、个性化的必然要求,还是促进学生自由全面发展的关键手段。

1. 大数据技术引入高校网络思想政治工作使师生沟通更加便捷、及时。传统思想政治工作主要采取集体学习与个别谈话相结合的方式了解学生的思想动态与个性特征,在沟通上存在信息获取滞后性与思想政治工作效果的局限性。大数据引入高校思想政治工作,利用 QQ、微信、微博、抖音等新媒体、新技术,为师生沟通提供了更多方式和平台,促进了师生之间的平等对话和有效沟通,有利于和谐平等、互助友爱的师生关系、生生关系的形成与发展。

2. 大数据技术引入高校网络思想政治工作丰富了高校网络思想政治工作的教育内容,提高了高校网络思想政治工作的实效性和育人价值。运用大数据的思维方式、技术理念以及智能工具不仅有利于提高高校网络思想政治工作的吸引力、感染力,而且有利于提高高校网络思想政治工作内容的互动性、灵活性和创新性。

3. 大数据引入高校网络思想政治工作有利于促进学生的自由全面发展。大数据为学生提供了海量的教育资源,学生可以结合自身实际与课程需要选择观看学习,有利于提高学生在高校网络思想政治工作中的主体性、主动性、积极性、自觉性、能动性和创造性。同时,大数据通过对海量信息的搜集、分析、筛选、处理和挖掘,有利于进一步把握学生的思想动态和成长成才规律,从而促进学生的个性化发展。

（三）大数据与高校网络思想政治工作融合打造精准育人体系

1. 大数据带来精准育人思维。传统的高校网络思想政治工作侧重利用大数据的信息传递功能，缺乏透过数据分析本质的意识。高校思政工作者需牢固数据育人意识，聚焦精准问需、精准研判、精准施策等方面，主动构建学生精准画像体系，善于捕捉、收集、运用学生在学习科研、生活作息、思想行为等方面的数据，在数据对称与不对称中提升数据育人的敏锐度和感知力。

2. 大数据打破信息壁垒，构建多维育人体系。时代呼唤着既懂大数据技术又掌握思想政治教育方法的综合型人才，大数据人才队伍不单单是某一类型人员构成，加强包括专业技术人员、思政课教师、辅导员、其他专业课教师、学校相关职能部门等的建设，数据育人工作将形成完整且及时的动态闭环。学校职能部门掌握着学生的上课、自习、借阅、就餐、作息、上网等隐秘信息；思政课教师以及其他专业课教师适时进行价值引导，把握着学生的思想行为动态；辅导员通过学生的奖助贷、学习科研、心理健康等情况能够对育人对象进行识别预警；在各大主体提供的全方位数据基础上，专业技术人员通过大数据技术对比分析，精准识别包括有经济困难、性格缺陷、心理疾病、情绪不佳等情况的同学，重点帮扶，精准施策。采用"四步走"战略，将当前分散在各独立管理信息系统的数据库进行充分整合，形成智慧校园统一化独立运行的大数据系统，可以有效提高数据库运行效率，压缩系统响应时间，节约计算资源和存储资源。

3. 大数据精准分析解构，构建联合育人平台。完善整合学工部、教务处、保卫处、后勤部、图书馆等相关责任部门数据信息，组成学生完整画像，掌握学生在校期间的行为动态与生活日常，排查筛选出重点预警学生，并对预警学生的学习情况、性格特点、行为习惯、生活作息等情况进行对比分析，对重点学生归类管理，包括"失联告警""贫困告警""晚归告警""心理告警""学业告警"等几大类，将学生名单上报学校学院，进行精准帮扶。同时，搭建大数据学生成长平台，开设理论精品课程，充分掌握学生对相关课程的点击量、关注度、思想需求、阅读习惯与阅读偏好，从而为学生提供针对性、菜单式的大数据育人资源。同时，建立网络仿真测试平台,使用随机数引擎进行仿真驱动,分析个体在智慧校园相关管理信息系统中的页面跳转量,对学生、教师等其他角色与数据库信息进行对比分析,及时捕捉师生学习科研等日常需要。

二、物联网与高校思想政治工作的融合发展

(一)物联网的内涵及特点

"物联网"自 1999 年被首次提出以来,经过 20 年的更新迭代得到了长足发展。通过信息联结将现实物理空间中的物体与物体在网络虚拟空间中实现互联互通,物物相连就构成了物联网。其定义是:"通过各种信息传感设备,如传感器、射频识别(RFID)技术、全球定位系统、红外感应器等各种装置与技术,实时采集任何需要监控、连接、互动的物体或过程,采集其声、光、热、电、力学等各种需要的信息,按约定的协议,把任何物体与互联网相连接,进行信息交换和通信,以实现对物体的智能化识别、定位、跟踪、监控和管理的一种网络。"[①]

物联网是一个基于互联网、传统电信网等信息承载体,让所有能够被独立寻址的普通物理对象实现互联互通的网络。物联网具有三个基本特征:第一,全面感知。利用射频识别、二维码、传感器、激光扫描等信息技术将物体上的信息捕获、感知后采集起来,然后转化为计算资源,由计算机进行处理使其成为有效信息。第二,可靠传送。通过将物体接入信息网络,依托各种通信网络,随时随地进行可靠的信息交互和共享。第三,智能处理。即智慧化,根据实际应用场景需要,建立智慧系统,运用智能计算技术,对感知识别、互联传送的数据和信息进行分析处理,实现智能化的决策和控制。

(二)价值契合:物联网与高校思想政治工作融合的必然性

1. 融合是物联网技术应用发展的必然趋势。目前,物联网技术已经运用在智能交通、智能物流、智能建筑与智能家居、智慧农业、环境监测、智慧医疗等领域,不断融入人类社会的方方面面,改变着人们的生活方式

---

① 于宝明:《物联网技术与应用》,东南大学出版社 2012 年版,第 3 页。

和生活质量。无疑,教育系统也必然成为物联网技术的应用领域之一。物联网技术的飞速发展给教育系统的变革带来了良好机遇,我们固有印象中的传统物理空间意义上的教育正随着网络的发展变成物理空间和网络空间相融合的教育模式,这意味着诸多新兴的技术被应用到教育中来。物联网在教育中的应用领域极其广泛,具有得天独厚的优势,并且随着技术的不断更新迭代,将会对教育的发展产生更加深刻的影响。

2. 融合是高校思想政治工作创新发展的必然要求。2016 年,习近平总书记在全国高校思想政治工作会议上发表重要讲话,之后,中办、国办、教育部相继印发《关于加强和改进新形势下高校思想政治工作的意见》《普通高等学校辅导员队伍建设规定》,都强调要"推动思想政治工作传统优势与信息技术高度融合"。由此可见,推动物联网与高校网络思想政治工作的融合是国家政策所指,是思想政治教育事业所需,是网络思想政治工作创新发展的工作要求。

(三)物联网与高校思想政治工作融合发展的方法创新

1. 创新推动高校智慧校园物联网中心平台升级。以物联网技术为基础的智慧校园系统在国内许多高校已得到一定发展,但实际运用中,仍然存在不全面、漏洞多、互联低端化等问题。因此,要充分利用物联网的射频识别、传感器、无线数据通信、定位等技术促使校园万物实现高级互联互通,改进升级智慧校园物联网平台,推进高校思想政治工作日常管理的精准化和智能化。例如,在现有校园一卡通、二维码门禁系统基础上推动门禁系统的人脸识别升级,更加精准和智能地关联辅导员"智慧学工"系统中"请销假提醒""晚归提醒"等功能。

2. 不断促进高校网络思想政治教育教学的智能化。对高校思想政治教育教学环境进行改进,完善思想政治教育的教学、组织、管理、评价和考核系统,促进教学手段的智能化。打造智能化的教学设施,例如给学生佩戴传感器,通过对学生身体特征的变化进行心理分析,把握学生学习规律,改善思政教师的教学计划,提高学生的课堂参与度,真正实现思政育人的目的。

3. 着力营造高校网络思想政治工作的创新性环境。"物联网技术的实现必将引起网络思想政治教育资源和环境建设的创新。"①一方面,高校要加大创新网络思想政治教育硬环境的建设力度,包括互联网、实验室、图书资料、学习资源库等,在校园万物中融入思想政治教育元素和内容,通过物联网技术打造沉浸式教育环境。另一方面,要营造一个协同优化,体现创新、自由、开放、共享等为特征的良好软环境,主要包括制度和文化的环境。

三、区块链与高校思想政治工作的融合发展
(一)区块链的内涵及特点

2008年中本聪发表了《比特币:一种点对点电子现金系统》一文,提出了比特币的构架理念,同时让人们开始关注和研究比特币的底层技术支撑——区块链。"区块链是一种以区块链条结构加密、存储、验证、更新数据,并以智能合约形式自动执行的分布式计算范式。"②其本质是一个去中心化的数据库,利用块链式数据结构来验证与存储数据、利用分布式节点共识算法来生成和更新数据、利用密码学的方式保证数据传输和访问的安全、利用由自动化脚本代码组成的智能合约来编程和操作数据的一种全新的分布式基础架构与计算方式。

区块链的特点主要如下:第一,去中心化。区块链技术不依赖第三方管理机构或硬件设施,没有中心管制,除了自成一体的区块链本身,通过分布式核算和存储,各个节点实现了信息自我验证、传递和管理。第二,高安全性。区块链通常运用同时使用公钥、私钥密码的非对称加密算法对数据进行加密,同时用公钥和私钥才能实现数据解密,保障了数据安全。"区块+链"的独特形式实现了数据在所有成员中同步共享,所有数据记录一旦生成便无法进行修改删除,避免了主观人为的数据变更,确保了整个网络数据的安全性、完整性和真实性。第三,可追溯性。区块链是

---

① 张娟:《基于物联网的思想政治教育创新》,《南京邮电大学学报(社会科学版)》2012年第4期。

② 高凯、杨恩泽:《区块链赋能:互联网时代高校思想政治教育困境破除与创新发展》,《黑龙江高教研究》2020年第11期。

一个记录了所有输入和输出交易的分散数据库,将所有历史数据通过区块的数据结构进行存储,使任何数据信息都可以通过区块链的链式结构追根溯源,从而保障了数据的可靠性和可追溯性。

(二)工作升级:区块链与高校网络思想政治工作结合的意义

1. 有利于增强网络思想政治工作的安全性和可追溯性。区块链技术基于哈希算法给一段时间内的交易行为的数据区块按照时间顺序加盖时间戳和首尾相连的记账规则一起组合成链式区块结构,形成了可验证、可溯源、不可篡改的分布式账本,保障传播信息过程的真实、安全、可靠。将之与高校思想政治工作相结合,恶意篡改者在思想政治教育相关信息以分布式存储的条件下必须同时修改50%以上的算力,付出极高的代价才能实现目的,有利于思想政治工作平稳有序开展。

2. 有利于提高网络思想政治工作中教育主体的参与度。去中心化的区块链采用点对点网络,所有节点均是平等关系,没有大小强弱之分。通过所有用户的广泛参与和平等记录形成全覆盖的集体维护的技术机制,将这一技术应用于高校网络思想政治工作,有利于激发思想政治教育主客体的参与活力,形成相互包容、相互激励的积极学习模式,不必过分依赖于辅导员和思政教师等教育者的督促指导。

3. 有利于破除网络思想政治工作中教育主客体关系难题。区块链的分布式记账模式使得所有节点都信息共享、工作互通,数据信息人人可监督、人人可验证,使区块链中的真实性得到保障,从而实现了共识信任机制,这一机制也为高校的思想政治教育工作的主客体信任关系提供保障。全面、客观、公正地记录和查找学习完成情况、思想行为变化,让思想教育工作持续高效、高质量发展。

(三)区块链技术完善高校思想政治工作多元化模式

1. 建立"学习账本"新型模式,提升教育实效。基于区块链技术的"学习账本"在对高校学生学习情况和思想行为变化的教育全过程进行区块链式详细记录的基础上,对学生的掌握情况、学习体验、最终结果进行精准分析,依据其知识结构、学习习惯、认知程度有针对性地制定个性化教育方案,实现因人而异、因材施教,改变以往学生消极自主管理状况,激发学习主动性,提高学习自觉性,增强教师成就感和学生获得感。

2. 建立共享式学习资源库,整合优质资源。区块链公开、透明、民主、去中心化的特点使得每个思想政治工作的参与者都可以协作完成网络资源库建设。教师根据工作管理需要挑选、整合、上传资源,再根据实际及时做出调整;学生也要将自己的学习体会、经验分享上传数据库,以满足主客体的多重需要,实现师生关系亦师亦友、教育资源合理开放的目标,存储在特定模块之中的这些数据具有不可撤销、不可篡改、不可伪造的特点,"使得那些传播违法犯罪信息的行为、制造虚假新闻跟帖的行为、宣传网络民族主义的行为、严重违背社会道德的言论无所遁形"①,从而确保了教育内容传播的客观公正、优质高效,使思想政治教育的网络环境得到净化。

3. 建立新型信任机制,激活良效互动。通过运用区块链的非对称性加密技术和去中心化优势存储受教育学生的学习过程、学习收获,从而全面了解学生的学习成效,对其作出正确科学的评价。尊重并信任学生,同时要取得学生的尊重与信任,打破教育者主导教育过程的传统思维定式,激活学生参与度,尊重其主体地位,调动其参与学习的积极性,形成教育主客体的良性互动。

四、人工智能与高校思想政治工作融合发展
(一)人工智能的内涵及特点

人工智能这一概念最早是由约翰·麦卡锡于1956年提出,"拥有模拟能够被精确描述的学习特征或智能特征的能力的机器"②。也就是说,人工智能就是要让机器的行为看起来就像是人所表现出的智能行为一样,对人脑进行深度模仿达到拟人的智能状态。人工智能本质上是利用

---

① 谭霞、戴建忠:《区块链技术在高校思想政治教育领域中的应用研究》,《理论导刊》2020年第12期。

② John McCarthy,Marvin L Minsky,Nathaniel Rochester,Claude E Shannon.A Proposal for the Dartmouth Summer Research Project on Artificial Intelligence,August 31,1955.AI Magazine,La Canada Iss.4(Winter 2006).

技术科学和认知科学的发展与创新,形成人机交互模式,实现机器对人脑的模拟,延伸和扩展人类智能,集成潜在和深层次的知识图谱,以自为的技术介入方式促进人类社会的智能化发展。

人工智能主要有三个特点:第一,技术性与属人性相结合。人工智能系统是由人设计出来的程序算法,首先必须坚持以人为本原则,然后依托大数据、算法等科学技术对信息进行储存、清洗、加工,形成有效的信息流和知识模型,以延伸人类能力,为人类社会服务。第二,感知性和互补性相结合。人工智能作用的发挥需要借助传感器感知外界环境,对外界环境实现通感,输入和输出相应的行为反应,这是人机交互的必要环节,人与机器之间共同协作以达到优势互补。第三,适应性和扩展性相结合。人工智能具有一定的适应性和强大的学习功能,随着环境的改变、任务的变化能够进行自主调整。同时,人工智能还能将人从重复、机械、繁重的工作中解放出来,扩展人类生活的时间和空间。

(二)人工智能时代为高校思想政治工作带来新机遇与挑战

1. 人工智能时代为高校网络思想政治教育工作打开新的局面。第一,有利于拓展教育方式,提高教学效率和质量。人工智能将人—人的互动转变为人—机—人的互动,以新兴技术激发学生学习兴趣,延伸了传播知识的途径和接受知识的方式,赋予学生更多的自主性,可大大提高教学的效率和质量。第二,有利于优化教育机构的设置,转变教育管理模式。人工智能能够结合学生情况、学生规模,对冗杂的思想政治教育工作的机构进行深度整合,针对学生问题的类型、复杂性等优化机构设置,形成线上与线下相结合、人机交互、资源共享的开放管理模式。

2.人工智能时代为高校网络思想政治教育工作提出新的要求。第一,人工智能的数据伦理问题。人工智能需要全方位获取个人数据信息,数据信息越全面结果就越精确。但数据作为个人隐私,不可避免地与人工智能的运用相冲突。第二,人工智能中人的本质的异化问题。人工智能容易造成人能力的异化、技术的异化、交往的异化等,人在对智能产品的依赖中逐渐失去独立性和自由性。第三,人工智能的信息失真和算法偏差问题。人工智能捕捉的信息存在不确定性,加之个人对隐私的保护,会有意无意地隐匿信息,提供的数据信息的真实性便大打折扣,面对信息的失真,即使再精妙的算法也会出现偏差,这是人工智能运用到高校网络思想政治教育中不可避免的挑战。

(三)人工智能的发展促进高校思想政治教育走向精准化、智慧化

"人工智能是引领这一轮科技革命和产业变革的战略性技术"[①],高校网络思想政治教育应乘着人工智能的东风不断实现自身的创新变革,从理念上解构人工智能,在现实中运用人工智能,促进人工智能与高校网络思想政治工作的融合发展,使高校网络思想政治教育工作逐步向精准化、智慧化、科学化方向迈进。

1. 坚持以人为本,注重技术为用。我们必须坚持"人"在人工智能中的主体性地位,以服务学生、促进学生发展作为评判人工智能效果的尺度。高校应构建学生个人智能数据系统,形成集学业、生活、心理、安全为一体的保障体系,研判学生思想行为,提高思想政治教育的育人效果。同时,高校要加快建立人工智能创新中心,聚焦在领军人才培养、学术前沿探索、科研实用导向、推进创新创业、全方位导师平台等方面,在平等开放氛围中利用 AI 促进学生高效成长。

2. 保护数据隐私,加强数据安全。学生的个人数据属于个人隐私,隐私的保护是尊重学生的基本前提。高校必须健全组织架构,推进数据平台研发,通过"人防+技防+物防",对校园网边界、信息系统、服务器、用户终端四个层次进行安全防护。细化落实网络安全责任制,构建完备的数据管理库,提升管理人员的素质和责任,有效维护学生数据安全,让学生能够放心且真心地回馈真实数据,在相互信任中保护数据隐私和分析运用数据,合理发挥人工智能的作用。

3. 优化智能算法,促进算法反思。高校要严格把关智能算法推送的内容与形式,注重内容推送的价值引导,创新推送形式,根据学生反馈的线上思想数据,结合线下思想数据,把握学生的兴趣点,比如学生感兴趣

---

① 《习近平在中共中央政治局第九次集体学习时强调　加强领导做好规划明确任务夯实基础　推动我国新一代人工智能健康发展》,《人民日报》2018 年 11 月 1 日。

的热点事件的讨论、学生经常运用的软件媒介、学生经常浏览的网页信息等,与时俱进地增添教育新元素,以学生喜闻乐见的"前卫"方式"盘活"高校思想政治教育。同时,培养师生的"算法素养",自觉抵制不良信息,在议题设置中提升问题的思考度,形成正确的世界观、人生观和价值观。

第八章　新时代高校辅导员实践育人工作

习近平总书记在全国高校思想政治工作会议上强调，"要重视和加强第二课堂建设，重视实践育人"①，并在给北京大学援鄂医疗队全体"90后"党员的回信中寄语大学生，"希望你们努力在为人民服务中茁壮成长、在艰苦奋斗中砥砺意志品质、在实践中增长工作本领"②。实践育人是人才培养的重要方式，对于培养担当民族复兴重任的时代新人具有重要意义，进而为实现第二个百年奋斗目标和中华民族伟大复兴的中国梦提供人才支撑。高校辅导员要高度重视实践的育人功能，紧紧围绕落实立德树人这一根本任务，引导大学生在实践中磨炼意志、提高能力、增强本领、完善自我。

第一节　高校实践育人工作的基本内涵

高校辅导员要想充分发挥人才培养中实践育人的功能价值，必须准确把握新时代高校实践育人的基本蕴含，深刻理解实践育人在高校人才培养中的时代价值，全面认识新时代高校实践育人的主要形态，切实掌握实践育人工作的核心要义。

---

① 《习近平关于青少年和共青团工作论述摘编》，中央文献出版社 2017 年版，第77 页。

② 《习近平回信勉励北京大学援鄂医疗队全体"90 后"党员　让青春在党和人民最需要的地方绽放绚丽之花》，《人民日报》2020 年 3 月 17 日。

一、基本蕴含

把握新时代高校实践育人工作的基本蕴含需要对高校实践育人工作进行理论阐释,厘清高校实践育人工作政策与实践演进,从而对高校实践育人工作进行科学界定。

高校实践育人工作的理论阐释需要从马克思主义实践观出发。马克思在《关于费尔巴哈的提纲》中提出,"全部社会生活在本质上是实践的"①。实践是人存在和发展的基本方式,是社会发展的根本动力。马克思主义认为,实践是主观见之于客观、理论联系实际、改造主观世界与改造客观世界相统一的过程,是主观与客观相联系的桥梁和纽带。实践具有普遍性和直接现实性的特点,对于人的影响表现在改变人的认识和思维方式、提高人的思想道德水平、促进人的全面发展等。在实践中,人的主观世界和客观世界相互联系、相互作用,人在改造客观世界的同时也改造自己的主观世界,不断完善和提升自我。只有通过实践,才能认识世界,才能透过现象认识到事物的本质,实践也是检验人的认识正确与否的唯一标准。实践有三种基本形式,即物质生产实践、社会关系生产实践和精神生产实践,三种形式相互影响、相互依赖,共同存在于实践统一体中。物质生产实践是社会关系生产实践和精神生产实践的基础,是最基本的社会实践活动,物质生产实践生产的内容和形式对人的存在和发展具有重要影响,对促进人的全面发展起着基础性、根本性作用。三种实践形式相互结合,共同作用于人的思想和行为,影响人的成长和发展。通过三种实践形式,引导大学生在实践中正确认识和处理人与自然、人与人、人与社会的关系,践行社会规范,不断促进自身社会化进程,增强社会责任感和时代使命感。育人即培养人、塑造人、改造人。育人是教育的本质要求和价值取向,我们党一直高度重视育人工作,强调育人为本,即人是一切教育活动的出发点和落脚点。教育是一种以促进人全面发展为根本目的的实践活动。育人在实践中进行,实践决定育人的方式和目的,影响育人的成效。"实践与育人之间本身就有着紧密的联系,育人本身就是实践

---

① 《马克思恩格斯选集》第 1 卷,人民出版社 2012 年版,第 135 页。

应有的题中之义,是实践的'副产品',我们需要充分重视实践在培养人、塑造人、改造人上的功能和作用,要构建实践育人的长效机制,完善实践育人的内容体系,使实践成为人才培养的'主产品'。"①这表明实践与育人相互影响、相互作用。

高校实践育人工作发展是历史性的、阶段性的。早在延安时期,以毛泽东为代表的中国共产党人就认识到实践在育人过程中的重要作用,毛泽东强调,"真正亲知的是天下实践着的人,……如果要直接地认识某种或某些事物,便只有亲身参加于变革现实、变革某种或某些事物的实践的斗争中"②。改革开放以来,实践育人已成为高校思想政治工作的共识。1978 年,《教育部关于讨论和试行〈全国重点高等学校暂行工作条例〉(试行草案)的通知》指出通过生产劳动以及实验、实习、社会调查、社会活动等,使学生获得必要的直接知识和实际锻炼。1987 年,《中共中央关于改进和加强高等学校思想政治工作的决定》提出,青年知识分子成长的唯一正确道路是社会实践。2004 年,《中共中央国务院关于进一步加强和改进大学生思想政治教育的意见》指出把理论武装与实践育人结合起来,这是党和国家的文件中首次使用"实践育人"的概念。2012 年,《教育部等部门关于进一步加强高校实践育人工作的若干意见》提出,进一步加强高校实践育人工作是全面落实党的教育方针等的必然要求。中国特色社会主义进入新时代,奠定了高校实践育人工作时代化的基调,高校实践育人工作在新的历史方位下创新性发展,焕发出新的生机力量。党的十八大以来,以习近平同志为核心的党中央站在为党和人民事业培养建设者和接班人的高度,多次就加强高校思想政治教育发表重要讲话,作出重要指示,高度重视高校实践育人工作。2016 年,习近平总书记在全国高校思想政治工作会议上强调,做好高校思想政治工作要因事而化、因时而进、因势而新,"广泛开展各类社会实践"。《中长期青年发展规划(2016—2025 年)》中提出要强化社会实践教育,完善扶持政策,加大经费

---

① 冯刚、王栋梁:《实践育人创新发展的理论思考和实现路径研究》,《学校党建与思想教育》2017 年第 7 期。

② 《毛泽东选集》第一卷,人民出版社 1991 年版,第 287 页。

投入,加强青年社会实践基地建设,鼓励机关、军队、企事业单位、社会组织为有组织的青年社会实践提供帮助和便利。《中共中央国务院关于加强和改进新形势下高校思想政治工作的意见》明确指出,要把思想价值引领贯穿教育教学全过程和各环节,形成教书育人、科研育人、实践育人、管理育人、服务育人、文化育人、组织育人长效机制。实践育人得到进一步重视,成为高校思想政治工作的重要内容。2017 年,《高校思想政治工作质量提升工程实施纲要》提出实践育人成为十大育人体系之一。这表明我们党紧跟时代发展,坚持理论教育与实践养成相结合,整合各类实践资源,强化项目管理,丰富实践内容,创新实践形式,拓展实践平台,完善支持机制,教育引导大学生在亲身参与中增强实践能力、树立家国情怀。2020 年,《教育部等八部门关于加快构建高校思想政治工作体系的意见》指出,要把思想政治教育融入社会实践、志愿服务、实习实训等活动中,创办形式多样的"行走课堂"。

新时代高校实践育人是按照高等教育教学计划和培养目标,通过实践引导大学生深入社会、了解国情、锻造自我、促进全面发展的一种有目的的能动性活动。实践育人工作是一项系统性工程,既要协同多个实践育人主体,又要有效衔接、整合多方面教育的方法形式。高校要从培养时代新人的战略高度,积极发挥实践育人工作功能,引导大学生在实践中正确认识世界和中国发展大势、正确认识中国特色和国际比较、正确认识时代责任和历史使命、正确认识远大抱负和脚踏实地,成为又红又专、德才兼备、全面发展的中国特色社会主义合格建设者和可靠接班人。

二、时代价值

习近平总书记强调,当代青年是同新时代共同前进的一代,使命在肩,广大青年要"知行合一、做实干家,面向实际、深入实践,严谨务实、苦干实干,在新时代干出一番事业"①。新时代深化高校实践育人,有助于

---

① 《习近平在北京大学考察时强调 抓住培养社会主义建设者和接班人根本任务努力建设中国特色世界一流大学》,《人民日报》2018 年 5 月 3 日。

切实落实立德树人根本任务,为党育人、为国育才,提升高校人才培养质量,引领青年成长成才,肩负时代重任。

高校实践育人是落实立德树人根本任务的重要途径。2018年9月,习近平总书记在全国教育大会上指出,"要把立德树人融入思想道德教育、文化知识教育、社会实践教育各环节"①。高校实践育人的重要作用在于落实立德树人根本任务,不断提高大学生思想水平、政治觉悟、道德品质、文化素养,培育担当民族复兴大任的时代新人。党的十八大以来,习近平总书记多次提出把立德树人作为教育的根本任务,深刻回答了"培养什么人、怎样培养人、为谁培养人"这一根本性问题,这也为新时代实践育人工作指明了方向。实践育人作为高校思想政治工作的重要内容,也紧紧围绕人才培养这一关键问题,把培养德智体美劳全面发展的社会主义建设者和接班人作为最终目的和价值旨归,这也是检验实践育人成效高低的核心标准。因此,推动高校实践育人工作有助于落实立德树人根本任务、培养担当民族复兴大任的时代新人、培育和践行社会主义核心价值观。

高校实践育人是推动高等教育内涵式发展的应有之义。习近平总书记在党的十九大报告中指出,"加快一流大学和一流学科建设,实现高等教育内涵式发展"②。建设一流大学关键是提高人才培养质量和能力,而实践育人的主要目的就是引导大学生在躬身实践中加强磨炼、增长本领、服务社会,为服务国家富强、民族振兴和人民幸福贡献人才力量,这与高等教育内涵式发展的内蕴相契合。因此,新时代加强高校实践育人工作,对于提高人才培养质量、建设一流大学、推动高等教育内涵式发展具有重要的现实意义。我国已开启全面建设社会主义现代化国家新征程,高等教育要立足中华民族伟大复兴战略全局和世界百年未有之大变局,心怀"国之大者",把握大势,敢于担当,善于作为,抓住全面提高人才培养能

---

① 《习近平在全国教育大会上强调　坚持中国特色社会主义教育发展道路　培养德智体美劳全面发展的社会主义建设者和接班人》,《人民日报》2018年9月11日。

② 习近平:《决胜全面建成小康社会　夺取新时代中国特色社会主义伟大胜利——在中国共产党第十九次全国代表大会上的报告》,人民出版社2017年版,第46页。

力这个重点,深化教育改革,推进实践育人。

高校实践育人是促进大学生全面发展的现实需要。马克思从现实的人出发,提出教育要尊重人的需要,促进人的自由全面发展。大学阶段是大学生完善自我、拓展思维、塑造优良品格、提高综合素质的关键时期,实践教育为大学生提供了一个自我锻炼、自我提高、自我建构的平台,对大学生全面客观地认识自我、提高素质和能力等具有重要意义。"大学生能够在实践活动历练中理解并认可符合社会要求的道德规范,并在实践中养成良好的道德习惯,做到内化与外化的统一,实现知行合一,在人际交往中培养积极、健全的人格。"①由此可见,实践是促进大学生知行合一的重要途径。因此,高校实践育人要通过实践教学、劳动教育实践、志愿服务等丰富多样的形式,增强大学生本领才干,提高大学生综合素质,促进大学生德智体美劳全面发展。

三、主要形态

新时代高校实践育人涵盖多种形态,包括劳动教育实践、志愿服务、军事训练、创新创业、实践教学和勤工助学等,是培养大学生成长成才的重要载体。不同形态之间各有特点,又相互依赖、有机融合,构成高校实践育人统筹推进工作格局。

(一)劳动教育实践

劳动教育是新时代党对教育的新要求,是全面发展教育体系的重要组成部分,是大学生成长的必要途径。《大中小学劳动教育指导纲要(试行)》指出,劳动教育是发挥劳动的育人功能,对学生进行热爱劳动、热爱劳动人民的教育活动。主要内容包括日常生活劳动、生产劳动和服务性劳动,具有思想性、社会性、实践性等特点。日常生活劳动教育立足个人生活事务处理,注重生活能力和良好卫生习惯培养,树立自立自强意识。生产劳动教育要让学生体验从简单劳动、原始劳动向复杂劳动、创造性劳

---

① 冯刚、王栋梁:《实践育人创新发展的理论思考和实现路径研究》,《学校党建与思想教育》2017 年第 7 期。

动的发展过程。服务性劳动教育让学生利用知识、技能等为他人和社会提供服务,树立服务意识,实践服务技能,在公益劳动、志愿服务中强化社会责任感。高校要坚持弘扬劳动精神,引导大学生结合自身学科专业特点,主动参加劳动主题教育实践,将所学应用于实践,知行合一,积累职业经验,增强独立劳动能力和团队协作能力,争做新时代的奋斗者。使大学生在劳动教育实践中切实感受劳动的艰辛和收获的快乐,增强获得感、成就感、荣誉感。

(二)志愿服务

志愿服务是一种公益性实践活动,具有自愿性、无偿性、社会性、利他性等特点。大学生走出校门、走向社会、走入群众,在志愿服务过程中主动奉献自我、关爱他人、服务社会,在大学生的健康成长中发挥着不可替代的作用,对于帮助大学生坚定理想信念、强化社会责任意识和奉献意识等具有重要意义。习近平总书记指出,"志愿服务是社会文明进步的重要标志"①,揭示了志愿服务在新时代的重要地位。新时代志愿服务的形态丰富多样,包括大学生志愿服务西部计划、青年学雷锋志愿服务活动、"青年红色筑梦之旅""小我融入大我,青春献给祖国"主题社会实践等。习近平总书记多次给青年志愿者回信,勉励他们弘扬志愿精神,以实际行动为实现中国梦作出新的更大贡献。《共青团中央关于推进青年志愿服务工作改革发展的意见》还特别指出要充分借助互联网、社区等平台实现青年就近就便参与志愿服务。高校要建立健全学雷锋志愿服务制度,积极引导大学生参与志愿服务活动,实现服务他人、奉献社会和提升自我的有机统一。将志愿服务融入校园文化建设,涵育奉献、友爱、互助、进步的志愿精神,引导大学生把志愿服务作为一种生活方式、生活习惯,以实际行动践行社会主义核心价值观。

(三)军事训练

军事训练是在一定时间段内对大学生进行国防教育、队列训练、战术

---

① 《习近平致信祝贺中国志愿服务联合会第二届会员代表大会召开强调 弘扬奉献友爱互助进步的志愿精神 以实际行动书写新时代的雷锋故事》,《人民日报》2019年7月25日。

训练、内务训练等一系列军事化训练的活动总称。它是贯彻党的教育方针和总体国家安全观的战略性工程,是大学生国防教育的重要组成部分,是对大学生进行国防教育、强化大学生国防意识和担当意识的重要途径,是新生进入大学学习的必修课。军事训练的主要目的是磨炼大学生意志品质,提高大学生思想觉悟,使大学生掌握基本的军事理论知识和军事技能,感受军人精神,强化团队意识和组织纪律观,激发爱国主义情怀,培养吃苦耐劳的精神。高校要切实发挥好军事训练实践的育人功能,全员全方位全过程引导大学生正确认识军事训练的重要意义,全面激发大学生参与军事训练的热情。坚持军事知识与军事技能相结合,坚持理论认知与实践体认相结合,在军事训练过程中涵育大学生的规则意识、大局意识、奋斗意识。

(四)创新创业

习近平总书记指出:"要勇于创新,深刻理解把握时代潮流和国家需要,敢为人先、敢于突破,以聪明才智贡献国家,以开拓进取服务社会。"[1]创新是民族进步的灵魂,创业是推动经济社会发展、改善民生的重要途径。创新创业教育是推动高等教育高质量发展和培养创新创业人才的有效举措,对于提升大学生创新精神、创业意识,激发创新创业创造动能等具有重要作用。创新创业实践包括参加各级创新创业大赛、组建创新创业社团、参与创新创业讲座论坛等形态。高校要深化创新创业教育改革,面向全体、分类施教、结合专业、强化实践,促进学生全面发展,努力造就大众创业、万众创新的生力军。通过建立健全教学与实践相融合的高校创新创业教育体系,开设创新创业教育专门课程,健全课程体系,实施"大学生创新创业训练计划",支持学生成立创新创业类社团,培育建设一批实践育人与创新创业示范基地,提升大学生创新型人才培养质量。

(五)实践教学

实践教学是"强调个体实践体验对于意识形成和能力培养的突出作

---

[1] 《习近平在清华大学考察时强调 坚持中国特色世界一流大学建设目标方向 为服务国家富强民族复兴人民幸福贡献力量》,《人民日报》2021 年 4 月 20 日。

用,聚焦于实践,是以解决实际问题为中心,培养实践能力的教学方式"①。它是高等教育的重要环节,是培养学生实践和创新能力的主要手段,由课堂实践教学和社会实践教学组成,"案例式教学、探究式教学、体验式教学、互动式教学、专题式教学、分众式教学等,运用现代信息技术等手段建设智慧课堂等"②,这些都是课堂实践教学的形式。社会实践教学包括暑期实践、社会考察等校内外实践活动,旨在为大学生搭建理论与实际相联系的桥梁,帮助大学生运用课堂所学理论知识解决实践中出现的问题和困难,实现认识世界与改造世界相统一。《高校思想政治工作质量提升工程实施纲要》中强调要深入推进实践教学改革,分类制定实践教学标准,适度增加实践教学比重,原则上哲学社会科学类专业实践教学不少于总学分(学时)的15%,理工农医类专业不少于25%。高校要整合实践教学资源,拓展实践教学平台,依托高新技术开发区、大学科技园、城市社区、农村乡镇、工矿企业、爱国主义教育场所等,建立多种形式的实践教学基地。创办形式多样的"行走课堂",推动构建政府、社会、学校协同联动的实践教学共同体,挖掘和编制"资源图谱",构建育人场景,实现育人目的。

(六)勤工助学

《高等学校学生勤工助学管理办法》指出,勤工助学是指学生在学校的组织下利用课余时间,通过劳动取得合法报酬,用于改善学习和生活条件的实践活动。它是高校学生资助工作的组成部分,是提高学生综合素质和资助家庭经济困难学生的有效途径,是实现全程育人、全方位育人的有效平台。勤工助学活动坚持"立足校园、服务社会"的宗旨,按照学有余力、自愿申请、信息公开、扶困优先、竞争上岗、遵纪守法的原则,由学校在不影响正常教学秩序和学生正常学习的前提下有组织的开展。高校要引导大学生积极参加勤工助学活动,充分发挥勤工助学实践活动的育人作用,培养大学生热爱劳动、自强不息、创新创业的进取精神,增强大学生

---

① 罗亮:《改革开放以来高校实践育人的发展历程与基本经验探析》,《思想理论教育》2019 年第 5 期。

② 习近平:《思政课是落实立德树人根本任务的关键课程》,《求是》2020 年第 17 期。

综合素质,提高大学生实践能力。开展勤工助学评优活动,挖掘典型,表彰先进,营造锐意进取、励志成才的育人环境,激励更多大学生崇尚劳动、自立自强。

第二节　高校辅导员实践育人工作的方法

新时代高校辅导员实践育人工作,要坚持以习近平新时代中国特色社会主义思想为指导,要掌握科学的工作方法,确保实践育人工作方位准确、方向正确。本节从方法论角度,围绕归本求真、精准探微、交融协同、显影并举四个方面,介绍新时代高校辅导员实践育人工作的基本方法遵循。

一、归本求真

新时代高校践行党的初心使命就要回归"培养什么人、怎样培养人、为谁培养人"这一根本问题。做好新时代高校辅导员实践育人工作绝不能脱离育人本位和规律本真,要坚持实践与育人相统一,把准实践育人工作方位,遵循规律、求真务实,着力培养担当民族复兴大任的时代新人。

(一)坚持立德树人,做到育人为本

教育是国之大计、党之大计,是国家和民族长久发展的动力和源泉。我国是中国共产党领导下的社会主义国家,这决定了我国教育事业的根本任务和育人本位就是要高举中国特色社会主义伟大旗帜,为党育人、为国育才。具体而言,就是要坚持立德树人使命,培养一代又一代拥护中国共产党领导和我国社会主义制度、立志为中国特色社会主义事业奋斗终身的有用人才。

立德树人是高校的立身之本。实践育人作为高校教育教学的重要环节和内容,其逻辑起点和根本标准也在于立德树人。习近平总书记强调,"要把立德树人的成效作为检验学校一切工作的根本标准"[1],"要把立

---

[1]　习近平:《在北京大学师生座谈会上的讲话》,人民出版社 2018 年版,第 7 页。

德树人融入思想道德教育、文化知识教育、社会实践教育各环节"①。新时代高校辅导员做好实践育人工作,要紧紧围绕立德树人根本任务,将其全方位贯穿于实践育人的全过程,教育引导学生培育和践行社会主义核心价值观,努力培养担当民族复兴大任的时代新人。具体而言,辅导员应在实践育人目标确立、内容设计、过程管理等方面全面贯彻党的教育方针,注重用习近平新时代中国特色社会主义思想铸魂育人,充分发挥实践活动的育人功能,让大学生在参与实践过程中,既能锻炼能力、积累社会经验,又能深化思想认识、坚定"四个自信",还能创造社会价值、助力国家发展和民族复兴。

(二)坚持遵循规律,做到求真务实

实践育人是大学生思想政治教育的重要环节和内容,是提高大学生思想政治教育实效的重要途径。高校辅导员开展实践育人工作,要坚守育人初心,遵循实践育人规律,坚持守正创新,提升实践育人实效。

要坚持理论内化和实践外化相统一。做好实践育人工作,要遵循思想政治工作规律、教书育人规律和学生成长规律,其核心要点是要遵循理论内化与实践外化的辩证统一规律。通常,青年学生思想政治素养提升需要经过理论内化和实践外化两个环节。其中,理论内化是实践外化的前提,实践外化是检验理论内化成效的重要标志,从理论内化到实践外化是学生成长成才的必由之路。高校辅导员开展实践育人工作,必须遵循理论内化与实践外化的辩证统一规律,坚持理论联系实际。要切实指导和帮助大学生把学到的理论知识、形成的道德观念转化为外在的实践行为,并在参与各类实践活动中提高自身的思想素质和理论水平,形成为建设中国特色社会主义、为实现中华民族伟大复兴中国梦而奋斗的思想自觉和行动自觉,做到学以致用、知行合一。②

要坚持守正与创新相统一。习近平总书记指出,"中华民族是守正

---

① 《习近平在全国教育大会上强调　坚持中国特色社会主义教育发展道路　培养德智体美劳全面发展的社会主义建设者和接班人》,《人民日报》2018 年 9 月 11 日。

② 李海娟:《新时代高校实践育人路径探析》,《思想理论教育》2021 年第 8 期。

创新的民族"①,"无论时代如何发展,我们都要激发守正创新、奋勇向前的民族智慧"②,强调"要坚持守正和创新相统一"③。守正即坚守正道、实事求是、求真务实,它是创新的基础和前提。偏离了"守正"的实践,不仅谈不上育人,甚至会"害人"。比如,新华社曾报道披露有教师以"社会锻炼"为名,把大学生变成为自己谋利的"学生工",使社会实践变成"卖货换学分"的"营销考核";有的企业以"实习锻炼"为名,巧立名目向大学生收费,暗藏诈骗陷阱;与此同时,有的学生把参与实践仅仅作为完成学业任务、丰富个人简历、评优评奖的手段,存在参与动机不纯、态度不端正甚至功利化倾向;在学生实践评价中,有的辅导员默许学生"填表盖章实践",助长形式主义歪风。④ 辅导员作为高校实践育人工作的重要组织管理者,自身必须坚守育人初心、坚守正道。同时,还要做好学生教育引导,让学生正确认识实践的重要性,从而自觉、规范地参加实践。创新是在守正基础上对旧的、常规的突破与超越。习近平总书记指出,守正"不是刻舟求剑,还要往前发展、与时俱进,否则就是僵化的、陈旧的、过时的"⑤。辅导员开展实践育人工作,要在守正基础上,不断创新工作方法和路径,改进实践育人组织模式、活动形式和评价方式,做到因事而化、因时而进、因势而新,不断激发学生的自觉性和积极性,增强学生的参与感和获得感。此外,还要及时发现、总结、凝练实践育人工作新鲜经验,不断深化对实践育人客观规律的真理性认识。

二、精准探微

2017 年,中共中央、国务院印发《关于加强和改进新形势下高校思想

① 《习近平同希腊总统帕夫洛普洛斯会谈》,《人民日报》2019 年 5 月 15 日。

② 习近平:《在纪念中国人民志愿军抗美援朝出国作战 70 周年大会上的讲话》,《人民日报》2020 年 10 月 24 日。

③ 《习近平谈治国理政》第三卷,外文出版社 2020 年版,第 535 页。

④ 《卖货换学分引争议,学生社会实践乱象几时休?》,见 http://www.xinhuanet.com/local/2020-07/28/c_1126296478.htm。

⑤ 《思政课是落实立德树人根本任务的关键课程》,《求是》2020 年第 17 期。

政治工作的意见》,强调要"把握师生思想特点和发展需求,注重理论教育和实践活动相结合、普遍要求和分类指导相结合,提高工作科学化精细化水平"①。做好新时代高校辅导员实践育人工作,要坚持问题导向,着力破解实践育人工作同学生个体特点和成长需求匹配不精准、内容设计不精细、时间地点选择不精当等问题,坚持分类分层、多点结合,做到精细入微、精准施策。

(一)坚持分类分层,做到精细入微

学生是实践育人的对象,也是开展实践教学、军事训练、志愿服务、勤工助学等实践育人活动的主体。高校辅导员做好实践育人工作要充分尊重学生在实践育人工作中的主体地位,精准把握学生个性化、差异化的发展需求,有针对性地开展实践育人工作。具体而言,要针对不同专业、年级、层次的学生群体,来设定特定的实践育人内容情境和方法路径,力求做到量体裁衣、因材施教、精细入微,从而让每个学生都能有机会获得适合个人特点、兴趣和未来发展的实践途径。比如,针对不同年级的大学生,可根据学生学业与生涯发展的阶段性变化,有针对性地重点开展不同类别的实践育人项目。大一阶段可重点选择以提升学生思想政治素质为导向的实践育人项目;大二、大三阶段可重点选择以提升学生学科专业素养为导向的实践育人项目;大四阶段则重点选择以提升学生就业创业能力为导向的实践育人项目,如就业见习、挂职锻炼、创业训练等。

(二)坚持多点结合,做到精准施策

高校辅导员要善于结合学生成长痛点、时事政治热点、特定时间节点和不同地域特点,精准施策,因人、因事、因时、因地制宜开展工作,创造性地做好实践育人。一是要善于结合学生成长痛点,精准选择实践育人项目,做到因人制宜。教育是要使学生德智体美劳全面发展。辅导员要紧紧围绕德智体美劳各方面的重点目标,厘清每个方面的实践育人思路。要特别针对不同学生在成长发展过程中的痛点、困难,去选择相应的实践

---

① 《中共中央国务院印发〈关于加强和改进新形势下高校思想政治工作的意见〉》,《人民日报》2017 年 2 月 28 日。

育人项目。比如,针对家庭经济困难的学生,可重点提供勤工助学、带薪实习等实践活动。二是要善于结合时事政治热点,精准设计实践育人内容,做到因事制宜。辅导员要准确把握当下国际国内形势,抓住热点事件、热点问题,有针对性地开展实践育人工作。比如,2020 年上半年,全国上下关注疫情防控和脱贫攻坚,广大辅导员积极组织动员大学生深入大街小巷、田间地头和工厂车间,助力疫情防控、复工复产和脱贫攻坚,有效培养了大学生的爱国精神和社会责任感。三是要善于结合特定时间节点,精准把握实践育人时机,做到因时制宜。2021 年 7 月 12 日,中共中央、国务院印发《关于新时代加强和改进思想政治工作的意见》,指出要"深化拓展群众性主题实践,充分利用重要传统节日、重大节庆日纪念日,发挥礼仪制度的教化作用,丰富道德实践活动,推动形成适应新时代要求的思想观念、精神面貌、文明风尚、行为规范"①。比如,在"3·5 学雷锋日"和"12·5 国际志愿者日",辅导员应积极组织动员大学生开展各类志愿服务活动,主动承担社会责任,以实际行动弘扬奉献、友爱、互助、进步的志愿精神。四是要善于结合不同地域特点,精准选择实践育人地点,做到因地制宜。不同地方的自然、经济、文化存在不同特点,辅导员在开展实践育人工作中,既要根据地域特点去有针对性设计与当地特点相契合的实践育人内容,又要针对不同内容的实践育人活动去主动选择与之相适应的开展地点。比如,在少数民族地区开展实践育人活动应注重与当地的民族特色、传统文化等相结合。

三、交融协同

新时代高校实践育人工作的有效开展,不能单靠辅导员,需要各方力量共同参与、相互配合。交融协同是辅导员开展好实践育人工作的重要方法。

(一)坚持主动协同,做到合力育人

高校实践育人工作是一项系统工程,需要学校其他教师、相关职能部

---

① 《中共中央国务院印发〈关于新时代加强和改进思想政治工作的意见〉》,《人民日报》2021 年 7 月 13 日。

门以及家庭、社会等多方积极参与、共同关心、合力推动。辅导员作为实践育人工作的一线教育管理服务者,直接面向实践育人对象,处在协调各方的关键位置。因此,辅导员要树立协同育人理念,不断强化实践育人的工作协同。一是要主动协同职能部门。通常,不同类别的实践育人活动,往往由学校不同的职能部门牵头组织实施。比如,实践教学主要由负责思想政治理论课和专业课的单位组织,军事训练主要由武装部门组织,社会实践活动主要由共青团、学工部门组织。辅导员要定期梳理学生的思想、学习和实践状况,及时总结自身在实践育人工作中的成果与经验,积极向相关职能部门反映,为学校实践育人工作顶层设计提供参考;要如实反馈实践育人工作中存在的困难和问题,及时向相关职能部门寻求指导和帮助。二是要主动协同其他教师。辅导员要积极深入到学生课堂学习和教学实践活动中,既为专业课教师和思政课教师提供学生家庭情况、个人特长、思想特点等相关信息,帮助任课教师更好地完成教育教学任务,又要关心学生学习、实践情况,为其提供力所能及的帮助,助力学生更好地完成学习实践任务。同时,辅导员还应积极邀请任课教师、班导师、学业导师共同参与实践育人活动的策划、组织,共同参加和指导学生实践活动,充分发挥任课教师、学业导师在专业实习实训、创新创业训练等方面的智力优势,为学生参加实践活动提供强大的智力支持。三是要做好家庭、学校、社会协同。辅导员在实践育人工作中,要注重与学生家长沟通,要善于利用自身社会资源,努力争取更多的社会支持。

（二）坚持渠道贯通,做到深度融合

实践育人是思想政治教育的重要方法路径。作为"第一课堂"的思政课课堂教学是大学生思想政治教育的主渠道。思政课实践教学和"第二课堂"是高校实践育人工作的重要构成。做好新时代高校实践育人工作,辅导员要积极助力破解"第一课堂"与"第二课堂"的"两张皮"现象,主动助推"两个课堂"有效衔接、双向循环、深度融合,形塑"大思政课"格局。首先,辅导员要加强同思政课教师的协同,在开展实践育人工作中,主动设计与思政课内容相衔接的实践育人活动,引导学生实现从理论认知到行动实践的良好转变。其次,辅导员要积极参与主渠道施教。2019

年 8 月 14 日,中共中央、国务院印发《关于深化新时代学校思想政治理论课改革创新的若干意见》,指出要积极推动符合条件的辅导员参与思政课教学。作为"第二课堂"实践育人工作的重要组织管理者,辅导员要充分发挥教师和管理干部双重身份优势,不断提升自身思想政治理论水平,积极融入"第一课堂"参与主渠道施教,进一步助力"两个课堂"有效衔接、深度融合。

四、显隐并举

2019 年 3 月 18 日,习近平总书记在学校思想政治理论课教师座谈会上发表重要讲话时指出,"要坚持显性教育和隐性教育相统一,挖掘其他课程和教学方式中蕴含的思想政治教育资源,实现全员全程全方位育人"①。2021 年 7 月 12 日,中共中央、国务院印发《关于新时代加强和改进思想政治工作的意见》,指出要"坚持遵循思想政治工作规律,把显性教育与隐性教育、解决思想问题与解决实际问题、广泛覆盖与分类指导结合起来,因地、因人、因事、因时制宜开展工作"。隐性思想政治教育是寓于专业思想政治课堂之外,在实践活动或日常学习工作中开展的、不为受教育者重点关注、受教育者没有明确感知被教育的一种思想政治教育存在类型。②新时代高校辅导员做好实践育人工作,要讲究实施策略,优化方法载体,要在坚持显性指导的前提下,采取隐性主导的方式,有目的、有计划、有组织地开展实践育人活动,充分发挥朋辈示范、文化熏陶、服务渗透等实践育人形式对大学生的隐性涵育作用。同时,还要注重在实践育人工作中根据需要适当融入显性教育方式和内容,旗帜鲜明地开展思想政治教育,做到显隐并举、互为补充、相辅相成,切实提升实践育人的亲和力和实效性。

(一)坚持实践育人与思想政治教育目标相一致

"坚持显性教育与隐性教育相统一"是新时代思想政治工作的基本原则之一。实践育人作为思想政治教育的一种重要隐性形式,其实施的

---

① 《习近平谈治国理政》第三卷,外文出版社 2020 年版,第 331 页。
② 白显良:《隐性思想政治教育基本理论研究》,人民出版社 2013 年,第 35 页。

出发点和落脚点是要实现同显性教育的目标一致,即落实立德树人根本任务。在显性思想政治教育的指导与配合下,实现显隐相互补充、形成合力是实现实践育人目标的关键所在。首先,辅导员开展实践育人工作,要高举习近平新时代中国特色社会主义思想伟大旗帜,以明确直接、简洁明了的显性方式,公开直观地将需要传播的理论知识传递给大学生。要善于运用中国特色社会主义理论体系最新成果去催生和指导大学生的鲜活实践,使大学生在参加实践活动中,能够自觉不自觉地接受国家和社会所倡导的主流意识形态和政治价值观念。其次,为充分发挥实践育人的隐性教育作用,就要求辅导员在开展实践育人工作中,紧紧围绕显性思想政治教育的目标、内容来设计实践育人的内容情境和活动形式。具体而言,辅导员对实践活动的情境设计和安排,除了要突显活动本身的特点和吸引力之外,还要慎重筛选内容,保证积极向上、传递正确的价值观。最后,要把握好显性方式在实践育人工作中的具体运用时机,灵活处理好显性与隐性的相对采用程度。在特定情境下,要坚持以正面、直接的显性方式作为补充,充分发挥显性教育目标明确、方式直接、形式规范、效果显著的优势,确保学生参加实践活动保持正确的动机和价值取向。比如,有的大学生参加志愿服务活动,仅仅是基于获取实践学分、"漂亮"履历、评先评优等功利目标的考量,在参加过程中"走过场",结束以后"要盖章",使实践活动沦为个人发展的工具和手段。在这种情况下,辅导员就要直截了当地对学生进行志愿精神教育,旗帜鲜明地宣扬合理的义利观,教育学生要平衡个人成长需要与社会发展需要,既不过分强调个人的奉献义务,也不为精致的利己主义背书,让学生知道什么才是更高的追求、什么样的价值观和道德观能够得到社会的认同和尊敬。①

(二)切实发挥实践育人潜移默化的教育功能

高校辅导员是学生思想政治教育工作的骨干力量,其承担的日常思想政治教育工作广泛渗透于学生专业学习、校园生活的诸多方面。作为

---

① 杨威:《大学生志愿服务的三个乱象——让大学生志愿服务活动回归初心》,《人民论坛》2018 年第 19 期。

大学生实践育人活动主要的策划者、组织者、参与者,辅导员身份的特殊性决定了其在隐性思想政治教育中的主导作用。隐性思想政治教育施教于实践活动的开展之中,受教于润物无声的潜移默化之中,贴近学生的社会生活,具有渗透性、生活性、开放性、潜隐性等特点。[①] 辅导员开展实践育人工作,要在深刻把握隐性教育特征和内涵基础上,坚持隐性主导,做到潜移默化。一是强化隐性情境设计。实践育人活动作为隐性思想政治教育的重要形式,要看到无论其物质形态、文化形态,还是制度形态、管理形态,都离不开一定的内容设计。力求通过实践育人活动充分发挥隐性教育作用,就要注重在隐性情境设计上下功夫。二是强化学生行动牵引。相较以课堂教学为主要形式的显性思想政治教育,具有强烈隐性特征的实践育人,更加强调学生的具体行动参与。因此,辅导员在组织开展实践育人活动的具体过程中,要着力将大学生牵引带入到精心设计的情境中去,督促引导大学生,让其自觉不自觉地付诸行动,从而通过行动获得更深刻的体会和感悟,实现认知深化和情感升华。三是强化师生交流互动。辅导员在组织、参与实践育人活动中,要强化主体意识,以"朋辈"身份参与实践育人活动,加强与学生的互动交流,为学生提供精神动力与智力支持,并在恰当隐蔽隐性教育意图的前提下,以自身的思想政治理论素养教育引导学生。四是强化文化氛围营造。要想方设法、多措并举营造有利于学生自觉投身实践行动的良好文化氛围。注重利用新技术新媒体提供的新平台,去宣传实践育人活动,弘扬时代主旋律。注重组织学生开展社会实践交流会,分享实践成果和体认感悟。注重培育参与实践活动的大学生先进典型,充分发挥朋辈示范引领作用。

第三节　高校辅导员实践育人工作的实践进路

高校辅导员作为大学生思想政治教育的骨干力量,作为日常思想政

---

① 白显良:《论隐性思想政治教育的独特品性》,《学校党建与思想教育》2007 年第 9 期。

治教育和管理工作的组织者、实施者、指导者,如何立足于本职岗位把实践育人贯穿于人才培养全过程,增强学生服务国家、服务人民的社会责任感,勇于探索的创新精神和善于解决问题的实践本领,这是高校思想政治工作高质量发展的重大课题。破解这一重大课题,需要高校辅导员扎实推进实践育人工作。本节从辅导员实践育人工作的谋划设计、组织实施、总结评估、调整优化四个方面,分环节、分步骤介绍新时代高校辅导员实践育人工作的实践进路。

一、整体设计

高校辅导员实践育人工作的谋划设计,关乎实践育人工作的顶层布局和基本遵循,需要以育人理念为核心、基本原则为遵循、组织建设为抓手。

(一)树立正确的育人理念

理念作为行动的先导,是统筹高校辅导员实践育人工作的基本遵循。高校辅导员实践育人工作需要树立正确的育人理念,培养正确的实践育人观。首先,要树立以人为本理念。习近平总书记高度重视实践育人,强调"要把立德树人融入思想道德教育、文化知识教育、社会实践教育各环节"①。"要重视和加强第二课堂建设,重视实践育人"②,一系列重要论述充分启示高校辅导员要坚持以人为本理念。从本质上来说,实践育人在于落实立德树人要求、实现铸魂育人任务,关乎的是"培养什么样的人"的这一问题。因此对于新时代高校辅导员而言,要秉持以人为本的育人理念,坚持以学生为中心,关注学生成长需求,服务于学生的满足需要,不断通过实践育人的方式促进学生的全面发展。其次,要树立尊重个性理念。青年大学生在年龄、性格、专业、背景等方面都存在着差异,这些差异使每一位学生都有不同的特点和需求,因此辅导员实践育人应该关

①《习近平在全国教育大会上强调　坚持中国特色社会主义教育发展道路　培养德智体美劳全面发展的社会主义建设者和接班人》,《人民日报》2018 年 9 月 11 日。

②《习近平关于青少年和共青团工作论述摘编》,中央文献出版社 2017 年版,第 77页。

注学生的个性差异,并将"个性化"发展的理念贯穿于实践育人的全过程之中,做到尊重差异,因才施策,育人于行。最后,要树立科学发展的理念。实践育人是一项联动多方、复杂多变、动态发展的庞大系统工程,涉及到社会、高校、教师等多个主体,也涉及到理论实践、社会实践、创新实践等多个层面。因此以科学的育人理念指导实践育人这一项实践工作就显得尤为重要。具体而言,树立科学发展的理念是要遵循学生成长的规律,青少年群体特点规律,以科学的理论、社会实践以及生活实践为基础,探索普遍适用的科学理念和方法。

(二)遵循科学的基本原则

实践育人原则是辅导员在从事实践育人活动时应该遵循的基本行为准则,是依据实践育人的客观规律,在总结实践育人经验基础而制定的高校辅导员实践育人活动的准则,对实践育人活动的顺利开展具有重要意义。一是要坚持教师主导与学生主体相结合的原则。教师和学生作为"人"的因素,是高校辅导员实践育人活动中最根本、联系最密切的两个因素,同时两者之间的关系也是高校实践育人过程中最基本的关系。因此在高校辅导员实践育人过程中,必须发挥教师的主导作用、坚持学生的主体地位,做到教师主导与学生主体相结合,共同作用于实践育人这一目标。二是要遵循理论学习与实践锻炼相结合的原则。习近平总书记强调"学到的东西,不能停留在书本上,不能只装在脑袋里,而应该落实到行动上,做到知行合一、以知促行、以行求知"①,深刻体现出了理论联系实际、知行合一的重要性。对于辅导员实践育人这项工作的开展而言,遵循理论学习与实践锻炼相结合是做好高校实践育人工作的关键之举。一方面,要通过把握好第一课堂来开展课堂教学活动,帮助学生夯实理论基础;另一方面,通过把握好第二课堂的丰富资源来拓展除课堂教学以外的育人活动,将理论学习与实践锻炼相结合,能够进一步激发广大青年学生的实践积极性,从而促进实践育人效能提升。三是要遵循能力培养与思想引领相结合的原则。高校辅导员实践育人的最终目标是要实现"育

———————————

① 习近平:《在北京大学师生座谈会上的讲话》,人民出版社 2018 年版,第 13 页。

人"的目的,而对于实践育人而言,既要注重能力培养,即培养学生认识社会、适应社会并且改造社会的能力和素质,又要注重思想提升,即实践育人的目的不仅仅只关注学生认识和实践能力的锻炼,还要关注学生德行的培养和思想的引领,致力于在实践育人过程中实现马克思主义视域下人的全面发展的要求。

(三)形成完备的计划方案

完备的计划方案既具有指导性,又具有可操作性,直接影响高校辅导员实践育人工作的实施,并对促进高校辅导员实践育人长效开展具有重要作用。高校辅导员实践育人工作要坚持问题导向,紧密结合时代特征,遵循育人规律,形成科学完备的工作开展方案。一是要分层设计。对高校实践育人工作进行方案计划,要自上而下层层细化和解构。学校各类组织机构要从学校实践育人平台搭建、环境营造、资源联结、经费保障等方面对高校实践育人工作进行总体统筹计划。通过细化组织分工、明细工作权责的方式,推进高校辅导员实践育人组织建设常态化,建立健全学院党委领导、学院团委牵头、辅导员班主任组织引导的工作格局,切实加强对高校实践育人工作的组织引导。另外,要从具体操作层面,依据学校、学院的实际情况,在结合学生专业特点以及年级特点的基础上,形成具有可操作性的细化方案。二是要分期计划。高校辅导员实践育人具有动态性和长期性,可按照长期、中期、短期的时间跨度分阶段进行方案计划,对于长期计划来说更加关注的是战略层面的总体布局,对于中期计划来说则侧重于未来一个较长时间段实践育人的具体目标和发展规划,对于短期计划来说则是以具体操作层面的事宜为重点。三是要统筹兼顾。高校辅导员实践育人体系作为一个动态有机整体,其有效发展强调部门与部门之间、辅导员与辅导员之间的有机联动,因此要制订完备的实践育人计划方案。对外需要联合政府、企业、社会团体等组织,从而与高校各要素之间相互支撑,形成良性互动;对内需要联合不同部门、不同院系等单位,为辅导员实践育人工作开展提供资源支持,通过统筹校内校外、显性隐性等不同类别的实践育人资源,能够将实践育人的内在需要与社会发展的实际需要相结合,形成统筹兼顾、资源丰富、实效性强且具备可操作性的实践育人方案。

二、组织实施

高校辅导员实践育人工作的成效如何,谋划设计是先导布局,关键还是在于如何组织实施。新时代背景下,高校辅导员实践育人工作要不断推动"三全育人"走深走实、落实立德树人根本任务,从"全员、全过程、全方位"三个角度入手,积极探索实践育人工作有效路径,切实增强高校辅导员实践育人实效。

(一)动员多方力量,践行全员育人要求

毛泽东指出:"思想政治工作,各个部门都要负责任。共产党应该管,青年团应该管,政府主管部门应该管,学校的校长教师更应该管。"①高校辅导员实践育人全员参与是指实践育人工作的参与者,包括辅导员、班主任、任课教师、学院管理者、学生家长、学校校友等主体,彼此之间通力配合、互相协调、相互支持,共同致力于既定目标达成。一是要发挥辅导员、班主任以及任课老师的组织和引导作用。作为大学生思想政治教育的骨干力量,辅导员、班主任以及任课教师是大学生实践育人工作的组织者和引导者。一方面可通过课堂教学、主题班会、线上与线下相结合等形式,宣传学校社会对于大学生展开劳动教育实践、志愿服务、军事训练、创新创业、实践教学和勤工助学等不同实践样态的政策和保障举措,引导学生充分认识到参与实践对于学生成长成才的重要意义。另一方面,对于辅导员和班主任而言还需要做好大学生实践育人的活动设计和组织工作,精心筹划和设计活动组织方案,构建以板块活动为主要内容,社团组织为主要支持的实践育人体系,增强实践活动的针对性和有效性。二是要发挥学院管理者和学校管理部门的统筹和监督作用。开展系统化的实践育人工作要强化整体的统筹和设计,高校管理部门要统筹构建以活动建设为载体、基地拓展为依托、经费投入为保障的实践育人体系。同时,在实践育人开展的过程中还需要强化引导和监督。三是要发挥学生家长

---

① 《毛泽东文集》第七卷,人民出版社 1996 年版,第 226 页。

和学校校友的支持和补充作用。辅导员实践育人与家校育人相结合是提升实践育人工作有效性的重要方式。既要发挥家长在实践育人工作中的合力,又要充分运用校友的丰富社会资源,辅导员要保持并延续与已毕业学生的长期沟通,在实践育人过程中争取得到校友的支持,通过校企合作、产学联盟等形式扩展实践的场域和内容。

(二)贯穿学生成长,推动全过程育人发展

新时代高校辅导员实践育人要贯穿于学生大学成长发展的各个环节,注重学生成长规律,分年级、分阶段地进行实践育人工作的实施,从而逐步实现对知识广度的拓展、对情感厚度的增强、对意志韧度的锤炼及对行动力度的提升。一是要遵循学生身心发展规律,选择适宜的实践活动内容。教育需要遵循学生成长发展规律,对于实践育人工作而言也需如此。高校辅导员应该在育人过程中依据青年群体的整体发展规律,进阶式地组织开展不同形式、不同侧重点的实践活动。大一重点以辅导员引导为基础,社团组织为依托,开展形式多样的主题教育、社团活动;大二关键在于对其进行学业生涯规划教育,实践育人的内容和活动也应该更多与专业特性相结合,重点在于提升学生的专业实践能力;大三要以实习实训、创新创业等为重点,着重巩固专业技能,引导学生融入社会;大四则以就业指导为实践育人重点内容,并将毕业主题教育贯穿至实践育人的全方位以及全过程之中。二是要把握不同年级的共性特征,选择适配的工作开展形式。辅导员实践育人不是所有年级"一刀切",而是要根据不同年级在不同阶段的共性特征,满足不同年级、不同专业、不同民族的学生对实践实习的需求。三是要紧密结合专业培养总体要求,选择适当的育人工作时机。辅导员实践育人要充分与专业学习相结合,可以利用专业培养过程中的一些关键的时间教育点,如创新创业指导、就业指导、实习实训等时间节点,充分结合专业特性、教学大纲、学院培养范式,高度与专业培养相结合,提升辅导员实践育人的针对性和有效性。总之,辅导员全过程实践育人需要紧密结合学生成长发展规律,不同年级共性特征以及专业培养总体要求,分阶段、分层次,适时进阶性地满足学生不同时期的专业学习和实践发展需要,从而真正实现贯穿全过程的育人模式。

（三）统筹协调资源,实现全方位育人格局

辅导员实践育人作为一项系统工程,不仅需要将其融入学生成长发展的全过程,更需要协调统筹社会、家庭与学校多方资源,形成全方位高效协同的良好育人格局和环境。一是要统筹社会资源。社会实践资源作为高校实践育人的重要来源,对于扩展实践场域、丰富实践内容、创新实践形式,从而进一步提升高校学生的综合素质具有重要意义。具体来说,对于教学实践类资源可利用校企共建的实习基地以及企业提供的实习场所等,对于主题教育活动资源可参观革命烈士纪念馆、博物馆、历史文化圣地等大学生思想政治教育基地,对于志愿服务类资源可走进福利院、孤儿院、养老院、特殊学校、社会矫正机构等社会组织团体,对于社会调查资源可关注企业、乡镇乡村等接纳大学生开展调研调查的场所和机构。高校实践育人通过与社会资源充分结合,能够为育人工作提供有力的支持和支撑。二是要统筹家庭资源。家庭作为育人工作的重要参与主体,在高校实践育人过程中,主要起着引导协调和资源互补的作用。要进一步完善家校互通机制,统筹协调家庭资源,让其成为高校实践育人资源的有力补充和重要来源。三是要统筹学校资源。高校作为实践育人的主要场域,要把实践育人纳入高校日常管理建设中的各个方面,从组织、制度、经费、管理等多方面统筹并措,大力发挥组织、管理、课程、科研、心理、网络、资助等不同体系的育人功能,与实践育人互为支撑与补充,并进一步通过课堂教育、第二课堂、朋辈引领、典型塑造等方式,综合运用高校场域的多方资源,让学生真切从实践教育活动中陶冶情操、提高能力、完善自我。

三、总结评估

高校辅导员实践育人工作中,总结评估起着承上启下的作用,既关系到组织实施的效果评价和经验教训总结,又关系着新一轮实践育人所要针对的问题与目标的确定。总结评估的信息能为新一阶段实践育人决策的形成、执行与总结全过程起到指导作用。因此,完善总结评估机制,对不断提高实践育人效果,使其从经验型逐步转变为科学型具有重要意义。

（一）确立科学的评估标准

高校辅导员实践育人工作总结评估的标准可以分为效能标准和素质标准。效能标准是从实践育人的效果和效率两个方面提出的标准，即包括效果标准和效率标准两个部分。效果标准是从实践育人效果的角度确定的总结评估标准；效率标准是从实践育人的产出与投入的比例来衡量育人效果的标准。效果标准侧重实践育人的性质，即有效与否；效率标准注重量，侧重实践育人发挥作用的尺度。素质标准主要是从评估对象承担各项职责或完成各项任务应该具备的条件的角度提出的标准。素质标准是衡量实践育人效果的基本尺度。这里所指的素质标准主要针对实践育人的接受者——大学生这个群体。从素质标准来看，主要看政治思想素质、道德品质素质、思想作风素质、理论水平素质等方面。通过对大学生素质状况的评估来确定实践育人效果。

（二）坚持正确的评估原则

坚持客观性原则。在开展实践育人活动评估时应该坚持客观的实事求是的态度，排除主观臆断和其他情感因素，真实客观地反映出实践育人效果。在具体操作中，要对实践育人活动效果、大学生的思想道德素质发展水平进行科学客观的判定。

坚持全面性原则。在开展实践育人活动评估时，必须全面准确地判断育人效果，力戒片面评议、以偏概全。在具体操作中，要坚持评估标准的全面性和评估因素的全面性，既不能片面地强调某个评价指标，也不能遗漏与评估相关的任何重要因素。

坚持知行统一原则。在开展实践育人活动评估时，强调"知"与"行"的统一，既要检测大学生的思想、政治、道德方面的知识水平，更要注重评价其行为表现。在具体操作中，要着重对大学生的行为进行考察，在对"行"考察基础上，注重知行统一。

（三）实施规范的评估举措

成立总结评估组织机构。高校辅导员实践育人工作评价可采用校、院（系）两级评估机构。校级评价机构可由教务处、学工部、团委、马克思主义学院等部门组成。主要负责对院系整体实践育人活动开展情况进行评价。院（系）级评价机构由院（系）分管学生工作的领导担任负责人，成员主要由骨干教师、团学工作负责人、实践教学负责老师、学生代表等组成。院（系）级评价主要负责对学院各类实践团队、指导教师和大学生个体进行评价。

严格考核评价实施步骤。首先，撰写总结报告。总结报告是对实践育人活动过程的全面总结，是活动成果的集中体现。辅导员要做好总结报告的指导工作，引导学生总结经验教训。其次，召开总结会。召开总结会是开展实践育人活动的后续环节，可以进一步总结经验教训，对未来开展相关活动提供宝贵的参考价值。最后，开展考核评估。实践育人活动在效能标准和素质标准方面怎么样，需要通过考核来全面反映。就具体操作而言，可以考核实践育人活动的选题是否具有独创性和实际意义；是否按计划全部完成；在社会上产生的影响力大小；是否具有长期化、基地化前景；能否培养学生素质，为课堂学习提供有益补充等。

注重考核评估结果应用。实施考核评估的目的在于检验实践育人活动各项运行机制的效能，为实践育人科学运行提供依据，因此评估结果的应用对于提升实践育人活动的科学性和有效性具有重要意义。在考核评估结果的运用过程中，应注重发挥评价结果的刺激、警示作用，更要注重突出考核评价结果的激励激发作用，对考核优秀的院（系）、社会实践团队、学生、指导教师给予一定的精神和物质奖励。通过奖励表彰，树立示范和榜样，带动实践育人活动整体发展。

四、调整优化

调整优化是保证实践育人工作科学性的重要环节。调整优化是指通过总结评估及时获取实践育人效果的反映信息，对实践育人过程作出相应调整，以纠正教育的实际效果与教育目标的偏差的过程。高校辅导员实践育人工作的调整优化应当注重内在需要与现实价值的契合，在调整优化过程中重点做好以下几个方面。

（一）凸显实践育人主体性

大学生是实践育人的对象，也是开展劳动教育实践、志愿服务、军事训练、创新创业、实践教学和勤工助学工作的主体。要充分发挥大学生在实践育人中的主体作用,建立和完善合理的考核激励机制,加大表彰力度,激发学生参与实践的自觉性、积极性。要支持和引导班级、社团等学生组织自主开展各项实践活动,发挥学生在实践育人中的自我教育、自我管理、自我服务作用。要通过榜样选树,开展大学生年度人物、大学生自强之星、大学生创业英雄、优秀大学生标兵等遴选活动,选树勤奋学习、志愿服务、自立自强、创新创业等各类学生先进,提升大学生投身各项实践活动的主观能动性。要注重培育积极向上的实践育人校园文化氛围,充分利用微信、微博、校园广播、展板等宣传阵地宣传实践育人工作,弘扬时代主旋律,营造有利于学生实践成才的良好氛围,引导学生深入群众、深入基层、认识国情、服务社会,在广阔的实践大课堂中锻炼才能、收获真知、增长才干。

(二)提升实践育人广泛性

高校辅导员实践育人要始终坚持面向全体大学生,推动实践成为全体大学生成长成才的必由之路。由于受到经费和场地等客观因素的影响,目前一些实践育人活动普及性不够,局限于少数"精英"学生参与,多数学生没有机会参与到实践活动中来,影响了实践育人成效。高校辅导员要主动作为,积极推动学校将实践育人工作纳入教学计划,落实规定的学时学分,搭建实践平台,组织设计好日常的劳动教育实践、志愿服务、军事训练、创新创业、实践教学和勤工助学等工作,将广大学生吸引到实践育人活动中来,努力做到全覆盖,切实增强实践育人工作成效,促进全体大学生在实践中学习,推动理论学习、创新思维与实践育人相统一。尤其针对研究生实践育人这一薄弱环节,高校辅导员要积极推动将实践育人纳入研究生人才培养方案,推动学校与企事业单位、部队、地方政府等共同建立研究生社会实践基地,激励研究生结合个人专业和研究成果,以科研报告、技术开发和推广、挂职锻炼等形式为经济社会发展服务,面向全体研究生形成有计划、有规范、有考核的实践育人长效机制。

(三)强化实践育人创新性

高校辅导员实践育人工作要强化创新性。首先,实践育人内容需要进一步创新。实践育人,"育"的是具备马克思主义理论素养的新时代大学生。"学习和思考、学习和实践是相辅相成的,正所谓'学而不思则罔,思而不学则殆'。"①实践育人中要紧紧结合马克思主义最新理论的学习,积极引导大学生在实践中进一步加深对党的创新理论如习近平新时代中国特色社会主义思想的理解,引导大学生深入联系改革开放和社会主义现代化建设实际,在改造客观世界的过程中,赋予大学生以理论武装,将知识传授、思想教育、实践养成真正融为一体,在实践中不断加深对党的创新理论的深刻把握。其次,要创新实践育人方式方法。目前,各高校的实践育人载体主要包括劳动教育实践、志愿服务、军事训练、创新创业、实践教学和勤工助学等。在重视和利用好传统实践育人载体的同时,也要积极探索建立云上社会实践平台,积极开展"云实践"如网上重走长征路、云上马拉松等活动,提高实践育人的灵活性和吸引力,形成线上线下互动育人的良好氛围。未来随着科学技术的发展,人类的生存图景日益虚拟化,高校辅导员更需要积极运用人工智能、大数据等技术推动实践育人工作内涵式发展。

---

① 《习近平谈治国理政》第一卷,外文出版社 2018 年版,第 407 页。

第九章　新时代高校辅导员学生党建工作

高校学生党建工作是高校党的建设的重要组成部分,辅导员是高校学生党建工作的骨干力量。深刻把握高校辅导员在学生党建中的主体性价值,既强调辅导员充分发挥教育引导作用,提高政治站位、明晰历史方位、找准履职定位,努力成为学生成长的引路人和主心骨,又强调辅导员要充分激发大学生在思想政治教育中的自觉能动性,通过以情感人与以理服人相统一、言传与身教相统一、解决思想问题与实际问题相统一。辅导员要致力于将高校学生党组织打造为思想政治教育的重要阵地,锤炼青年学生的政治素质、促进其全面发展,使中国梦成为青年学生共同追求的奋斗目标。

第一节　学生党建工作的时代要求

中国特色社会主义进入新时代以来,党和国家的事业面临新形势,高等教育事业步入新阶段,对高校学生党建工作也提出了新要求。面对新时代背景下的高校学生党建工作,如何创新理想信念教育、如何打赢网络意识形态斗争、如何提高党务工作者能力素养等一系列新挑战亟待解决。而辅导员往往兼有高校思想政治工作者和党务工作者的双重身份,是高校学生党建工作的一线人员和主要力量。做好高校学生党建工作,需要辅导员明确定位、找准站位,成为政治思想的引领者,支部建设的推动者,党员教育管理的组织者,党建工作创新的探索者。

一、高校学生党建工作的内涵界定

新时代辅导员要做好学生党建工作,首先必须明确高校学生党建工作的内涵定义,把握其各项基本内容。

(一)新时代高校学生党建工作的定义定位

新时代高校学生党建工作是高校党组织及党务工作者以习近平新时代中国特色社会主义思想为指导,以新时代党的建设总要求为行动指南,根据中国共产党组织工作要求,结合高校学生身心特点,对高校学生入党积极分子和学生党员进行培养、教育、发展和管理的实践活动,以及对高校学生党组织进行政治、思想、组织、作风、纪律和制度等建设的总称。

新时代高校学生党建工作和党的建设的关系。既要认识到新时代高校学生党建工作是新时代党的建设的一部分,又要认识到其自身具有诸多鲜明的特点。一方面,新时代高校学生党建工作要以习近平新时代中国特色社会主义思想为指导,以《中国共产党章程》为根本遵循,落实全面从严治党战略部署,贯彻新时代党的建设总要求。另一方面,新时代高校学生党建工作以高校党务工作者为工作主体,以高校学生党员、入党积极分子、入党申请人和广大青年学生为工作对象,工作周期自学生递交入党申请书到之后成为入党积极分子、加入党组织至毕业生党组织关系转出为止。高校学生基数庞大,学生党支部、党员和入党积极分子规模大、数量多。高校学生世界观、人生观、价值观处于成长成熟的关键时期,"00后"学生自主意识较强,思想动态呈现出多元化的倾向,这些特点要求高校党务工作者创新思路,不断提升高校学生党建工作理念方法和高校学生间的适配性。

新时代高校学生党建工作和高校学生思想政治工作的关系。习近平总书记在第二十三次全国高等学校党的建设工作会议上指出:"加强党对高校的领导,加强和改进高校党的建设,是办好中国特色社会主义大学的根本保证。"①做好高校学生党建工作,事关坚持社会主义办学方向。

---

① 《习近平就高校党建工作作出重要指示强调 坚持立德树人思想引领 加强改进高校党建工作》,《人民日报》2014 年 12 月 30 日。

习近平总书记在全国高校思想政治工作会议上指出："高校思想政治工作关系高校培养什么样的人、如何培养人以及为谁培养人这个根本问题。"①高校学生思想政治工作直接承担立德树人根本任务,事关培养社会主义建设者和接班人。由此可见,高校学生党建工作和思想政治工作通过"培养德智体美劳全面发展的社会主义建设者和接班人"这一育人目标达到了内在统一,相互补充,相互影响,立德树人成效成为检验高校学生党建工作和思想政治工作的根本标准。一方面,高校学生党建工作引领、带动思想政治工作体系发展,发挥基层党支部的战斗堡垒作用和学生党员的先锋模范作用成为思想政治工作的重要抓手。另一方面,高校学生思想政治工作围绕学生、关照学生、服务学生,不断提高学生思想水平、政治觉悟、道德品质、文化素养,让学生成为德才兼备、全面发展的人才开展的一系列教育实践活动也成为开展高校学生党建工作的重要抓手。

（二）新时代高校学生党建工作的主要内涵

准确理解新时代高校学生党建工作,"新时代"是关键。新时代高校学生党建工作,"新"在学习新思想,贯彻新理念,落实新要求,回应新挑战。新时代高校学生党建工作要始终坚持马克思主义在高校意识形态领域的指导地位,用习近平新时代中国特色社会主义思想铸魂育人,思想上同频共振,行动上与时俱进,破除、改变不符合新时代党的建设总要求的思维惯性和工作方法,将高校学生党建工作和大学生思想政治工作创新融合,将工作重心下沉到学生党支部和学生党员、入党积极分子群体,打造卓有成效、富有特色的新时代学生党建工作示范做法与特色品牌,发挥基层党支部战斗堡垒作用和党员先锋模范作用。

准确理解新时代高校学生党建工作,"高校"是重点。习近平总书记在全国教育大会上指出,教育是国之大计,党之大计。高校是高等教育的主阵地、主战场,高校要紧密围绕立德树人根本任务,解决好为谁培养人、培养什么人、怎样培养人这个根本问题。教育部印发的《高校思想政治

---

① 《习近平谈治国理政》第二卷,外文出版社2017年版,第376页。

工作质量提升工程实施纲要》指出："要积极优化组织育人。发挥各级党组织的育人保障功能,进一步理顺高校党委的领导体制机制,明确高校党委职责和决策机制,健全和完善高校党委领导下的校长负责制,推动学校各级党组织自觉担负起管党治党、办学治校、育人育才的主体责任。"①高校学生党建工作发挥着重要的育人效能,是全面贯彻党的教育方针,回应"为谁培养人、培养什么人、怎样培养人"根本问题的关键工程。以高校学生党建工作发挥组织育人功能,通过培养、教育、吸收高校学生中的先进分子加入党组织,抓牢学生党员教育管理,补充党的新鲜血液,使他们在服务奉献中锤炼党性,心怀"国之大者",成为堪当民族复兴重任的时代新人,确保中国特色社会主义事业后继有人。

准确理解新时代高校学生党建工作,"党建"是根基。党的十九大提出了新时代党的建设总要求,做好新时代高校学生党建工作既是坚持和加强党的全面领导,加强和改进党的建设的必然要求,也是推进新时代党建网络全覆盖的必由之路。要以政治建设为统领,把政治标准和政治要求贯穿高校学生党组织的思想建设、组织建设、作风建设、纪律建设及制度建设、反腐败斗争始终,推动全面从严治党向纵深发展,引领带动高校学生党建工作质量全面提高,为把党建设成为始终走在时代前列、人民衷心拥护、勇于自我革命、经得起各种风浪考验、朝气蓬勃的马克思主义执政党作出高校学生党组织的贡献。

二、新时代高校学生党建工作的现实背景

高校学生党建工作始终适应国家建设发展的现实需求。自新中国建立初期社会主义三大改造以来,全国高等学校院系开始了适应国家发展需求的学生党建工作。1952 年教育部《关于在高等学校有重点的试行政治工作制度的指示》正式提出设立高校辅导员制度,要求辅导员主持学生政治学习、思想教育等工作,这也标志着辅导员深度参与我国高校学生

---

① 《中共教育部党组关于印发〈高校思想政治工作质量提升工程实施纲要〉的通知》,见 http://www.moe.gov.cn/srcsite/A12/s7060/201712/t20171206_320698.html。

党建工作的开启。新时代背景下,高校学生党建工作面临新形势、新要求、新挑战。

(一)新时代高校学生党建工作的新形势

作为高校党建工作的重要组成部分,高校学生党建工作是保障高校立德树人根本任务,确保党的路线方针政策在高校得以全面贯彻落实的重要途径和载体。要做好做实新时代高校学生党建工作,首先要把握好新时代高校学生党建工作的新形势。第一,在当前实现中华民族伟大复兴的历史关键期,国家对高等教育的需要比以往任何时候都更加迫切,对科学知识和卓越人才的渴求比以往任何时候都更加强烈。高等教育要深刻把握"四个服务"的科学内涵,必须进一步落实高校学生党建工作,为国家的高等教育需求保驾护航。第二,我国高校是党领导下的高校,是中国特色社会主义高校,在当前百年未有之大变局中发展我国的高校,就必须把高校建设成为安定团结的模范之地,坚持不懈促进高校和谐稳定,培育理性平和的健康心态,加强人文关怀和心理疏导,使高校发展做到治理有方、管理到位、风清气正。第三,随着时代发展,学生群体呈现出新的特点,学生成长发展需求和期待发生了巨大改变,对于学生党建工作的亲和力和针对性有了更高的要求,与各类课程同向同行,形成协同效应,推动高校学生党建工作传统优势同信息技术高度融合,是新时代学生党建工作的大势所趋。

(二)新时代高校学生党建工作的新挑战

站在新的历史起点上,高校学生党建工作作为党引领高等教育发展的基础,也将面临新挑战。第一,新时代高校学生党建工作必须实现治理体系和治理能力现代化建设。随着高校"双一流"建设的稳步推进,高校开启了包括教学模式、学生社区建设等一系列重要改革,学生管理形式相较于过去发生了巨大变化,学生党建工作也应该与之相适应,提升党建工作的治理体系和治理能力现代化程度,服务于"中国特色、世界一流"的高校建设目标,进一步推动高校思想政治工作高质量发展、建设高等教育强国。第二,新时代高校学生党建工作必须提升立德树人成效。新冠肺炎疫情的世界大流行,极大加速了百年未有之大变局,国际形势日益复杂,竞争愈加激烈;而国家和民族之间竞争的根本在于人才的竞争。高校作为培养人才的主阵地,高校学生党建工作始终是党的建设事业中的重要组成部分,通过深入推进高校学生党建工作,在新时代提升高校立德树人成效,引导学生坚定政治信仰,为培养担当民族复兴大任的时代新人保驾护航。第三,新时代高校学生党建工作必须主动占领互联网等新媒体阵地。随着信息技术的发展,众多新媒体平台依托互联网技术成为大学生最依赖的信息交互方式,但是多元信息来源的充斥,也成为了各种势力争夺和意识形态斗争的新战场。必须把握当代大学生成长特点,结合互联网平台工作规律,做好新时代高校学生党建,这也是维护高校安全稳定发展的重要举措。

(三)新时代高校学生党建工作的新任务

习近平总书记在党的十九大报告中指出,中国特色社会主义进入新时代,新时代坚定不移全面从严治党,不断提高党的执政能力和领导水平需要加强基层组织建设。党的基层组织是确保党的路线方针政策和决策部署贯彻落实的基础。[①] 这也给高校学生党建工作提出了新任务。第一,全面落实高校学生党建工作责任体系。高校学生党建工作严格依据党章、党内法规、《普通高等学校学生党建工作标准》等文件精神,建立健全高校学生党建工作制度保障体系,并形成良好的运行机制。校、院(系)党组织将学生党建工作摆在突出位置,列入重要议事日程,纳入整体发展规划、年度工作计划和党组织书记抓思想政治工作和党的建设述职评议考核的重要内容。第二,切实发挥高校学生党支部战斗堡垒作用。高校学生党支部作为学生思想政治工作和党员发挥先锋模范作用的主要阵地和工作载体,对高校学生党建工作影响深远。因此,以党支部为基本单位,坚持以"两学一做"为基本内容,以"三会一课"为基本制度,形成学生党建工作常态化长效化机制,打通学生党建工作的"最后一公里"。第三,深入推进高校学生党建工作队伍专业化。中国特色社会主义走进新

---

① 习近平:《决胜全面建成小康社会 夺取新时代中国特色社会主义伟大胜利——在中国共产党第十九次全国代表大会上的报告》,人民出版社 2017 年版,第 62—65 页。

时代,推进落实好高校学生党建工作,对高校学生党建工作队伍提出了新要求。要按照守信念、重品行、有本领、敢担当、讲奉献的要求,选优配强学生党支部书记和支部委员、专兼职组织员。学生党建工作队伍要纳入学校人才队伍建设总体规划,强化教育培训,畅通职级、职务、职称等多通道发展。

三、新时代高校辅导员在学生党建中的角色定位

高校肩负着为党育人、为国育才的重要使命,高校学生党建工作的质量与立德树人成效息息相关。新时代,高校辅导员在学生党建工作的重要性更加明显。辅导员要在学生党建工作中找到正确定位,因事而化、因时而进、因势而新,遵循思想政治工作规律、教书育人规律和学生成长规律,从而做好学生党建工作,确保学生健康成长。

(一)辅导员是青年学生政治思想的引领者

大学生正处于思想政治理论的主动接收期和政治方向的理性选择期,亟须正确的政治思想的引领。因此,新时代高校辅导员要提升自身政治素质和党性修养,做好青年学子政治思想的引领者。坚持正确政治方向,不断强化党的思想政治理论学习。辅导员要带领学生不断强化党的思想政治理论学习,使学生树立远大抱负,脚踏实地,肩负起时代责任和历史使命,从而全面提高学生思想政治素质。辅导员要在新时代语境下,贴近学生,广泛开展理想信念教育,向学生宣传近平新时代中国特色社会主义思想的精神实质,让学生认识到中国特色社会主义进入新时代的重大意义和我国社会主要矛盾变化所带来的历史性变革,让学生清楚了解实现中华民族伟大复兴的时间表、路线图,教育引导青年学生坚定"四个自信"。

(二)辅导员是学生党支部建设的推动者

高校学生党支部直接面向学生、联系学生、服务学生,还肩负着贯彻党的教育方针、落实立德树人根本任务的使命。辅导员作为学生党支部的建设者,需要进行科学规划和有力统筹,培育党建品牌,涵养内生动力,提高党支部组织力。第一,坚持严肃规范与人文关怀相结合。辅导员在

开展高校学生党建工作时,需要坚持将严肃规范与人文关怀相结合,根据各项制度的特性进行分类管理,方能让制度既能落地,又能产生更大的效应。对于庄重严肃的活动,要加强过程管理和流程梳理,做到程序规范、表述准确、积极参与,增强师生仪式感和参与感;对于灵活度较大的活动,要紧扣学生发展关注点、需求点等开展活动策划,将党建工作与学生发展紧密结合起来,思学生所思、解学生所惑,提高人文关怀和亲和力。第二,坚持传承传统与勇于创新相结合。中国共产党精神谱系背后都有鲜活的故事,都能散发出震撼人心的力量。辅导员既要传承和发扬党的优良传统,更要利用新技术、新平台、新语言等创造性地开展活动,增强精神文化影响力。第三,坚持专业性和实践性相结合。辅导员要发挥党员的先锋模范作用,展现我们党的优良作风,需要将专业性和实践性相结合。集中高校人才资源、知识资源、技术资源优势,拓展学生党支部服务基层的内容,创新学生党支部服务基层的方法,拓展各种服务载体的外延,形成有特色的立体化服务体系。① 第四,坚持线上线下相结合。随着信息技术的发展,辅导员在进行高校学生党支部建设时,要在保持传统载体的基础上不断向网络空间拓展。在线下,积极推进党员之家的标准化建设,确保增强学生党支部组织生活的规范性和仪式感;通过建设党员红色教育基地,开展红色故事宣讲、社区志愿服务等实践活动,增强组织活动的影响力。在线上,完善党员信息化建设,建立党员信息数据库;探索组织生活向网络延伸,利用直播、VR 技术等,带领学生党员重走长征路、探访革命遗迹,增强体验感和获得感;加强党建网络宣传队伍建设,指导学生党支部运用新媒体技术提升网络文化的鲜活性。

(三)辅导员是学生党员教育管理的组织者

学生的入党启蒙和入党后的教育与管理很多时候都要通过辅导员来开展,辅导员应有全程培养的意识,既重视入党前选拔和培养,又不松懈入党后的教育和管理。第一,辅导员是"培养人",要严格入党积极分子

---

① 刘哲:《社会主义核心价值观融入高校基层服务型党组织建设研究》,《学校党建与思想教育》2018 年第 4 期。

选拔和培养关。高校学生党建工作中,辅导员作为一线选拔和培养人员,必须侧重对学生进行入党启蒙教育,引导学生端正入党动机,促进学生自觉树立共产主义信仰,进而选拔和培养入党动机纯正、思想进步的学生加入到入党积极分子的队伍中。第二,辅导员是"发展人",要严守学生党员发展准入关。在对积极分子的培养过程中,辅导员要指导学生学习党的基础理论、督促学生开展主题活动、检查学生思想情况、选拔推荐学生参加党校培训等,经过培养,选拔出优秀的入党积极分子推荐加入党组织。辅导员要了解学生的真实表现,保证党员队伍的纯洁性,推动学生党员发展工作的平稳开展。第三,辅导员是"管理人",要把好学生党员教育管理质量关。在高校学生党建工作中,学生党员具有榜样性、示范性作用,他们的言行举止可能会影响学生整体的表现。因此,辅导员在高校学生党员教育管理过程中要提升学生党员的质量,必须要求学生党员提高学习热情,严格要求自己,要更加明确党员的职责,为其他同学多服务、为学校多服务、为社会多奉献,不断积极进取,为社会主义事业奉献自己。

(四)辅导员是学生党建工作创新的探索者

我国把教育事业放在优先发展位置,对高校建设和内涵式发展提出了明确的要求。习近平总书记指出:"学校是立德树人的地方。爱国主义是中华民族的民族心、民族魂,培养社会主义建设者和接班人,首先要培养学生的爱国情怀。高校党组织要把抓好学校党建工作和思想政治工作作为办学治校的基本功。"①高校辅导员应把习近平新时代中国特色社会主义思想融入学生党建工作中,将优秀的学生吸纳到党组织内,引导大学生党员自觉践行社会主义核心价值观,担负起新时代赋予的历史使命,承担建设社会主义文化强国的重任。高校辅导员要以赤诚之心、奉献之心、仁爱之心投身育人事业,努力成为创新学生党建工作的探索者。

高校的学生党建工作的目标是为党培养更多优秀的青年力量。在新时代高速发展的背景下,在全面从严治党的关键时期,高校学生党建工作

---

① 《习近平在京津冀三省市考察并主持召开京津冀协同发展座谈会时强调　稳扎稳打勇于担当敢于创新善作善成　推动京津冀协同发展取得新的更大进展》,《人民日报》2019 年 1 月 19 日。

的有效创新开展,有利于将高校的基层党组织建设成坚固的堡垒,精准实现立德树人的根本任务,为党和国家选拔和培育人才,为社会和地区各项发展提供智力支持。辅导员在创新有效地开展新时代党建工作中扮演着探索者的角色,要研究符合时代需要的党建工作机制,打造党建育人的创新模式,促进高校学生党建工作的积极发展。

第二节　开展学生党建工作的素质能力

高校学生党建工作是一项复杂的重要工作,对辅导员的素质能力提出了现实要求,既要有坚定不移的理想信念,也要有过硬的业务技能水平,还要有高尚的道德品质修养,才能有效开展好高校学生党建工作。

一、夯实理想信念根基

理想信念坚定是辅导员的首要素质要求,政治立场坚定,有深厚的立德树人理想情怀是辅导员做好学生党建工作的根本。

(一)政治要强,做立场坚定的奋进者

习近平总书记在全国高校思想政治工作会议上强调:"传道者自己首先要明道、信道。高校教师要坚持教育者先受教育,努力成为先进思想文化的传播者、党执政的坚定支持者,更好担起学生健康成长指导者和引路人的责任。"①打铁必须自身硬,高校辅导员作为大学生入党的引路人,学生党员的教育者、管理者和监督者,需要与时俱进地学习党的创新理论,不断提升政治判断力、政治领悟力、政治执行力,立身正己,提高立德树人质量。

夯实基础理论,筑牢理想信念根基。基础理论是辅导员工作的理论支撑,提升高校辅导员学生党建工作的专业化水平应当夯实基础理论。高校辅导员要结合工作当中的实际问题,认真研读学习中国特色社会主

---

① 《习近平谈治国理政》第二卷,外文出版社 2017 年版,第 379 页。

义理论体系以及中国共产党历史、新中国史、改革开放史、社会主义发展史，深入研究基础理论问题，为开展学生党建工作奠定理论基础。

加强党史学习，坚定共产主义信念。要想真正做到思想引领，不仅要有丰富的学识、出色的能力，更需要有党性，也就是坚定的共产主义信念和守纪律、讲规矩的意识。① 高校辅导员只有坚定共产主义信念，才能在与学生的接触过程中，潜移默化、全过程和全方位地影响和引领学生。习近平总书记在党史学习教育动员大会上指出："全党同志要做到学史明理、学史增信、学史崇德、学史力行，学党史、悟思想、办实事、开新局。"②中国共产党领导中国人民在百年奋斗实践中，创造积累了一系列彰显党的本质属性和核心价值、体现民族精神和时代精神、凝聚马克思主义智慧和人民力量的伟大精神，系统形成了党的红色精神谱系。③ 高校辅导员要弘扬伟大建党精神，系统学习中国共产党人的精神谱系，从中国共产党百年奋斗的历史经验出发，从社会主义革命、建设和改革开放的生动实践出发，引导学生正确认识规律、准确把握国情、恪守党员信念。

（二）情怀要深，做立德树人的实践者

高校辅导员肩负铸魂育人的重任，使命神圣，决定了辅导员必须有情怀且"情怀要深"。"情怀要深"包含家国情怀、人文情怀、教育情怀等多重含义，体现了情系国家、奉献社会、关心学生、心系教育的特性。辅导员要不断在理论学习中培育家国情怀、在爱岗敬业中提升人文情怀。

在理论学习中厚植家国情怀。辅导员必须深入学习马克思主义理论，坚定信仰，厚植家国情怀。首先，要认真研读马克思主义的一系列经典著作，做到真学真悟真用，学深学透学懂，能讲会讲善讲，提高马克思主义理论素养。其次，学理论要接地气、讲情怀。在党建工作过程中通过生活中的鲜活素材，讲好中国故事，引领学生坚定理想信念，扛起时代赋予

---

① 孟祥栋：《高校辅导员党建工作胜任特征分析——基于辅导员职业能力标准视角》，《高校辅导员》2016 年第 2 期。

② 习近平：《在党史学习教育动员大会上的讲话》，《求是》2021 年第 7 期。

③ 冯刚、张发政：《中国共产党百年红色精神谱系引领时代新人培育》，《中国高等教育》2021 年第 5 期。

的使命和担当,去到人民最需要的地方。最后,在实践过程中,要领悟马克思主义精髓,汲取真理养分,不断在理论学习中厚植家国情怀。

在爱岗敬业中培育人文情怀。爱岗敬业这一职业使命是培育人文情怀的重要根基。学生是高校党建工作的重要对象,根据新时代学生的特点,加强分类指导,着力因材施教,用崇高的人格感化学生,以坚定的信仰带动学生,用家国情怀感召学生,以辩证思维引导学生学深悟透,讲学生爱听的党课,使学生有获得感;在生活上关注学生的思想状况,肯定欣赏鼓励学生,承担起教育大学生成人成才的历史重任。在党建工作过程中,注重工作流程正确与学生个人情况的有机结合,注重工作纪律严格与学生个人特色的相互平衡。不断提高职业素养,深化人文情怀,提高专业水平。

二、拓展业务技能水平

做好高校学生党建工作,辅导员要有过硬的业务技能水平,以创新的思维充实自己,以开阔的视野发展自己,在能力提升中切实做好高校学生党建工作。

(一)思维要新,做引领创新的开拓者

思维决定理念,理念决定思路,思路决定出路。"思维要新"强调思想政治工作者要做勇立潮头、引领创新的有为之师。高校辅导员要坚持战略思维、辩证思维、创新思维、历史思维和底线思维,紧跟时代潮流,与时俱进、推陈出新地开展学生党建工作。第一,以战略思维谋划学生党建工作。战略思维能力是高瞻远瞩、统揽全局、善于把握事物发展总体趋势和方向的能力,是党建工作的"导航仪"。辅导员开展学生党建工作要有战略思维,用党建"一颗子"盘活全局"一盘棋",实现党建与业务工作相辅相成、相得益彰。第二,以历史思维展望学生党建工作。历史思维能力是以史为鉴、知古鉴今,善于运用历史眼光认识发展规律、把握前进方向,指导现实工作的能力。高校辅导员要以历史思维总结学生党建工作的经验规律,准确把握工作重点和发展方向,推动现实工作。第三,以辩证思维洞察学生党建工作。面对高校党建工作对象思想多元化、自主能力强等特点,高校辅导员要坚持"两点论"和"重点论"的辩证统一,对不同党支部存在的短板,应具体问题具体分析,务求有的放矢、对症下药,进而提升党建精准化和精细化水平。① 第四,以创新思维激活学生党建工作。习近平总书记强调:"做好高校思想政治工作,要因事而化、因时而进、因势而新。"②这就需要高校辅导员在开展学生党建工作过程中突出创新思维能力,勇于突破封闭思维和惯性思维,因时而变,随时而制,打开党建工作新局面。第五,以底线思维摆正学生党建工作。高校辅导员开展学生党建工作要明确社会主义意识形态的标准,旗帜鲜明地宣传党的路线、方针与政策,始终把政治纪律和政治规矩作为行为准则,严守纪律底线。

(二)视野要广,做格局广阔的博学者

习近平总书记提出"六个要"思政课教师素质要求时,针对"视野要广"阐述道:"视野要广,有知识视野、国际视野、历史视野,通过生动、深入、具体的纵横比较,把一些道理讲明白、讲清楚。"③高校辅导员要有宽广的知识视野、国际视野和历史视野,把中国共产党为什么"能",马克思主义为什么"行",中国特色社会主义为什么"好"等重大理论问题给学生讲清楚,道明白。第一,知识视野。扎实的知识功底是开展学生党建工作的知识前提和能力基础,高校辅导员要有长期的专业基础积累和理论知识储备,不仅要深入透彻地学习马克思主义、毛泽东思想和中国特色社会主义理论体系,也要对心理学、管理学等相关学科基础知识有所涉猎。第二,国际视野。习近平总书记指出,要教育引导学生"正确认识中国特色和国际比较,全面客观认识当代中国、看待外部世界"④。高校辅导员既要立足本国国情,同时也要放眼全球,培养宽广的国际视野。通过对社会主义国家与西方资本主义国家的横向比较,坚定制度自信和道路自信。第三,历史视野。"历史视野"要广,就是指辅导员的知识储备所构建的世界认识和现实把握的视域要有历史维度,以发展的眼光看待实践中的

---

① 闫辉:《增强六种思维　提升党建质量》,《党课参考》2021 年第 10 期。
② 《习近平谈治国理政》第二卷,外文出版社 2017 年版,第 378 页。
③ 《习近平谈治国理政》第三卷,外文出版社 2020 年版,第 330 页。
④ 《习近平谈治国理政》第二卷,外文出版社 2017 年版,第 378 页。

问题,做好高校学生党建工作。

(三)拓展业务技能水平,做可堪大任的担当者

2014 年教育部印发的《高等学校辅导员职业能力标准(暂行)》,对高校辅导员开展党团建设工作提出初、中、高三个级别逐层递进的职业能力要求。初级重在对学生进行思想政治教育和入党动机考察,激发学生党员理论学习积极性;中级要求具备扎实的党建理论和丰富的党务工作经验,并胜任党课讲授任务;高级要求创新宣传教育方法,深入研究高校党建的规律性前沿性问题,成为党建专家。① 高校辅导员应当遵循职业能力标准,不断拓展业务技能,提高学生党建工作水平。第一,理论素养。不论是承担日常党建工作还是党建专项工作,辅导员都必须具备较高的政治信仰意识、清醒的政治头脑、正确的政治方向、扎实的理论功底以及守纪律、讲规矩的自我约束意识。第二,实践技能。《普通高等学校学生党建工作标准》提出,要"重视教育培训实践环节,组织大学生党员广泛参加自我管理、志愿服务、社会调查、承诺践诺等活动"②。辅导员的组织协调能力、职业规划能力、心理辅导能力、团队领导能力等能力素养是完成教育实践工作的关键胜任力。第三,个人特质。辅导员的个性特征是完成学生工作的催化剂,尤其是具有良好职业道德修养和个人魅力的辅导员更容易被学生群体所接受。辅导员要用人格魅力、广泛的兴趣爱好、自律能力、亲和力、传播力等贴近学生、吸引学生和感染学生,使学生亲其师而信其道,以此充分调动学生在学习和生活中的自觉性,深化思想政治教育的内涵。

三、锤炼道德品质修养

高校辅导员是距离学生最近的人,辅导员的品德修养将直接影响感染学生。辅导员要开展好学生党建工作,以良好的品德修养感染学生必

---

① 黄蓉生、樊新华:《新时代高校辅导员创新学生党建工作的思考》,《高校辅导员》2019 年第 1 期。

② 《中共教育部党组关于印发〈普通高等学校学生党建工作标准〉的通知》,见 http://www.moe.gov.cn/srcsite/A12/moe_1416/moe_1417/201703/t20170310_298978.html。

不可少。

（一）自律要严，做以身作则的慎行者

一个人的自律表现为以严格的标准和规范指导自己的言行。只有严格自律的人，才能拥有坚定的政治信仰、较高的学识水平和表里如一的道德品质。思想政治教育工作旨在提升学生的思想道德素质，塑造学生的品行。因此，高校辅导员在工作和生活中要身体力行、以身作则，用高尚的情操影响学生，用崇高的信念引领学生，从而进一步做好学生党建工作。一方面，言行一致，工作自律。对于如何开展学生党建工作而言，辅导员仅仅具有学识没有个人的自律品格，在实践工作过程中也会存在无法开展工作，不能很好地引领学生的情况。辅导员不仅需要在教学工作、党建工作中讲信仰、布真理、传播正能量，而且要将信仰、真理和正能量化为自身的坚定信念。马克思主义的实践本质决定了理论与实践、思想和行动必须统一。言行一致关系到辅导员的个人成长和道德水准。言行一致就是要在工作过程中将工作理念与工作行动统一到一起，最大限度地发挥辅导员在学生党建工作过程中的育人、思政、引领作用。另一方面，表里如一，生活自律。辅导员只有将外在的道德规范和政治纪律内化为心中的道德法则并上升为自己的生命形式，才能实现动机和目的的统一、内在和行为的统一，从而使道德实践具有稳定性、持久性和可靠性。辅导员在严格自律中塑造的良好形象，会在一言一行之中将自身所体现的价值观以及正能量，传递到学生身上，其生动直观的身教为党建工作增添了说服力和感染力，能够更好地发挥工作的实效性。高校学生党建工作，往往与大学生的生活相互交织，因此，做到表里如一，生活自律也必然与党建工作的最终效果相互影响。辅导员需要把依据国家、社会要求和自身实际订立的规范外化为实际行动，并将其融入日常的工作和生活中，持之以恒，克服困难和障碍，培养良好的自律习惯。

（二）人格要正，做身正为范的笃行者

习近平总书记在学校思想政治理论课教师座谈会上指出，思政课教师"有人格，才有吸引力……用高尚的人格感染学生、赢得学生，用真理的力量感召学生，以深厚的理论功底赢得学生，自觉做为学为人的表率，做让学生喜爱的人"①。"人格要正"是辅导员开展高校学生党建工作、践行党的教育方针和帮助学生成长成才的现实需要。一方面,坚持将理想信念内化为人生追求。唯有对所讲的政治理论抱有坚定的信仰,才能充分诠释出党建工作中的政治素养和思想引领。"人格正"要求辅导员自觉科学运用马克思主义及其中国化的最新成果教育学生、引导学生,能够担当起学生健康成长指导者和引路人的责任。因此,辅导员在高校学生党建工作中必须加强理论学习,系统而深刻地理解、认识新时代中国特色社会主义教育的基本思想、理论精髓和政治方向,将理想信念内化为个人理想,在铸就人格之善、本领之真的过程中成就育人之美,持续适应和满足学生成长发展需求。② 另 方面,坚持理论与实践相结合。良好的理论修养是辅导员能够自觉改造主观世界并形成改造客观世界的原动力,扎实的实践工作是辅导员能够自觉运用理论发挥主观能动性、创造性的本质体现。与其他教师相比,辅导员在铸魂育人、教书育人、塑造人格方面负有独特使命,在把崇高的价值、美好的情感融入到实践活动中,要自觉做真善美的追求者和传播者。将理论与实践进行有机的融合,实现高度的统一,强化自身师德建设,尤其是要以习近平新时代中国特色社会主义思想为指导,通过理论修养持续锻造其道德品质、政治品格、精神修养,从而持续提升其职业素养。

第三节 学生党建工作的主要内容

开展学生党建工作的"战斗堡垒"在学生党支部。高校学生党支部作为高校最基层的党组织,是党联系广大青年学生的重要桥梁,也是党在

---

① 《习近平主持召开学校思想政治理论课教师座谈会强调 用新时代中国特色社会主义思想铸魂育人 贯彻党的教育方针落实立德树人根本任务》,《人民日报》2019 年 3 月 19 日。

② 张国启:《新时代思想政治理论课教师"人格要正"的逻辑内涵及培育理路》,《思想理论教育》2019 年第 7 期。

高校的工作基础,担负直接教育党员、管理党员、监督党员和组织群众、宣传群众、凝聚群众、服务群众的职责,与大学生联系最为密切,影响最为直接。辅导员作为高校学生党建工作的重要力量,在学生党支部建设、学生党员发展和学生党员教育与管理工作中发挥着关键作用。

一、学生党支部建设工作

《中国共产党普通高等学校基层组织工作条例》明确指出学生党支部应当加强思想政治引领,筑牢学生理想信念根基,引导学生刻苦学习、全面发展、健康成长,强调了学生党支部的主要职责,包括宣传和执行党的路线方针政策以及上级党组织的决议;加强对学生党员的教育、管理、监督和服务,定期召开组织生活会,开展批评和自我批评,发挥学生党员先锋模范作用,影响、带动广大学生明确学习目的,完成学习任务;组织学生党员参与学生事务管理,维护学校稳定,支持、指导和帮助团支部、班委会以及学生社团根据学生特点开展工作,充分发挥保留团籍的学生党员的带动作用;培养教育学生中的入党积极分子,按照标准和程序发展学生党员;根据学生特点,有针对性地做好思想政治教育工作。①《条例》清晰地明确了新时代学生党支部的主要职责,为辅导员指导学生党支部开展工作指明了方向。

(一)学生党支部的"六大建设"

第一,政治建设。抓好政治建设是高校学生党建工作的根本性建设。辅导员要在认真学习、宣传、执行党的路线方针政策和上级党组织的决议的基础上,结合思政课、形势与政策课以及所在学科的专业课程思政的内容,通过学生党支部积极引导学生党员、入党积极分子增强"四个意识"、坚定"四个自信"、做到"两个维护",严守党的政治纪律和政治规矩,坚持党中央权威和集中统一领导,始终在思想上政治上行动上同以习近平同志为核心的党中央保持高度一致。

---

① 《中共中央印发〈中国共产党普通高等学校基层组织工作条例〉》,见 http://www.gov.cn/zhengce/2021-04/22/content_5601428.htm。

第二，思想建设。辅导员要强化大学生党员及入党积极分子理想信念教育，锤炼党性，不忘初心，牢记使命。"思想政治工作应当坚持理论联系实际，定期分析师生员工的思想动态，坚持解决思想问题与解决实际问题相结合，注重人文关怀和心理疏导，区别不同层次，采取多种方式，推动思想政治工作传统优势和信息技术高度融合，增强思想政治工作的针对性、实效性。"①辅导员要充分把握"培养德智体美劳全面发展的社会主义建设者和接班人"这一育人目标，在日常的学习生活中，引导学生党员理论与实践相结合，不断提高自身为人民服务的本领。

第三，组织建设。学生党支部必须严格党的组织生活，严格执行党的组织生活制度，不断增强党的组织生活活力。遵循《中国共产党发展党员工作细则》，规范学生党员发展工作，保证新发展党员质量，加强入党积极分子培养、学生党员教育管理的流程把控。按照《中国共产党基层组织选举工作条例》的要求，做好党支部的选举工作。"党建是龙头"，辅导员要抓牢"关键少数"，以政治素养好、纪律作风正、工作能力强、学生认可度高的标准选好学生党支部书记，配优党支部委员会，善于建设一支战斗力强的学生党员干部队伍。

第四，作风建设。密切联系群众，向群众宣传党的政策，经常了解群众对党员、党的工作的批评和意见，了解群众诉求，维护群众的正当权益，做好群众的思想政治工作，凝聚广大群众的智慧和力量。学生党支部、党员要积极联系服务广大同学，学生党员主动参与班（年）级事务管理，办实事，解难题，发挥党支部战斗堡垒作用和党员先锋模范作用。辅导员要指导和帮助党支部、团支部、班委会以及学生社团根据学生特点开展工作。

第五，纪律建设。党的纪律包括政治纪律、组织纪律、廉洁纪律、群众纪律、工作纪律和生活纪律等方面纪律，学生党员应重点强化政治纪律和组织纪律。经常对学生党员进行遵守纪律的教育，只有把纪律挺在前面，坚持纪严于法、纪在法前，才能克服"作风是小事、违纪是小节、违法才处

---

① 《中国共产党普通高等学校基层组织工作条例》，《人民日报》2021年4月23日。

理"等不正常思想和状况。学生党员中,容易出现不及时交纳党费、不按时参加党支部"三会一课"等,甚至个别党员还存在考试作弊、疫情期间瞒报出行轨迹等不诚信情况,这些都属于纪律问题,需要在日常生活中加强引导与教育,真正做到有则改之无则加勉。

第六,制度建设。以《中国共产党党章》为根本遵循,以《中国共产党支部工作条例(试行)》和《中国共产党党员教育管理工作条例》为依据,坚持民主集中制,严格执行党内各项规章制度。主要以"三会一课"制度为基础,以"两学一做"常态化制度化为抓手,认真组织好主题党日活动,开好组织生活会、民主评议党员,做好日常谈心谈话等工作,加强日常监督自查,实现党支部组织生活正常化规范化。积极探索适合学生党支部的党内考评机制,在党支部的传帮带过程中,形成党支部的优良传统。

(二)学生党支部组织设置

1. 党支部的设立与撤销

学生党支部一般按照年级(班级)或者学科专业设置。可以依托科研平台、项目组或者学生社区等设置学生党支部或师生党支部,注重在本专科低年级建立党的组织、开展党的工作。凡有正式党员 3 人以上不足 50 人的基层单位,设立党的支部委员会。学生党支部人数一般在 30 人以内。正式党员不足 3 人,没有条件单独成立党支部的单位,可与邻近单位的党员组成联合党支部。对于出国出境或参加校外学术交流活动连续 6 个月以上的学生党员,要及时纳入党组织管理,条件具备的要建立临时党支部(党小组)。党的支部委员会和不设支部委员会的支部书记、副书记每届任期一般为 3 年,要注重从优秀辅导员、骨干教师、优秀学生党员中选拔学生党支部书记。党的基层组织设立的委员会任期届满应当按期进行换届选举。对任期将满的党支部,上级党组织一般应提前 6 个月以书面发函通知等形式提醒做好换届准备工作,党支部一般提前 4 个月向上级党组织书面报送换届请示。

撤销学生党支部,应向上级党组织说明情况,做好党支部工作资料的整理和留存,做好党员所去支部的建议和请示等,一并呈报并请上级党组织作出决定。按照党章规定,正式党员 3 人以上才能成立党的基层组织。

但对已经成立的党支部,由于种种原因党员人数减少至3人以下(不含3人)时,如工作需要,在短期内(一般不超过6个月)能增加党员,经上级党组织同意,党支部可暂时保留。但这样的支部不能形成决议或作出决定。如该支部在短期内不能增加党员则应予以撤销。撤销后,原支部党员可与邻近单位(部门)党员组成联合党支部。

2. 学生党支部的支委会组成与职责

党支部委员会的人员组成,要根据支部党员人数和工作需要来确定。一般来说,正式党员7人以上的,应设支部委员会。支部委员会委员人数不应超过或等于支部党员的半数,一般由3至5人组成,其中设书记1人,必要时可增设副书记1人。根据支部委员会委员名额的多少和实际需要,酌情设组织委员、宣传委员、纪检委员等。党员人数不足7人的,只设支部书记1人,必要时增设副书记1人。支部委员会须设纪律检查委员,可由书记、副书记或其他委员兼任。

学生党支部书记、副书记的职责。一是负责召集支部委员会和支部党员大会,结合支部的具体情况,传达贯彻执行党的路线、方针、政策和上级党组织的决议指示,研究安排支部工作,将支部的重大问题及时提交支部委员会和支部党员大会讨论决定。例如,所在班团评奖评优的考核推荐工作、"两优一先"推荐人选、上级党组织召开党员代表大会基层推选工作、支部内党员考核办法等。二是了解研究学生党员的思想政治状况,有针对性地做好思想政治工作,认真做好支部建设。三是检查支部工作计划、决议的执行情况,向支部委员会、支部党员大会和上级党组织报告工作。四是同支部委员保持密切联系,经常交流情况、相互配合,支持支部委员会的工作,充分调动各方面的积极性。五是按时主持召开组织生活会,认真开展批评与自我批评,搞好团结,加强支部委员会的自身建设,充分发挥支部委员会的集体领导作用。六是注重培养入党积极分子,按要求做好学生党员发展工作。党支部副书记协助支部书记开展工作,支部书记不在时,由副书记主持支部的日常工作。

学生党支部组织委员的职责。在支部委员会的集体领导下,主要负责支部的组织工作。其主要职责是:了解掌握本支部的组织状况和党员的思想状况,提出党小组的划分和调整意见;检查督促党员过好组织生活,向本支部提出对党员表扬褒奖的建议;负责做好发展党员工作,对入党积极分子、发展对象进行培养教育考察,办理吸收新党员、预备党员考察和转正等手续;做好党内统计、新转入党员的材料审核以及党组织关系接转等工作;按时收缴党费,定期向党员公布党费收缴使用情况。

学生党支部宣传委员的职责。在支部委员会的集体领导下,主要负责支部的宣传工作。主要职责是:做好本支部党员理论学习和日常思想教育工作,组织党课学习,拟订学习计划和方案,负责学习内容的确定、材料的准备和学习活动的组织;开展多种形式的宣传活动,坚持正确的政治方向和舆论导向,充分利用传统媒体和网络新媒体宣传本支部工作。

学生党支部纪检委员的职责。在支部委员会的集体领导下,主要负责支部的纪律检查工作。其主要职责是:对本支部党员进行纪律教育,组织党员学习党章党规党纪;开展纪律监督,对党员违纪问题及时组织调查,提出处理意见;受理对党员违纪违规行为的检举揭发以及党员的申诉,考察了解受处分党员改正错误的情况并进行有效的帮助教育工作。

(三)学生党支部的工作方法

第一,吃透党中央精神。透彻理解党的路线、方针、政策和上级决议、指示,深入学习党的十九大精神和习近平新时代中国特色社会主义思想,是做好党支部工作的重要前提。为了把握党中央精神和国家政策,高校学生党支部的书记和各委员尤其要带头做好政策学习、文件学习工作,坚持听新闻、听广播,勤上网、多看电视新闻,借助这种方式,可以更好地把握时代脉搏,找准支部工作的目标和方向。例如,传达精神不是简单念文件,必须结合本支部实际,有针对性地传达,让学生党员入心入脑;学习文件精神切记浮光掠影、不求甚解,讨论时海阔天空、不着边际;执行指示时要结合实际,要把对上负责和对下负责紧密结合起来。

第二,坚持实事求是的原则。一要坚持主观与客观相一致。学生党支部要防止凭主观愿望和想当然办事,必须坚持主观和客观相一致的原则。党支部在制订工作计划、实施工作方案、研究工作方针时,都应做到符合客观实际。当主观愿望与客观情况发生矛盾时,应毫不犹豫地修正不符合实际的计划、措施和方案,并通过多种形式加以引导,使之变为群众的自觉行动,避免"捂着眼睛",不顾实际情况地瞎干、蛮干。二要具体问题具体分析。党支部书记和委员在看问题、做工作上,既要坚持原则上的统一,又要做到因时、因地制宜,善于把上级精神同本支部的具体情况结合起来,采取切合实际的方法,创造性地贯彻执行,做到坚持原则、方法灵活。

第三,坚持"抓两头、带中间"的基本方法。要善于传承我们党密切联系群众的优良作风,学生党支部可以通过"抓两头、带中间"的工作方法,有效强化"过硬"引领与"不过硬"整顿的双向激励作用,运用巩固先进、推动一般、整顿后进的方式,切实推动支部建设整体提升。抓先进,即要积极树立先进典型。先进典型是一种榜样、一面旗帜,能提供经验,增强人们意志力,鼓舞人们前进。抓落后,即要加强负面典型的披露和教育,负面的典型可以给人以教训,使人们引以为戒。在工作过程中,通过抓先进与落后两头,学习进步,帮助后进,可以把中间带动起来,使得大家都懂得哪些是对的,哪些是不对的,应该怎么做,从而推动全局发展。

第四,狠抓落实是关键。习近平总书记关于统筹的战略思想,既注重顶层设计,又注重实际运行,强调"一分部署,九分落实",要有"踏石留印、抓铁有痕"的韧劲和狠劲。总之,"改革既不可能一蹴而就,也不可能一劳永逸",所以"方向一定要准,行驶一定要稳,尤其是不能犯颠覆性错误"。这些重要论述体现了对统筹过程中复杂性和艰巨性的认识。学生党支部要在工作中贯彻落实习近平总书记关于统筹的战略思想,必须狠抓落实,否则再好的统筹设计都不可能实现。例如,每年党支部都要开展党员志愿服务活动,个别党员会找借口不参加,支部书记要会同支委做好党员参加志愿服务的记录与情况了解,做到不让一个人掉队,也不让一个人游离在组织之外。

二、学生党员的发展

(一)党员发展的总体要求

发展党员工作是一项经常性的重要党建工作,是党的建设新的伟大工程的一项基础工程,是党员队伍建设的重要组成部分。做好高校学生党员发展工作,保持高校党员队伍的纯洁性,对于高校学生党建具有重要意义。

2014年中共中央办公厅印发了《中国共产党发展党员工作细则》(以下简称《细则》),提出做好新形势下的发展党员工作必须贯彻"控制总量、优化结构、提高质量、发挥作用"的总要求,规定了入党积极分子的确定和培养教育,发展对象的确定和考察,预备党员的接收,预备党员的教育、考察和转正等具体内容,其中明确提出发展党员要坚持把政治标准放在首位,要求党的基层组织应当吸收具有马克思主义信仰、共产主义觉悟和中国特色社会主义信念,自觉践行社会主义核心价值观的先进分子入党。在培养教育过程中,要教育引导入党积极分子端正入党动机,确立为共产主义事业奋斗终身的信念。同时,要对发展对象进行政治审查,凡是未经政治审查或者政治审查不合格的,不能发展入党。①

高校党支部在发展党员过程中要按照党章和《细则》的要求,结合实际情况,不断提高发展党员工作的科学化水平。发展学生党员,一方面要坚持"早育苗",做好对入党积极分子的培养教育工作。要充分认识吸收优秀的新生力量充实到组织中来的重要性,在学生刚踏入大学校门的时候,就要通过教育引导、查阅新生档案、一对一谈话等方式,将有进步要求的学生选拔出来,并将基本符合条件的列为培养对象,严格要求,引导进步。另一方面要严把"入口关",做好吸收新党员入党工作,把好发展对象政审关、把好入党材料关、把好预备党员转正关,防止片面追求数量、突击发展的倾向,始终把保证质量放在首位。②

(二)党员发展的流程及具体要求

入党申请阶段。党支部要有重点地将品学兼优的大学生和优秀青年人才列为培养对象,通过宣传党的政治主张和深入细致的思想政治工作,把握学生军训、新生始业教育、党和国家重要节日和纪念日等重要活动和

① 《中国共产党发展党员工作细则》,《人民日报》2014年6月11日。

② 冯刚:《大学生思想政治教育工作概论》,北京师范大学出版社2020年版,第80页。

重要节点,吸收他们参加一些党的活动,使他们逐步提高认识,自愿提出入党申请。接到入党申请书后,党支部要在 1 个月内派人同入党申请人谈话,了解其基本情况。院级党组织要建立申请入党人员信息库,对培养计划、工作步骤、发展进度作出明确安排,增强工作主动性。此外,推荐优秀团员作为党的发展对象,是党赋予共青团组织的一项光荣任务。对高校而言,28 周岁以下青年学生入党,一般应从团员中发展,发展团员入党一般应经过团组织推荐。高校团员中的入党申请人成为入党积极分子原则上要经过团组织"推优"的工作程序。

入党积极分子培养阶段。党支部要推荐和确定入党积极分子。一般情况下,入党申请人递交入党申请书后,才可被推荐和确定为入党积极分子。党支部要对入党积极分子进行培养教育考察,指定一至两名正式党员作为入党积极分子的培养联系人。培养联系人的主要任务是:向入党积极分子介绍党的基本知识;了解入党积极分子的政治觉悟、道德品质、现实表现和家庭情况等,做好培养教育工作,引导入党积极分子端正入党动机;及时向党支部汇报入党积极分子情况;向党支部提出能否将入党积极分子列为发展对象的意见。党支部要采取吸收入党积极分子听党课、参加党内有关活动,给他们分配一定的社会工作以及集中培训等方法,对入党积极分子进行教育培训。入党积极分子每季度至少要向党支部书面汇报思想 1 次,培养联系人要在思想汇报上签署意见,发现思想波动等异常现象的要及时谈话了解情况。党支部每半年要对入党积极分子进行 1 次考察,认真填写《入党积极分子和发展对象培养教育考察登记表》。院系党组织每年对入党积极分子队伍状况作一次培养状况分析,针对存在的问题,采取改进措施。入党积极分子工作、学习所在单位发生变动,应该及时报告原单位党组织。原单位党组织应当及时将培养教育等有关材料转交现单位党组织。现单位党组织应该对有关材料进行认真审查,并继续做好培养教育工作。培养教育时间可连续计算。

发展对象阶段。对经过一年以上培养教育和考察、基本具备党员条件的入党积极分子,在听取党小组、培养联系人、党员和群众意见的基础上,支部委员会讨论同意并报上级党委备案后,可列为发展对象。发展对象应该有 2 名正式党员作入党介绍人。入党介绍人一般由培养联系人担任,也可由党组织指定。入党介绍人的主要任务是:向发展对象解释党的纲领、章程,说明党员的条件、义务和权利;认真了解发展对象的入党动机、政治觉悟、道德品质、工作经历、现实表现等情况,如实向党组织汇报;指导发展对象填写《中国共产党入党志愿书》,并认真填写自己的意见;向支部大会负责地介绍发展对象的情况;发展对象批准为预备党员后,继续对其进行教育帮助。党组织必须对发展对象进行政治审查。政治审查的主要内容是:发展对象对党的理论和路线、方针、政策的态度;政治历史和在重大政治斗争中的表现;政治信仰、遵纪守法和遵守社会公德情况;直系亲属和与本人关系密切的主要社会关系的政治情况。政治审查的基本方法是:同本人谈话、查阅有关档案材料、找有关单位和人员了解情况以及必要的函调或外调。在听取本人介绍和查阅有关材料后,情况清楚的可不函调或外调。对流动人员中的发展对象进行政治审查时,还应当征求其户籍所在地、居住地、派出单位等基层党组织的意见。政治审查必须严肃认真、实事求是,注重本人的一贯表现。审查情况应当形成结论性材料,填入《入党对象政治审查综合表》。凡是未经政治审查或政治审查不合格的,不能发展入党。发展对象要参加短期集中培训,并取得结业证书。培训时间一般不少于 3 天(或不少于 24 个学时)。主要学习党章、《关于党内政治生活的若干准则》等文件及《入党教材》等党的基本知识读本。未经培训的,除个别特殊情况由院级党组织研究决定外,不能发展入党。

预备党员阶段。党支部委员会对发展对象进行严格审查,经集体讨论认为合格后,报院级党组织预审。院级党组织对发展对象的条件、培养教育情况等进行审查,审查结果以书面形式通知党支部。经院级党组织预审合格的发展对象,党支部要指导其认真填写《入党志愿书》和撰写个人自传等相关材料,由支部委员会提交支部大会讨论接收预备党员事宜。召开讨论接收预备党员的支部大会,有表决权的正式党员到会人数必须超过应到会有表决权人数的半数,会议由支部书记主持,发展对象及介绍人必须到会。预备党员必须由院级党委审批。审批前,应指派党委委员或组织委员同发展对象谈话,作进一步了解,帮助发展对象提高对党的认识,并将谈话情况如实填写,向党委汇报。院级党组织审批预备党员,必须集体讨论和表决,主要审议发展对象是否具备党员条件、入党手续是否完备。审批两个以上的发展对象入党时,应当逐个审议和表决。党委审批意见写入《中国共产党入党志愿书》。院级党组织对党支部上报的接收预备党员的决议,应当在3个月内完成审批,并报党委组织部备案。院级党组织或党支部要组织预备党员面向党旗进行入党宣誓。预备党员的预备期为1年,从支部大会通过其为预备党员之日算起。党支部要通过党的组织生活、听取本人汇报、个别谈心、集中培训、实践锻炼等方式,对预备党员进行教育和考察。支部指定专人或入党介绍人联系预备党员。预备党员每季度应向支部递交书面思想汇报1份。介绍人要在思想汇报上签署意见,发现问题要及时同本人谈话。学生预备党员应参加预备党员培训班培训,培训结束时要进行考核,没有经过考核或考核不合格的原则上不能转正。预备党员预备期满,党支部应及时讨论预备党员的转正问题。具备党员条件的按期转正;不完全具备条件需进一步教育和考察的,可延长1次预备期,延长时间不能少于半年,最长不超过1年;不履行党员义务、不具备党员条件的,应取消其预备党员资格。

入党材料归档。入党材料是记载党员发展工作进程、反映积极分子或预备党员思想政治状况的材料,是党员个人档案的重要组成部分,要严格按照要求做好归档和保存。

三、学生党员教育与管理工作

(一)党员教育管理的总体要求

习近平总书记强调:"党要管党、从严治党必须落实到党员队伍的管理中去。"①党员教育管理是党的建设基础性经常性工作是党的各级组织提高党员队伍建设质量,保持党员队伍的先进性和纯洁性,教育引导党员

---

① 《习近平在全国组织工作会议上强调 建设一支宏大高素质干部队伍 确保党始终成为坚强领导核心》,《人民日报》2013年6月30日。

坚定理想信念,增强党性素质,认真履行党员义务,正确行使党员权利,充分发挥先锋模范作用的过程。党的十八大以来,以习近平同志为核心的党中央高度重视加强党员教育管理工作,推动形成全党从严从实抓党员教育管理的良好态势。

为了进一步加强党员教育管理工作,2019 年 5 月中共中央印发了《中国共产党党员教育管理工作条例》(以下简称《条例》),《条例》以习近平新时代中国特色社会主义思想为指导,以党章为根本遵循,总结吸收实践创新成果,明确了党员教育管理工作的目标是"努力建设政治合格、执行纪律合格、品德合格、发挥作用合格的党员队伍",并对党员教育管理的内容、方式、程序等作出规范①,为推动党员教育管理持续走向"严紧硬"提供了基本遵循和有力抓手。每个党员,无论职务高低,都必须按照党章要求和《条例》的规定,接受党组织的教育管理。高校学生党支部要严格贯彻执行《条例》,抓好党员教育管理,采取有力措施,增强针对性和有效性,防止形式主义。

(二)党员教育管理的基本内容及主要方式

从党员教育基本内容和任务上说,要加强政治理论教育,突出政治教育和政治训练,强化党章、党规、党纪和党的宗旨教育,进行革命传统教育,开展形势政策教育,注重知识技能教育,把用习近平新时代中国特色社会主义思想武装全党作为党员教育管理的首要政治任务,引导党员充分认识学习贯彻习近平新时代中国特色社会主义思想的重大意义,自觉学懂、弄通、做实。

从日常教育管理的方式上说,要严格党的组织生活,运用"三会一课"制度,对党员进行经常性的教育管理。《中国共产党支部工作条例(试行)》指出,"党支部应当严格执行党的组织生活制度,经常、认真、严肃地开展批评和自我批评,增强党内政治生活的政治性、时代性、原则性、战斗性"。"党支部应当组织党员按期参加党员大会、党小组会和上党

---

① 《中共中央印发〈中国共产党党员教育管理工作条例〉》,《人民日报》2019 年 5月 22 日。

课,定期召开党支部委员会会议。"①支部党员大会每季度召开一次,支部委员会每月召开一次,党小组会每月至少召开一次,党课每年不少于四次。党支部还应每月开展一次主题党日活动,每年至少召开一次组织生活会,以及每年一般开展一次民主评议党员。除了"三会一课",还可以安排内容丰富、注重实效、主题鲜明的组织生活和学生支部活动。

(三)加强党员教育管理的举措

第一,加强宏观指导,健全保障机制。一是要按照有利于发挥党支部战斗堡垒作用和党员先锋模范作用、有利于开展党员教育管理服务活动的原则设置党支部,如探索依托重大项目组、课题组和学生公寓、社区、社团组织等建立党组织。② 二是要在学生骨干的选拔过程中,既要秉持公平合理的原则,又要广泛听取群众意见,挑选德才兼备、全面发展的学生党员,发挥先锋模范带头作用。三是要建立激励和监督考评机制,对学生党员的考核评价不能局限于学业成绩,更要重视思想觉悟、综合素质等方面,有利于发挥学生党员的先进辐射作用。

第二,优化培训体系,注重教育实效。一是针对本科生、研究生等不同类型学生的特点,结合大学生思想实际,构建完善的教育培训体系,并通过不同形式的载体共同推进。运用好"学习强国"等网上学习平台,构建丰富多元的教育体系,营造学生党员学习的良好氛围。学生党员处于"拔节孕穗"期,思想上出现波动是正常的,因而对于学生党员的教育不能自说自话、照本宣科,也不能回避矛盾、脱离实际,而要了解他们的特点和需求,做到因材施教。③ 在教育方式上善于创新,通过以重大节庆日、重要活动、重要节点为契机,开展形式多样的主题教育活动。重视教育培训实践环节,组织大学生党员广泛参加自我管理、志愿服务、社会调查、承

---

① 《中共中央印发〈中国共产党支部工作条例(试行)〉》,《人民日报》2018 年 11 月 26 日。

② 《中共教育部党组关于印发〈普通高等学校学生党建工作标准〉的通知》,见 ht-tp://www.moe.gov.cn/srcsite/A12/moe_1416/moe_1417/201703/t20170310_298978.html。

③ 杨梓:《高校学生党员教育管理存在问题及对策研究》,湘潭大学硕士学位论文,2020 年,第 29 页。

诺践诺等活动。二是分类分层次开展教育,结合日常教育与集中学习等多种方式完善教育效果。针对不同学生的特点和需求,组织参与不同类型培训,提高集中培训的针对性。入党积极分子培训突出对党的基本理论认识、发展对象培训突出思想入党、预备党员培训突出提升思想政治素质、正式党员培训突出提高党性修养。构建体系化的课程体系,组建专家师资库,提高党员教育质量和水平。三是抓实流动党员管理和毕业生党员离校教育。充分发挥新媒介的作用,确保外出生产实习、毕业班在外求职学生党员等流动党员正常接受教育。毕业生党员在离校前,可根据毕业生党员的特点,通过上一次专题党课、召开一次组织生活会、重温一次入党誓词、开展一次谈心谈话等形式,使毕业生党员离校前接受一次严格的党性再教育,引导毕业生党员时刻铭记党的宗旨,坚定理想信念,践行青年责任,在以后的工作生活中发挥先锋模范带头作用,用实际行动回报母校和社会。

第三,严格过程管理,规范党内生活。一是高标准严要求,严肃党内政治生活。高校学生党员的教育管理,也要把政治建设摆在首位,严格执行党的组织生活制度,结合学生党员特点,以"两学一做"为基本内容,提高"三会一课"质量,认真召开组织生活会,严格落实述职评议、民主评议党员与党性分析评议等制度,加强党内外监督,营造风清气正的政治生态。二是将严格管理和关心关爱相结合,以学生成长为中心,关心帮助学生党员。通过谈心谈话等方式及时了解学生党员的思想动态,倾听他们内心的真实想法,在学生党员遇到困难时给予帮助,当然对于思想和行为有不足的党员要通过沟通及时进行提醒和纠正。帮助家庭经济有困难的党员,结合学生自身特点为他们提供成长发展的平台。

第四,密切联系群众,发挥引领作用。一是领导和支持学生党支部在推进专业学习、科学研究、志愿服务、社会实践、就业创业等方面发挥引领作用。通过结对帮扶、设立党员责任区和党员服务岗等,发挥学生党员先锋模范作用,发挥优秀学生党员榜样效应。学生党支部要将党员履行党员义务、引领服务群众、完成党组织分配的工作等情况作为民主评议党员的重要内容。二是推进学生党员成长平台建设,组织安排学生党员在急难险重任务中履行政治责任,在引领服务群众中增强政治本领。组织学生党员参与班(年)级等事务管理,讨论决定或参与决定涉及班团学生思想状况、学业成长、评奖评优、安全稳定及事关学生权益等重要事项,引领优良班风、校风、学风,维护高校改革发展稳定大局。

第四节 学生党建工作的创新特色

习近平总书记强调:"中国特色社会主义大厦需要四梁八柱来支撑,党是贯穿其中的总的骨架,党中央是顶梁柱。同时,基础非常重要,基础不牢、地动山摇。在基层就是党支部,上面千条线、下面一根针,必须夯实基层。要有千千万万优秀基层骨干,结合实际情况落实好各项工作。"[①]辅导员作为高校学生党建工作的重要力量,在新时代大背景下,践行立德树人使命,如何加强基层党组织,让组织体系的经脉气血畅通起来,让党支部强起来,进一步发挥党支部战斗堡垒作用,给高校辅导员提出了新的命题与考验。本节主要从党支部建设维度梳理若干案例,供学习参考。

一、党支部 1+1+1 结对共建创新模式案例

(一)案例背景

坚持立德树人初心,把思想政治工作贯穿教育教学全过程,实现全程育人、全方位育人,努力开创我国高等教育事业发展新局面。Z 高校某党支部结合"不忘初心、牢记使命"主题教育和"共抗疫情、爱国力行"主题宣传教育,充分结合所在院系专业资源,传承创新高校思想政治工作,积极探索思政工作的有效机制,按照"结合专业特色、融合思政教育、提升综合素养、传承优秀文化"的总体思路,以提升大学生思想政治工作内涵和质量为主旨,探索实施了涵盖科研创新能力、综合素质、班团建设等的

---

① 《习近平李克强栗战书赵乐际分别参加全国人大会议一些代表团审议》,《人民日报》2018 年 3 月 11 日。

党支部建设模式。

（二）案例分析

第一，构建 Family 核心理念，打造纵向支部结对模式。坚持立德树人思想引领，加强改进高校党建工作。党支部以 family 为建设核心与理念，创新支部结对形式，探索教师、研究生和本科生三类支部纵向结对共建的长效机制。这种模式充分发挥了教工支部在 family 文化中父母角色，起到以身示范的作用；发挥了研究生支部在 family 文化中兄长角色，在学习生活中起到模范引领的作用；发挥了本科生支部在 family 文化中创新的基因，起到了激发支部活力的作用。

第二，落实 Family 责任体系，丰富支部建设内涵。党建 family 单元中的党员通过学习、服务社会、服务身边的人，在提高自身综合能力和素质的同时，提升了党性修养。每一个党建 family 单元由一个教工党支部、教工所在研究所的研究生党支部和一个本科生党支部组成，三个支部紧密结合，构建成一个牢固稳定的党建实体，具有多向交流、师生结对、新老互助等特点。党建 family 通过教师和兄长的言传身教，在践行和培育大学生社会主义核心价值观等方面起到了思想引领的作用，坚定了年轻一代的理想信念。支部成员在服务社会、帮扶他人中不仅提高了自己的能力和素质，更增强了作为一名党员的社会责任感和使命感，师生党员的党性修养、政治素养和整体素质得到显著提高。党建 family 结对形式也可以进一步拓展，比如与班级结对，与学生个体结对，建立一个党员对接一个本科生，全方位、有针对性地对本科生展开学业、职业以及生活指导，在育人方面取得一定的成效。

第三，凝练 Family 建设成效，支部建设成果丰富。通过结对，教工支部和学生支部的党建工作更具生命力，学生党员的责任意识、服务意识有了很大的提升，充分发挥了支部、党员的先锋模范作用，"创先争优"活动落到实处。以师生党支部共建为契机，加强政治理论学习，通过教师的言传身教，发挥教工党员思想引领的作用，坚定党员的理想信仰，提升党员的政治素养和工作能力；以师生党支部共建为载体，通过整合各类资源，凝成教育合力，发挥学科优势，给予学生更全面、更深刻的教育和培养，实现了资源共享和共同提高;以师生党支部共建为平台,构建教、研、本三类党支部纵向结对共建的长效机制,增强党员的社会责任感和使命感,扩大高校党建工作的影响力和辐射力。

（三）案例启示

第一,打破支部建设壁垒,创新支部建设形式。辅导员作为学生党建工作的主要力量之一,运用创新思维,构建党建 family 模式实行纵向结对,党支部的影响力和辐射力进一步扩大,将教工资源、研究生资源、党员资源和学长资源等有效整合,凝成教育合力,充分发挥学院专业优势,给予学生更全面、更深刻的教育和培养。

第二,突出党建引领,联动多方位发展。党建是旗帜,支部突出以党建引领为重点,发挥党建的龙头作用;积极推动科研创新,发动专业教师参与学生思想政治教育,促进学生科研能力提升;推广素能提升,重点提高大学生的综合素质与能力;积极推进团学工作,推动班团内部建设,发挥班团内聚力。

二、多元育人力量助力党支部高质量发展案例

（一）案例背景

教育是国之大计、党之大计。习近平总书记强调"十四五"时期,要坚持社会主义办学方向,把立德树人作为教育的根本任务。而加强党对教育工作的全面领导,是办好教育的根本保证,只有以高质量党建将立德树人根本任务落细落实,才能培养德智体美劳全面发展的社会主义建设者和接班人。辅导员在开展思想政治教育工作中,可以以党建引领为核心,利用师资队伍等优势,将其融入育人力量,形成形式多样的党建教育平台。经过长期探索和实践,Z 校某党支部与关心下一代工作委员会对接,成立新老党员育人力量融合党建教育平台,借助老党员、老同志优势力量,开展理想信念报告会,党建研讨会、支部座谈会、老同志结对党支部等形式,丰富学生党史知识,加强学生理想信念教育,具有一定示范意义。

（二）案例分析

第一,利用"五老"优势,传承红色基因。学校退休的老党员、老教师

是高校的宝贵财富,借此成立党建教育平台充分利用这一优势,由老党员、老教师们在身体、时间允许的情况下,有针对性地开展四史教育、社会主义核心价值观教育,中华民族传统文化教育、国内外形势教育等,引导学生树立正确的世界观、人生观、价值观,加强了学生思想政治教育力量。

第二,创新多维形式,紧扣时代脉搏。党建平台导师深入下沉到支部,与学生面对面交流,探索隐性教育的效能,把显性教育和隐性教育结合起来。除交流形式外,平台党建活动也以多维度开展,既有线上线下结合,面向多数学生的大型报告会、党课,也有面向几十人的小型座谈会、沙龙;兼顾室内活动与室外活动,通过"老党员讲党课""支部结对老党员"、理论宣讲、主题讨论和社会实践等多种形式相结合,老同志能到学生中去参加活动,学生也能到老同志家中进行访谈。

第三,连接班级团支部,扩大受众范围。党建平台通过集中大课教学与党章学习小组小班辅导两种形式,以班级、团支部为单位建立对应数量党章学习小组,每小组全年开展至少8次党章学习活动,每次1.5小时,共计16课时,开展党史学习、社会主义核心价值观学习、经典导读等培养教育活动。

(三)案例启示

第一,发挥"五老"优势,融合多样化育人力量。辅导员是学校与学生间的重要连接点,如何充分利用学校已有资源为立德树人这一根本任务凝聚多方力量,是值得辅导员深入探索实践的。高校拥有一批高素质的老专家、老党员、老教师,他们长期从事青少年教育工作,忠诚敬业、关爱新代、务实创新、无私奉献,辅导员应当深度挖掘这一群体,将其加入目前的育人力量,用他们的人生故事,为学生树立标杆,形成辐射带动作用。

第二,建立平台系统,促进体系化育人模式。辅导员作为思想政治工作者,在日常工作中,应当注意提炼总结,注重党支部平台打造,形成品牌特色项目,利于学生了解相关内容,以体系化育人模式进行针对性的高质量思想政治教育工作。

第三,创新党建形式,打造高效能育人活动。目前高校学生的思维模式随着时代发展呈现多元化趋势,这对传统思想政治教育工作的有效性带来了极大的挑战。辅导员应当关注学生实际需求,从学生角度出发,创新党建育人活动形式,以学生喜闻乐见的方式传达思想政治教育,提高育人活动效能。

三、党支部解决思想问题与实际问题并重案例

(一)案例背景

基层党支部需要充分发挥战斗堡垒作用不仅体现在党建工作上,更体现在日常实际问题中。战斗堡垒不是孤立的,更不是自我封闭的,它与群众是休戚与共的关系,也只有充分地提高战斗力,才能成为名副其实的战斗堡垒。因此,如何避免党建工作和日常实际工作"两张皮"是辅导员在开展思想政治工作中的重要问题。G校某支部通过实践,形成思想政治工作与学生资助工作相结合模式,以支部联建对口帮扶为基础,以贫困生党员为核心力量,选拔优秀贫困生为"学生资助宣传大使",在做好经济助困的同时,强化思想政治教育,充分发挥党支部战斗堡垒作用。

(二)案例分析

第一,支部间结对帮扶,牵手助力扶贫。党支部与地方党支部结对帮扶联建,形成"大手小手手牵手,帮扶联建助脱贫"的"牵手"单位,深入调研党建工作,促进扶贫内生动力,调动地方党员的脱贫积极性,从帮扶助贫到自主脱贫,支部工作深入群众、帮助群众、造福群众。

第二,发展贫困生党员,锻炼"三自"能力。设立以家庭经济困难学生党员为主的爱国、诚信、感恩、励志四个党小组,贫困生党员在感受到组织的重视与关怀的同时,充分发挥家庭经济困难学生党员模范带头作用,促进其积极参与党支部的培育创建,锻炼提高学生的"三自"(自我教育、自我管理、自我服务)能力。

第三,选拔"学生资助宣传大使",助梦高考学子。思想政治工作不仅仅只能局限于校内学生,该支部选拔优秀的家庭经济困难学生担任"学生资助宣传大使",分别前往所在地区贫困县,为寒门学子宣传资助政策,让学生"只要考得上,就能读得上",组织、宣传、凝聚、服务群众,充分发挥战斗堡垒功能。

（三）案例启示

第一，关注特殊群体，促进党建帮扶相结合。辅导员在做好学生困难帮扶工作的同时，也应当对特殊群体学生给予关怀教育，不仅仅在客观生活上给予帮助，更要在思想政治工作中加以重视，在发展贫困生党员时，鼓励他们参与党内各类活动，发挥党员先锋模范作用。

第二，扩大宣传范围，推动党建走出象牙塔。在党建工作中，辅导员不仅要聚焦校内学生，更要把目光投向校外，把学生带出象牙塔，让思想政治宣传活动走出校园，与各类群众相联系，深入基层、走向社会，让高校党建项目在广阔天地中发挥作用。

第三，注重联系实际，实现党建工作日常化。党支部工作不仅要关注理论学习，还要做到理论联系实际，要做到接地气、受欢迎。辅导员应积极推进党建工作与实际相结合，关注学生的切实需求，将思想政治教育工作融入学生日常学习生活中，实现党建工作日常化。

四、党支部建设与学业学风建设两手抓案例

（一）案例背景

学风是大学精神的集中体现，是教书育人的核心要求，是高等学校的立校之本、发展之魂。优良学风建设关系到校园安全稳定以及学生全面发展的各方面，也是辅导员工作的重要组成部分。党员作为学生群体中的"关键少数"，在优良学风建设中发挥带头模范作用责无旁贷。辅导员在开展日常思想政治教育过程中，通过将党建工作与思想政治工作充分融合，以党建工作为学风建设赋能具有重要理论和实践价值。经过长期的探索与实践，Z校某院系以学生党支部为阵地，以学生党员为依托，通过"党员答疑室""党员微讲堂""党员接力跑"等一系列创新举措逐渐形成了"党建+"优良学风建设的"辅导员方案"，具有一定的示范意义。

（二）案例分析

第一，运营"党员答疑室"，守护学风责任田。以学生党支部为单位在线上和线下两个阵地建设"党员答疑室"，在网络阵地中每个支部运营一个答疑QQ群，面向难点课程，党员轮流值班，共享学习资料，并针对各年级专业学习的重难点课程提供日常答疑,营造活跃的学习讨论氛围。同时,各支部共同运营线下集体自习室,通过精心布置插座、热水、文具以及文化标识,加强公共物理空间的基础条件保障和环境文化建设,吸引、拉动"宅青年"走出寝室,将集体自习室建设为同学们自修静读、交流研讨的温馨小家。

第二,开设"党员微讲堂",打造知识加油站。选拔学业成绩优异、综合素质突出的优秀党员组建学风建设讲师团,在新生入学教育、考试周、研究生推免等关键时间节点,依托"三会一课"载体开展一系列小而精的"微课堂"主题宣讲活动,内容涵盖学业辅导、学科竞赛、职业规划等各方面,并且始终将理想信念教育贯穿其中,辐射全院的学生群体。在为学院学风建设注入蓬勃生气的同时,有效丰富了支部组织生活的形式与内涵,并且塑造了朋辈党员的榜样形象,逐步打造了榜样引领与指导的活动品牌。

第三,实施"党员接力跑",联结帮扶共同体。学生党员与困难学生都是学生群体中的"关键少数",通过设立党员先锋岗,采取"1+1"结对的形式每年为百余名在学业等方面存在困难的学生精准匹配朋辈结对帮扶党员,结成帮扶共同体。结合学业监控预警机制,设置帮扶责任清单,每一位参与党员签署帮扶"军令状",协同制定"一生一策",并通过共同自习、单独答疑、实时监督、动态反馈等方式,及时回应学生需求,给予困难学生关怀和帮助,彰显党员的先锋模范性。

（三）案例启示

第一,筑牢支部战斗堡垒,推动党建思政双向赋能。作为党建和思政工作的骨干力量,辅导员具有将二者深度融合的天然优势。在实际工作中,辅导员应当积极推动党建工作向思想政治工作延伸并注入强劲动能,确保党支部建设工作回应学生全面发展需要的各个维度、党支部建设成果惠及全体同学,促进党支部的组织力大大提升,从而真正成为基层的战斗堡垒。

第二,发挥党员模范作用,关键少数带动绝大多数。辅导员从来不是一个人在战斗,学生党员是辅导员工作中的重要抓手。通过为党员定制责任清单,发挥"关键少数"对"绝大多数"的引领带动作用,进而构筑起青年学生与党组织普遍而紧密的联结网络。在强化党员身份意识的同时,也将党员塑造成为党组织的一张张鲜活"名片",增强党对青年的感召力。

第三,挖掘朋辈育人资源,建设学生发展支持体系。学生思想政治工作体系中,朋辈青年具有不可替代的作用,也是全员育人体系构建的关键一环。辅导员在开展工作过程中应当充分挖掘身边人、身边事,发挥朋辈"天边不如身边"的独特育人优势,建立更有层次、更加丰满的学生发展支持体系,从而将朋辈育人势能转化为思想政治教育效能。

五、疫情防控常态化背景下党支部线上线下融合创新案例

(一)案例背景

为进一步加强高校基层党建工作,建立健全高校基层党组织,充分发挥党支部战斗堡垒作用。习近平总书记强调:"基层党组织和广大党员要发挥战斗堡垒作用和先锋模范作用,广泛动员群众、组织群众、凝聚群众,全面落实联防联控措施,构筑群防群治的严密防线。"①为进一步发挥特殊时期党支部战斗堡垒作用,Z大学某支部探索"互联网+"党支部工作创新范式。面临支部同志身居五湖四海,党支部组织生活传统的"集中开会、集中学习、集中讨论"的形式带来挑战。不组织统一的线下活动,一方面,党支部凝聚力、党支部战斗堡垒作用的发挥以及服务群众效能便无法进行有利增强和有效监督。另外,原本党支部便存在党员因地域分布相对分散、学业和科研等压力较大、党员之间联系度不高等困难和问题,致使支部内党员们参加活动的积极性降低,增加了组织生活开展的难度。为学习贯彻习近平总书记重要指示精神和党中央、教育部及学校关于疫情防控的工作部署,充分发挥党支部战斗堡垒作用和党员先锋模范作用,支部在坚守疫情防控阵地的基础上,充分挖掘互联网、新媒体等

---

① 《习近平作出重要指示要求各级党组织和广大党员干部　团结带领广大人民群众坚决贯彻落实党中央决策部署　紧紧依靠人民群众坚决打赢疫情防控阻击战》,《人民日报》2020年1月28日。

手段,通过线上线下相融合的模式开展了形式多样、内容丰富的主题党日和党课学习,针对大学生党员特性,紧跟时代形势、激发党员活力,进一步帮助大学生党员坚定理想信念、牢记初心使命。

(二)案例分析

第一,线下谋划,线上部署。党支部提前谋划,发布了疫情防控下党建工作开展的相关通知,做好统筹部署。号召支部全体学生党员认真学习领会习近平总书记重要指示精神,统一思想行动,落实好学校、学院两级党委各项工作安排,督促推进学生党支部主题党日活动申报立项工作,深化思想引领、价值引领、行动引领。

第二,线下行动,线上参与。鼓励部分党员在做好个人防护的基础上,志愿参与家乡所在地的防疫志愿者工作,服务群众,充分发挥党员先锋模范作用。各党支部线上组织网络主题党日活动,通过 QQ 群、钉钉会议等网络媒介,打破了时间和空间的局限。支部的主题党日活动丰富多彩,开展了"防疫知识竞赛",帮助支部成员科学认识新冠肺炎、了解应对方法和防护措施;以书写抗疫宣言并拍照、歌唱比赛等形式抒发爱党爱国情感;以"90 后榜样故事"为主题进行党课学习,相互激励。党日活动主题鲜明、紧贴时代、形式创新,不仅各支部成员参与率高,更吸引了支部积极分子和群众的参与。

第三,线下引领,线上宣传。在疫情防控期间开展组织生活的全过程中,微信平台承担了线上通知、宣传报道的重要功能,其间积极做好相关微信文章推送。不仅增加了支部成员的自豪感和自信心,传递了正能量,而且扩大了在群众间的影响力,提升了活动的实际效果。此外,为突出党员引领,支部成功打造多堂精品党课,辅导优秀学生党员进行党课讲述与朋辈宣讲。

第四,线下指导,线上督导。以电子化"智慧党建"平台为载体,线上批阅各支部上传的"三会一课"材料,对《党支部工作记录本》填写不规范的支部,进行线下查阅和指导。为做好青年学生的政治指引,依托校级党建平台各类资源,开展了"战疫斗争下,谈中国特色社会主义制度的优越性"主题沙龙。沙龙设立线下主会场和线上分会场,通过线下老党员、老同志与青年党员教师进行充分交流;线上邀请身处海外的党员教师云端连线,通过不同国家抗疫行动的对比,进一步凸显中国特色社会主义制度的优越性。

（三）案例启示

第一,宣传教育两手抓。在疫情防控上党员需要充分发挥先锋模范作用,党支部要做到宣传和教育相结合,既宣传疫情防控最新方式方法,又要督促党员学习最新理论,实现凝心聚力、统一思想,提升组织活力。辅导员在疫情期间开展党建工作时要注重明确党员使命担当,做到中央有部署、党员有行动。

第二,新旧媒体融合用。疫情期间对于传统支部活动的开展具有极大的限制,辅导员要注重传统思想政治教育与信息技术变革的融通发展,充分认识新旧媒体融合的规律和现状,既要充分发挥传统媒体导向鲜明、公信力强的优势,又要发挥新媒体潜能,采用新新技术、新手段,以新时代大学生喜闻乐见的方式创新主题和内容形式来开展支部工作。

第三,制度完善保实效。疫情期间,支部内部党员处于五湖四海,如何保障对党员的监督是一大问题。辅导员要注重引领与督导并重,更新监督制度,实现新形势下的制度化保障,克服线上问题,确保线上线下支部工作都能取得实效。

第十章　新时代高校辅导员共青团工作

　　高校共青团工作是大学生思想政治教育工作的重要组成部分,高校辅导员是指导和开展共青团工作的重要力量,其中一部分辅导员本身也兼任着共青团干部。《高校辅导员职业能力标准(暂行)》中明确辅导员要具备大学生党团、班级建设等思想政治工作实务相关知识,同时在对初级、中级和高级辅导员职业能力标准的界定中明确了不同级别辅导员开展党团和班级建设的工作内容、能力要求和相关理论和知识要求。本章将着重介绍新形势下共青团工作面临的新形势,进而结合辅导员职业能力标准、高校思想政治工作和新时期共青团工作三个方面介绍辅导员开展共青团工作的主要内容,最后有针对性地提出一些辅导员开展共青团工作的方法和路径,以期对辅导员更好地开展共青团工作提供一定的启示和帮助。

第一节　高校共青团工作的新形势

　　党的十八大以来,以习近平同志为核心的党中央高度重视党的群团工作。在党史上第一次由中共中央召开的群团工作会议上,习近平总书记围绕青少年和共青团工作发表了一系列重要论述,深刻论述了新形势下青少年和共青团工作的重大理论和实践问题,为共青团组织更好地总结工作经验,解决突出问题,推动改革创新,指明了前进方向,提供了根本遵循。高校共青团作为党委领导下的群团组织,按照围绕中心、服务大局的工作主线,不断履行巩固和扩大党执政的青年群众基础的政治责任,在高校贯彻落实立德树人根本任务的进程中发挥了重要作用。高校辅导员作为指导和开展共青团工作的主体力量,充分把握新时代高校共青团工作新形势非常必要。

一、高校共青团工作的新要求

中国共产主义青年团是中国共产党领导的先进青年的群团组织,是中国共产党的助手和后备军。中国共产主义青年团在中国共产党领导下发展壮大,始终站在时代前列,在中国革命、建设和改革各个阶段发挥了重大作用。中国特色社会主义进入新时代,党对群团工作和高校思想政治工作提出了新的要求,同时高校共青团的工作对象——当代大学生群体也正在发生深刻变化,这些都要求高校辅导员重新审视共青团工作,准确把握和领会新时代高效共青团工作的新要求。

一是准确认识和把握高校共青团改革的总体要求。2015 年 7 月,党中央召开了历史上第一次中央党的群团工作会议。习近平总书记在中央党的群团工作会议上对新时期群团工作提出总体要求,强调群团组织要切实保持和增强政治性、先进性、群众性。2016 年,中共中央办公厅印发《共青团中央改革方案》为进一步推动共青团各个战线改革奠定了组织基础。同年,共青团中央和教育部联合印发《高校共青团改革实施方案》为高校全面推动共青团改革提出了具体要求。2018 年 7 月,习近平总书记在中南海与团中央新一届领导班子成员集体谈话时指出,共青团是党的助手和后备军,当好这个助手和后备军关键要抓住三个根本性问题,就是必须把培养社会主义建设者和接班人作为根本任务,把巩固和扩大党执政的青年群众基础作为政治责任,把围绕中心、服务大局作为工作主线。共青团工作的三个根本性问题是共青团落实保持和增强政治性、先进性、群众性总体要求的破题之要,进一步明晰了共青团深化改革的重点任务和实施路径。2020 年,共青团中央和中共教育部党组联合发布《深化高校共青团改革的若干措施》明确了深化高校共青团改革的重点任务。由此可见,改革是新时代共青团工作的重点任务,同时共青团改革也是一个循序渐进、不断深化的过程。高校共青团要问改革要效能，最关键的就是要始终牢记改革的出发点和落脚点，即高校共青团组织如何在党的领导下围绕立德树人根本任务有针对性地开展育人工作，不断克服脱离青年学生成长成才需求，自说自话、摊大饼、堆盆景的工作方式等问题，力戒重活动、轻组织，重形式、轻内容，重成绩、轻规范的工作理念，紧密联系和依靠更广大青年学生开展工作。

二是准确认识和把握新时代高校思想政治工作和党的建设对共青团的新要求。高校辅导员要明确高校思想政治工作、党的建设和共青团工作的共同落脚点是立德树人。党的十八大以来，党中央高度重视高校思想政治工作和党的政治建设。习近平总书记在 2016 年全国高校思想政治工作会议上强调："高校思想政治工作关系高校培养什么样的人、如何培养人以及为谁培养人这个根本问题。要坚持把立德树人作为中心环节，把思想政治工作贯穿教育教学全过程，实现全程育人、全方位育人，努力开创我国高等教育事业发展新局面。"①2018 年 9 月，全国教育大会在北京召开，习近平总书记在会议上指出："思想政治工作是学校各项工作的生命线，各级党委、各级教育主管部门、学校党组织都必须紧紧抓在手上。"②2021 年 4 月，中共中央印发《中国共产党普通高等学校基层组织工作条例》，其中明确"坚持把思想政治工作作为开展高校党的建设的重要抓手，把立德树人成效作为检验高校党的建设工作的根本标准"③。在共青团工作方面，共青团必须把培养社会主义建设者和接班人作为根本任务。因此，要做好高校共青团工作就必须把团的各项工作统一到立德树人这个根本任务上，要善于在高校大党建、大思政格局的构建中找准切入点，充分发挥共青团组织优势，做好高校党委联系广大团员青年的桥梁纽带，切实把思想政治教育贯穿在共青团工作的各个阵地和全部过程中。

三是准确认识和把握新时代大学生群体的新变化。党和国家历来高

---

① 《习近平谈治国理政》第二卷，外文出版社 2017 年版，第 376 页。
② 《习近平在全国教育大会上强调　坚持中国特色社会主义教育发展道路　培养德智体美劳全面发展的社会主义建设者和接班人》，《人民日报》2018 年 9 月 11 日。
③ 《中国共产党普通高等学校基层组织工作条例》，《人民日报》2021 年 4 月 23 日。

度重视青年发展,习近平总书记强调,青年是标志时代的最灵敏的晴雨表。站在两个百年奋斗目标的历史交汇点,我们可以看到当代大学生群体将是第二个百年奋斗目标的主力军,将全程参与实现"两个一百年"奋斗目标的伟大进程。与此同时,当前的社会生活环境深刻影响着大学生的思想和行为,其思想的自主性、多元性、差异性日益增强。他们的思想状况总体健康向上,同时价值观念日益多元多变;他们享有更好的成长发展条件,同时承担着竞争、择业等方面的"高压"和"内卷";他们的视野更加开阔、兴趣更加广泛,同时表现出对于个性彰显、追求自主的极大热情;他们能够熟练使用各类网络资源高效学习、便利生活,但同时身处自媒体时代,他们的网络媒介素养又亟待提升。作为高校辅导员,准备认识和把握新时代大学生群体特征是开展一切工作的基础,应准确把握大学生自我意识增强、组织观念和责任感有待提升等思想观念特点,实用主义、享乐主义突显以及认知与行为矛盾等行为特点,体质薄弱和心理问题多发等身心成长特点,引导大学生在学习实践中树立正确的人生观、价值观和成长观。

二、高校共青团工作呈现的新特点

高校共青团工作长期以来具备较好的组织基础和品牌影响,各级共青团和学生会组织可以有效支撑团学的各项工作部署自上而下延伸扩展,社会实践、学术科技、文体赛事等活动也在共青团、学生会和学生社团等组织不断推动下具备良好的群众基础和品牌效应,逐步构建起高校共青团第二课堂实践育人工作格局。伴随着群团改革不断深化和高校不断加强党的建设和思想政治工作,新形势下的高校共青团工作呈现出一些新的特点,辅导员准确把握这些工作特点,可以进一步提升高校共青团工作的实效性和针对性。

第一,高校共青团工作的政治性进一步突显。习近平总书记指出:"政治性是群团组织的灵魂,是第一位的。"①这一重要论断,明确了共青

---

① 《习近平在中央党的群团工作会议上强调　切实保持和增强政治性先进性群众性　开创新形势下党的群团工作新局面》,《人民日报》2015 年 7 月 8 日。

团第一位的属性是政治属性,共青团组织的本质是政治组织。对于高校各级共青团组织而言,坚持学校党委领导,围绕立德树人根本任务,切实履行"巩固和扩大党执政的青年群众基础"这一政治责任是其政治性的最鲜明体现。各级团学组织若不能把政治性摆在第一位,就会出现工作"变形走样",就会出现形式化、空洞化、娱乐化的苗头和倾向,长期难以破解的"二八现象"就会愈演愈烈,就会逐渐丧失党委信任和群众基础,甚至在意识形态方面出现严重问题。同样,高校各级团干部、青年团员如果不加强政治学习,就会逐渐模糊对共青团组织和共青团员身份的认识和认同,共青团组织和共青团员的先进性就难以体现出来。因此,新形势下高校共青团必须坚持政治建团,要坚守政治属性,防止将共青团简单等同于行政性组织、社会性组织和公益性组织;要突出政治建设,始终把准政治方向,牢固树立共产主义远大理想和中国特色社会主义共同理想、"两个一百年"奋斗目标,深入贯彻党的基本理论、基本路线、基本方略;要强化政治功能,要站在理想信念的制高点上,用党的科学理论武装团员青年,在广大团员青年中广泛传播党的主张,帮助他们增强"四个意识"、坚定"四个自信",引导他们听党话、跟党走。

第二,高校共青团工作的规范性进一步加强。长期以来,高校共青团在全团占有基础性、战略性、源头性地位和作用,高校共青团各级组织健全、规模庞大、活力充足,高校共青团员的先进性在志愿服务、社会实践、学术科技、文体竞赛方面得以充分体现,高校团属品牌活动具有种类多、受众广的特点。同时,高校共青团作为群团组织,其在组织建设、团务工作、团员教育管理等方面暴露出制度供给不足、规范性有待提升和工作标准缺失等问题,对高校共青团组织更好履行"凝聚青年、服务大局、当好桥梁、从严治团"工作职能产生长期消极影响。党的十八大以来,共青团中央按照群团改革总体要求和从严治团具体要求,着重在组织建设、团务工作、团学干部(团员)教育管理等方面制定了一系列文件,切实为各级团组织进一步提升工作规范化水平提供了制度保障。在组织建设方面,团中央陆续出台了《中国共产主义青年团基层组织选举规则》(中青发〔2016〕15 号),《中国共产主义青年团基层组织"三会两制一课"实施细则(试行)》(中青发〔2017〕5号),《中国共产主义青年团普通高等学校基层组织工作条例(试行)》(中青办发〔2017〕12号),《关于加强新时代团的基层建设着力提升团的组织力的意见》(中青发〔2019〕2号),《基层团组织规范化建设工作的实施方案》(中青办发〔2019〕6号)和《中国共产主义青年团支部工作条例(试行)》(中青发〔2019〕8号)等文件,对团的选举制度、组织设置、工作职责、组织生活等进行了明确细致的界定和要求。在团务工作方面,团中央出台了《关于中国共产主义青年团团费收缴、使用和管理的规定》(中青发〔2016〕13号),《中国共产主义青年团团旗、团徽、团歌制作使用管理规定》(中青发〔2018〕12号)和《共青团推优入党工作实施办法(试行)》(中青发〔2019〕9号)等文件。在团员教育管理方面,团中央出台了《关于新形势下推进从严治团的规定》(中青发〔2017〕3号),《关于在全团实施"青年大学习"行动的方案》(中青发〔2018〕2号),《中国共产主义青年团团员教育管理工作条例(试行)》(中青发〔2020〕13号),团中央和教育部出台了《关于在高校实施共青团"第二课堂成绩单"制度的意见》(中青联发〔2018〕5号)。

第三,高校共青团工作的创新性进一步提升。高校共青团改革的总体要求和团员青年群体的新变化对高校共青团如何在新形势下创新开展工作提出新的要求,总体来看,新形势下共青团工作的创新性主要体现在优化工作方式、拓宽工作渠道和创新工作机制等方面。在优化工作方式方面,高校各级共青团组织以思想政治引领为首要工作目标,紧扣结合大学生思想政治教育主线,在话语生产方面着力贴近学生生活和网络话语语境,紧跟时事热点,不断避免话语无益重复。在话语转译方面,克服僵化翻译和融合不足的缺点,让大学生作主创和主角,接地气和有生气地描述和诠释党的理论、路线、方针和政策,MV、说唱等青年喜闻乐见的新媒体作品不断涌现。在拓宽工作渠道方面,高校共青团更加注重工作的组织化部署,充分重视团支部作为高校覆盖面最广的政治性组织这一特性,着力发挥团支部在团员青年思想政治教育、成长成才服务和意见收集反馈等方面的重要作用;同时在网络空间,团属新媒体也呈现健康快速发展态势,更多的团学组织建立了微信公众号、短视频平台,青年大学习等主题教育工作依托微信小程序、H5 等形式开展,降低了大学生思想政治学习的门槛,引导大学生充分利用碎片化时间开展学习。在创新工作机制方面,《高校共青团改革实施方案》明确团干部直接联系团支部和团员、团干部专兼挂和团学活动众创众筹众评等制度,学生社团建团、宿舍实验室建团等"多种模式、多重覆盖"的团建创新机制也在不断试点推广,有效激发了各级团组织的活力,有效扩大了高校共青团工作覆盖面。

第二节　高校共青团组织建设

"组织"是一种协调行为的社会单元,由两个以上的人组成,在一个相对连续的基础上运作,以达到共同的目标或一系列目标。"组织"因其具有严密的结构框架、精心设计的活动、一定的奋斗目标等,促使积极参与其中的个体获得充分的发展。[①] 高校各级共青团组织按照不同组织设置规则构成,每一级共青团组织均有其工作职责,高校共青团工作主要由各级共青团组织按照一定的指导思想和工作原则进行开展。掌握新时代高校共青团组织建设的基本架构和工作职责,是辅导员开展好高校共青团工作的基础。

一、基本概念

要开展好共青团工作,首先要明确共青团是一个什么样的组织。《中国共产主义青年团章程》(简称《团章》)规定中国共产主义青年团是中国共产党领导的先进青年的群团组织,是广大青年在实践中学习中国特色社会主义和共产主义的学校,是中国共产党的助手和后备军。中国共产主义青年团坚决拥护中国共产党的纲领,以马克思列宁主义、毛泽东思想、邓小平理论、"三个代表"重要思想、科学发展观、习近平新时代中

---

① 杨振斌、冯刚:《高等学校辅导员培训教程》,高等教育出版社 2006 年版,第 37 页。

国特色社会主义思想为行动指南。中国共产主义青年团的建设必须坚持党的领导，坚持把帮助青年确立正确的理想、坚定的信念作为首要任务，坚持服务青年的工作生命线，坚持民主集中制，坚持改革创新，坚持从严治团。① 高校辅导员应当准确把握共青团的基本概念、基本任务和基本要求，将其作为开展工作的根本遵循，清晰地辨别共青团和其他性质青年组织的本质区别和职责边界。其次要明确共青团员如何界定。高校大学生在政治面貌、生源结构、培养层次、民族背景等方面呈现多样性，开展共青团工作，特别是涉及到团员发展、教育和管理时要注意准确掌握共青团员如何界定以及共青团员的义务和责任。《团章》规定："年龄在十四周岁以上，二十八周岁以下的中国青年，承认团的章程，愿意参加团的一个组织并在其中积极工作、执行团的决议和按期交纳团费的，可以申请加入中国共产主义青年团。团员年满二十八周岁，没有担任团内职务，应该办理离团手续。团员加入共产党以后仍保留团籍，年满二十八周岁，没有在团内担任职务，不再保留团籍。"②高校辅导员掌握以上知识，就可以有效规避和回应"博士群体建立团组织和开展团员发展、教育和管理不规范""留学生能否加入共青团""超龄是否要办理离团手续""学生入党后是否保留团籍"等问题。

二、指导思想和工作原则

高校共青团在全团具有基础性、战略性、源头性地位和作用，高校共青团既要按照团的总体工作要求，也要遵循高等教育规律，紧扣高校立德树人中心工作和高等教育综合改革要义开展工作。同时，我们也要认识到高校历来是意识形态斗争的主战场，大学生思想心智尚处于成长发展时期，易于受到错误思潮的影响。因此，高校共青团要更好开展大学生思想引领工作，就必须明确其工作的指导思想并坚定不移依照工作原则开展各项工作。《中国共产主义青年团普通高等学校基层组织工作条例

---

① 《中国共产主义青年团章程》，人民出版社 2018 年版，第 1—10 页。
② 《中国共产主义青年团章程》，人民出版社 2018 年版，第 11 页。

(试行)》规定普通高校共青团工作的指导思想是高举中国特色社会主义伟大旗帜,深入学习习近平总书记系列重要讲话精神和治国理政新理念新思想新战略,保持和增强政治性、先进性、群众性,围绕"凝聚青年、服务大局、当好桥梁、从严治团"四维工作格局,积极适应共青团深化改革新形势、高等教育综合改革新发展和青年学生新特点,充分发挥共青团组织在普通高校"大思政"格局中的生力军作用,强化思想政治引领,服务学生成长成才,推进组织创新和工作创新,教育引导学校青年学生和青年教职工紧密团结在以习近平同志为核心的党中央周围,增强中国特色社会主义道路自信、理论自信、制度自信、文化自信,不断巩固和扩大党执政的青年群众基础,努力培养中国特色社会主义事业的合格建设者和可靠接班人.为实现中华民族伟大复兴的中国梦贡献力量。普通高校共青团工作的原则:坚持党的领导,牢牢把准政治方向;坚持围绕中心,融入学校育人整体格局;坚持以学生为本,直接联系、服务、引导学生,注重发挥学生主体作用;坚持党建带团建,加强基层基础,规范基层管理,激发基层活力,支持基层创新;坚持从严治团,让团干部更像团干部,团员更像团员,团的基层组织充满活力。①

三、组织设置

普通高等学校共青团组织根据团员人数和工作需要,经上级团的委员会批准,不同层级可分别设立团的基层委员会(一般设立在校级和院系级)、总支部委员会(一般设立在院系级)、支部委员会(一般设立在班级)。随着高校改革发展,一些高校会面临新建校区、新建学院等情况,一些学院随着招生规模的变化,团员人数也会相应发生改变。以上这种情况都要求各级团干部在新建团组织或调整团组织设置时要把握以下组织设置原则,即"团员3人以上应建立团的支部委员会,可下设若干团小组;团员50人以上可建立团的总支部委员会;团员100人以上可建立团

---

① 《共青团中央办公厅关于印发〈中国共产主义青年团普通高等学校基层组织工作条例(试行)〉的通知》,见 http://www. gqt. org. cn/documents/zqbf/201709/P020170904620611153359. pdf。

的基层委员会"①。在高校各级共青团组织如何产生方面,《中国共产主义青年团普通高等学校基层组织工作条例(试行)》规定,团的基层委员会应由团员大会或团的代表大会选举产生,并报同级党组织和上级团组织批准,每届任期三年至五年。团的总支部委员会和支部委员会由团员大会选举产生,并报上级团组织批准,团的总支部委员会每届任期两年或三年,学生支部委员会每届任期一年。严格执行校级和院系团员大会或团的代表大会定期召开制度。召开团的代表大会的,基层团支部、非团学干部的团员学生和青年教职工的代表比例不低于70%。推行代表常任制、提案制和大会发言制度,建立校级和院系团组织定期向团的常任代表报告工作和听取意见建议制度。②

四、工作职责

《中国共产主义青年团普通高等学校基层组织工作条例(试行)》对高校各级团组织的工作职责进行了明确界定。校级和院系级团组织的基本职责:第一,学习党的理论、学习习近平总书记系列重要讲话精神和治国理政新理念新思想新战略,宣传和执行党的路线、方针、政策,学习团的政策和重要会议精神,执行同级党组织、上级团组织的决议、指示等。第二,加强思想政治引领和价值引领,引导青年学生树立和践行社会主义核心价值观。开展"四进四信"等活动,实施"青年马克思主义者培养工程",改进创新思想引领方式,引导团员牢固树立政治意识、大局意识、核心意识、看齐意识。第三,定期组织召开团员大会或团的代表大会,充分发挥团组织在校园治理中的重要作用。第四,建立健全党领导下的"一心双环"团学组织格局,以校级团委为枢纽和中心,以学生会组织为学生

----

① 《共青团中央办公厅关于印发〈中国共产主义青年团普通高等学校基层组织工作条例(试行)〉的通知》,见 http://www. gqt. org. cn/documents/zqbf/201709/P020170904620611153359. pdf。

② 《共青团中央办公厅关于印发〈中国共产主义青年团普通高等学校基层组织工作条例(试行)〉的通知》,见 http://www. gqt. org. cn/documents/zqbf/201709/P020170904620611153359. pdf。

自我教育、自我管理、自我服务、自我监督的主要学生组织,以学生社团及相关学生组织为外围延伸手臂。第五,指导和支持下级团组织开展工作,建立督导考核制度。加强对学生会、研究生会的指导管理,支持学生会、研究生会依法依章程开展工作。加强对学生社团的管理、引导、服务和联系。第六,落实从严治团要求,制度化、常态化开展"一学一做"教育实践,加强发展团员和团员管理工作,推动落实以"三会两制一课"为主要内容的组织生活制度,督促做好基础团务和团员档案管理工作。开展推荐优秀团员作入党积极分子人选工作。推动团员成为注册志愿者。开展评选表彰工作。第七,服务学生成长发展,促进学生就业创业,做好困难学生帮助,反映学生诉求,维护学生合法权益。普遍推行"第二课堂成绩单"制度。第八,开展团干部教育培训,加强对团干部和团员学生骨干的培养。开展团干部直接联系学生工作,推进团干部改进作风。第九,加强网上共青团建设,开展网络舆论引导工作,做好"青年之声""智慧团建"相关工作。第十,协助做好维护校园稳定工作。①

　　团支部作为团的基础组织,是团组织开展工作的基本单元,是团的全部工作和战斗力的基础。一直以来,高校团支部工作规范化、制度化建设是团的工作薄弱环节,团支部活力和团的组织生活难以较好地在团支部工作中得以体现。因此,新形势下抓好团支部工作对高校共青团工作全局起到至关重要的作用。《中国共产主义青年团支部工作条例(试行)》对团支部的基本任务进行了规定:第一,组织团员学习马克思列宁主义、毛泽东思想、邓小平理论、"三个代表"重要思想、科学发展观、习近平新时代中国特色社会主义思想,学习党的基本知识,进行革命传统教育,学习团章和团的基本知识,学习科学、文化、法律和业务。第二,宣传、执行党和团组织的指示和决议,参与民主管理和民主监督,找准服务大局的切入点、结合点、着力点,充分发挥团员的模范带头作用,团结带领青年在促进经济社会发展中发挥生力军和突击队作用。第三,开展中国特色社会主义和实现中华民族伟大复兴的中国梦宣传教育,开展爱国主义、集体主义和民主法治教育,组织团员和青年学习革命前辈,培育和践行社会主义核心价值观,教育团员和青年抵制不文明行为,坚决同各种违纪违法行为作斗争,弘扬网上主旋律,正确对待、理性使用网络。第四,对团员进行教育、管理、监督和服务,健全团的组织生活,定期开展主题团日,及时更新团员信息,落实"三会两制一课",开展批评和自我批评,监督团员切实履行义务,保障团员的权利不受侵犯;做好团员组织关系转接工作;加强和改进流动团员管理;做好团费收缴使用和管理工作;及时办理超龄团员的离团手续;关怀帮扶困难团员;维护和执行团的纪律,依规稳妥处置不合格团员。第五,对要求入团的青年进行培养教育,做好经常性发展团员工作,把政治标准放在首位,严格程序、严肃纪律;表彰表扬先进;做好"推优"入党工作;发现、培养和推荐团员、青年中的优秀人才。第六,密切联系、服务青年,向青年有效传播党的主张,凝聚广大青年的智慧和力量,了解、反映团员和青年的思想、要求,关心团员和青年的学习、工作、生活和休息,开展文体活动。第七,实事求是对团的建设、团的工作提出意见和建议,及时向同级党组织和上级团组织报告情况。按照规定,向团员、青年通报团的工作情况,公开团内有关事务。①

　　团支委作为团支部工作的组织主体,是做好团支部工作的关键要素。《中国共产主义青年团普通高等学校基层组织工作条例(试行)》规定团的支部委员会、院系级以外的团总支的基本职责:第一,学习党的理论,学习习近平总书记系列重要讲话精神和治国理政新理念新思想新战略,宣传和执行党的路线、方针、政策,学习团的政策和重要会议精神,执行同级党组织、上级团组织的决议、指示等。第二,加强思想政治引领和价值引领,引导青年学生树立和践行社会主义核心价值观。开展学习交流、仪式教育、主题团日等教育活动。第三,做好发展团员和团员管理工作,严格落实"三会两制一课",做好团费收缴等基础团务工作。开展推荐优秀团

---

① 《共青团中央关于印发〈中国共产主义青年团支部工作条例(试行)〉的通知》,见http://www.gqt.org.cn/documents/zqf/201906/P020190617545624413712.pdf。

员作入党积极分子人选工作,推动团员参与志愿服务。第四,围绕学生在就业创业、创新创造实践、身体心理情感、志愿公益和社会参与等方面的需求,组织开展活动,促进学生成长发展。第五,了解学生思想、学习、生活状况,反映学生诉求,维护学生权益,帮助团员学生解决实际困难。协助做好维护校园稳定工作。第六,会同班委会研究决定涉及本班学习、生活、建设等需要学生自主决定的重要事项。①

第三节 高校共青团队伍建设

高校共青团队伍是高校共青团工作开展的中坚力量。辅导员作为高校共青团队伍的重要组成部分,面对纷繁复杂的高校共青团工作,必须明确高校共青团队伍的组成结构和自身定位,协同配合队伍各方力量、凝聚队伍合力,共同致力于高校共青团工作的开展与落实。

一、高校共青团工作队伍的组成

高校共青团工作队伍一般由专职团干部和学生骨干组成,专职团干部一般由高校专职辅导员担任。校级团委工作人员主要包括团委书记、团委副书记、专职团干部和学生兼职团干部组成,其中团委书记一般为专职辅导员,团委副书记分专职、兼职和挂职三类,专职副书记一般为专职辅导员,兼职副书记一般为学生或高校教师,挂职副书记一般为校内或校外跟共青团工作相关的单位或部门的工作人员。院系级团委工作人员主要包括团委书记、团委副书记和学生兼职团干部组成,其中团委书记一般为专职辅导员,团委副书记一般为学生骨干。班级团支委一般包括团支部书记、团支部副书记、组织委员、宣传委员等,均由学生骨干担任。

---

① 《共青团中央办公厅关于印发〈中国共产主义青年团普通高等学校基层组织工作条例(试行)〉的通知》,见 http://www. gqt. org. cn/documents/zqbf/201709/P020170904620611153359. pdf。

二、高校各级团组织人员规模

高校团的各级组织人员规模有明确规定。根据《中国共产主义青年团普通高等学校基层组织工作条例（试行）》，团的支部委员会一般由 3 至 5 人组成，总支部委员会一般由 5 至 7 人组成。团的基层委员会一般由 7 至 15 人组成，书记应由教师担任。团员人数在 2000 名以上或下设团委的校级团委，根据工作需要，经上级团组织批准，可设立常务委员会。设立常务委员会的团的基层委员会一般由 15 至 21 人组成，常务委员 5 至 9 人，根据工作需要可适当增加委员、常务委员数量。在校学生 10000 人以下的学校，校团委专职团干部编制不少于 5 人，10000 至 25000 人的不少于 9 人，25000 人以上的不少于 12 人，分校区较多的学校应酌情增加。在校级、院系级团组织，从青年教师中选任至少 1 名兼职或挂职副书记、从学生中选任至少 2 名兼职副书记；校级、院系级团组织班子成员中，挂职和兼职副书记的比例不低于 50%。①

三、高校共青团工作队伍的选拔和培养

高校各级共青团工作队伍的选拔根据岗位性质和团干部身份的不同而体现出较大差异。一般校级和院系级团委（团总支）专职工作人员的选任由同级党委负责，提拔或平调到干部岗位的专职工作人员一般由党委组织部具体负责选聘。在此，我们主要针对高校各级共青团工作队伍中的学生骨干选拔惯例进行阐述，仅供参考。

校级团委学生骨干的选任方式一般有两种。一种是在不召开团的代表大会的年度，一般由校级团委组织部负责面向全校发布校级团委各部门岗位需求和聘用条件，在完成报名后，经材料初审、笔试和面试后确定拟聘用人选，再经公示和试用期考评合格后，校级团委将确定人选向校党委组织部报备，并制发聘任文件，明确聘用学生骨干的岗位和聘期；另一种是在召开校级团的代表大会的年度，校级团委学生兼职副书记拟任人

选须是代表大会选举产生的新一届委员会委员,在新一届委员会第一次全体会议上,由全体委员民主选举产生,团委其他岗位的学生骨干在校级团委新一届班子组成后,按照第一种方式进行聘用。校级团委每届任期三年至五年。院系级团委(团总支)学生骨干选任方式与校级层面选任程序基本相同。院系级团委(团总支)每届任期一般为一年,特殊情况下可为两年或三年。班级团支委一般由团支部全体团员大会在上级团组织指导下由团支部团员大会民主选举产生,班级团支委每届任期一般为一年。班级团支委候选人一般可由团员报名和班主任(辅导员)提名两种方式产生,辅导员需要根据班级团支部团员数量、学生思想成熟度、候选人情况等因素综合考虑。

四、高校共青团工作队伍的考核激励

在培养优秀团队的过程中需要不断检验工作成效,考核是一种必要手段。队伍积极性的发挥取决于成员能力和动力两大因素,可以通过激励手段来增强队伍的前行动力。

(一)队伍考核

考核是队伍建设的重要环节,作为一种目标管理手段,通过考核的制约,更有利于促进预设前景的实现。队伍考核一般从队伍整体工作考核和队伍成员考核两方面着手。考核方面不仅包括工作绩效,还应该包括工作态度、工作能力和群众满意度。从考核方式来看,高校共青团队伍一般可采取过程考核和终期考核。过程考核主要是对共青团骨干队伍组织的活动和开展的工作的参与度、实效性和风险控制进行评价,一般采取随机访谈、调查问卷等方式;终期考核主要是在骨干团队(团支委、团总支、团委)结束任期时对其履职尽责情况、思想品德情况、个人表现情况等进行的考核评价,一般采取集体评议、公开答辩等方式。

(二)队伍激励

激励是指激发和鼓励,队伍激励要从激发动机和提升积极性两个方面着手。队伍激励包括队伍整体激励和针对个体成员采取的激励。队伍整体激励方面,需要为各级共青团骨干团队设置阶段性工作目标,并制定

切实可行的工作方案和分工,工作目标需要跟工作对象的需求和共青团工作规律保持一致。从事共青团工作的学生骨干往往要在保证个人学业顺利的基础上开展工作,因此学生骨干在从事共青团工作的过程中容易出现工作信念动摇、工作程序和规范意识弱、工作方法简单,辅导员要及时发觉学生骨干出现的各类问题,加强对学生骨干的教育引导,阶段性对学生骨干团队进行指导和复盘,要合理设置针对一些集体奖项和奖学金,激发队伍的成功愿望,营造出积极向上、不断进取的整体氛围。针对学生个体进行的激励需要有的放矢,依据学生的特点和专长因材施教,适时引入竞争机制和奖惩机制,对肯投入、作风正的学生骨干在评奖评优等方面采取一些倾斜政策,令学生感到付出有所回报。对散漫涣散、作风不正的学生骨干要坚决清除出学生骨干队伍。

第四节　高校共青团阵地建设

高校共青团组织的根本任务是在高校党委领导下落实立德树人根本任务,也就是开展育人工作。组织建设是高校共青团工作的基础,队伍建设是高校共青团工作的保障,阵地建设是高校共青团能否扩大团的工作有效覆盖面并取得育人实效的关键环节。长期以来,共青团工作阵地主要聚焦高校第二课堂培养环节,特别在文艺体育、学术科技、志愿服务、社会实践和文化交流等方面开创了很多深入人心、影响深远的品牌活动,其中在全团层面具有代表性的活动有"挑战杯"全国大学生课外学术科技作品竞赛、"创青春"全国大学生创业大赛、全国大中专学生暑期"三下乡"社会实践活动、中国青年志愿者服务项目大赛等。此外,各高校也在长期实践中打造了一批具有高校办学特色的"青"字头活动品牌,极大地丰富和拓展了高校第二课堂育人的内容和渠道,打造了坚实的共青团育人阵地。与此同时,高校辅导员也要清醒认识到,随着党对共青团工作要求进一步明确,大学生群体的生活学习场域和成长发展需求不断发生变化,网络技术和媒体传播高速发展演变,高校共青团传统的工作阵地正在受到影响,呈现出工作思路和话语体系陈旧、活动形式和内容一成不变、活动的吸引力和覆盖面不断减少等情况,直接影响到高校共青团对大学生群体的有效组织、引领和服务。当前,大学生对网络高度依赖,对网络信息、网络话语和微信、微博、抖音、B 站等媒体平台黏性较大的特点,辅导员应着重加强各级共青团组织网络宣传阵地的建设。同时大学生对思想文化提升的需求日益增长,对社会热点话题的参与更加积极,辅导员应更加注重打造以思想碰撞交流为主的活动载体,善于设置议题,把准思想引领的方向,用大学生更易接受的话语体系传播主流思想。此外,当前大学生群体权益意识普遍提升,对高校在人才培养、后勤保障、校园文化等方面存在的亟待改进的工作展现出较为强烈的关注,应该借助共青团组织优势,畅通大学生意见表达的渠道,引导大学生合理客观反映诉求,做好大学生与高校之间的桥梁纽带。

一、加强共青团网络宣传阵地建设

新媒体时代的到来转变了人们获取信息的基本方式和渠道,同时纷繁复杂的信息也在潜移默化影响着人们的价值取向。作为"网络原住民"的当代大学生思想尚未成熟,自主甄别信息进行判断的能力较差,很容易受到不良舆论的影响。同时信息获取的"首因效应",也使得高校大学生思想政治教育的效果大打折扣。鉴于网络新媒体对大学生信息获取方式、社交方式和知识获取习惯产生了较为显著的影响,辅导员应着重从以下三个方面加强共青团网络宣传阵地建设。

一是大学生信息获取方式发生改变,要求共青团组织应进一步丰富思想引领内容的话语转译和载体形式。互联网信息呈现方式更加多样化、动态化和丰富化,信息传播载体早已不限于单纯的文字内容,图片、音频、短视频甚至是微电影等长视频充斥各类网络平台。反观高校共青团发布的一些内容,多以图文为主,缺乏对内容的生动表现。因此,高校各级共青团组织应当更加注重打造基于学生生活场景的生动化、沉浸式的新媒体作品,通过组建学生团队,指导学生从单纯的信息受众向创作者转变。具体而言,辅导员可以指导学生创编情景剧话剧、拍摄 MV、改编歌曲、制作 H5 和动画短片等进行制作,共青团中央推出的"青年大学习"系列主题教育活动就是一个很好的示范。

二是大学生交流方式发生改变,要求共青团组织应进一步拓展宣介渠道,打造团属网络交流空间。随着新一代移动通信技术和智能移动终端的普及,各类即时通信软件成为人们沟通的主要工具,传统的基于Web2.0 的网络社群也逐渐被微博、微信朋友圈、知乎等新型网络社交平台所取代。这些平台的互动性表达手段迎合了大学生的心理需要,能够更加充分彰显大学生丰富多样的兴趣爱好和性格特点。高校共青团各级组织也应及时依托这些新型网络社群平台,建立兼具共青团组织特点和热点兴趣话题丰富的网络交流空间,如在知乎上建立认证号发布一些话题,引导大学生积极主动将个人想法观点进行分享,充分把握舆情引导的主动权,防止大学生自行设置话题引发讨论,导致舆论走向出现偏差。当然,在设立平台和话题时也要注重对不理性、不客观言论的管控,避免出现一些"带节奏"的偏激言论引导产生更大的网络舆情。

三是大学生知识获取习惯发生改变,要求共青团组织应进一步推动各项工作"线上化"。当前大学生大多热衷于智慧学习方式进行知识获取,慕课、云存储等技术实现了海量知识云端存储并可以"随取随用",基于流媒体技术的网络直播,使得线上开展的知识讲座、日常教学等活动的交互体验得到大幅提升。共青团各项工作也应加速向线上迁移,基础团务等工作若借助信息技术,其效率将得到大幅提升,同时一些过程数据和资料也可以永久保存和随时检索;学术科技、文化交流等活动可以充分利用直播技术,在线上线下同步推出,不断扩大活动的覆盖面和影响力,线上活动内容通过云存储技术,可以使大学生充分利用碎片化时间重复观看和学习,活动价值得到进一步彰显。同时,我们也要看到微课直播、云存储等技术也会带来不良信息加速扩散、知识产权管理缺失和信息管理安全方面的影响,辅导员在开展此类工作时也要充分做好工作预案和资料备份。

二、加强共青团权益服务阵地建设

大学生的权益服务是高校共青团各级组织的一项重要工作职能,也是履行共青团巩固和扩大党执政的青年群众基础这一政治责任的重要抓手。随着高等教育改革和大学生群体成长发展需求不断提升，大学生对自身权益的关注和对涉及人才培养、校园管理、食宿保障等政策的背景与机理的了解意愿进一步提升。这对共青团如何做好大学生与学校沟通的桥梁纽带提出了更高的要求。高校共青团具有显著的组织优势，同时在党委的领导下指导各级学生会组织工作，因此可以从加强团学权益服务部门建设、队伍建设和渠道建设三方面加强共青团权益服务阵地建设。

在加强团学组织权益服务部门建设方面，辅导员应指导校级、院级团委（团总支）和学生会、研究生会组织建立权益服务部门，明确各级团学组织权益服务部门工作职责和人员规模，根据大学生经常反映的课堂学习、实习实践、校园安全、食宿出行等建立权益专项工作小组，同时提出权益服务部门的工作规范，包括与职能部门的沟通规范、开展权益问题调研的方法规范和进行权益问题梳理反馈的行文规范等。对校级团学组织权益服务部门而言，还要考虑针对本科生、硕士研究生、博士研究生以及不同培养方式和学制的学生群体的联系和覆盖。在加强队伍建设方面，要注重权益工作骨干的培训，更多吸纳一些具备法律、管理等相关学科专业背景的学生加入，选拔工作骨干时要着重考察学生是否具有责任心和大局意识，避免在权益工作队伍中出现意见领袖，使权益工作适得其反。在加强渠道建设方面，要建立权益服务部门与院系党政领导或学校相关职能部门以及校院两级权益服务部门的常态化沟通机制，确保权益诉求能够及时得到反馈，同时要利用好校院两级学生代表大会这一机制，开展阶段性专项权益服务工作，通过调研和反馈，推动问题解决并在大会上进行权益工作报告，将学院和学校部门答复传达至学生代表。进一步推动学生有序参与学校建设发展工作。

第十一章 新时代高校辅导员
创新创业教育工作

高校是创新创业人才培养的主战场,是推动"大众创业·万众创新"的动力引擎,高校创新创业教育已经成为国家实施双创战略的重要基础。教育部 2014 年颁发的《高等学校辅导员职业能力标准(暂行)》明确提出,高校辅导员要"能进行较为客观全面的创业环境、政策、行业前景分析;能建立健全大学生就业指导机构和就业信息服务系统,提供更高效优质的就业创业服务"①。2017 年新修订的《普通高等学校辅导员队伍建设规定》把"职业规划与就业创业指导"作为辅导员九大主要工作职责之一。由此可见,加强高校创新创业教育是国家经济社会发展的现实要求,是当代大学生成长成才的内在诉求,也是新时代高校辅导员工作的重要内容。

第一节 高校创新创业教育的重要意义

新时代高校大力推进创新创业教育,是推进国家创新驱动发展战略的必然要求,对于促进高等教育科学发展,深化教育教学改革,培育德智体美劳全面发展的时代新人,提高毕业生就业水平和就业质量具有重大

---

① 教育部思想政治工作司:《加强和改进大学生思想政治教育重要文献选编(1978—2014)》,知识产权出版社 2015 年版,第 668 页。

的现实意义和长远的战略意义。

一、高校创新创业教育是国家实施创新驱动发展战略的重要支撑

习近平总书记多次对实施创新驱动发展战略作出系统阐述,强调要把创新驱动发展作为面向未来的一项重大战略,抓好顶层设计和任务落实。党的十八大提出,要实施创新驱动发展战略,要坚持走中国特色自主创新道路,以全球视野谋划和推动创新,提高原始创新、集成创新和引进消化吸收再创新能力,更加注重协同创新。[①] 特别强调科技创新是提高社会生产力和综合国力的必由之路,必须摆在国家发展全局的核心位置。十八届五中全会把创新作为五大发展理念之首,提出创新是引领发展的第一动力,必须把发展基点放在创新上,塑造更多依靠创新驱动、更多发挥先发优势的引领型发展。2016 年 5 月 20 日,中共中央、国务院发布《国家创新驱动发展战略纲要》,明确了创新驱动发展战略的重大意义、国际国内背景、主要目标和总体部署、战略任务和战略保障。

实施创新驱动必须找准夯实战略支撑,全面理解创新驱动的精神实质和基本要求。2014 年 8 月 18 日,习近平总书记在中央财经领导小组第七次会议讲话中指出,创新驱动实质上是人才驱动。实施创新驱动战略的精神实质是培养一大批具有创新精神、掌握创新知识、具备创新能力并且敢于担当的优秀人才。立德树人是高校的根本任务,人才培养是高等教育的第一职能,服务国家经济社会发展的整体布局是高等教育的基本职责。当前,世界百年未有之大变局和中华民族伟大复兴战略全局相互激荡,全球化趋势和区域保护主义交错并存,科技和人才竞争日益激烈,各种风险挑战将长期存在并更趋复杂。高等教育作为科技第一生产力和人才第一资源的重要结合点[②],服从和服务于两个大局,为国家发展战略作出更大的贡献是当前的重点任务。在全国教育大会上,习近平总

---

① 胡锦涛:《坚定不移沿着中国特色社会主义道路前进 为全面建成小康社会而奋斗——在中国共产党第十八次全国代表大会上的报告》,人民出版社 2012 年版,第 21 页。

② 刘延东:《深入推进创新创业教育改革 培养大众创业万众创新生力军》,《中国教育报》2015 年 10 月 26 日。

书记强调："要提升教育服务经济社会发展能力,调整优化高校区域布局、学科结构、专业设置,建立健全学科专业动态调整机制,加快一流大学和一流学科建设,推进产学研协同创新,积极投身实施创新驱动发展战略,着重培养创新型、复合型、应用型人才。"①新时代高校创新创业教育是适应国家经济社会发展的教育理念,是提升高等教育社会服务能力的重要渠道,它不是单纯的知识灌输和创业技能培训,而是与专业教育深度融合的人才培养模式深刻变革,是培养创新创业人才的重要途径,是成为国家实施创新发展驱动战略的重要支撑。

二、高校创新创业教育是深化高等教育综合改革的重要突破口

高等教育综合改革是落实《中共中央关于全面深化改革若干重大问题的决定》的重要内容,围绕着改革的目标任务、基本原则、主要内容、关键举措,各省市、高校先后制定了推进高等教育综合改革的实施方案。深化高等教育综合改革是一项复杂的系统工程,从宏观视角上看,涉及到育人理念、办学模式、管理体制、保障体系、评价模式等方面的改革;从中观层面上看,涉及到高校办学定位、专业设置、培养方案制定、人才培养特色及亮点等内容;从微观操作层面看,则主要涉及到谁来教、怎么教、如何学以及教学效果的检验等基本问题。百年大计,教育为本,高等教育综合改革是一项功在千秋、利在万代的伟大工程,关系到培养什么人、为谁培养人、如何培养人这个根本问题,必须找准高等教育综合改革的关键环节和突破口。国务院办公厅《关于深化高等学校创新创业教育改革的实施意见》提出:"把深化高校创新创业教育改革作为推进高等教育综合改革的突破口,树立先进的创新创业教育理念,面向全体、分类施教、结合专业、强化实践,促进学生全面发展,提升人力资本素质,努力造就大众创业、万众创新的生力军。"②

---

① 《习近平在全国教育大会上强调　坚持中国特色社会主义教育发展道路　培养德智体美劳全面发展的社会主义建设者和接班人》,《人民日报》2018 年 9 月 11 日。

② 《国务院办公厅关于深化高等学校创新创业教育改革的实施意见》,见 http://www.gov.cn/zhengce/content/2015−05/13/content_9740.htm。

　　高校创新创业教育促进高等教育更新办学理念。经过 70 多年的发展,我国高等教育毛入学率已经超过 50%,步入由规模扩张、数量供给为主到以提高质量和发展水平为主的新阶段,必须实现"以量谋大"到"以质图强"的战略转变。高校创新创业教育旨在培养当代大学生的创新精神、创业意识和创新创业能力,改变传统教育以知识灌输为主导的办学理念,树立知识、能力、素质三位一体、多维并重的创新理念。高校创新创业教育重构高等教育良好生态。高校早已不是封闭的象牙塔,新时代高等教育必须是一个开放的生态系统。高校创新创业教育打破学校、政府、企业以及社会机构的界限,激发多方办学主体的积极性,促进办学资源的高效整合,引入社会力量参与创新创业的教学、实践环节,建设"孵化器"、众创空间,为学生搭建创新创业活动空间,引导学生密切关注社会发展,激发学习动力,进一步整合完善从专业、学业、职业到择业创业的全链条式生态系统。高校创新创业教育立足时代要求重构高等教育课程体系。社会发展越来越需要掌握多学科知识的综合性复合型人才,多学科素养是创新的重要支撑。根据《科学时报》统计,近百年来产生的诺奖中,有41.02%的获奖者属于交叉学科,尤其在 20 世纪后 25 年,95 项自然科学奖中,交叉学科领域有 45 项,占获奖总数的 47.4%。① 高校的课程体系就是学生的基础知识体系,高校创新创业教育促进学校打破学科专业界限,紧跟专业相关的产业发展动态,开设跨学科课程、前沿理论课程以及实践实训课程,培养满足时代要求知识体系的创新创业人才。高校创新创业教育促进高等教育改革评价机制。刘延东在深入推进高校创新创业教育改革座谈会上指出,创新创业教育是全面提高高等教育质量的应有之义,要把创新创业教育质量作为衡量办学水平的重要指标,纳入高校教育教学评估指标体系和学科评估指标体系。高校创新创业教育不仅是高等教育改革的重要内容,也是评价高等教育改革的重要方式,必然引发高等教育评价机制的整体变革。总的来说,高校创新创业教育对高等教育改革具有深层次和综合性影响,是推进高等教育综合改革的突破口和重要抓手。

---

　　①　冯一潇:《诺贝尔奖为何青睐交叉学科》,《科学时报》2010 年 2 月 2 日。

三、高校创新创业教育是培育时代新人的重要路径

习近平总书记在党的十九大报告中提出了要"培养担当民族复兴大任的时代新人"这一重要命题,在教育文化卫生体育领域专家代表座谈会上,他以"培养担当民族复兴大任的时代新人"为题,重点强调要培养时代新人的爱国情怀、社会责任感、创新精神、实践能力。时代新人与我们党在各个历史时期提出的教育目标一脉相承,具有丰富的时代内涵。从蕴含的精神价值来看,时代新人应当具备爱国、自信、奋进、担当、实干、开放、包容、创新等多种品质;从其基本素养来看,应当包含理想信念、爱国情怀、道德品质、价值认同、知识见识、本领才干、创新意识、国际视野、综合能力等内容。[①] 归纳起来,高尚的道德情操、强烈的担当精神、敏锐的创新素养、扎实的实践能力既是新时代对时代新人的基本要求,也是时代新人应当具有的基本特征。

高校创新创业教育的目标追求与时代新人的基本特征相一致,是培养时代新人的重要路径。首先,高校创新创业教育有助于培养学生高尚的道德情操和强烈的担当精神。高校创新创业教育是一种全新的教育理念,培养当代大学生创新创业能力首先要解决为什么要创新创业、为了谁去创新创业的问题,即首先要解决高校创新创业教育的价值引领问题。高校创新创业教育不是为了教会学生去开公司、办企业、做生意,赚钱谋生养家糊口,而是在新时代背景下教会学生更好地认清国际国内形势,深刻认识社会发展的宏观趋势,弄明白中华民族伟大复兴的重要意义和现实要求,将个人梦、青春梦、奋斗梦融入中国梦,增强担当民族复兴大任的责任感和使命感,自觉提升自身的理想信念、爱国情怀、道德品质和使命担当。其次,高校创新创业教育有助于提升当代大学生的创新素养。高校创新创业教育是创新指导下的创业教育,也是以创业为目标导向的创新教育。创新是前提、是基础,没有创新的创业是低层次的生存型创业,与担当民族复兴大任的使命要求相去甚远。高校创新创业教育鼓励学生打开格局扩大视野,立足使命担当和时代要求去创新学习,打破学科专业

---

① 冯刚、王莹:《习近平总书记关于时代新人重要论述的基本内涵与时代特征》,《湖南大学学报(社会科学版)》2021 年第 1 期。

壁垒,鼓励交叉融合,从影响和制约国计民生的痛点、难点中去找到突破点,打破思维局限,提高创新素养。最后,高校创新创业教育为学生提供了全方位的实践锻炼平台。在党中央国务院的强力推进下,各地各高校都制定了创新创业教育改革实施方案,一百多所高校、近百家地方企事业单位和社会团体联合成立了"中国高校创新创业教育联盟",一大批支持学生创新创业的孵化器、众创空间、孵化基地在地方和高校相继成立,"互联网+"大学生创新创业大赛等学科专业竞赛开展得如火如荼,为当代青年学生锻炼创新创业能力提供了全方位实践实训平台。

四、高校创新创业教育是提升毕业生就业水平的重要基础

党的十八大报告提出,"引导劳动者转变就业观念,鼓励多渠道多形式就业,促进创业带动就业"[①]。以创新创业带动就业是高校创新创业教育的重要追求。教育部《关于大力推进高等学校创新创业教育和大学生自主创业工作的意见》指出在高等学校开展创新创业教育,积极鼓励高校学生自主创业,是落实以创业带动就业,促进高校毕业生充分就业的重要措施。国务院办公厅《关于深化高等学校创新创业教育改革的实施意见》强调深化高等学校创新创业教育改革,是促进高校毕业生更高质量创业就业的重要举措。国务院办公厅、人力资源社会保障部、发展改革委、教育部以及各地方政府还相继出台了一系列促进创新创业带动就业的政策文件。就业是最大的民生,高校毕业生就业一直是党中央国务院关注的重点。高校创新创业教育促进"创新引领创业,创业带动就业",是提高毕业生就业水平的重要基础。一方面,高校创新创业教育通过推进教育综合改革,更新教育理念,创新教学模式,促进学科交叉融合,引入社会资源,强化实践锻炼,进一步提高学生的综合素质,提升学生的就业竞争力,增强学生的岗位适应力、胜任力、发展力,不断提高学生的就业水平。另一方面,高校创新创业教育为学生提供创新创业培训,创新创业大

---

① 胡锦涛:《坚定不移沿着中国特色社会主义道路前进　为全面建成小康社会而奋斗——在中国共产党第十八次全国代表大会上的报告》,人民出版社 2012 年版,第 35 页。

赛,创新创业项目路演、实训和孵化等一系列实践平台,有助于提高学生的创新创业知识、技能和素养。同时,通过项目诊断、技术指导、政策扶持、资金担保等方式支持一批敢闯会创的大学生走上自主创业道路,在一定程度上实现大学生就业从输血到造血的转变,不仅提升了自己的就业质量,而且为社会创造了新的就业岗位。

第二节　高校创新创业教育的历史演进与现实要求

国外高校创新创业教育的历史最早可以追溯到 20 世纪 40 年代,形成了较为成熟的教育理念和推进模式。国内高校创新创业教育虽然起步较晚,但呈现出起点高、发展快、普及广、后劲足等新特征,它已经上升为国家的一种教育政策和惠及全体学生的普及型行为。系统考察创新创业教育的历史演进,有利于总结国内外经验及规律,明确新时代高校创新创业教育的现实要求。

一、高校创新创业教育的历史演进

教育总是为经济和社会发展服务的,高校创新创业教育的兴起和繁荣有它的历史必然性,离不开特定时期经济和社会发展对创新创业人才的实际需求。

(一)国内高校创新创业教育的历史演进

我国高校创新创业教育的概念经历了从创造教育、创新教育、创业教育再到创新创业教育的历史演进,学术界对国内高校创新创业教育的发展历程有不同的划分,根据对创新创业教育概念的不同理解有的划分为三个历史阶段[1],有的划分为四个历史阶段[2],也有的根据不同时期的主

---

[1]　丁俊苗:《以创新创业教育引领高等教育改革与发展——创新创业教育的三个阶段与高校新的历史使命》,《创新与创业教育》2016 年第 1 期。

[2]　石梦伊:《高校创新创业教育发展历程及其启示》,《创新创业理论研究与实践》2020 年第 1 期。

导力量分为四个历史阶段。① 一般而言,以 2010 年高校创新创业教育概念正式提出为标志,可以把中国高校创新创业教育划分为初步探索阶段、快速发展阶段和深化提升阶段。

1. 高校创新创业教育的初步探索阶段(2010 年以前)

20 世纪初以来,中国高等教育在向现代大学转型的过程中,就提出了创造教育的思想,并成为教育界颇具影响的教育主张和理念。② 陶行知还发表了《创造的教育》《创造宣言》等演讲和文章。20 世纪 80 年代,《中共中央关于教育体制改革的决定》提出要培养具有创造的科学精神的新型人才,1995 年中国发明协会专门成立了高校创造教育分会,定期开展理论研讨活动。20 世纪末,江泽民同志在全国科学技术大会等场合多次强调创新的重要性,指出"创新是一个民族进步的灵魂,是一个国家兴旺发达的不竭动力"③。为落实江泽民同志关于创新的论述和指示精神,中央教育科学研究所于 1998 年提出了"创新教育"的理念,并联合 20 多个省(区、市)的教育研究机构和大、中、小学开展创新教育研究和实验。④ 从此,"创新教育"广泛地出现在各大报刊媒体中,并作为素质教育的重要内容纳入高等教育改革的范畴。1988 年胡晓风最早提出了中国创业教育的概念,并且系统地阐述了创业教育的内涵、目标和原则⑤,他提出"创业教育就是培养人生志在创业的创造教育,就是构建合理的人生的教育,或者说是提高人生质量的教育"⑥。1989 年联合国教科文组织召开"面向 21 世纪教育国际研讨会"和 1990 年联合国教科文组织将中国作为创业教育课题成员国,这两件大事推动了中国创业教育的理论发展和实践探索。国家教委成立专门协调组,1990 年下半年至 1991 年 9 月

① 王占仁:《中国创业教育的演进历程与发展趋势研究》,《华东师范大学学报(教育科学版)》2016 年第 2 期。

② 王占仁:《中国创新创业教育史》,社会科学文献出版社 2016 年版,第 6 页。

③ 《江泽民文选》第二卷,人民出版社 2006 年版,第 237 页。

④ "创新教育研究与实验"课题组:《推进创业教育培养创新人才》,《教育研究》2007 年第 9 期。

⑤ 王占仁:《中国创新创业教育史》,社会科学文献出版社 2016 年版,第 6 页。

⑥ 胡晓风、姚文忠、金成林:《创业教育简论》,《四川师范大学学报》1989 年第 4 期。

在北京等五省一市组织参与了联合国教科文组织的"提高青少年创业能力的教育联合革新项目"。1992 年至 1995 年间,江苏省"创业教育理论与实验研究"获得国家教育科学"八五"规划课题资助,对创业教育的基本理论进行了进一步深化研究。与此同时,高校也开始积极探索实施创业教育,1997 年清华大学在 MBA 培养计划中开设创新与创业方向课程是中国高校创业教育的起点。1998 年,清华大学举办首届创业计划大赛,这是我国高校开展最早的创业实践活动。① 自此开始,复旦大学、华东师范大学、武汉大学等高校相继开展了创业教育的探索,2002 年 4 月,教育部决定在中国人民大学等 9 所高校开展创业教育试点工作,并逐渐形成了以中国人民大学、上海交通大学、北京航空航天大学为代表的三种教育模式。② 中国高校在创造教育、创新教育以及创业教育开展的早期探索推动高等教育理念、教育模式和教育实践的革新,为创新创业教育的正式提出奠定了前期基础。

2. 高校创新创业教育的快速发展阶段(2010—2015 年)

在总结高校理论研究和实践探索经验的基础上,2010 年 5 月教育部正式颁发了《关于大力推进高等学校创新创业教育和大学生自主创业工作的意见》(以下简称《意见》),第一次正式提出了高校创新创业教育的概念。《意见》指出,创新创业教育是适应经济社会和国家发展战略需要而产生的一种教学理念与模式,提出以专业教育为基础,以提高人才培养质量为导向,以提升学生社会责任感、创新精神、创业意识和创业能力为核心,更新教育观念,改革人才培养模式和课程体系,面向全体学生开展创新创业教育,融入人才培养全过程。《意见》从加强创新创业教育课程体系建设、加强创新创业师资队伍建设、建立质量检测跟踪体系、加强创业基地建设、落实和完善大学生自主创业扶持政策等方面对加强高校创新创业教育,推进学生自主创业做出了全方位的安排和部署。2010 年 5

① 石梦伊:《高校创新创业教育发展历程及其启示》,《创新创业理论研究与实践》2020 年第 1 期。
② 王占仁:《中国创业教育的演进历程与发展趋势研究》,《华东师范大学学报(教育科学版)》2016 年第 2 期。

月 13 日,教育部高等学校创业教育指导委员会正式成立。高等学校创业教育指导委员会的成员包括知名企业家、高校教师、相关部门负责人等等,在教育部相关司局的领导下,对高校创新创业教育提供指导、咨询服务。2012 年 8 月,《普通本科学校创业教育教学基本要求(试行)》正式印发,要求高校面向所有学生开设《创业基础》等相关课程,并明确了教学目标、教学原则、教学内容、教学方法和教学组织等具体要求。在政府部门、企事业单位、行业协会组织和高等院校的共同努力下,高校创新创业教育改革逐渐向科学化、制度化、规范化方向发展。部分高校成立了相应的创业教育管理机构,如北京航空航天大学的创业管理培训学院、中南大学的大学生创业教育领导小组等等。《创业基础》成为高校人才培养的必修课程,清华大学、北京航空航天大学、黑龙江大学等都形成了各具特色的理论教学和实践锻炼的课程体系。武汉科技大学贺尊教授等专家学者先后出版了一大批创业学、创业基础、创业基础与职业生涯规划等方面的教材。清华大学等一批高校还率先建立了学生创业基地、创业园或者创业实践平台,为学生创业活动提供技术支撑和经费支持。时任国务院副总理刘延东在深入推进高校创新创业教育改革座谈会上的讲话指出,深化高校创新创业教育改革开局良好,改革的动力活力明显增强,呈现出向纵深发展的态势。①

3. 高校创新创业教育的深化提升阶段(2015 年至今)

2014 年李克强总理在夏季达沃斯论坛会议上发出"大众创业·万众创新"的新号召,2015 年"大众创业·万众创新"写进了政府工作报告,这一政策导向极大地促进了高校创新创业教育的发展。2015 年 5 月,国务院印发《关于深化高等学校创新创业教育改革的实施意见》,特别强调深化高等学校创新创业教育改革对国家实施创新驱动发展战略、促进经济提质增效升级、推进高等教育综合改革、促进高校毕业生更高质量创业就业的重要意义,明确了深化高校创新创业教育的指导思想、基本原则和总

---

① 刘延东:《深入推进创新创业教育改革 培养大众创业万众创新生力军》,《中国教育报》2015 年 10 月 26 日。

体目标,从完善人才培养质量标准、创新人才培养机制、健全创新创业教育课程体系等 9 个方面提出了 30 条具体改革举措。这一文件将高校创新创业教育上升为国家政策,标志着中国高校创新创业教育进入国家统一领导的深入推进阶段。① 第一,高校创新创业教育的顶层设计有效加强。时任国务院副总理刘延东强调要把深化创新创业教育改革纳入"十三五"规划整体谋划和推进,各地区要把高校创新创业教育改革纳入地方政府的重要议事日程,各高校要结合实际制定具体方案,明确时间表和路线图。根据党中央国务院整体部署,各高校都制定了深化创新创业教育改革的实施方案,成立改革领导小组,明确推进改革的具体任务、时间安排和实施路径,在提升高校创新创业教育质量和水平方面发挥了重要作用。第二,推动高校创新创业教育的合力日益增强。在政府部门宏观指导下,2015 年后一批新的行业协会组织先后成立,进一步整合了政府、高校、企事业单位、媒体等社会资源,全社会关注支持高校创新创业教育的氛围更加浓厚。2015 年 4 月 15 日,清华大学倡议成立中国高校创新创业教育联盟。6 月 11 日,"中国高校创新创业教育联盟"在清华大学成立,同时举办了首届全国创新创业教育论坛。2016 年成立了全国高校创新创业投资服务联盟、中国高校创新创业孵化器联盟。2017 年 6 月,在教育部高教司指导下,厦门大学联合国内一批高校,共同发起成立全国大学生创新创业实践联盟。这些行业协会组织密切了高校之间,高校与政府之间,高校与地方科创园、产业园、加速器、孵化器、众创空间、科技企业之间,以及高校与媒体之间的联系,建立了多维主体协同推进的育人新机制。同时,在高校创新创业教育联盟的推动下,全球创业名校高峰论坛、全球创新创业教育生态峰会等活动成功举行,拓展了我国高校创新创业教育的国际化视野,进一步提升了高校创新创业教育的国际化合作水平。第三,创新创业大赛的引领效应日益凸显。2015 年教育部正式举办首届中国"互联网+"大学生创新创业大赛,旨在通过大赛激发青年学生的创

---

① 王占仁:《中国创业教育的演进历程与发展趋势研究》,《华东师范大学学报(教育科学版)》2016 年第 2 期。

新创业活力,推动创业成果转化,以创新引领创业、创业带动就业,培养"大众创业·万众创新"的生力军。中国"互联网+"大学生创新创业大赛受到了高校师生的青睐,2020年在厦门大学举办的第六届大赛吸引了内地2988所高校的师生参加,参赛项目达147万个,参赛人数超过630万。此外,由中国宋庆龄基金会、人力资源社会保障部联合主办的"中国创翼"青年创业创新大赛,由科技部、财政部、教育部、国家网信办和中华全国工商业联合会共同指导举办的中国创新创业大赛也吸引了越来越多的高校师生参加,以赛促学、以赛促创的引领效应不断凸显。第四,高校创新创业教育评价日益深化。教育部于2016年启动全国创新创业典型经验高校评选,经学校总结、推荐申报、专家初选、社会调查和实地考察等环节,每年推选产生50所典型经验高校。首批入选的高校既包括北大、清华等教育部重点高校,也包括黑龙江大学、湖南科技大学等地方省属本科院校,目前已完成为期4年的评选周期,共评选创新创业典型经验高校200所。为进一步总结高校创新创业教育改革工作经验,积极发挥典型示范作用,2016年教育部办公厅又下发《关于开展首批深化创新创业教育改革示范高校认定工作的通知》,2017年1月,认定北京大学等99所高校为"全国首批深化创新创业教育改革示范高校"。同时,高校创新创业教育改革及成效还作为重要内容纳入了教育部本科教学审核评估、学科水平评估的指标体系。各省市教育厅也制定了相应的考评办法,将创新创业教育纳入高校教学评估、人才培养质量评价、就业工作一把手督查、创业孵化示范基地评选等考评范畴,进一步激发了各地各高校在创新创业教育方面的重视和投入力度,推动高校创新创业教育改革向纵深发展。

(二)国外高校创新创业教育的发展历程

从整体来看,世界上主要发达资本主义国家如美国、日本、英国、德国等开展创新创业教育工作较早,形成了相对完善的组织机构、政策体系、教育模式,为我国推进高校创新创业教育提供了有益的借鉴。

1. 美国高校创新创业教育发展概况

美国高校创新创业教育起源于商科人才培养的现实需要,其发展可以大致分为三个历史阶段：萌芽阶段（1947—1970 年）、起步与发展阶段（1970—2000 年）、逐渐完善阶段（2000 年以后）。① 美国企业家霍勒斯·摩西（Horace Moses）认为高中生的商业理论知识与实践经验脱节，成立青年商业社（Junior Achievement），帮助一部分充满好奇心的学生成立公司，体验市场调查、商品选择、定价策略及制定销售方案等商业实战环节，对美国的商科教育产生了重要影响，一定程度上刺激了高校创新创业教育的产生。哈佛大学商学院最早结合专业人才培养需求开设创业课程，迈尔斯.梅斯（Myles Mace）教授 1947 年率先在 MBA 开设《新创企业管理》，被视为高校创业教育的发端。20 世纪 70 年代以后，美国高校创新创业教育得到了快速发展，其标志性事件是创业作为"专业（Program）"在美国大学教育中出现。② 据有关资料统计，1979 年以后的二十多年时间里，美国开设创业教育课程的高校由 127 所发展到 1600 多所。③ 20 世纪 90 年代以后，美国已经有 57 个"创业"本科专业和 22 个"创业"的MBA 项目，在调查的 232 所高校中，至少有 10000 名学生将专业学习聚焦在创业领域上。④ 这一时期，美国形成了从副学士、学士、硕士到博士学位的创业教育完整学位类型。与此同时，美国的创业教育研究也得到了迅速发展，《小企业管理期刊》《创业理论与实践》《企业创业杂志》等世界公认的创业领域重要刊物相继创刊。21 世纪以来，美国高校创新创业教育日益成熟，主要体现在五个方面：第一，高校创新创业教育更加体系化，不同学历层次的创业教育在课程设置、学分管理、学业要求等方面都有明确规定。第二，确立了创业教育标准，2004 年美国创业教育联盟（The Consortium for Entrepreneurs）发布《创业教育内容国家标准》（National Content Standards for Entrepreneurship Education），随后又发布了

---

① 季学军：《美国高校创业教育历史演进与经验借鉴》，《黑龙江高教研究》2007 年第 2 期。

② 夏仕武、毛亚庆：《美国创业教育体系化建设：历程及启示》，《江苏高教》2020 年第 8 期。

③ 常建坤、李时椿：《美国的创业教育及其启示》，《光明日报》2005 年 12 月 18 日。

④ Robinson P., Haynes M., Entrepreneurship Education in America's Major Universities, Entrepreneurship Theory and Practice, 1991(3):41-52.

《创业教育实践国家标准》(National Standards of Practice for Entrepreneurship Education)。[1] 第三，创业师资队伍建设更加成熟，通过选派教师参加创业及创业实践体验、引入社会资深人士、创业教育者终身学习计划等多种途径，每年培养一大批创业教育教师。第四，创业教育研究更加繁荣，服务创业教育的专业期刊不断增加，数量和质量都不断提升，社会影响力越来越大，如《商业风险杂志》《创业理论与实践》《哈佛商业评论》等，从侧面反映了这一时期创业教育理论和实践研究的繁荣程度。第五，社会参与日益提升，支持创业教育的尤文·马里恩·考夫曼基金会(Ewing Marion Kauffman Foundation)先后推出了考夫曼快车道(Kauffman FastTrack)、冰屋创业项目(Ice House Entrepreneurship Program)、全球学者项目(Kauffman Global Scholars Program)等，社区工作人员、企业家、公益社会机构等也不断参与到高校创新创业教育中来，在大学担任兼职授课教师或创业教育导师，形成了良好的社会支持氛围。

2. 日本高校创新创业教育发展概况

日本高校创新创业教育始于 20 世纪 60 年代，80 年代之后获得快速发展，建立了较为完善的创新创业教育体系，形成了具有本国特色的创新创业教育模式，在高校人才培养中发挥了重要作用。日本高校创新创业教育大致经历了萌芽期、初创期、发展期和成型期四个阶段。[2] 20 世纪 60 年代，日本经济高速增长，产业发展急需熟练工人和高科技人才，部分专科院校开始尝试"产学合作"的培养模式，开设职业生涯发展相关课程，引导一部分应用型技术人才实现创业梦想。20 世纪 70 年代以后，日本经济发展进入稳定增长时期，人才需求向经营、管理、营销等领域转向，对教育改革提出了新的要求。日本政府 1982 年就发出"要培养创造性人才"的号召，对高校人才培养提出新要求。1990 年以后日本高校创新创业教育快速发展，1995 年日本政府颁布《科学技术基本法》，1996 年日本

---

① 夏仕武、毛亚庆：《美国创业教育体系化建设：历程及启示》，《江苏高教》2020 年第 8 期。

② 刘双喜、郑越：《日本高校创新创业教育的发展及其启示》，《河北农业大学学报（农林教育版）》2017 年第 6 期。

经济团体联合会提出"培养具有创新精神的人才",体现了政府和产业界对能够给经济发展带来全新活力的创新创业型人才的迫切需求。为培养创新创业人才,日本高校积极开展各类创业讲座,推行企业见习制度,推动创新创业理论教育与实践锻炼有机融合。21世纪之后,日本高校创新创业教育进入规模化、系统化发展阶段,逐渐形成了"官产学"合作推进的教育模式。2003年,日本政府发布推动青年创业的纲领性文件《青年自立·挑战计划》①,倡导民间企业参与高校创新创业教育。据统计,到2008年日本有247所国立、公立、私立高校将创新创业教育融入到本科和研究生教育体系中,占日本高校总数的46.1%,其中早稻田大学、大阪商业大学等还开设了"创业"专业。日本高校创新创业教育也称作企业家教育,它始终关注学生创业思维、创业能力、创业意识的培养,把提升创业素养放在首位,以培养创业精神为核心目标。②

3. 德国高校创新创业教育发展概况

德国高校创业研究和创业教育并驾齐驱,企业和社会机构深度参与,重点培养大学生创新创业意识,鼓励大学生结合学业专业开展创业,推动了德国中小企业蓬勃发展。德国的创业研究和创业教育一直与中小微企业发展结合紧密,成立联合研究机构,并在1978年就创立了创业文献数据库(ELIDA),出版创业方面的系列读物。20世纪70年代开始,德国高校开始建立创业教育教授席位制度,先后在商贸类和全日制大学开设创业教育课程。20世纪80年代开始注重面向学生和社会系统开展创业培训,提升学生的创新思维和创业技能。柏林大学法尔廷(Faltin)教授以自身的创业经历为例,剖析创新理念形成的原因和模式,分析影响创业成功的因素,定期开展创业培训和年度创业峰会,得到在校学生和社会创业人士的好评,获得德国总统表彰。③ 20世纪90年代末期以来,德国高校创

---

① 张昊民、陈虹:《日本创业教育的演进、经典案例及启示》,《比较教育研究》2012年第11期。

② 陈江:《日本高校创业教育:历史演进、发展特征和经验启示》,《现代教育科学》2017年第1期。

③ 杨秋宁:《德国高校创业教育的特点及启示》,《人民论坛》2014年第32期。

新创业教育获得政府和社会各界的大力支持。据统计,1999—2001 年,德国政府投入了 4200 万马克支持高校创业教育。① 德国的许多知名企业积极参与并支持高校创新创业教育,西门子、大众、拜耳等公司定期举行创意大赛,面向大学生设立公司研究课题和社会公益创业项目。21 世纪以来,德国高校创新创业教育模式逐渐成熟,许多高校都成立了创业服务公司、创业中心或是创业孵化器,如柏林洪堡大学、莱比锡大学、柏林工大等,并设立了资金雄厚的创业扶持基金,政府部门、银行、企业及行业协会都支持并参与到创业项目的遴选、指导、服务和孵化中来。德国创新创业教育具有很强的针对性,职业培训学校和职业高等学校注重培养学生的技术和技能,更多地进行生存型创业教育,综合性大学在创业教育方面则更加注重结合学生所学专业开展创新理念和商业模式运作方面的教育,对创业精英和高质量的创业项目予以重点扶持。②

4. 英国高校创新创业教育发展概况

英国高校创新创业教育起源于 20 世纪 70 年代,经历了萌芽期、起步期、发展期和成熟期四个发展阶段。③ 曼彻斯特商学院于 1971 年尝试引入小规模的创业课程,逐渐成为 MBA 教育的核心课程,受到了学生的欢迎。此后,谢菲尔德理工学院、达勒姆大学、伦敦商学院等高校相继推出了各种各样的创业课程。20 世纪 80 年代,英国高校创新创业教育得到了政府的高度重视,高校的商学院面向社会提供创业培训、创业咨询和创业计划。在政府和相关培训机构的支持下,有创业意向和创业初期的创业者得到了良好的智力扶持,企业管理和研究协会、小企业研究基金会等组织相继成立,并定期举办年会和研讨,推动了创业教育的发展。1984 年,英国国家咨询委员会和大学拨款委员会明确要求将创新创业教育课程纳入所有本科教育,将创新精神和创业能力作为评估高等学校创新创

---

① 王森:《德国政府支持大学生创业——EXIST 计划概要》,《全球科技处经济瞭望》2002 年第 3 期。

② 杨秋宁:《德国高校创业教育的特点及启示》,《人民论坛》2014 年第 32 期。

③ 孙秀丽:《英国大学创新创业教育体系的研究及启示》,《广东外语外贸大学学报》2019 年第 2 期。

业教育的重要指标。[①] 1990 年以后,创业教育成为英国大学的主流课程。进入 21 世纪,英国先后设立了科学创业中心和全国大学生创业委员会,2001 年以后启动高等教育创新基金以及科学创业挑战基金,加大对学生创业项目指导和扶持力度。同时开通在线资源网站,架起沟通投资者和高校创新创业教育的桥梁,便于高校根据市场需求变化及时调整创新创业教育目标和策略。2006 年,英国 45% 以上的高校开设了一门或多门创新创业课程,教学设施和课程体系不断充实和完善。[②] 在政府扶持、企业和社会机构参与以及高等院校的努力下,英国高校创新创业教育迈向了多元化发展的成熟阶段,形成了具有自身特色的教育体系。

20 世纪 90 年代以来,高校创新创业教育在瑞典、芬兰、韩国、以色列等国家都得到了快速发展,形成了各具特色的教育模式,为培养创新创业人才,推动经济社会稳定和快速发展作出了重要贡献。

二、新时代高校创新创业教育的现实要求

加强高校创新创业教育既要关照历史,兼容并蓄,注重吸收世界各国的宝贵经验;更要关照现实,因时而进、因事而化、因势而新,全面把握新时代高校创新创业教育的现实要求。

(一)从教育理念看,必须注重革新观念、顶层设计、高位推动并驾齐驱

作为推动高等教育综合改革的突破口和重中之重,我国高校创新创业教育带有较为明显的自上而下的改革特征,认同是这类改革的现实基础。因此,从教育理念讲,推进高校创新创业教育必须注重革新观念、顶层设计、高位推动并驾齐驱,增进创新创业教育的观念认同、情感认同和实践认同。首先,必须通过革新观念来更加广泛地凝聚推进高校创新创业教育的思想共识。高校创新创业教育的提出有解决急剧增长的毕业生

---

① 张国峰、樊增广:《英国高校创新创业教育发展与启示》,《中国冶金教育》2020 年第 2 期。

② 杨娟:《英国高校创业教育拾记》,《中国大学生就业》2008 年第 4 期。

就业问题的时代背景，从而也导致创新创业教育理念功利化、简单化的倾向，影响了高校师生对创新创业教育的观念认同。教育部《关于大力推进高等学校创新创业教育和大学生自主创业工作的意见》明确指出，创新创业教育是适应经济社会和国家发展战略需要而产生的一种教学理念与模式，要面向全体学生，融入专业教育，深化到高校人才培养的全过程之中。因此，推进高校创新创业教育观念革新必须解决高校创新创业教育是什么、要不要、面向谁、谁来做等现实问题，凝聚共识，增进创新创业教育的思想认同、理论认同和情感认同。其次，必须加强高校创新创业教育的顶层设计。重视创新创业教育已经成为全世界高等教育改革的普遍现象，各个国家都制定了相应的宏观规划或标准文件。2016 年英国将创新创业教育教学效果和学生创新创业成果纳入《教学卓越框架》，2017 年发布的《工业战略建设》将规模化培养下一代企业家作为政府的战略目标，2018 年又发布了创新创业教育的标准文件。[1] 美国早在 2004 年前后就制定了创新创业教育内容和实践的国家标准，对学生创业能力分类细化为表现指标和行为特质，对创新创业教育的课程设置、教学过程和教学方法等进行规范。近年来，我国高校创新创业教育的顶层设计得到了有效加强，尤其是国务院《关于深化高等学校创新创业教育改革的实施意见》出台以后，创新创业教育纳入了日常教学体系、本科教学审核评估，以及学科水平评估、本科教学质量国家标准等评价体系中，但对于创新创业教育的质量标准、过程实施和效果评价还有待进一步细化量化，增强顶层设计的可操作性。再次，必须持续高位推动高校创新创业教育。党中央国务院高度重视创新创业教育，除 2010、2015 年发布的两个纲领性文件外，2015 年 6 月国务院印发《关于大力推进大众创业万众创新若干政策措施的意见》，2018 年 9 月又下发《关于推动创新创业高质量发展打造"双创"升级版的意见》，从观念引导、政策支持、氛围营造等方面为高校创新创业教育保驾护航。从现实情况看，高校创新创业教育仍需在政府

---

① 张国峰、樊增广：《英国高校创新创业教育发展与启示》，《中国冶金教育》2020 年第 2 期。

部门的持续高位推动下走深走实,落实到高校管理人员、专业课教师、广大学生的行动当中,深入到专业教学和人才培养的全过程当中,融入到学生第二课堂活动、社会实践活动的全方位体系当中。

(二)从培养目标看,必须注重知识传递、能力培养、素质提升三位一体

教育部《关于大力推进高等学校创新创业教育和大学生自主创业工作的意见》提出在高等学校中大力推进创新创业教育,要以提升学生的社会责任感、创新精神、创业意识和创业能力为核心;国务院《关于深化高等学校创新创业教育改革的实施意见》提出全面深化高校创新创业教育改革,学生的创新精神、创业意识和创新创业能力要得到明显增强。这两个纲领性文件规定了高校创新创业教育的目标追求,必须破除学生学习与实践脱节、知识与能力脱节、能力与素质脱节的怪现象,注重知识传递、能力培养和素质提升三位一体。高校创新创业教育不是否定专业教育另起炉灶,与此相反,掌握扎实的专业知识是提高当代大学生创新创业水平和层次的必要基础。大学生是经过高等教育培养的高级专门人才,运用专业知识实施创新创业也应当是大学生创新创业的基本特征和应有之义。当然,加强高校创新创业教育要求我们所培养的大学生不仅仅是掌握一定的专业知识,还必须通过交叉融合的培养模式让学生掌握创新创业所需的管理学、经济学、财务管理、电子商务、税务、法律等跨学科知识。创新创业本身也是一门专门知识,如何创新、怎么创业也是创新创业教育中知识传递的重要内容。高校创新创业教育还要注重激发学生的创新创业意识、提升创新创业能力。在教育过程中引导学生利用所学知识观察和认识社会,关注国计民生的热点问题,找准市场需求的痛点,找到解决方案,组建创业团队,制订商业计划,一步一步地实现自己的创业目标。这就是培养学生观察能力、发现能力、判断能力、协作能力、执行能力、创新能力的过程。新时代创新创业型人才还必须具备符合时代要求的素质,创新创业是一个艰辛的过程,也是一个充满挑战甚至风险的过程,没有吃苦耐劳、坚忍不拔的意志品质不能胜任。此外,诚实守信、奉公守法、爱岗敬业、和谐友善等基本素质都是新时代高校创新创业教育的目标追求。

（三）从实施路径看，必须注重专业教学、技能培训、实践锻炼融合共生

专业教学、技能培训、实践锻炼融合共生是培养学生创新创业能力的重要路径。高校创新创业教育作为一种顺应时代潮流的教育理念，必须落实到教育教学的基本环节当中，注重理论和实践相结合是必然要求。从专业教学角度讲，首先要推进高校创新创业教育与专业教育深度融合，这既是国家推进创新创业教育的政策导向，也是提升创新创业教育质量和实际效果的必然选择。各高校在人才培养方案的制定过程中就应当全面贯彻这 教育理念，充分挖掘专业教学中的创新创业资源，在教学过程中引导学生找准找好专业学习与创新创业的交叉点、结合点。其次要全力打造创新创业教育课程群，贯彻教育部《普通本科学校创业教育教学基本要求(试行)》，面向全体学生开设《创业基础》。在此基础上，充分发挥学校的专业优势，开发文理渗透、理工交融的创新创业相关课程，如创业构思、融资策略、战略管理、企业设立、风险管理等。从技能培训的角度讲，主要是培养学生掌握一定的创新创业方法和技能，紧密结合专业去观察和发现问题，模拟创业团队的组建、商业计划的写作、投资融资等创业环节，增强判断能力、协调能力、沟通能力和管理能力。在这一方面，地方人社部门给予了高校很多的政策和资金支持，比如高校开展的"创办你的企业(SYB)"、创业模拟实训等，地方政府可以按参训和结业人数给予经费扶持。从实践锻炼角度看，主要是为学生提供体验创业实践的支撑平台，提高学生的决策能力和执行能力。在国家政策的引导下，高校为学生提供的创新创业实践锻炼平台越来越多。一是国家倡导高校的实验室、工作室要免费向本科生开放，让学生有更多的实践动手机会；二是高校举办的各级各类创新创业大赛日益丰富；三是高校建立的各种孵化基地、众创空间、创新创业教育中心、创新创业实践中心等为有强烈创业意愿的学生提供了更多的实战机会，这些平台大都免费向学生开放，并承担项目路演、指导、诊断等职责，提供税务、法务、财务等咨询服务，部分高校还成立了创新创业种子基金，为学生创新创业项目提供融资服务。

（四）从主体力量看，必须注重政府、高校、社会、家庭协同联动

高校创新创业教育是一项综合性的系统工程，必须注重政府、高校、社会、家庭等多维主体的协调联动，密切配合。从世界各国推进创新创业教育改革的历史进程来看，政府的作用是不可替代的。我国的教育性质和教育制度决定了政府是高校资源的主要投入者，一定程度上决定了教育资源的分配领域和使用方向。政府不仅可以制定政策引导高校创新创业教育的发展，而且可以协调其职能部门为高校创新创业教育提供人力、物力和财力支持，通过舆论宣传引导全社会形成良好的氛围支持。[①] 高校是创新创业教育的具体执行者和落实者，应当站在培养担当民族复兴大任时代新人的高度，抓好顶层设计，做好统筹谋划。当前，绝大部分高校都将创新创业教育纳入一把手工程由主要领导亲自部署，成立创新创业学院或创新创业教育中心具体负责组织协调工作，修订了人才培养方案和学籍管理制度，组建了创新创业孵化基地或众创空间，推进的速度、广度、力度、效度都在加强。社会是大学生施展创新创业的广阔舞台，与产业、行业、企业深度合作是加强高校创新创业教育的必由之路。社会企事业单位、产业园、孵化园、媒体等还掌握了大量的创新创业资源，资深的企业家、天使投资人、媒体记者等拥有丰富的实战经验，到高校开展创新创业讲座、担任创新创业导师、参加创业项目路演等都是强化高校与社会合作的有效形式。家庭在高校创新创业教育中也发挥着重要作用，家长的教育观念、态度立场等不仅影响学生创新创业活动的开展，也制约高校创新创业教育的实际效果。

第三节　高校辅导员在创新创业教育工作中的角色定位

要找准高校辅导员在创新创业教育工作中的角色定位，必须首先明

---

① 刘双喜、郑越：《日本高校创新创业教育的发展及其启示》，《河北农业大学学报（农林教育版）》2017 年第 6 期。

确什么是高校创新创业教育。对此,学术界有很多不同的看法,国内关于创新创业教育概念的界定大致经历了以创业倾向为主张的"倾向论",以阐述创新、创业与教育三者关系为主导的"关系论"及主张将创新创业教育视为一个有机整体进行阐述的"超越论"三个阶段。① 王占仁教授认为创新创业教育以培养具有开创性的个人为主体目标,是素质教育和职业教育的有机结合,这种创造性的包容和整合既具有"素质型"创业教育的高度,也具有"职业型"创业教育的深度,②基本价值取向既包括创新创业精神、创新创业思维的培养,也包括创新创业行为方式、创新创业人生哲学的塑造,还包括创新创业型生活方式、创新创业型生涯选择。③ 国家和教育部文件明确指出,高校创新创业教育是适应经济社会和国家发展战略需要而产生的一种教学理念与模式,要面向全体学生,融入人才培养全过程,提升学生的社会责任感、创新精神、创业意识和创业能力。由此可见,高校创新创业教育并不同于创新教育、创业教育、素质教育,也不是三者的简单融合,它是以创新精神、创业意识、创新能力和社会责任感培养为基础,以创新与创业行为为目标导向,旨在培养大学生创新创业知识、精神、意识、态度、思维和能力的一种新的教育理念。

高校创新创业教育工作内容十分庞杂,既包含学校层面的顶层设计、政策制定、机构设置、人员配备、队伍建设,也包含院系的政策宣传、教学实施、活动策划、氛围营造,还包括学生的宣传发动、组织协调、业务指导等。高校辅导员不是唯一的工作主体,也不可能承担所有的工作任务,我们必须在高校创新创业教育工作中找准自己的角色定位,不缺位、不失位、不越位,既发挥自身的角色优势积极地推动工作,又要有位有为,找到辅导员工作的职业乐趣。

---

① 许蔚萍:《我国高校创新创业教育研究:文献分析的视角》,《阅江学刊》2016 年第5 期。

② 王占仁:《高校全面推进创新创业教育的争论与反思》,《教育发展研究》2015 年第 Z1 期。

③ 王占仁:《创新创业教育的历史由来与释义》,《创新与创业教育》2015 年第 4 期。

一、高校辅导员是新时代创新创业教育工作的政策宣传员

在推进创新创业教育过程中,国家、各省市区、各高校制定了大量的政策法规、制度文件,形成了比较完善的政策支持体系。高校辅导员应当结合本地本校的实际情况,掌握创新创业教育工作的相关政策,做好各级各类政策的宣传员,推动政策落细落实落地。一是做好党中央、国务院、教育部等宏观政策的宣传。近年来,国家先后制定了《关于大力推进高等学校创新创业教育和大学生自主创业工作的意见》《关于深化高等学校创新创业教育改革的实施意见》《普通本科学校创业教育教学基本要求(试行)》《关于大力推进大众创业万众创新若干政策措施的意见》,在大学生中学习宣传这些文件政策有利于深化学生对创新创业教育的认识和理解,增强学习动力,提高投身创新创业的积极性和主动性。二是做好创新创业教育有关的学业政策宣传。主要包括两个方面:一方面是有关创新创业方面的学习政策,比如教育部实施的国家级大学生创新创业训练计划项目,包括创新训练项目、创业训练项目和创业实践项目三类,要求参与计划高校教学管理部门从课程建设、学生选课、考试、成果认定、学分认定、灵活学籍管理等方面给予政策支持。与此类似的国家级、省部级、地市级以及校级项目还有很多,部分高校还制定了创新创业活动转化为技能学分等相关配套政策。另一方面是有关创新创业方面的学籍政策。根据教育部最新政策,对有自主创业意愿的大学生,可以实行弹性学制,放宽修业年限1—2年,允许调整学业进程、保留学籍休学创业;优先支持参与创业的学生转入相关专业学习;等等。三是做好有关创新创业方面的服务政策宣传。有创业意愿的大学生可以免费获得地方人社部门或人才服务机构提供的创业指导,包括政策咨询、信息服务、项目开发、风险评估、开业指导、融资服务、跟踪扶持等,有较为成熟项目的大学生可以申请参与大学生科技园、创业园、创业孵化基地等实践平台,可以申请使用大学或地方的工程研究中心、各类实验室、科研教学大型仪器设备等科技创新资源。四是做好有关创新创业方面的税务优惠政策宣传。为鼓励大学生创新创业,国家先后出台了很多税收及贷款优惠政策。例如,高校毕业生持《就业创业证》创办个体工商户、个人独资企业,3年内每户每年

按 8000 元限额依次扣减当年实际应缴纳营业税、城市维护建设税、教育费附加和个人所得税;符合条件的大学生自主创业,可以在创业地按规定申请创业担保贷款,额度为 10 万元;对大学生创办的小微企业新招用毕业年度高校毕业生,签订 1 年以上劳动合同并交纳社会保险费的,给予 1 年社会保险补贴;等等。除此之外,绝大部分高校还制定了校级层面的创新创业教育实施办法、创业孵化基地管理办法、创业项目遴选及支持办法等。高校创新创业教育工作的政策宣传形式可以灵活多样,辅导员具有自身的职业优势,可以采取编印宣传册、专题讲座、学习研讨、宣传橱窗、个体咨询辅导等多种形式开展宣传工作,满足不同层次学生的创新创业学习需求。

二、高校辅导员是新时代创新创业教育工作的教学参与者

创新创业课程教学是新时代高校创新创业教育工作的重要内容,目前高校开设的创新创业相关课程主要有四类:一是面向全体学生开设的创业基础类课程。如《创业基础》等相关课程,以教授创业知识为基础,以锻炼创业能力为关键,以培养创业精神为核心,让学生掌握创新创业的基础知识和基本理论,熟悉创业的基本流程和基本方法,了解创业的法律法规和相关政策。《创业基础》定位为普及类课程,综合性强,专业性相对较弱,高校辅导员可以根据自身的职业发展定位和兴趣爱好参与到这一门课程的教学之中。二是结合专业开设的创新创业类课程。教育部文件明确规定,创业教育必须与专业教育紧密结合,在专业教学中培养学生善于发现创业机会、敢于进行创业实践的能力。高校辅导员具有不同的学科专业背景,依托所学专业也可以开发具有专业特色的创新创业类课程。三是面向有创业需求对象开设的培训类课程。近年来,越来越多的高校通过政府购买服务的方式承担了创业培训任务,开设各种各样的创业培训班。人社部门开展的 SYB 创业培训、创业实训等培训课程,对授课教师的资质有一定要求,但同时也提供了创业师资培训班、创新创业讲师大赛等获取资质的途径。高校辅导员可以积极申请,通过自学或培训等方式获取人社部门创业培训讲师证书,再经过 2—3 个周期的跟班学

习,一般都可以独立承担 SYB 创业培训的相关课程教学任务。四是创新创业类选修课程。创新创业所需知识涉及到管理、法律、财务、税务等多个领域,结合相关领域开设创新创业选修课也是高校辅导员参与教学的一条路径,对培养适应创新创业人才需要的综合性、交叉性学科知识具有重要作用。专兼结合是当前高校创新创业教学的重要特征,也是现实状况的客观需求,地方政府部门、行业组织、高校管理机构为提升兼职队伍的教学能力和教学水平提供了多种多样的学习培训机会,同时可以获得相应的资质证书。高校辅导员应当创造条件积极参与创新创业课程教学,有利于进一步明晰自身的职业兴趣和发展定位,推动辅导员队伍建设向职业化、专业化、专家化方向发展。

三、高校辅导员是新时代创新创业教育工作的组织策划者

新时代高校创新创业教育工作旨在培养具有创新精神、创业意识、创业能力和社会责任感的时代新人,理论与实践有机结合是基本路径,第一课堂是主渠道,第二课堂是主阵地。第一课堂高校辅导员是参与者,对创新创业教育第二课堂来说高校辅导员则是重要的策划者、组织者、协调者和实施者。高校创新创业教育日益深入,第二课堂活动也更加丰富,归纳起来,新时代创新创业教育工作的第二课堂活动大致分为四类:一是讲座报告类活动。高校邀请经验丰富的企业家、行业精英、教育专家、创业典型等进校开展创新创业讲座、报告会、论坛等,既是创业知识、经验和能力的有效传递,更是创业意识、创新精神的优秀传承。创新创业讲座报告类活动需要系统谋划,整体部署,可持续化推进。可以充分依托高校所在地的经济社会实际进行,广泛挖掘校友资源,发挥行业协会组织的优势,形成系列化、精品化的常态活动。二是竞赛类活动。以赛促创、以赛促学、以赛促教是创新创业竞赛类活动的宗旨。当前影响最大的是中国"互联网+"大学生创新创业大赛,分为高教主赛道、青年红色筑梦之旅赛道、职教赛道和萌芽赛道,目前已经举办了 7 届,每年吸引了数百万大学生报名参加。除此之外,由科技部、财政部、教育部等单位牵头的中国创新创业大赛和由中国宋庆龄基金会、人力资源社会保障部联合主办的"中国创

翼"创新创业大赛以及清华大学等高校开展的"校长杯"创新挑战赛、清华"创客日"、全球创客马拉松比赛等活动,在高校大学生中也有较大影响。高校辅导员在这些活动中发挥着重要的组织协调作用,比如学生的宣传发动、比赛团队的组建、院级层面比赛的组织、项目指导老师的动员协调以及比赛过程的跟踪服务等等。三是培训类活动。创新创业培训是连接专业知识和创业知识的纽带,也是连接创新创业理论与实践的桥梁。培训类活动按实施主体可以分为政府部门主导的培训和高校自主组织的培训,前者如 SYB 创业培训、创业模拟实训等,后者如高校组织的创业精英培训班、创业体验营等。高校辅导员在培训类活动中要承担学生宣传发动、学员筛选、课程组织、学习跟踪等工作,提升创新创业培训类活动的实际效果。四是实践类活动。主要是指有较强烈的创业意愿、较成熟的创业项目的学生从事的创业实践活动。目前,绝大部分高校都成立了创新创业孵化基地、众创空间等扶持平台,一些地方创业园、孵化园等也向大学生免费开放,学生创业项目经过项目路演、诊断评估等环节可以免费入驻,享受更加专业、全面、系统的创业指导、咨询、融资、税务服务。高校辅导员是学生非常信赖的老师,学生在创业实践过程中总会遇到各种各样的困难和问题,辅导员应尽可能地做好指导服务,协调地方、学校和学院的力量为学生创业实践项目把好市场调研关、团队组建关、风险防控关,增强项目的可操作性和可执行性,减少因创业实践带来的各种学业问题、心理问题和经济问题。

四、高校辅导员是新时代创新创业教育工作的氛围营造者

国务院《关于深化高等学校创新创业教育改革的实施意见》指出,各地区、各有关部门以及各高校要高度重视高校创新创业教育,使创新创业成为管理者办学、教师教学、学生求学的理性认知与行动自觉,丰富宣传形式,培育创客文化,努力营造敢为人先、敢冒风险、宽容失败的氛围环境。高校创新创业教育坚持面向全体、基于专业、分类培养、强化实践的基本理念,每一名师生员工都是参与的主体,高校辅导员在基层一线发挥着最基础、最根本的组织协调作用,营造良好的工作氛围是推进创新创业

教育的重要条件。首先，要强化创新创业教育工作的思想引领，通过转变观念，深化认识，凝聚共识，形成良好的理论氛围。高校创新创业教育不是简单的技能培训，也不是单纯为了解决就业问题的应景之举，而是国家层面的教育战略，是深化高等教育综合改革的重中之重和突破口。一些专业老师对创新创业工作还存在误解、曲解等认识误区，站位不高，判断不准，执行不力，高校辅导员要理直气壮去破除这些不正确的观念，通过专家讲座、论坛等加强理论宣讲，增强做好创新创业教育工作的理论自觉。一代人有一代人的际遇，一代人有一代人的担当，当代青年大学生正逢盛世，这既是青年大学生的人生际遇，也是青年大学生的责任担当。高校辅导员要引导青年学生正确认识历史机遇与责任使命，不仅要知道怎么去创新创业，掌握相关的知识和技能，更重要的是要理解为什么要去创新创业，为了谁去创新创业，深刻认识高校大学生创新创业的社会责任和历史使命。其次，要整合媒体资源，创新宣传形式，形成创新创业教育工作的良好舆论氛围。高校辅导员可以通过院校网站、公众号、QQ群、微信群等多种学生熟悉的方式，传递创新创业政策，宣讲先进青年创业典型，介绍成功事例和经验，充分发挥大学生自身的主体作用，用身边事教育身边人，让身边人述说身边事，传播有利于推进创新创业工作的正能量。再次，要重视软硬件条件建设，形成创新创业教育工作的良好文化氛围。要加强物质条件建设，按照教育部"机构、场地、人员、经费"四到位的要求，创造条件组建院级众创空间或创新创业学习中心，精心设计空间布局，把政策、制度、要求、案例、经验等融入到学生学习生活的物质环境当中。高校辅导员要倡导敢于冒险、勇于创新创业的文化氛围，完善创新创业学生管理制度，在学业规划、学习指导、日常管理等方面予以更多的关心和帮助，尽可能地解决创业学生的后顾之忧。要营造宽容失败的文化氛围，鼓励敢于试错的勇气，对创业遇到困难甚至遭遇暂时失利的学生要予以精神激励和心理支持，培养学生强大的内心力量。创新创业教育工作的环境氛围是培养创新创业人才的土壤，是一项需要长期坚持的重要基础工作，高校辅导员处于环境氛围的中心节点，是营造高校创新创业教育工作良好氛围的动力源。

第四节　高校辅导员创新创业教育
工作的现状与优化

自2010年教育部首次提出创新创业教育概念以来,我国高校创新创业教育工作取得了重要进展,高校把创新创业教育融入素质教育各环节,融入人才培养全过程,实现了人才培养机制的转变和从就业从业教育到创新创业教育的转变,为当代大学生绽放自我、展现风采、服务社会搭建了新平台,为世界高等教育改革贡献了中国经验和中国智慧。高校辅导员作为学生成长成才的人生导师和健康生活的知心朋友,在基层一线为推进创新创业教育工作作出了重要贡献。新时代高校辅导员在创新创业教育工作中的角色定位既是工作职责,也是主要的工作内容。从现实情况看,也有一部分辅导员存在认识不深、定位不准、举措不力等现象,深入分析这些存在的现实问题,剖析影响制约实际效果的瓶颈和关键,才能更好地找到优化新时代高校辅导员创新创业教育工作的实施路径。

一、高校辅导员创新创业教育工作的现实状况

总的来讲,新时代高校辅导员对贯彻落实国家深化高校创新创业教育改革战略高度重视、积极支持、主动参与,呈现出良好的发展势头,但也不能否认,仍有极少数高校辅导员在创新创业教育工作方面存在不想管、不愿管、不敢管、不能管的现象,不利于高校创新创业教育工作的进一步普及和深化。

(一)思想认识不到位不想管

不想管的原因是部分高校辅导员对创新创业教育工作认识不到位,主要体现在四个方面:第一,对创新创业教育工作的重要性和必要性认识不到位。有人认为大学生在校期间的主要任务是学习专业知识,创新创业是毕业之后的事,可以由学生自己去摸索、尝试,不需要进行专门的创新创业教育;有人认为创新创业教育只是针对少部分人进行的教育,主要

是有强烈创业意愿的学生,针对所有学生群体广泛普及式的创新创业教育没有必要,会造成人力、物力、财力资源的浪费;有人认为创新创业教育条件不成熟,大学生创新创业既没有资金又没有经验,风险太大,不具有可行性和可持续性。第二,对创新创业教育工作的内涵认识不到位。极少数辅导员对"创新创业教育到底是什么"不清楚,对创新创业尤其是创业的理解十分狭隘,把学生创业等同于开店、办企业、摆地摊挣钱,认为这是不务正业的表现。美国百森商学院杰弗里·蒂蒙斯(Jeffry A. Timmons)教授认为:"创业是一种思考、推理和行动的方法。"①南开大学张玉利教授认为:"把创业仅仅理解为创建新企业是片面的,创业的本质更在于把握机会、创造性地整合资源、创新和快速行动,创业精神是创业的源泉。"②可见,创业既包括开办企业,也包括开创事业,岗位创业、公益创业都是创业的重要内容和形式,创新创业精神是创业的基础和核心。高校创新创业教育的根本目的就在于培养学生的创新创业精神,在学生心中埋下一颗创业的种子,待环境条件成熟,这颗种子就会生根发芽,茁壮成长。第三,对创新创业教育工作的形式认识不到位。个别辅导员认为只要按照学校布置的工作完成任务就行,缺乏系统思考和整体谋划,仅满足于完成《创业基础》课程教学、组织互联网+创新创业大赛等常规任务,推进工作的系统性不强,创新动力不足。第四,对创新创业教育工作的职责定位认识不到位。高校创新创业教育工作是一个整体,政府、高校、社会、家庭都有职责,高校领导、管理干部、专业教师、辅导员都是这项工作中的重要环节。有的辅导员认为创新创业教育工作是学校层面的事情,是专业老师的职责和任务,与自己的工作无关或者关联不大。高校辅导员的主要职责是大学生思想政治教育工作,而高校创新创业教育旨在培养有创新精神、创业意识、创业能力和社会责任的时代新人,是国家创新驱动战略的必然要求,是深化高等教育改革的重要抓手,也是学生成长

① [美]杰弗里·蒂蒙斯、小斯蒂芬·斯皮内利:《创业学(第六版)》,周伟民、吕长春译,人民邮电出版社2005年版,第23页。

② 张玉利、李乾文、李剑力:《创业管理研究新观点综述》,《外国经济与管理》2006年第5期。

成才的现实需要,已经成为大学生思想政治教育工作的重要组成部分。思想决定行为,观念决定行动,正因为部分高校辅导员对创新创业教育工作存在认识不对、认识不全、认识不深的现象,导致思想上重视程度不够,行动上不够积极主动,进而形成了一部分辅导员对高校创新创业工作不想管的局面。

(二)日常工作太繁杂不愿管

高校辅导员处在学生工作的第一线,工作任务点多、线长、面广、事杂是客观事实,由此也导致一部分辅导员不愿管创新创业工作的现象。造成这一现象的原因主要有三个方面:第一,高校辅导员日常工作任务繁杂的客观现状。据调查,90.6%的辅导员认为工作压力非常大或比较大,88.12%的辅导员认为事务性工作太多影响工作质量提升。[①] 日常思想政治教育和学生管理是高校辅导员工作的主要内容,社会环境更趋复杂,高校大学生思想活跃,教育管理的难度确实越来越大。比如,日益增加的学生学业问题、思想问题、心理问题等,给高校辅导员工作带来了巨大压力。这些问题与社会环境、家庭教育交织在一起,处理起来劳神耗时费力,稍有不慎就可能引发舆情事件或学生自我伤害等恶性事件,给辅导员自身也带来心理压力甚至是精神困扰。第二,高校辅导员发展通道受阻,职业发展受限,工作动力不足。高校辅导员具有教师和管理干部双重身份,是专业教师和干部选拔的重要来源。但随着高等教育的发展,对高校教师在学历、职称等方面的要求越来越高,一部分高校没有严格落实辅导员职称评审双线晋升的政策,辅导员职称晋升指标少、难度大,职业发展空间受到一定限制。受职称晋升、经济待遇等因素的综合影响,高校辅导员在做好学生日常管理教育服务的同时,还面临学历提升等多方面的压力,导致因事务繁杂疲于应付,抱着多一事不如少一事的想法,对创新创业教育工作不愿管,更不愿多管。第三,高校辅导员配备不到位,补充不及时。教育部印发的《普通高等学校辅导员队伍建设规定》明确要求,高

---

① 杨海波、安江燕、张丽芳:《新时代高校辅导员队伍现状及建设路径研究——以河北农业大学为例》,《河北农业大学学报(社会科学版)》2020年第2期。

等学校应当按总体上师生比不低于 1∶200 的比例设置专职辅导员岗位，按照专兼结合、以专为主的原则，足额配备到位。部分高校在执行教育部文件规定上作选择、打折扣，未按要求足额配备高校辅导员，或者扩大兼职辅导员比例，不及时补充，有的院系也存在辅导员承担其他工作任务的现象，一定程度上加重了辅导员的工作负担。现实中有的辅导员"无所不能"，思想教育、心理健康、学生资助、日常管理、创新创业等工作都要负责，导致工作职责不明，对创新创业教育工作无暇顾及，甚至推诿扯皮。

（三）业务能力不够强不敢管

为加强辅导员队伍建设，推动高校辅导员队伍向职业化、专业化、专家化方向发展，2014 年教育部印发了《高等学校辅导员职业能力标准（暂行）》，为高校辅导员加强职业能力建设提供了目标导向和基本准则。从辅导员能力建设的"中级"标准开始，培养学生正确的创业观，帮助学生尽快适应社会、融入社会就是"职业规划与就业指导"的重要内容；"高级"标准中明确提出"能进行较为客观全面的创业环境、政策、行业前景分析，能建立健全大学生就业指导机构和就业信息服务系统，提供更高效优质的就业创业服务"。① 辅导员职业能力标准与工作年限相关联，也就是说，高校辅导员工作时间越长，创新教育及服务的能力要求就越高。从实际情况看，还是存在一部分辅导员对创新创业教育服务"望而生畏"，因业务能力不够强出现不敢管的现象。第一，创新创业教育工作的发展历史不长，各个学校推进的速度参差不齐，创新创业教育工作的培训还很不足。相比日常思想政治教育和学生教育管理，创新创业教育工作具有更强的专业性、实践性和综合性，高校辅导员需要掌握一定的创新、创业学专门知识，了解有关大学生创业扶持的政策体系，熟悉新企业开办的要求和程序以及相应的管理、财务、税务等方面的政策。高校针对辅导员开展的创新创业培训偏少，辅导员深入本地政府管理部门、中小微企业进行实践体验、认知的机会也不多，形成"创新创业过于高大上"的错觉，影响

---

① 教育部思想政治工作司：《加强和改进大学生思想政治教育重要文献选编（1978—2014）》，知识产权出版社 2015 年版，第 668 页。

了自身创新创业教育指导服务能力的提升。第二,高校辅导员职业归属感不强、晋升压力大,影响工作热情与斗志,缺乏学习动力,影响创新创业教育指导服务能力提升。高校辅导员的"教师身份"和"教师属性"被边缘化,在实际工作中更偏向于管理人员,发展空间有限,社会地位和工作待遇与专职教师存在较大差距①,一定程度上影响了辅导员的职业认同,对诸如创新创业教育指导服务之类的新时代新任务缺乏学习的动力和兴趣。第三,高校辅导员队伍流动性大,结构有待优化。受学历提升、职称编制等现实因素影响,一部分年轻的高校辅导员离职、换岗较为频繁,一定程度上影响高校辅导员队伍的稳定性。有的高校辅导员队伍来源复杂,存在管理岗位调入、专任教师配偶等补充到辅导员队伍的情况,学历结构、年龄结构不尽合理,也影响这支队伍的整体活力和学习动力。

(四)体制机制不健全不能管

我国高校创新创业教育带有明显的自上而下改革特征,2010 年以来国家先后出台了一系列激励、扶持政策,这些政策最终都要落实到高校这个实施主体上。从全国范围来看,一部分高校承担创新创业教育改革主体责任还不够,体制机制不健全导致高校辅导员面对创新创业教育工作出现想管但不能管的现象。一是部分高校创新创业教育改革缺乏顶层设计和系统规划,没有明确的统筹协调部门,工作进度相对滞后。高校创新创业教育改革实施方案可执行性不够强,路径不清晰,对各级各类执行主体的工作导向性不明确,导致辅导员在具体工作中不能管也无法管。二是部分高校对国家政策的理解不全面,相关配套的制度建设不完善,导致辅导员创新创业教育工作缺少制度支持,缺乏规范性依据,不能管也管不好。比如,2016 年教育部发布修订后的《普通高等学校学生管理规定》,提出"学生参加创新创业、社会实践等活动以及发表论文、获得专利授权等与专业学习、学业要求相关的经历、成果,可以折算为学分,计入学业成绩。具体办法由学校规定";"学校应当鼓励、支持和指导学生参加社会

---

① 王显芳、王鹏云、孔毅:《新时代高校辅导员队伍建设科学化研究》,《学校党建与思想教育》2019 年第 7 期。

实践、创新创业活动,可以建立创新创业档案、设置创新创业学分";"休学创业或退役后复学的学生,因自身情况需要转专业的,学校应当优先考虑";等等。① 但文件中对学生创业活动如何折算学分、如何设置创新创业学分以及创业学生如何优先转专业等问题都需要学校及时修订学籍管理办法予以进一步明确,为高校辅导员指导学生创新创业活动提供更加清晰的操作性支持。三是高校辅导员岗位职责更新不及时,界定不清晰,分工不科学,导致部分辅导员不知道该不该管,或者想管不能管。高校内部治理体系和治理能力制约高校辅导员功能的有效发挥,教育部高校辅导员队伍建设管理规定、高校辅导员职业能力建设标准等文件需要细化落实到辅导员的具体岗位职责,高校辅导员在创新创业教育工作中该干什么、能干什么必须有明确的界定。从院系内部管理角度讲,学院还可以根据辅导员的兴趣爱好、职业发展定位进行科学分工,让一部分热爱创新创业教育工作的辅导员来具体分管,让想管的人真正把这块工作管起来,既有利于推动辅导员职业化、专业化建设,也有利于切实加强创新创业教育工作的基层力量,夯实基层一线工作基础。

二、高校辅导员创新创业教育工作的优化路径

无论是从政策文件制度的要求层面,还是从实践工作的现实需求层面,高校辅导员都是创新创业教育工作的重要环节,发挥着政策宣讲、理论指导、活动组织、内外沟通等重要的基础作用。新时代优化高校辅导员创新创业教育工作,既需要高校辅导员的主观努力,加强自身能力素质建设,摒弃不想管、不愿管、不敢管的思想杂念;也需要加强客观条件建设,完善配套政策和管理制度,提高高校内部的治理能力和治理水平,破除不能管的体制机制障碍。

(一)提高政治站位,深化思想认识

习近平总书记在全国高校思想政治工作会议上的重要讲话中指出:

---

① 《普通高等学校学生管理规定》,见 http://www.moe.gov.cn/srcsite/A02/s5911/moe_621/201702/t20170216_296385.html。

"做好高校思想政治工作,要因事而化、因时而进、因势而新。要遵循思想政治工作规律,遵循教书育人规律,遵循学生成长规律,不断提高工作能力和水平。"①创新创业教育是适应经济社会发展时代要求的一种教育理念,与思想政治教育在目标、路径、内容前景等问题上高度统一,相辅相成②,成为高校思想政治教育工作的重要内容,是高校落实立德树人根本任务、培育德智体美劳全面发展时代新人的重要路径。高校辅导员是开展大学生思想政治教育的骨干力量,是学生日常思想政治教育和管理工作的组织者、实施者和指导者,在创新创业教育工作中必须提高政治站位,深化思想认识,勇于承担新时代所赋予的历史使命。首先,要站在世界百年未有之大变局和中华民族伟大复兴战略全局的高度认识高校创新创业教育。伴随着中华民族从站起来、富起来到强起来的历史飞跃,我们越来越走进世界舞台的中央,越来越深度地参与到国际治理体系和治理格局之中,科技实力和创新人才的基础支撑作用更加重要。未来竞争的本质就是科技和人才的竞争,就是教育的竞争。在"两个大局"历史背景下,加强高校创新创业教育是党和国家深化高等教育综合改革的重要部署,是推动教育教学改革,提高人才培养质量的重要抓手。自 2010 年以来,党中央、国务院先后下发了《关于发展众创空间推进大众创新创业的指导意见》《关于深化体制机制改革加快实施创新驱动发展战略的若干意见》《关于进一步做好新形势下就业创业工作的意见》《关于深化高等学校创新创业教育改革的实施意见》《关于大力推进大众创业万众创新若干政策措施的意见》《国家创新驱动发展战略纲要》等一系列政策规划文件,提出了高校创新创业教育的整体目标、基本原则、战略安排、实施路径和具体举措。高校辅导员要善于察大势、观大局,深刻认识高校创新创业教育的时代背景和重要意义,增强做好创新创业教育工作的自觉性和紧迫性。其次,要在全面把握高校创新创业教育的目标追求中深化思想

---

① 《习近平在全国高校思想政治工作会议强调　把思想政治工作贯穿教育教学全过程　开创我国高等教育事业发展新局面》,《人民日报》2016 年 12 月 9 日。
② 宋妍、王占仁:《高校创新创业教育与思想政治教育关系研究的意义与现状》,《黑龙江高教研究》2016 年第 8 期。

认识。创新创业教育是一种新的教育理念,其目标追求是立足人的全面发展基础上的完整体系。受人们对狭义"创业"的理解,有部分人认为创新创业教育就是教学生去开公司、办企业,这是对创新创业教育目标追求的片面理解。在国务院、教育部文件的要求中,创新创业教育首要的是培养一种敢于创新、勇于创业的精神,教会学生正确认识时代发展的大趋势,勇于承担新时代所赋予的社会责任,是集社会责任感、创新精神、创业意识和创新创业能力于一体的教育理念。最后,要在准确把握高校创新创业教育工作辅导员的角色定位中增强理论自觉和行动自觉。全面理解高校创新创业教育工作的主要内容,明确职责定位和工作要求,充分发挥辅导员的职业优势,把创新创业教育与日常思想政治教育相结合,明确该干什么、能干什么,责任面前不推脱,困难面前不退缩,推动创新创业教育工作落细落实。

(二)创新工作方法,提高服务水平

高校辅导员处在创新创业教育工作的最前线,是落实国家政策文件的"基层触角";工作又直接面向学生,是感知学生创新创业动态的"神经末梢"。高校辅导员的工作态度、方式方法直接影响着创新创业教育工作服务的质量和水平。不可否认,高校辅导员承担的事务性工作繁杂,工作对象多、难度大。正因为如此,更需要创新工作方式方法,提高工作效率,提升服务水平。第一,要加强工作的系统谋划,把握创新创业教育工作的特点和规律。要把创新创业教育工作纳入日常工作范围统筹考虑,系统分析工作的重点时段、重点内容、重点范围、重点对象,结合学生的学习、学业特点和规律来进行安排和部署。第二,要加强工作的沟通协调,有效整合校内外教育资源。创新创业教育工作是一项系统工程,高校内部的教学、学工、就业、科研、团委等部门都承担着一定的职责,也掌握着一定的资源,辅导员应加强与这些部门的沟通、汇报,争取学校相关职能部门在重视程度和人力、物力、财力等方面更大的支持。同时,学校所在地的地方企业、创业园、产业园、孵化器等也是高校创新创业教育的重要资源,做好创新创业教育工作,高校辅导员还需要走出校园,走进社会,与地方成功创业的企业家、具有丰富经验的园区运维人员、行业组织专家等建立联系,为开展学生创新创业讲座,项目路演、诊断、咨询等积累更多的优质资源。第三,要加强团队建设,走集群化发展之路。创新创业教育是高校辅导员团队建设的重要方向,不同院系、学科、专业的辅导员可以根据兴趣爱好、职业发展定位组建一个或多个团队,共同探讨创新创业教育的工作规律,整合不同院系、不同学科专业的资源,培育跨学院、学科的工作特色,打造工作亮点,扩大工作影响,推动创新创业教育工作集群化发展。第四,强化创新创业实践,提升创新创业教育工作实效。创新创业实践作为创新创业教育的重要延伸,有利于增强学生的创业实践体验。高校辅导员要科学规划创新创业大赛、讲座、论坛、模拟实践、创业孵化项目路演等实践方式,以点带面,扩大学生的参与度,促进创业实践活动的系统化、系列化、精品化、常态化,丰富学生的创新创业知识和体验,提升学生的创新精神和创业能力。第五,要激发学生的主体活力,强化创新创业教育的工作支撑。学生骨干和积极分子是高校辅导员做好日常工作的得力助手,要充分发挥学生在创新创业教育工作的自我管理、自我教育、自我服务功能,通过成立创新创业协会、创业服务部等学生组织,在班级设立创新创业委员,调动学生自身的积极性和主动性,培育一批创新创业教育工作的学生骨干,既有利于激发学生的主体活力,又减轻高校辅导员日常事务工作的压力。

(三)强化学习实践,提升工作能力

高校辅导员创新创业教育工作包括思想引领、理论教学、技能培训、赛事组织、实践指导、组织协调等主要内容,是一个包容开放的工作体系,辅导员自身的工作能力是做好创新创业教育工作的基础支撑。能力不足的主要表现是工作缺乏思路,面对困难缺少办法,不能有效地解决问题化解矛盾,从而导致不敢担当、不敢担责、不敢作为。高校辅导员创新创业教育工作是新时代高等教育面临的新形势新任务新要求,需要具备良好的政策领悟力、决策执行力、工作协调力和宣传动员力,我们必须强化学习实践,破解能力不足不敢管的难题。首先,要加强政策理论学习。党和国家有关创新创业教育方面的文件规定是我们做好工作的依据,具有鲜明的方向导向性。各地各高校出台的文件制度充分考虑了地方实际和学校特色,更接地气,更有现实针对性。高校辅导员要学会对政策文件进行分门别类的归纳梳理,深刻理解政策文件出台的时代背景,全面掌握各级各类政策的目标要求,系统规划落实政策文件的实施路径,切实提高创新创业教育的政策修养和理论水平。其次,要加强调查研究。结合本地本校的实际情况开展调查研究,找准找实制约本地本校推进创新创业教育工作的痛点难点。创新创业教育工作最终要落实到培养对象——大学生身上,高校辅导员与学生接触的机会多、时间多,要加强对服务对象的调查研究,注意倾听学生的心声,了解他们的实际需求,在调查研究的基础上找到政策理论要求与学生实际诉求的结合点,提高工作的针对性和有效性。再次,要主动参加学习培训。专题学习和培训可以快速地吸收借鉴专家、行家的理论与实践经验,是提升能力水平的捷径。每年政府人社局、科技局、发改委等部门以及行业协会组织都组织大量的专题研讨培训,高校内部也有定期举办的专题培训班,高校辅导员要主动申请,带着日常工作的问题、困惑积极参加学习。部分校内外专题培训还可以颁发相应的资质证书,也有利于辅导员自身的职业化、专业化发展。最后,要积极参与社会实践。高校创新创业工作不能纸上谈兵,高校辅导员要做好这一工作,必须要深入政府、企业、园区实地考察甚至挂职锻炼,了解企业运行的一般流程,体验企业创新的过程艰辛,感受创业实践风险与困难,增加自身的社会实践经验,提高辅导员做好创新创业教育工作的说服力和可信度。能力建设是高校辅导员队伍建设的重要内容,高校辅导员提升工作能力的途径很多,关键是要保持谦虚的学习态度、开放的学习心态和持之以恒的学习动力。

(四)完善制度建设,实现规范化管理

加强制度建设是实现高校创新创业教育工作规范化的重要基础,主要包括两个层次的要求。一是从学校层面需要加强制度建设,为高校辅导员做好创新创业工作提供基本遵循。一方面,高校要根据教育部《普通高校辅导员队伍建设规定》《普通高校辅导员职业能力标准(暂行)》等文件的有关规定,完善创新创业工作体制机制。通过成立相应的组织协调部门,赋予高校辅导员相应的教育管理权限,明确高校辅导员在创新创

业教育工作中的角色定位和主要职责,让高校辅导员在创新创业教育工作中可以理直气壮地做好组织动员、沟通协调工作,发挥辅导员在学校与学院、教师与学生中的桥梁纽带作用。另一方面,高校要针对教育部修订的学籍管理办法、学生管理办法,健全创新创业工作管理机制。例如,制定创业学生修业年限、创新创业学分认定、休学创业管理、创业复学学生转专业等方面的具体政策,明确主管部门,制定基本条件、审核流程和操作细则,让辅导员创新创业教育工作有据可依,增强工作的权威性和可持续性。二是从高校辅导员层面需要加强制度建设,进一步规范创新创业教育工作管理。辅导员是高校第二课堂活动的组织发动者,在培养学生创新精神、创业意识和创新创业能力方面起着重要作用。高校辅导员要通过制度建设减少工作的随意性,对创新创业讲座,创新创业竞赛以及创业实践项目推荐、路演、检查、入驻与退出等环节都要通过制度来规范。参加创新创业实践活动的学生往往更加活跃,创新创业实践活动如何与学生的学业评价、奖学金评定、组织发展以及日常管理等有机结合,也需要制度和机制来规范管理。辅导员在学生教育管理过程中还要注重发挥制度建设的引领作用,通过制度规范和健全机制,促进过程公平和结果公平,增强学生的法律意识、规则意识、诚信意识,防范和化解学生创新创业实践活动中可能出现的矛盾和风险。

第十二章 新时代高校辅导员
班级建设工作

班级是学生在校学习生活最重要的团队集体,也是辅导员开展教育管理最基本的单元组织。辅导员将班级建设好,就能发挥班级的组织、管理、凝聚等作用,从而更有效地帮助学生在集体中健康成长。班级建设是辅导员最基础也最重要的职业能力之一,掌握班级建设的基本概念和内容,明确新时代班级建设的发展要求,把握班级建设的有效路径,对于辅导员提升班级建设能力、开展好班级建设工作具有重要意义。

第一节 班级建设基本概述

一直以来,班级在学校管理、教师教学、学生成长中发挥着重要作用,班级建设也在发展过程中逐步走向成熟。不同时期班级建设各有突出重点,新时代背景下的班级建设也有其阶段特质。

一、班级建设的基本内涵

中共中央国务院《关于进一步加强和改进大学生思想政治教育的意见》中指出:"班级是大学生的基本组织形式,是大学生自我教育、自我管理、自我服务的主要组织载体。要着力加强班集体建设,组织开展丰富多彩的主题班会等活动,发挥团结学生、组织学生、教育学生的职能。"①高

---

① 教育部思想政治工作司:《加强和改进大学生思想政治教育重要文献选编(1978—2014)》,知识产权出版社 2015 年版,第 268 页。

校班级是开展大学生教育教学工作的最基层组织和单元,是促进大学生德智体美劳全面发展的重要组织载体。高校班级将学生按照年龄、知识程度、专业设置、培养方式等因素进行编排,班级成员具有共同的活动目标和任务,班集体呈现积极向上的凝聚力,它直接面向广大学生,对大学生的思想教育、能力培养、品格塑造都具有重要意义。

随着社会的高度发展和高等教育改革的持续推进,辅导员必须清醒认识到,大学生思想政治教育工作的外部环境与内部条件都在发生深刻变化,工作开展中必须不断思考、摸索与创新,找出应对外部变化的工作方法,从而适应内部需求,将班级建设当作一项长期性、系统性工程,并充分认识到这项工作的重要性、复杂性和紧迫性,使班级在大学生思想政治教育和日常管理服务中时刻保持和发挥其显著影响力。

二、班级建设的发展历程

在西方国家,16 世纪文艺复兴时期的著名教育家埃拉斯莫斯率先正式使用"班级"这一概念。17 世纪,捷克教育家夸美纽斯写成了《大教学论》,在实践的基础上对前期游离形式的班级授课方式进行系统性、科学性论证,提出了"班级授课制",为班级的出现奠定了理论基础。18 世纪至 19 世纪,"班级授课制"逐渐发展成熟,被欧洲学校广泛采用,以赫尔巴特为代表的教育家提出教学过程的形式阶段论,"班级授课制"得以进一步完善并基本定型。最终,苏联教育学家凯洛夫为代表提出类型和结构概念,使"班级授课制"形成完整的理论体系。

在我国,传统太学集体教学对近代学校班级制的建立在一定程度上产生影响,但班级制度建立的直接影响更多的还是来自于近代西方的"班级授课制"。鸦片战争后,清政府被迫改变闭关锁国政策,在与外国侵略者相勾结镇压国内人民的同时,又不得不与西方列强展开抗争以维护自身统治,根据不平等条约,西方教会学校在中国强行设立。第二次鸦片战争后,教会学校在中国有较大发展,虽然办学根本目的在于对中国进行宗教和文化扩张,但是教会学校所传授的外语和自然科学知识,特别是采用的近现代教育方式,还是对中国近代教育的产生和发展产生了积极影响。洋务运动开始后,随着"西学东渐"以及近代工商业的发展,在封建统治的基础上改良封建政治、经济和文化教育的早期改良主义思潮开始涌动,早期改良派意识到改革的关键在于培养一批适应资本主义工商业发展的新式人才,而培养人才的关键在于教育,他们学习西学、改革科举制度、制定近代学制、创办新式学校,"班级授课制"初步形成。而处于发展时期的各类学堂因办学类型和规模的差异,内部的班级管理、组织结构也各不相同,但不论是清朝末期的学监制,还是民国初期的级任制,在一定程度上都可以看作班级管理体制的开端或雏形。抗日战争和解放战争时期,在中国共产党领导建立的解放区开展的教育工作中,所办学校大都实行班级制度,其班主任工作的相关理念、职能、工作方法等都成为新中国成立后我国班级建设和班主任工作的宝贵经验。

新中国成立以来,随着班级组织形式的成熟与完善,班级建设与班主任制度的发展密不可分。1952 年后班主任制度最早形成于清华大学。1961 年,中央批准实行《教育部直属高等学校暂行工作条例(草案)》,明确提出"为了加强思想政治工作,在一、二年级设政治辅导员或者班主任"①,标志着高校班主任制度的正式确立。"文化大革命"期间,思想政治工作队伍遭到了严重破坏。党的十一届三中全会后,我国进入了新的历史时期。同年,在北京召开的全国教育工作会议明确了高等学校教育工作的方针和政策,中央高校纷纷出台相关文件,班主任制度得到了恢复和进一步发展。1980 年 4 月 29 日,教育部、共青团中央印发《关于加强高等学校学生思想政治工作的意见》,明确要求各高校要根据具体情况建立政治辅导员制度或班主任制度,并对班主任的地位、主要职责、任务、待遇、人选、培训等作出了明确规定。同年 11 月,北京市在《市委教育工作部、市高等教育局党组关于解决北京市高等学校学生工作干部来源问题的意见》中强调,建立和健全政治辅导员和班主任制度。自 1984 年起,教育部历次发布的关于加强和改进大学生思想政治教育的意见均将班主任与政治辅导员作为思想政治教育的两支主要队伍。1986 年 5 月,中共

①《建国以来重要文献选编》第 14 册,中央文献出版社 1997 年版,第 600 页。

中央、国务院批转《国家教委关于加强高等学校思想政治工作的决定》，提出"各高等学校要尽快配齐在班级从事学生思想政治工作的政治辅导员或班主任、指导老师。这类人员，原则上应是兼职的，但是要计算他们的工作量"[1]。全国各高校均迅速恢复和建立班主任制度，并明确了待遇。此后，教师兼任班主任制度得到稳步发展。1994 年，中共中央下发《关于加强高校党的建设和思想政治教育工作的若干意见》，鼓励教师担任班主任，落实教书育人责任。1999 年第三次全国教育工作会议后进一步强调坚持德才兼备、专兼职结合的原则建设思想政治工作队伍，各个高校进一步规范班主任工作制度。2004 年，中共中央国务院印发《关于进一步加强和改进大学生思想政治教育的意见》指出："班主任负有在思想、学习和生活等方面指导学生的职责"[2]，对班主任素质能力提出了要求。2005 年，教育部印发《关于加强高等学校辅导员班主任队伍建设的意见》，对班主任队伍的选聘配备、培养培训、政策保障等作了明确规定。同年，《人民教育》编辑部主办全国班主任素质与班集体论坛，随后教育部推出《班主任工作条例》。这是改革开放以来国家层面首次对班主任的工作进行系统、规范的要求，为各高校对班主任工作开展指导、考核、培养提供了依据。在此基础上，各个高校纷纷出台《班主任工作手册》《班主任工作考核办法》等相关制度，不仅对班主任工作进行了明确规定，也为班级建设工作提供了依据和遵循。

第二节　高校班级建设的时代要求

新时代面对人才培养的新任务、新要求，以及各影响因素的发展变化，高校班级建设的核心目标也不断调整演变。辅导员作为高校班级建

---

[1]　教育部思想政治工作司：《加强和改进大学生思想政治教育重要文献选编（1978—2014）》，知识产权出版社 2015 年版，第 52 页。

[2]　教育部思想政治工作司：《加强和改进大学生思想政治教育重要文献选编（1978—2014）》，知识产权出版社 2015 年版，第 268 页。

设的重要参与力量,应主动学习和明确新时代高校班级建设的新要求,自觉调整和转变班级建设的思路和方法。

一、新时代高校班级建设的核心目标

为贯彻落实立德树人根本任务,辅导员要积极参与班级建设,着力构建政治正确、人际和谐、朝气蓬勃、奋发有为的班集体,充分发挥班级的团结、凝聚和推动作用。

(一)政治正确

2016 年 12 月,习近平总书记在全国高校思想政治工作会议上提出,"高校培养什么样的人、如何培养人以及为谁培养人",是一个"根本问题"。① 2018 年 9 月,习近平总书记在全国教育大会上的讲话中再次强调关于教育"根本问题"的观点,指出"党的十八大以来,我们围绕培养什么人、怎样培养人、为谁培养人这一根本问题,全面加强党对教育工作的领导"。在明确教育"根本问题"的同时,又提出了关于教育"首要问题"的观点,把"培养什么人"论定为"教育的首要问题"。②

把培养社会主义建设者和接班人确立为我国教育的根本任务,是由"我国是中国共产党领导的社会主义国家"决定的,是从当代中国实际出发作出的决策。这是教育工作的根本任务,也是教育现代化的方向目标。因此,政治正确不仅是高校人才培养最基本、最重要的标准和要求,也是高校办学的核心要求和根本遵循。新时代高校辅导员在开展班级建设工作过程中,其指导思想、建设思路、方法举措等必须与党的教育方针政策保持高度一致,应根据学生不同阶段身心特点,科学设计各级各类教育德育目标要求,引导学生养成良好思想道德、心理素质和行为习惯,传承红色基因,增强"四个自信",立志听党话、跟党走,立志扎根人民、奉献国家,影响并形成大学生正确的思想意识形态。

---

① 《习近平谈治国理政》第二卷,人民出版社 2017 年版,第 376 页。
② 《习近平在全国教育大会上强调　坚持中国特色社会主义教育发展道路　培养德智体美劳全面发展的社会主义建设者和接班人》,《人民日报》2018 年 9 月 11 日。

（二）人际和谐

"每个时代都有每个时代的精神，每个时代都有每个时代的价值观念。"①在当代中国，我们的民族、我们的国家所坚守的核心价值观，回答了我们要建设什么样的国家、建设什么样的社会、培育什么样的公民的重大问题。其中，"富强、民主、文明、和谐"是国家层面的价值要求。党的十六大以来，把社会主义现代化奋斗目标从"富强、民主、文明"进一步拓展为"富强、民主、文明、和谐"。党的十八大明确把"富强、民主、文明、和谐"作为社会主义核心价值观的重要内容，确立为社会主义的价值目标。党的十九大报告明确指出，我们要在二十一世纪中叶建成富强民主文明和谐美丽的社会主义现代化强国。由此可见，"和谐"已经成为新时代我们国家和社会建设的重要目标和内容。而国家与社会的和谐源于个体之间、小集体的和谐共生，高校班级作为大学生在校期间最基本的活动单位，它的和谐稳定也必然成为高校乃至社会稳定的基础与前提。因此，大学生人际和谐应成为新时代高校班级建设的核心目标，只有这样，才能培育出有品德、有修养、有情怀的新时代大学生，才能使其将来成为国家建设和社会发展的中坚力量。

（三）朝气蓬勃

习近平总书记十分重视青年工作，常常鼓励青年追求梦想、努力奋斗。"青年最富有朝气、最富有梦想。"②"广大青年应该在奋斗中释放青春激情、追逐青春理想，以青春之我、奋斗之我，为民族复兴铺路架桥，为祖国建设添砖加瓦。"③"朝气蓬勃"是所有青年大学生最显著的身份标签，也是心怀理想、敢想敢拼的大学生由内而外、举手投足间自然展现出来的优秀品质。因此，作为大学生教育重要环节的班级建设工作应该在培养学生的理想信念上下功夫，在培养学生的道德修养和精神品质上下功夫。这样，青年大学生才能从心底焕发出蓬勃的朝气，才能形成优良的

---

① 习近平：《青年要自觉践行社会主义核心价值观——在北京大学师生座谈会上的讲话》，《人民日报》2014年5月5日。

② 习近平：《在同各界优秀青年代表座谈时的讲话》，《人民日报》2013年5月5日。

③ 习近平：《在北京大学师生座谈会上的讲话》，人民出版社2018年版，第3页。

班风和学风,才能影响并培养出更多、更好的有理想、有担当的新时代青年。

(四)奋发有为

习近平总书记在庆祝中国共产党成立 100 周年大会上的讲话中指出,"未来属于青年,希望寄予青年。……新时代的中国青年要以实现中华民族伟大复兴为己任,增强做中国人的志气、骨气、底气,不负时代,不负韶华,不负党和人民的殷切期望。"①在历史发展的长河中,青年大学生作为探寻和实现民族复兴的先锋力量,承载着国家和民族的未来与希望。因此,在新时代高校班级建设中,辅导员应充分认识到青年大学生所肩负的历史使命,必须激励广大学生,珍惜大学阶段的学习黄金期,切实引导学生坚定理想信念、厚植爱国主义情怀、加强品德修养、增长知识见识、培养奋斗精神、增强综合素质,努力成为祖国建设的栋梁之材,并把自己的人生理想融入国家和民族的伟业中,最终成就一番事业,如此,才能无愧于这个伟大的时代。②

二、新时代高校班级建设的影响因素

班级建设是一项受多种因素影响的工作,新时代加强高校班级建设必须充分考虑各个影响因素的作用方式及其发展变化,切实发挥正向推动作用。

(一)班级学生干部的带动作用存在差异性

高校班级学生干部是学生教育管理服务工作开展的主要组织者和执行者,担负着班级组织管理、宣传导向、上传下达等职责,在增强班级凝聚力和向心力方面发挥积极作用。高校班级学生干部的产生,需充分考虑学生干部的个人素质、业务能力、责任担当和创新精神等综合因素,由辅导员、班级成员对以上因素进行综合考量,通过班级民主投票产生。

按照《普通高等学校辅导员队伍建设规定》,高等学校应按总体上师

---

① 习近平:《在庆祝中国共产党成立 100 周年大会上的讲话》,《人民日报》2021 年 7 月 2 日。

② 粟凤华:《高校班级建设核心目标及实现路径》,《文教资料》2020 年第 13 期。

生比不低于 1∶200 的比例设置专职辅导员岗位,其工作职责涵盖思想理论教育和价值引领、党团和班级建设、学风建设、学生日常事务管理、心理健康教育与咨询工作、网络思想政治教育、校园危机事件应对、职业规划与就业创业指导、理论和实践研究九个方面。在实际工作开展过程中,辅导员难以平衡兼顾每一名学生的需求、难以时刻掌握到每一个班级的变化,因此,班级学生干部的作用发挥则尤为重要,其对学生工作的理解力和执行力对班级整体建设在一定程度上起决定性作用。[①]

(二)新时代大学生的个性化发展追求

2021 年 4 月 19 日,习近平总书记在清华大学考察时指出:"当代中国青年是与新时代同向同行、共同前进的一代,生逢盛世,肩负重任。"[②]但是,社会的高度发展,信息时代的到来,互联网的普及伴随QQ、微信、抖音等社交及自媒体软件的兴起,也使得当代青年大学生对自媒体的接受度、应用率达到了全新的高度。智能手机和平板电脑的普及化使用,大学生可随时随地地发布或分享自媒体信息,自觉性或被动性地接收碎片化、主观化、舆论性信息,影响当代青年大学生自身世界观、人生观、价值观的养成,甚至功利化趋向明显,在集体生活中产生独善其身的思维,不愿过多地组织和参与班级活动,在一定程度上对班级凝聚力产生影响。

同时,当代青年大学生大多具有积极表现自我的需求,追求个性化发展,维权意识强烈,敢于通过自媒体表达诉求和观点,勇于以主观判断与学校、师长进行辩驳,表达个体价值和个人诉求,在面对传统型班级建制时,会质疑其存在的意义,对按照一定规律排列组合而成的班级归属感淡薄,影响班级整体活力和凝聚力的建设。

(三)地区教育与家庭环境塑造学生性格特征的差异性

人性格特征的形成可以从生物学角度(基因差异)、社会学角度(生活环境)、哲学角度等方面进行分析。首先,性格特征与地域之间的密切

---

① 郭南、姚惠迎:《新时代 00 后高校新生班级建设的"突破法"》,《北京教育(德育)》2019 年第 Z1 期。
② 《习近平在清华大学考察时强调 坚持中国特色世界一流大学建设目标方向 为服务国家富强民族复兴人民幸福贡献力量》,《人民日报》2021 年 4 月 20 日。

关系,即地域性格,是指一个国家或一个地区因地域环境、人文和经济发展不同,人的性格也会出现较大差异的现象。不同地区的社会经济、文化传统和自然环境对当地人的性格有较大的影响。高校学生来自五湖四海,学生在教育环境、生活环境上的差异在很大程度上决定了他们在校期间呈现思维开阔、积极活跃状态或是生活单一、专注学习等不同特征。其次,从人的社会化角度看,由于成长环境、家庭环境等不同,其性格上也存在较大的差异性,家庭作为个体的第一个微观社会关系,家庭成员的文化水平、社会地位、经济状况、价值观念、成员关系,以及家庭对学生成长成才的期望值等都存在差异性,对班级成员性格特点产生影响。地区教育、家庭环境对学生个人的性格特质、意识形态影响深远,个性体现并丰富着共性,班级学生也因此对班级建设、班级氛围等产生影响。

三、新时代辅导员班级建设工作的思维转变

面对新时代班级建设的新要求,辅导员要及时更新和转变工作思路和方法,以新思维推动班级建设工作新发展。

(一)认识观的思维转变

传统的班级工作开展过程中,辅导员多集中对班级日常工作如班级文化建设、主题活动开展等进行总体安排、指导和调适,工作多以事务性工作为中心,班级建设常被简化为对学生的管理,以知识教学、实习实践、品德养成为载体开展工作。当今时代,辅导员班级工作开展应注重其对班级工作整体的引领和策划,将日常的班级管理纳入整体育人体系中,提升班级建设品质,转变传统的"管理""领导"意识。为此,学校要克服以往在管理上过多要求统一步调而限制了辅导员工作自主权的弊端,做到"放管服",让辅导员在班级建设中行使更多的决策权,正确认识"领导""管理"的关系,拓宽工作思维,不再局限于班级事务的管理,而是能在更高的站位上关注和思考如何培养"人"。①

---

① 陈雪芳:《"融"时代背景下班主任工作转向:从实体思维到关系思维》,《基础教育参考》2019 年第 14 期。

（二）时空观的思维转变

教育具有连贯性和相关性，对学生个体有着多方面、持续性、整合性的影响。辅导员在面对纷繁复杂的班级事务工作时，容易以割裂式的、片段化的方式应激性完成工作任务，而忽视班级统筹性建设，忽略班级成员的个性化培养。这就要求辅导员在开展班级建设工作时时刻刻保持整体、关联的时空观思维方式，将所有的班级建设活动统整在顺应学生成长规律、促进学生成长的逻辑起点上，把时空的统整作为背景，进行教育活动的长程设计。

（三）人际观的思维转变

"责任人"和"合作者"是辅导员工作角色双重定位的表达，即每个班级都是一个高校大学生开展教育教学活动的单元格，辅导员是单元格的第一责任人。以辅导员为第一责任人的团队建设，班级学生干部、专业教师、班主任、导师、学生家长等共同为学生的教育管理服务工作助力。同时，辅导员与共同体的所有成员也是"合作者"关系，共同参与学生的学习生活。辅导员工作包括以下几个方面的教育资源合作关系：一是与专业教师在教学活动中的横向合作关系；二是与学校行政部门纵向协作关系；三是与学生、家长、社区、共建单位等建立的跨界融合关系；四是借助互联网实现跨域全息的资源管理论坛合作关系。辅导员以"责任人""合作者"的双重角色，引领共同体的所有成员为学生提供积极友好的学习与成长环境。

第三节　高校班级建设的基本内容

班级是大学生成长的家，学生从进入大学开始，就生活在班级中，在班级里他们的能力得以培养，个性得以养成，特长得到发挥。在班级中，辅导员能够针对学生的一般特点和个别差异性，采取各种方式培养学生，通过班级有目的、有计划地向学生传递社会规范和价值观念，能使学生逐渐认识社会生活准则，正确处理个人与他人、个体与集体、自我与社会的关系。同时,班级经常开展的各项活动,也能让学生得到展现自己特长的机会,培养更加广泛的兴趣。组建优良的班集体是辅导员工作的重要环节。

一、班级制度建设

制度建设是高校班级建设的基本保障。班级制度是为了发挥班级在大学生思想政治教育和创新型人才培养目标中的主体地位,实现班级管理目标而要求全体学生共同遵守的行为准则。班级制度可以是规定、条例、公约、要求、注意事项等形式,主要对同学们的学习、工作起到规范和引导作用。建立健全一套比较合理的规章制度并认真贯彻落实,对于培养学生养成良好的行为习惯,确保学生班级工作的正常运转,提高班级管理效率,增强班集体的凝聚力和战斗力,帮助完成学生的各项学习任务,促进良好班集体的形成与发展,具有十分重要的意义。

在当前学校扩招、学分制、通识教育制改革等背景下,一个班级的学生由于上课、住宿地点等的不一致,内部交往的机会大大减少。竞争的加剧和管理上存在的现实困境,也给学生之间的交往和团结带来一定的困难,如集体意识普遍弱化,参加集体活动的积极性逐步降低,加上大学生独立意识与自我意识的增强,使得班集体活动难以展开,对班集体建设产生了消极影响。而班级制度建设对促进班级的队伍建设、学风建设、文化建设都是一项基础性的工作。

具体来说,班级制度一般包括党团支部工作制度、班级队伍建设相关制度、文明寝室建设制度、学习考试制度、班级活动制度、量化奖惩制度、班级财务制度、班级奖勤补助贷工作制度、班主任(指导教师)联系班级制度等。辅导员要结合班级实际需要和整体状况,制定具体制度,如针对学习目标,制定班级上课守则和考勤制度;针对实践科研目标,制定暑期社会实践实施细则和各类大赛报名参赛、培训考核的实施办法;针对基本素质目标,制定"班级公约""寝室公约""大学生文明素养养成细则"等,通过制度保障,促进班集体建设目标和个人目标的实现。

切实可行的机制设计是班集体建设实现科学化、制度化的必要前提,完善机制设计成为加强班集体建设的重要内容。首先,完善班集体建设评价机制。班集体建设实现科学发展离不开合理的考评标准和完备的班集体建设制度,这既为班级建设者指明了努力的方向,也提供了衡量的指标,具有激励和警醒作用。辅导员应围绕前期准备情况、学生参与程度、活动实际效果等方面细化评价标准,实现评价的可操作、可量化,为改善工作提供对应指导。其次,完善班集体建设运行机制。班集体作为基本的教学组织和管理单位,主要接受党团、教学、行政共同管理。高校党委、团委要做好组织领导,落实高校党团建设要求,确保班级支部工作的正常开展。教务部门要做好教学安排工作,保证班级教学活动的有序进行。学生工作部门要做好学生管理和服务工作,为班级各项具体事务提供指导。最后,完善班集体建设动力机制。班级管理人员和全体成员的积极性是班级建设的内生动力,要在提高班级管理人员素质能力上下功夫,增强辅导员、班主任指导班级建设的专业能力,选好配强班干部队伍,切实发挥组织示范作用。

二、班级队伍建设

一个纪律严明、健康向上的班集体,不仅需要称职的辅导员、班主任,还要有一支素质良好、能独立工作的班干部队伍。辅导员、班主任要培养一批得力助手和积极分子,他们是班集体中的核心力量和支柱,是实现共同奋斗目标的积极践行者,是全班学生的带动力量。班干部需要具有凝聚力和号召力,其成员必须由一些以身作则、有热情、有责任心、有一定组织管理能力的学生组成,他们互相协调配合,带领全班同学积极响应学校各种号召和安排,协调沟通好师生关系,又能服务于全班同学。

高校班级中,由优秀学生组成的学生干部团队是班级的核心,也是辅导员和班主任开展班级建设工作不可或缺的得力助手,是实现新时代高校班级建设核心目标的重要保证。一方面,强有力的学生干部团队可以使班级建设的各项举措得到坚决、有效地执行,能够帮助辅导员、班主任更加顺利、高效地开展班级建设工作。另一方面,由优秀学生组成的干部队伍能够在班级建设的各个方面起到良好的带头示范作用,可以成为班级里所有其他学生的榜样,这种影响是非常巨大的,往往比老师们的说教更加有效。因此,必须着力抓好班级学生干部队伍建设,力争让优秀的学生参与到学生干部队伍中,从严要求,同时给予他们最大的支持,充分调动学生干部的激情和工作积极性,大胆放手让学生干部开展班级建设管理的各项工作。经过一段时间的磨炼,学生干部几乎都能很好地进入角色,广大学生也能迅速适应并给予他们大力的支持,逐渐形成积极上进、和谐融洽、班风优良的优秀班集体。①

班干部要在学习上、生活上、工作中有很强的上进心,较强的号召力和自我管理能力,在纪律上以身作则,从各个方面给班级起到模范带头作用。他们是一个班级的骨干和核心,是辅导员的得力助手,他们对班集体起到以点带面的作用。抓好班干部的选拔配备、培养考核,对学校的班级建设具有非常重要的现实意义。

班干部的选拔配备要严格把关。坚持严格的用人标准,以思想政治素质高、学习成绩优良、心理素质良好、创新精神充足为重点考察内容。因为班干部作为上传下达的重要角色,既要思想上先进,具有高尚的道德情操、强烈的责任意识和全心全意为同学服务的思想,还能严于律己、宽以待人。坚持公平原则,积极选拔那些在学生中威望高、大家普遍认可的同学,这样有利于在工作开展中赢得同学们的信服和拥护。而且班级工作细碎复杂,班干部要有良好的心态处理好学习和班级事务之间的关系,能够勤于思考、仔细观察,能为辅导员进行班级管理提供有效参考和帮助。

班干部的配备需要合理安排和配置。班委也讲究要团队合作,分工协调,班委之间和谐融洽,班级工作的开展才能有序。因此必须采取合适的班委配置,班子成员基本配备一般由5—7人组成,主要有班长、团支部书记、学习委员、生活委员、文艺委员、体育委员、心理委员、组织委员、宣传委员等构成,也会视具体情况进行调整。例如,因为大学生集中居住在宿舍,为便于工作的开展,也会安排男女班长各一位,或根据工作需要增

---

① 粟凤华:《高校班级建设核心目标及实现路径》,《文教资料》2020年第13期。

设副职等。总体而言,班委选配要根据工作需要合理安排班干部人数,同时考虑班级风格、班级建设以及成员特点进行安排,才能优势互补,确保班级工作顺利开展。

三、班级学风建设

学习是大学生的首要任务,引导学生学习是班级作用发挥的关键所在。班级学风主要是指学生在学习过程中表现出的整体精神风貌,具体体现为学生的学习态度和学习状态。良好的学风能够发挥引领和激励作用,带动班级学生端正学习态度,自觉认真学习。加强班级学风建设,营造良好的学习氛围,是班级建设的重要方面。

班级学风建设重点包含几方面重要的内容。一是形成明确的学习目标,激发学习动力。因为大学阶段和高中时期学习方式的改变,一些同学刚入大学时容易失去目标,继而失去学习的动力,因为没有理想和志向,也就不知为何而学。在班级学风建设中,首先要重视新生入学教育,加强学习指导,引导学生树立学习的目标,明确努力的方向。二是扩宽视野,提高学习的能力,鼓励学生参加科研实践活动。在大学,学习能力不仅仅指对专业和课程知识的掌握,同时也包含对人生态度、职业发展、人际关系、情绪控制等方面的能力,要引导学生自觉利用和发展这种学习能力。三是加强诚信教育,强调遵守学习纪律的重要性。对纪律的遵守是建设优良班风学风的重要保障,上课迟到、旷课、抄袭、作弊等行为要坚决禁止。四是运用激励手段,调动班级成员的积极性。树立学习榜样,发挥一些同学在学习、生活等方面的示范带头作用,在班级中逐渐形成"比、学、赶、帮、超"的学习风气。五是关注特殊群体的个别情况。因为大学生生活以自我管理为主,有些自制力差的同学可能会养成睡懒觉、打游戏等不良习惯,对这些同学要尤其多加关注,发现情况后及时与同学谈话,帮助他们分析原因,找到解决问题的办法,敦促其改正不良习惯。

学风建设就是在班集体中形成一种良好的学习风气,形成一股蒸蒸日上的正能量,促使学生整体素质的全面提升。因此,学风建设是班级建设的灵魂,是班级建设的重点工作。辅导员要指导班干部充分发挥骨干作用,切实组织管理好学风建设工作,引导班干部增强责任意识和服务意识,在学风建设中自觉发挥模范表率作用,在班级中营造"互帮、互助、互教、互学"积极向上的学习氛围,实现全班同学共同进步。①

四、班级文化建设

班级文化是班级内部成员在长期的教育实践中所共同具有的思想意识、价值观念和行为方式的总和。它是以校园文化为背景,以辅导员、班主任、任课教师和全体学生组成的班级成员为主体,在工作、学习、生活等各个领域中具有班级特色的活动方式和活动结果,是班级所有成员共有的信念、价值观、态度的复合体,是通过开展实践活动而创造出来的物质和精神财富的总和。

班级文化要形成自己的特色,在班级文化建设的过程中,辅导员要注重形成氛围,广泛动员每位同学积极参与班级建设,通过充分酝酿,精心设计集体活动,彰显班级特定的文化价值。积极塑造班级形象,可以通过班徽、班旗、班级口号、班歌、班训等设计,应用到寝室布置、标语悬挂、图片张贴、宣传栏建设、班级网络建设、班级公约、班级自办刊物等方面,成为班级的特有标志,让人以最直观的方式,感受到班级的文化氛围。班集体开展多样的班级文化活动,文化活动是班级文化的载体,丰富多彩、健康向上的班级文化活动,既能陶冶学生的道德情操,激发学生的创造潜能,同时也提供给学生展示才能和个性的机会。争取人人参与班级文化活动,只有班级成员人人参与,共同承担建设责任,才会更加认同班级文化。坚持群策群力,充分了解学生的兴趣爱好,尊重学生的人格意愿,力争活动有层次、成系列、上档次的同时,引发学生思考,寓教于乐,增强班级文化建设的实效性。此外,活动的开展不仅能丰富学生的课余生活,而且有利于培养竞争、团结、协作的班级氛围,让学生感受到集体的力量,增强其集体荣誉感、责任感,可以根据年级特点、班级学生情况,设计大学生

①　吕品、李朋伟、仝艳:《新时代背景下对高校班主任工作的几点思考》,《教育现代化》2020 年第 6 期。

感兴趣的活动主题,如文化娱乐、学术讨论、社会实践等,以增强活动的吸引力。

班级文化是班级的灵魂所在,是一种无形的教育力量。好的班级文化可以在班集体建设中发挥导向、凝聚、激励作用。新时代班级文化的引领作用需要予以重视。一方面,班级文化建设要致力于塑造学生独立的文化人格,根据学生的兴趣爱好筹办活动,积极搭建班级文化平台,增强其参与活动的主动性,引导班级文化的健康发展。另一方面,班级文化建设应强化学生在班集体建设中的主人翁作用,尊重学生意愿和诉求,激发学生自我教育、自我管理、自我服务的积极性主动性和创新创造活力,让每位学生都有机会展现自我、施展才华,使学生既是班级管理者,又是参与者,充分实现班集体自我教育、自我管理、自我服务的职能。两方合力,逐步形塑班级共同价值观,在"润物细无声"中增强学生对班级的认同感与归属感,增强班级凝聚力。①

五、班级宿舍管理

宿舍是学生课堂之外重要的学习、生活阵地。根据相关调查结果,大学生每天平均有约 12 个小时的时间是在宿舍中度过的,其中有 8 至 10 个小时的休息时间,1 至 4 个小时的学习和上网时间。宿舍管理是辅导员班级管理中的重要部分。加强宿舍管理,改进服务方法,对培养学生良好的生活习惯和行为方式有着重要作用。

创造一个"安全、文明、整洁、和谐、舒适"的生活环境是保障学生正常学习生活的前提条件。辅导员要组织指导学生学习学校相关制度并要求共同遵守,如《学生手册》《学生宿舍管理制度》等,根据各宿舍实际情况制订宿舍公约并要求学生自觉遵守、互相督促,同时任命或指导学生选好宿舍长。宿舍长要协助辅导员、班主任、宿舍管理员做好宿舍考勤、内务、纪律、卫生、安全等管理工作。加强宿舍的安全教育管理。为保障学

---

① 冯刚:《新时代高校班集体的发展状况与建构方向》,《思想教育研究》2019 年第 3 期。

生人身和财产安全,辅导员要经常对学生宿舍进行全面的安全隐患排查工作,特别对学生宿舍的阳台、走廊、防护栏进行整改,定期对各宿舍床板、门窗玻璃、消防器材、水管、电器等进行巡查,随时掌握安全隐患,发现问题及时解决。注重对学生安全意识培养,明确安全注意事项,并进一步明确安全责任主体、安全生产目标、奖惩制度等方面的安全工作具体要求。建立有效的沟通方式。为确保学生住宿管理的及时性、准确性,辅导员要掌握与班级相应宿舍管理员的联络方式,以备紧急时联系。由辅导员或班主任建立班级宿舍管理群(QQ 或微信),宿舍长及时有效反馈各种考勤、住宿、纪律、卫生和内务等相关情况,做好全方位的把控,管理无死角。注重宿舍文化建设。辅导员要帮助学生营造健康高雅的宿舍文化,营造良好宿舍文化氛围。学生是创造文化的主体。在整体规划宿舍环境的前提下,辅导员可以调动学生美化宿舍环境的积极性,营造良好的卫生环境,塑造积极向上、遵规守纪、团结友爱、互相帮助的宿舍文化。同时,辅导员要留心观察学生心理变化,及时掌握学生的思想动态,有针对性地帮助学生解决思想上的问题。

此外,学生宿舍管理可以与学生思想政治教育、学生党建工作、大学生心理健康教育、文化建设等方面有机结合,充分发挥宿舍主阵地作用。第一,加强宿舍管理与思想政治教育有机结合。高校思想政治工作应当借助宿舍文化建设的契机有效开展。大学生的日常学习、生活与人际交往大部分都是在宿舍内完成的,宿舍成员之间的价值观念、处事方式、生活习惯等方面必然会产生相互影响,进而在大学生活的其他领域内逐渐趋同,最终形成独树一帜的宿舍文化。建设积极、团结、和谐、互助的宿舍文化能够对大学生产生潜移默化的影响,从而引导学生健康向上,达到开展思想政治教育的效果。第二,以宿舍为单位开展贴近学生生活的党建工作。大学生党建工作可以通过开展宿舍文化建设有效实现。中国化的马克思主义理论成果与高校宿舍文化的渗透与结合,有益于人际关系融洽、文化气息浓厚的宿舍环境的形成。通过在各个院系中开展"优秀学生干部示范宿舍""党员示范宿舍"活动,充分发挥学生骨干的模范带头作用,使党建工作能够走到学生中间去,提高大学生党建工作的效益。第三,以宿舍文化激励当代大学生的成长与发展。宿舍成员之间会针对校园生活中的方方面面开展大量的交流与探讨,并对大学生的思想观念与精神风貌产生潜移默化的影响。宿舍文化建设能够增强宿舍成员之间的凝聚力,对大学生的成长与发展产生激励作用。第四,以宿舍管理为契机加强大学生心理健康教育。大部分学生都会主动遵守校园文化对个人行为产生的规范与约束作用,良好的宿舍文化能够在宿舍内创造出温馨的生活氛围和浓厚的学习气息,有利于宿舍成员身心的健康发展,对宿舍成员的情绪、情感和思想等方面产生良好的调节作用。

第四节　高校班级建设的实践路径

新时代辅导员加强班级建设,要选拔和培养好班级骨干,发挥团结和带动作用,依托网络开展好思想政治教育,加强线上班级建设,尊重和把握学生个性特点,开展个性化帮扶辅导,组织举办特色活动,提高班级凝聚力。

一、深埋根:完善班级骨干遴选与培养机制

完善班委团队遴选与培养机制,选优配强学生骨干,为班级凝聚力、向心力建设打下坚实基础。教育部印发的《普通高等学校辅导员队伍建设规定》中,辅导员的9项工作职责中即有党团和班级建设,指出辅导员应开展学生骨干的遴选、培养、激励工作,指导学生党支部和班团组织建设。班干部的遴选与培养工作是班级氛围和凝聚力建设的基础性一环。①

(一)班干部的选拔方式

班级干部是一个班级建设的核心力量,辅导员要创新班级干部的选

---

① 郭南、姚惠迎:《新时代00后高校新生班级建设的"突破法"》,《北京教育(德育)》2019年第Z1期。

拔和培养方式,规范班级干部的选拔和任用制度。① 学生干部要从学生中来,从班集体活动中来,又要到学生中去,到班级活动中去。在新生班级中,因为同学之间彼此不是特别熟悉,可以由辅导员、班主任通过认真了解每个学生的特点后,结合学生的个人成长经历,从中挑选部分学生担任班级临时负责人。该方法优点是能按照辅导员、班主任的工作思路,保证班级工作地迅速展开,但也可能造成群众对班委信服度不高的情况。

随着班级工作陆续开展,班级成员之间熟悉度逐渐提高,可采用班级民主竞选制度进行班干部二次选拔。民主竞选产生班干部能够发挥班级成员的主动性,在竞选参与中激发主人翁意识。竞选制能给班级成员一个展示自我的机会,对竞选成功的班干部产生激励效应。竞选产生的班干部是大家共同选择的结果,有利于树立班干部在班级中的威信,从而更顺利、高效地开展班级工作。

(二)班委会运行模式

班干部选拔完成后,由班干部组成班级委员会(班委会),根据职责分工,各司其职,共同开展班级工作,进行班级事务管理。班委会成员应定期开展班委交流例会,可由各班委成员制订阶段性工作计划书,定期汇报工作进度,集体讨论解决现阶段班级工作开展中的问题,进一步明确班委各自工作职责,激励其更好地开展班级工作。在班委例会的基础上,定期召开班级例会,向班级所有成员介绍班级工作开展情况,在学年或学期末可以组织班委进行述职考核,实现制度公开化、工作透明化、考核民主化。

为使更多学生参与到班级事务管理中来,培养锻炼更多学生的能力和水平,在班级管理中采用轮岗制。轮岗制的时间以一学期或一学年为标准,在下一学年或下一学期初期,重新进行竞选选举。以普通全日制本科四年制为例,学生在校时间共有八个学期,班委成员一般由 8 人组成,而一般班级人数在 60 人左右,以一个学期为标准进行轮岗,既能让每个

---

① 殷姿:《高校学生干部建设与班级建设的关联性研究》,《思想教育研究》2015 年第 4 期。

班级成员参与到班级管理中来,又能给其适度的期限达成学期的管理目标。轮岗制既可以发挥每个学生参与班级事务管理的积极性,也能不断激励现任班委努力工作,保持对班级工作的热情和积极性。

考评激励是对高校班级建设的强化与调节。在高校班级建设中,有效的考评激励机制可以充分调动学生的积极性和主观能动性,创造性地实现自身的发展目标。在班级管理中,既要有对班级整体的激励,也要有对班级工作作出贡献的班干部的奖励。坚持把考评激励与学生的发展需求紧密结合起来,注重情感勉励、物质奖励和制度激励的和谐统一,注重他励、自励和互励的有机统一,从而推动整个班级共同进步。

(二)班级自我管理

大学生班级群体是社会群体的一个重要组成部分,是大学生进行交往和个性成长的重要环境,也是大学生全面发展的重要教育生态系统和摇篮。作为新时期的大学生,随着主体意识的提高,个人参与意识也逐渐增强,因此在班级事务管理中,除了要发挥学生干部的核心带头作用外,还要培养全体班级同学的参与意识,共同进行班级管理。① 坚持以学生为本的管理思想为指导,为学生创造一个班级自我管理的良好氛围,调动学生参与管理班级的积极性,从而培养学生的管理能力、沟通能力、协调能力等各方面能力,培养学生的自尊心、责任心和主人翁意识,切实把培养学生全面发展的理念落到实处。

案例分享:山东大学 STAR(Service-Team-Action-Responsibility)骨干培训示范班通过教育培训、研讨交流、实践锻炼等行之有效的方式,不断提高大学生骨干的思想政治素质、政策理论水平、创新能力、实践能力和组织协调能力,提升学生骨干的服务意识、团队精神、执行力与责任感,使他们学以致用,更好地服务于班级建设和班级成长,切实发挥学生骨干作用,参与到学生群体的服务与管理工作之中。STAR 培训班授课形式与组织架构以校区为基本单位,同时打乱年级、学院组建了培训班级,给予

---

① 岳海洋:《日常生活视角下班级建设实践研究》,《学校党建与思想教育》2019 年第 6 期。

学生跨学院、跨专业的思维碰撞与经验交流平台,同时邀请部分学院分管学生工作的党委副书记、辅导员担任班级导师、班主任,同时聘任学生代表担任班级助理。在导师、班主任指导下建立班级微信群,完善班级建制,设置班委,制定班级名称、班训、班徽、班歌、学习和活动计划等,自行开展破冰活动,增强学生在新班级的参与度与凝聚力。在培训内容方面,通过组织召开理想信念、传统文化、校史校情、团队意识、沟通协作、班级有效运转、学生骨干作用发挥、各类学生群体的服务与管理、班级实务培训等专题讲座,组织国情体验、社情调研、红色教育等系列活动,进一步加深学生骨干理论水平与实践能力,从而更好地引导班级同学发挥重要作用。山东大学 STAR 骨干培训班为学生干部培养、班级自我管理与建设提供了可推广、可借鉴的实践经验,供广大学生工作者学习思考。

二、施好肥:创新开展网络思想政治教育

随着社会的进步和网络的迅速发展,信息传播的媒介已经由传统媒体时代,进入了以"网络为平台,数字化传播为基础,新媒体技术为支撑"的新媒体时代。[①] 班级作为大学生在高校最基本的组织单位,承载着学校教育、管理的基本功能。作为高校学生工作的基层管理者与教育者,辅导员只有牢牢把握新媒体时代的特点以及对班级建设带来的新影响,创新工作方法,提升自我媒介素养,才能正确引导大学生合理面对、认识和使用新媒体,从而更好地在引导大学生成长、成才过程中扬长避短,更高效地完成大学生思想政治教育工作任务。[②]

新时代背景下,随着多媒体的迅速发展,网络思想政治教育已经成为当今高校思想政治教育的重要阵地。辅导员应结合学校学院特色、网络思政平台、特色活动开展思想政治教育,借助易班定期发布思政时事、思政论文等加强宣传教育,扩大学生知识接触面。同时结合易班优课(YOOC)平台开展思政课堂,既可通过常规的视频课程进行思想政治教育,亦可采用

---

① 李岩:《浅谈新媒体时代高校辅导员工作的方法创新》,《世纪桥》2013 年第 3 期。

② 朱珍、张奎利:《新媒体时代加强高校班级建设机制的研究》,《高教论坛》2014 年第 3 期。

"学生讲、老师听"的课堂模式,这种课堂模式让学生结合自己的理解录制讲授课程,加深对理论知识的理解,使思想政治教育学习形式更加新颖、有吸引力,学习方式更加灵活、易操作,学习效果更加务实、可衡量。[①]

结合新时代青年"互联网"一代成长思维和个性化发展需求,辅导员在加强思想政治教育和开展班级建设工作过程中,应"以新制新"开展网络思想政治教育,以丰富的互联网思维充实传统的理想信念教育,以学生喜闻乐见、"接地气"的新媒体教育方式替代单向、生硬的灌输说教方法,以互动分享式、贴近学生关注点的新型教育手段为依托,广泛运用微博、微信平台、朋友圈、短视频等新媒体平台,最大限度地吸引学生关注、激发学生思考。

案例分享:山东大学情感教育工作室成立于2015年6月。工作室主要利用微沙龙、讲座、个体咨询以及公共通识课等载体为全校学生提供包括爱情、友情、亲情、个人情绪管理等情感方面的教育与引导。依托微信平台"陌上花开"进行网络咨询,帮助学生习得悦纳自我、控制情感、调整情感、释放情绪的技能,并不断地激励自我,增强抗挫折和抗干扰能力。"陌上花开"平台依托"辅导员札记""心理课堂""情感课堂""学长学姐有话说"几大专栏,对学生关注、困惑的阶段性问题进行分析总结,提供解决思路;对学生学习工作阶段遇到的典型事例进行情景模拟,通过旁观者视角引导学生思考对学习工作、集体生活中各项问题的正确处理方式,使学生对辅导员工作、班级活动开展更友善、更认同,增强辅导员和班集体对学生的亲和力、感召力、影响力。

三、松松土:全方位多层次开展个性化帮扶辅导

在学生教育、班级建设工作中,辅导员应坚持以学生为本,着重做好服务工作,促进形成全员育人的氛围,在管理和建设中发挥自身作用的同时,协调调动各支育人力量,对不同学生予以针对性深度辅导,弱化由于

---

① 焦琛、刘妍君:《谈新时代高校辅导员如何基于"易班"开展班级建设》,《才智》2018年第28期。

地区教育和家庭环境差异对学生的部分不利影响。除辅导员自身严格贯彻"三贴近、四深入"制度外,还应明确班主任在班级氛围培养尤其是学风建设中的工作职责,辅导员每学期组织班主任召开期中、期末学风研讨会,制作成绩分析白皮书,对学生学习及学业情况集体"把脉",为学生专业学习精准指导提供有力依据。辅导员也可与班主任就学业困难学生开展"联合作战",鼓励班主任和学生单独约谈,以其自身求学经历、治学态度引导学生专注学业,并针对学业有困难的学生提供学习经验分享、方法探讨,在学习上予以专业性指导,同时以身作则、身体力行为班级学生展现其治学科研的态度,有力推动班级学风建设工作。辅导员可积极发挥朋辈引领力量,选聘一批优秀的大四学生作为新生引航学长,制作《引航学长工作手册》,以大一年级学生为被引领对象,着力帮助新生尽快树立职业生涯规划意识、正确认识自我、认知未来发展方向,一名引航学长面向一个新生班级约 25 名学生,与每一位班级学生深度交流,精准化助力学生科学制定切实可行的生涯发展规划,引航学长深入班级内部,以实际成长经历、所在高年级班级范例为新生班级建设添砖加瓦。

四、修枝叶:积极开展特色活动提高班级凝聚力

教育家苏霍姆林斯基认为,集体是教育的工具。加强高校班级建设,需要班内每一位成员付诸行动,积极参与。因此增强班级凝聚力至关重要,切实提升班级对学生的吸引力,使学生发自内心地认同班级,深刻体会到归属感和责任感。

合理安排学生开展丰富多彩的活动,是班级凝聚力形成的主要形式和途径。[①] 班级活动形式多种多样,包括教育教学活动、文体活动、社会实践、志愿服务等,具有灵活性、广泛性、特色性,要富有吸引力,充分调动学生的积极性。班级要针对每个学生的特点和兴趣爱好,精心安排和设计班级活动,活动形式和内容应充分体现学生的主体地位,符合学生的意

---

① 张艳萍:《当前高校班级建设存在的问题与思考》,《思想理论教育导刊》2011 年第 5 期。

愿,力求贴近学生的生活和已有的经验,让学生在活动中体验、感悟、发展,打造奋发向上、团结拼搏的集体精神。通过特色的活动,学生可以更好地了解社会,观察生活,在活动中增强学生的自主性和团结性,提高他们的参与意识,从而进一步增强班级凝聚力。

集体主义思想是班集体凝聚力的核心,加强大学生的集体主义教育是增强班级凝聚力的关键。辅导员要充分利用班级活动进行集体主义教育,把准备和组织活动的过程作为培养和形成正确集体舆论的过程,鼓励学生把个人的学业生活融入到优秀班集体建设中去,形成融洽的班集体气氛。充分利用学生宿舍平台进行集体主义教育,宿舍长、班干部要了解每个宿舍成员的生活学习情况和心理状态,定期组织宿舍内部的谈心谈话,组织宿舍文化建设活动,加强宿舍内部团结,更好地服务班级集体主义和凝聚力建设。

辅导员应始终坚持将班级建设工作作为重中之重,坚持"亲、诚、融"的理念①,成体系、制规范、有计划地逐步开展工作。"亲"密陪伴学生的成长,积极参加学生的每一次集体活动,定期深入课堂、走访学生宿舍,常联系、多走动,保持和学生们的亲密度。"诚"心诚意、创新开展学生专业认同感、学院归属感、集体荣誉感的引导工作。"融"人生导师、知心朋友等角色定位于一体,在基础性工作上、在与学生交流相处中坚持公平对待每一名学生,多做得人心、暖人心的工作,使学生对学校更认同、更支持,对辅导员更友善、更亲近,对班级更依赖、更拥护。班级建设是为了学生个体更好地发展,高校新生班级建设是大学教育的重要基础环节,是辅导员基础性工作的重中之重。完善班委团队遴选与培养机制、创新开展网络思想政治教育、有效利用各支育人力量、努力实现辅导员"得人心、暖人心"的陪伴,四者相互联系、相互交融,共同实现"全员育人、全过程育人、全方位育人"的工作理念,为加强新时代高校班级建设、切实发挥班级功能作用推进助力。

---

① 郭南、姚惠迎:《新时代 00 后高校新生班级建设的"突破法"》,《北京教育(德育)》2019 年第 Z1 期。

第十三章　新时代高校辅导员精准思政的机制与实施

　　教育是国家的未来和民族振兴的基石,思想政治教育作为教育体系的重要一环,始终是党和国家的工作重点。中共中央、国务院印发的《关于新时代加强和改进思想政治工作的意见》把思想政治工作上升为治党治国的重要方式,进一步表明了思想政治工作的特殊重要性。作为大学生思想政治教育的骨干力量,辅导员的工作呈现出日益繁杂的特点,工作对象的需求和工作质量的要求对辅导员提出了更高的期待。因此,新时代辅导员如何更加精准有效地开展思想政治教育显得尤为重要。

第一节　精准思政概念阐释

　　青年学生一直是思想政治教育的重点所在。新时代背景下,大学生的价值观受到市场经济和多元文化等因素的挑战和冲击呈现新的特征,青年学生的成长需求、思维观念更加多元多变,同时也面临着新的挑战。因此,精准施策、对症下药方可有效解决青年学生日常思想政治教育中出现的问题。精准思政既是时代发展给辅导员工作提出的新命题,也是推动辅导员工作纵深发展的重要努力方向。

一、时代发展对辅导员精准思政提出新的要求

　　党的十八大以来,以习近平同志为核心的党中央高度重视高校思想

政治教育,并就此多次召开重要会议,习近平总书记均与会并作重要讲话。2014 年 12 月,习近平总书记在第二十三次全国高等学校党的建设工作作出指示,高校肩负着学习研究宣传马克思主义、培养中国特色社会主义事业建设者和接班人的重大任务。办好中国特色社会主义大学,要坚持立德树人,把培养和践行社会主义核心价值观融入教书育人全过程;强化思想引领,牢牢把握高校意识形态工作的领导权。2016 年 12 月,以习近平同志为核心的党中央召开了全国高校思想政治工作会议。会议上,习近平总书记强调,高校思想政治工作关系高校培养什么样的人、如何培养人以及为谁培养人这个根本问题;要坚持把立德树人作为中心环节,把思想政治工作贯穿教育教学全过程,实现全程育人、全方位育人,努力开创我国高等教育事业发展新局面。在会议中,习近平总书记还提出了政治理论课教师应坚持"四个统一"的师德观,即坚持教书和育人相统一、坚持言传和身教相统一、坚持潜心问道和关注社会相统一、坚持学术自由和学术规范相统一。同时强调,做好高校思想政治工作,要因事而化、因时而进、因势而新;要遵循思想政治工作规律,遵循教书育人规律,遵循学生成长规律,不断提高工作能力和水平。2017 年,是中国的"思想政治教育学科质量年",这一专项工作启动后,人们更加深刻地认识到思想政治理论课是立德树人的核心和灵魂,是全体教育工作者的神圣使命,尤其对于思政课教师来说,他们除了是人类文明的传承者、先进思想文化的传播者、党执政的坚定支持者,还是学生健康成长的指导者和引路人,他们身份的特殊性使其区别于其他专业课教师,在学生道德品质的养成、价值观的形成、人生方向与道路的选择和确立方面有着更为关键的角色使命。2018 年 9 月 10 日上午,全国教育大会在北京召开。在学校思想政治工作方面,习近平总书记强调,加强党对教育工作的全面领导,是办好教育的根本保证。教育部门和各级各类学校的党组织要增强"四个意识"、坚定"四个自信",坚定不移维护党中央权威和集中统一领导,自觉在政治立场、政治方向、政治原则、政治道路上同党中央保持高度一致。思想政治工作是学校各项工作的生命线,各级党委、各级教育主管部门、学校党组织都必须紧紧抓在手上。要精心培养和组织一支会做思想政治工作的政工队伍,把思想政治工作做在日常、做到个人。2019 年 3 月 18 日,习近平总书记在京主持召开学校思想政治理论课教师座谈会并发表重要讲话,他强调,思想政治理论课是落实立德树人根本任务的关键课程。青少年阶段是人生的"拔节孕穗期",最需要精心引导和栽培。我们办中国特色社会主义教育,就是要理直气壮开好思政课,用新时代中国特色社会主义思想铸魂育人,引导学生增强中国特色社会主义道路自信、理论自信、制度自信、文化自信,厚植爱国主义情怀,把爱国情、强国志、报国行自觉融入坚持和发展中国特色社会主义事业、建设社会主义现代化强国、实现中华民族伟大复兴的奋斗之中。2019 年 4 月 30 日,纪念五四运动 100 周年大会在北京人民大会堂隆重举行,习近平总书记在谈到青年教育时强调,把青年一代培养造就成德智体美劳全面发展的社会主义建设者和接班人,是事关党和国家前途命运的重大战略任务,是全党的共同政治责任。各级党委和政府、各级领导干部以及全社会都要充分信任青年、热情关心青年、严格要求青年,关注青年愿望、帮助青年发展、支持青年创业。我们要主动走近青年、倾听青年,做青年朋友的知心人;我们要真情关心青年、关爱青年,做青年工作的热心人;我们要悉心教育青年、引导青年,做青年群众的引路人。2021 年 4 月 19 日,习近平总书记在清华大学建校 110 周年校庆日前夕考察时指出,当代中国青年是与新时代同向同行、共同前进的一代,生逢盛世,肩负重任。教师是教育工作的中坚力量,没有高水平的师资队伍,就很难培养出高水平的创新人才,也很难产生高水平的创新成果。大学教师对学生承担着传授知识、培养能力、塑造正确人生观的职责。在新时代背景下,先后召开的专题会议足以显示党中央对高校思想政治工作的重视程度,在当今社会环境、学生背景日益复杂多样的情况下,我们要积极探索更好的方式、更合适的途径,精准思政,推动大学生思想政治教育朝向更有效的方向发展。

　　辅导员是学生成长发展路上的指导者和引路人,也是做好高校思想政治工作的重要骨干。2017 年 9 月教育部公布修订的《普通高等学校辅导员队伍建设规定》,进一步指出了辅导员是开展大学生思想政治教育的骨干力量,是高等学校学生日常思想政治教育和管理工作的组织者、实施者、指导者。辅导员应当努力成为学生成长成才的人生导师和健康生活的知心朋友。作为高校思想政治工作队伍中的一员,辅导员是大学生日常学习生活中接触最多、最频繁的老师。由于大学生思想政治工作的形势在变、任务在变、工作要求也在变,辅导员必须准确识变、科学应变、主动求变,把解决实际问题作为出发点,这也对辅导员的工作提出了更高的要求。

二、精准思政的理论内涵

精准思维是习近平治国理政思想的重要组成部分,党的十八大以来,不论是在扶贫攻坚的重点领域,还是在疫情防控的关键时刻,习近平总书记多次要求对准焦距、找准穴位,运用精准思维开展工作。脱贫攻坚方面,习近平总书记在深度贫困地区脱贫攻坚座谈会上指出,要在精准扶贫、精准脱贫上下更大功夫,做到扶持对象精准、项目安排精准、资金使用精准、措施到户精准、因村派人(第一书记)精准、脱贫成效精准。深化改革方面,习近平总书记在中央全面深化改革领导小组第二十四次会议上指出,要把依靠全面深化改革推进供给侧结构性改革摆上重要位置,坚定改革信心,突出问题导向,加强分类指导,注重精准施策,提高改革效应,放大制度优势。社会治理方面,习近平总书记在海南考察时强调,各级党委和政府要强化互联网思维,善于利用互联网优势,着力在融合、共享、便民、安全上下功夫,推进政府决策科学化、社会治理精细化、公共服务高效化,用信息化手段更好感知社会态势、畅通沟通渠道、辅助决策施政、方便群众办事,做到心中有数。创新驱动方面,习近平总书记在《深入贯彻落实党在新形势下的强军目标,加快建设具有我军特色的世界一流大学》中指出,要牵住"牛鼻子",把国防科技和武器装备建设的薄弱环节作为推进自主创新的主攻方向,选准突破口,加强预先研究和探索,努力在前瞻性、战略性领域占有一席之地。工作作风方面,习近平总书记在指导兰考县委常委班子专题民主生活会时强调,要从细节处着手,养成习惯。如果对工作、对事业仅仅满足于一般化、满足于过得去,大呼隆抓,眉毛胡子一把抓,那么问题就会被掩盖。干部队伍方面,习近平总书记在省部级主要领导干部学习贯彻党的十八届五中全会精神专题研讨班上指出,要加强对干部的教育培训,针对干部的知识空白、经验盲区、能力弱项,开展精准化的理论培训、政策培训、科技培训、管理培训、法规培训,突出针对性和实效性。从思想层面看,精准思维强调因地制宜、分层施策,是对一切从实际出发、实事求是等马克思主义基本观点的继承和发扬;从实践层面看,精准思维突出针对性、强调实效性,也是一种操作性强、务实管用的工作方法。

2017 年 2 月,中共中央、国务院印发《关于加强和改进新形势下高校思想政治工作的意见》,指出"把握师生思想特点和发展需求,注重理论教育和实践活动相结合、普遍要求和分类指导相结合,提高工作科学化精细化水平",作为加强和改进高校思想政治工作的基本原则之一。① 因此,了解并掌握学生"身心发展的特征和规律",对思想政治教育工作者而言,更可能真正根据规律有针对性地"传道授业解惑",与学生展开坦诚对话,引导学生坚定理想信念、激发爱国主义情感,实现社会价值和个人价值的统一。高校思政工作是立德树人的灵魂工程,但"德"之内涵丰富多维,学生思想状况趋于多元,要求思政工作者在育人实践中必须牢固树立精准思维、认真探索实施路径,运用精准思维克服大学生思想政治教育面临的现实困境,在实践、反思、回归、再实践的螺旋式过程中,综合施策,大力推进辅导员精准思政。

三、精准思政的实践外延

近年来,网络新媒体的发展给辅导员精准思政工作带来机遇和挑战。作为以网络技术、信息技术为主,可以利用其发布自己亲眼所见、亲耳所闻事件的网络载体,网络新媒体因其互动性高、个性化强、渗透力足,广受教育工作者和大学生们欢迎。对于大学生们来说,借助网络新媒体,学生可以在此进行信息获取、思想交流、人际交往等,并可利用偏好选择接收的信息内容,这种信息获取渠道的多样性和偏好性,让学生不再被动接受

---

① 《十八大以来重要文献选编》(下),中央文献出版社 2018 年版,第 481 页。

教师传播的信息,他们可以主动获取自己感兴趣的信息。对于辅导员来说,网络新媒体发展使信息更新速度较快,大学生思想政治教育面临很大的挑战,老旧的思想政治教育方法已经无法适用。与此同时,网络新媒体可作为新的思想政治教育阵地,为精准思政在具体实践中提供重要载体,使思想政治教育工作更加便捷、生动。辅导员应当抓住新媒体这一发展机遇,借助于新媒体影响力大和传播效率高的特点,推动和完善高校思想政治工作向深层次、纵深化、精准化发展,利用开放性、针对性的教育方式来影响大学生的思维和观念,为大学生打造更加适应时代发展、富有实践性的思想政治教育课堂。精准思政总体要求我们精准把握思政内容、精准研究思政对象、精准传递思政方法、精准破解思政症结、精准评价思政实效五个方面。

具体来说,第一,精准把握思政内容,要求高校根据学生特点,提供一对一精准化的思想辅导、学业指导、就业指导、心理辅导等,有针对性地帮助学生处理好思想认识、价值取向等方面的问题,让学生成为德才兼备、全面发展的人才。第二,精准研究思政对象,要求直面"学生",更好满足青年学生成长发展的需求和期待。尤其在新时代,现代社会环境、发展形势以及人们生活方式产生了较大变化,青年思想活动受之影响更为丰富多样,并呈现出一定差异性。在此背景下,精准把握青年学生群体的思政特征,针对不同类型的学生进行针对性的教育活动,思想政治教育工作应伴随社会实践的发展而进行快速优化创新与良好调节,根据学生特点,优化基础保障,树立战略目标,方能获取全面的提升。第三,精准传递思政方法,体现在一是加强教育队伍建设,二是对不断变化的教育过程精准施策,三是思想政治教育载体应用的精准化。第四,精准破解思政症结,也就是需要精准破解"谁来做、做什么、怎么做"的问题。在思想政治教育过程中,"谁来做"明确责任主体,精准发现思政过程存在的问题;"做什么"体现关键意识,抓住思政过程中主要矛盾进行针对性解决;"怎么做"要求针对不同类型的学生,精准施策。第五,精准评价思政实效,体现在精准"补漏"。与其他工作一样,教育工作也不可避免地存在短板、遗漏。思想政治教育、价值引领够不够强?理论学习是否深入?这些问题都要具体学校根据自身的现状具体考察。不论单次教育活动还是一个学期、整个大学阶段的教育工作,都应有效果检索意识,通过定期考核检查,找到短板和弱项,深入分析原因,找到症结所在,采取有效措施进行查缺补漏,促进整体教育效果提升。

第二节　精准思政策略设计

习近平总书记曾指出,思想政治工作必须以学生为中心。大学生思想政治工作要立足于大学生的需要,将社会主义核心价值观内化为大学生的自觉行动,促进大学生的发展。“00 后”逐渐成为大学校园中的新生力量,成长于新时代的他们个性更鲜明,兴趣更广泛,思想更活跃,个体间的异质性特征更突出。互联网信息技术在为他们提供广阔的发展平台的同时也制造了更多的社会道德风险,如何有效地进行辅导员精准思政,发挥社会主义核心价值观在大学生成长成才中的指引作用,是大学教育需要解决的重大而紧迫的时代问题。基于主体个性的不同、成长环境的差异性,价值观内化过程会因主客体而表现出不同的特征,进而影响辅导员精准思政的效果。从价值观内化特征出发探索其在辅导员精准思政中的有效性,具有十分重要的理论意义和现实意义。

一、基于精准思政视角的价值观内化特征

面对如何探求高校思想政治教育有效性的问题,应当从受教育者,即学生的角度,思考高校实施的思想政治教育是否有利于大学生价值观特征层次的提升及转化。因此,首先需要确定不同层次级别的价值观特征,以衡量和区分大学生的价值类型,依托接受教育前后不同价值类型群体的转化与个体价值观的保持、退化、升级乃至跃迁的变化特点,进一步识别高校思想政治教育的有效性。

以社会主义核心价值观为范例,12 个关键词从 3 个不同的层次阐明了社会主义核心价值体系的根本性质和基本特征。从国家、社会、公民

等层面逐层展开：富强、民主、文明、和谐，自由、平等、公正、法治，爱国、敬业、诚信、友善。因此，依据此范例的层次逻辑，来确定我们要论述的有区分度、级别差的价值观特征。毛泽东在《纪念白求恩》一文中提到"一个人能力有大小，但只要有这点精神，就是一个高尚的人，一个纯粹的人，一个有道德的人，一个脱离了低级趣味的人，一个有益于人民的人"。在这篇悼念文章中，毛泽东号召全党学习白求恩毫不利己的共产主义精神。在这一论述中，充分体现了个人价值观特征是存在层次性的。结合冯友兰先生对人生的四重境界的内涵描述，即自然境界，功利境界，道德境界，天地境界，以及毛泽东在《纪念白求恩》中关于对人的精神价值的阐述，我们从上、中上、中、中下、下 5 个层面来考量不同层面价值取向的人，即有益于人民的人、高尚的人、纯粹的人、低级趣味的人和道德沦丧的人。再对应 5 种不同价值取向的人，每种人举 3 个价值观特征的例子及特征之间的描述性词语，以保证对不同类型的学生的囊括性，防止出现人群涵盖不全、类型间出现断档等的问题。比如，对应有益于人民的人以共产主义道德观、毫不利己专门利人、无私奉献 3 个价值观特征为例说明，这 3 个特征都是毛泽东对于白求恩、张思德等有益于人民的这类人的评价；对应高尚的人以品行端正、乐于助人、情操高雅 3 个价值观特征为例说明，这取自中国古代对于君子这类品德高尚的人的评价；对于纯粹的人以有自制力的、服从的、理性的 3 个价值观特征为例说明，这是基于心理学对于一个价值中性的人的基本判断；对应低级趣味的人以自私自利、不守信用、庸俗无知 3 个价值观特征为例说明，这是对朱光潜先生在《文学上的低级趣味》一文中的阐述的迁移与转化；对应道德沦丧的人以违法乱纪、反社会、野蛮暴力 3 个价值观特征为例说明，从社会学和伦理学上对于较为极端状态的不道德行为的阐述而来。并通过查阅《辞海》《汉典》等文献，对 40 个价值观内化特征进行具体描述。

为尽可能真实且全面地了解最具有分类代表性的价值观内化特征，面向哲学社会科学课、思想政治理论课教师、辅导员、高校学生设计特征筛选评分问卷。问卷依据如表 13.1 所示，罗列 A 至 E 共 5 类价值类型中各 8 种相关的契合的价值观内化特征,邀请其对每种特征进行相关程度的评分。采用李克特五点形式设计和评价量表,具体的特征相关性分值设置如表 13.2 所示。使得被测者回答问题时,能够具体指出自身对某项陈述的认同程度。

表 13.1　价值类型及其潜在相关内化特征陈述

代码	价值类型	代码	价值观内化特征	价值观内化特征描述
A	有益于人民的人	A1	共产主义道德	即无产阶级道德。是无产阶级和劳动人民根本利益和要求的反映,同一切剥削阶级道德相对立,是人类历史上最进步、最高尚的道德。它是无产阶级用共产主义思想调节人与人之间、个人与社会之间相互关系的行为规范和准则
		A2	服务意识强	发自内心地为集体(或别人)利益或为某种事业而工作的观念和欲望强烈
		A3	无私奉献	对自己事业的不求回报的爱和全身心的付出
		A4	毫不利己专门利人	丝毫不为个人利益着想,一心一意做有利于他人的事情
		A5	把人民的利益放在第一位	把满足以劳动群众为主体的社会基本成员的生存和发展的各种客观需求摆放在首要位置
		A6	集体主义价值观	一切从集体出发,把集体利益放在个人利益之上的思想
		A7	勤劳勇敢	辛勤劳作,努力生产物质财富和精神财富且不怕危险和困难,有胆量,不退缩
		A8	公而忘私	为了公事而不考虑私事,为了集体利益而不考虑个人得失
B	高尚的人	B1	光明磊落	人的行为正直坦白,毫无隐私暧昧不可告人之处
		B2	乐于助人	愿意帮助有困难的人
		B3	虚怀若谷	胸怀像山谷那样深而且宽广,善于接受别人意见和观点
		B4	宽宏大量	形容人度量大,心胸开阔,对人和事抱着宽大的胸怀去对待

续表

代码	价值类型	代码	价值观 内化特征	价值观内化特征描述
B	高尚的人	B5	品行端正	人的行为品德较为正派、正确
		B6	兢兢业业	做事谨慎,勤奋刻苦,认真负责
		B7	克己奉公	克服私心,严于律己,以公事为重
		B8	情操高雅	在情感和操守方面表现高超雅正
C	纯粹的人	C1	勤勉的	努力不懈
		C2	服从的	现代意为遵从;顺从,即"不管叫你做什么都照做不误"
		C3	单纯的	简单不复杂
		C4	稳重的	沉着冷静,不焦躁
		C5	可靠的	可以信赖依靠
		C6	有自制力的	指能够自觉地控制自己的情绪和行动
		C7	谦逊的	不浮夸、低调,为人低调,不自满
		C8	理性的	理智和冷静
D	低级趣味	D1	弄虚作假	耍花招、故意搞些虚假的事物来欺骗别人
		D2	游手好闲	游荡懒散,不爱劳动
		D3	庸俗无知	平庸鄙陋、不高尚且缺乏知识、不明事理
		D4	奴颜婢膝	形容奴气十足、讨好奉承的样子
		D5	见利忘义	见到有利可图就不顾道义
		D6	沉迷酒色	沉迷于吃喝与女色之中
		D7	不守信用	言行不一,敷衍塞责,不遵守承诺
		D8	自私自利	只为自己打算,只顾自己利益

续表

代码	价值类型	代码	价值观内化特征	价值观内化特征描述
E	道德沦丧	E1	违法乱纪	违犯法令,破坏纲纪
		E2	漠视人伦	冷淡地对待人与人之间的道德关系
		E3	坑蒙拐骗	以欺骗手段捞取钱财,陷害他人
		E4	反社会	与社会主流不同,具有高度攻击性、无羞惭感、行为无计划性、社会适应不良等特性
		E5	穷凶极恶	形容极端残暴凶恶
		E6	漠视生命	对延续生命(生命的原始意义)、优化人生(生命的基本意义)、提升自我与贡献社会(生命的高层意义)表现出冷淡对待的态度
		E7	以邻为壑	比喻只图自己一方的利益,把困难或祸害转嫁给别人
		E8	野蛮暴力	冲动行事,常用如暴力、杀戮等无人性之行为解决问题

表 13.2　价值观内化特征相关性分值设置

分值	相关性	相关性描述
1	不相关	该价值观内化特征与所属价值类型不相关
2	一般相关	该价值观内化特征与所属价值类型一般相关
3	相关	该价值观内化特征与所属价值类型相关
4	比较相关	该价值观内化特征与所属价值类型比较相关
5	非常相关	该价值观内化特征与所属价值类型非常相关

　　同时,由于知识结构、专业素养、经验阅历等的不同,教师、辅导员、高校学生 3 种被测群体对价值观内化特征的认知程度、评判标准存在差异。因此,以接受思想政治教育的专业性为依据,赋予 3 种调研对象平均评分不同的权重,其中,哲学社会科学课、思想政治理论课教师的平均评分占总分值 50%,辅导员的平均评分占总分值 30%,高校学生的平均评分占总分值 20%。问卷总计发放 300 份,有效问卷 277 份,其中,教师填写 53份,辅导员填写 84 份,高校学生填写 140 份。对问卷数据进行分群体的

平均计算,再按 5∶3∶2 的权重配比进行加权平均,得到各项价值观内化特征与所属价值类型相关程度的评分值,见图 13.1。

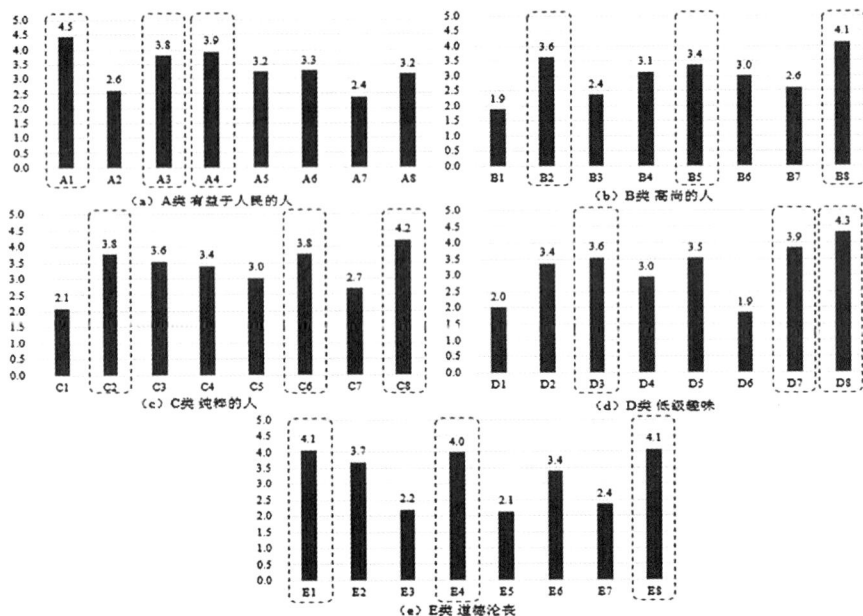

图 13.1　价值观内化特征相关性数据

图中,虚线框表示的是在每种价值类型下的 8 种备选价值观内化特征中,与类型相关程度排名前 3 的特征,如 A 类"有益于人民的人",其相关程度较高的特征有"共产主义道德观、无私奉献、毫不利己专门利人"。

根据图 13.1,可将经过不同群体筛选出的、与价值类型相关程度较高的价值观内化特征与其对应的价值类型组合成价值类型评判标准表,见表 13.3。

表 13.3　价值类型评判标准

价值类型代码	价值类型	价值观内化特征代码	价值观内化特征
A	有益于人民的人	x_1	共产主义道德观
		x_2	毫不利己专门利人
		x_3	无私奉献

续表

价值类型代码	价值类型	价值观内化特征代码	价值观内化特征
B	高尚的人	x_4	品行端正
		x_5	乐于助人
		x_6	情操高雅
C	纯粹的人	x_7	有自制力的
		x_8	服从的
		x_9	理性的
D	低级趣味	x_{10}	自私自利
		x_{11}	不守信用
		x_{12}	庸俗无知
E	道德沦丧	x_{13}	违法乱纪
		x_{14}	反社会
		x_{15}	野蛮暴力

　　某个体自评选择 3 种最符合、最贴切其本人特征的价值观内化特征，作出选择后，依据表 13.3，按如下分类评判标准进行分类。

　　评判标准 1　自评 3 种价值观内化特征有至少 2 种属于某一价值类型，则归纳为该类。举例，假设某个体自评"品行端正、乐于助人、情操高雅"此 3 种特征，即可判定其属于"高尚的人（B）"，又假设某学生自评"品行端正、乐于助人、服从的"，由于有 2 种特征属于"高尚的人（B）"类型，因而判定其属于"高尚的人（B）"。

　　一般来说，价值观是关于现实的人对生活实践所产生的意义的一种判断价值、评价标准和取舍标准的思想体系。价值观念作为社会意识的一部分，受到社会存在的制约，反映了处在一定社会、经济等关系中的人的需求及利益取向。"价值观冲突"是价值观念之间的彼此否定和互相竞争。"价值"之间是不会发生冲突的，往往是个体的价值评价和价值选择产生冲突。在对回收的调研问卷进行分析后，我们发现，并不是所有人的价值观内化特征都是稳定且连贯的，有的自评特征可能无法以评判标准 1 进行归类，即出现了有的个体自评"无私奉献、品行端正、有自制力的"此 3 种特征,也有自评"乐于助人、服从的、庸俗无知"此 3 种特征等情况,每一个价值观内化特征分别对应不同的类别。这样的价值观冲突可以理解为,对同一价值对象,主体自身的价值意识、价值态度和价值评价发生矛盾、对抗,处于无法协调的状态。[①] 因而,新增以下 2 条评判标准进行补充。

评判标准 2   自评 3 种价值观内化特征出现跨类型的跳跃现象时,假若没有属于 D、E 类的特征且无法归类为 A、B、C,则认定为"偏积极型",该类型的价值层次仅高于"纯粹的人"。举例,假设某个体自评"无私奉献、品行端正、有自制力的"此 3 种特征,不属于 D、E 类且无法归为 A、B、C,因而判定其属于"偏积极型"。

评判标准 3   自评 3 种价值观内化特征出现跨类型的跳跃现象时,假若出现某一特征为 D、F 类型中的任一内化特征,且无法归类为其他类别,则认定为"偏消极型",该类型的价值层次仅低于"纯粹的人"。举例,假设某个体自评"乐于助人、服从的、庸俗无知"此 3 种特征,有一特征属于 D、F 类且无法归为其他类别,因而判定其属于"偏消极型"。

根据如上评判标准,整理出如下价值类型区分表,以期尽可能全面地囊括所有类型的人群,价值类型有 7 种,具体结构如表 13.4 所示。

表 13.4   价值类型区分

价值观 类型代码	价值观 类型	价值观 特征代码	价值观特征	分类标准
A	有益于人民的人	x_1	共产主义道德观	至少 2 种属于 x_1、x_2、x_3
		x_2	毫不利己专门利人	
		x_3	无私奉献	
B	高尚的人	x_4	品行端正	至少 2 种属于 x_4、x_5、x_6
		x_5	乐于助人	
		x_6	情操高雅	

---

①   徐艳国:《思想政治教育治理体系和治理能力现代化探析》,《清华大学学报(哲学社会科学版)》2014 年第 3 期。

价值观类型代码	价值观类型	价值观特征代码	价值观特征	分类标准
C	偏积极型			没有 $x_{10}-x_{15}$ 任一特征且无法归类
D	纯粹的人	x_7	有自制力的	至少2种属于 x_7、x_8、x_9
		x_8	服从的	
		x_9	理性的	
E	偏消极型			有1种特征属于 $x_{10}-x_{15}$ 任一特征且无法归类
F	低级趣味	x_{10}	自私自利	至少2种属于 x_{10}、x_{11}、x_{12}
		x_{11}	不守信用	
		x_{12}	庸俗无知	
G	道德沦丧	x_{13}	违法乱纪	至少2种属于 x_{13}、x_{14}、x_{15}
		x_{14}	反社会	
		x_{15}	野蛮暴力	

事实上,个体的价值类型在现实社会中通常并不通过口头或文字表述,而是通过在具体情境中的具体行动、选择、策略等实践表现。因而,我们还可以研究在特定环境下不同价值类型的分离机制,了解在特定环境中,个体的价值类型与其策略选择的映射关系。通过分析,我们了解到:层次较高或较低的价值类型均衡解退化成一般最优解,而中间层次的类型存在均衡解,且取决于特定环境的策略概率。思想政治教育应当抓住这些特征对不同价值类型的个体进行有效分离,从而做到因材施教。

二、基于精准思政视角的辅导员工作载体构建

"载体"主要运用于生物、化工以及IT领域,一般意义上讲,载体指构成事物的因素的抽象概念所构成的个体。将载体应用于教育领域,有助于抽象教育发挥在实际生活中的实践性与实效性。工作载体是辅导员开展精准思政的重要平台和依托。

（一）思想政治教育载体的基本内涵

思想政治教育载体指在进行思想政治教育工作时,负责承载和传递教育内容和信息以达到思想政治教育目标,且能被教育者所运用和控制的一种组织形式或物质实体。作为高校辅导员思想政治教育载体,具有以下特征:第一,承载性。借助载体表现思想政治教育内容,从而更加有效地实现教育目标。例如,在开展信念教育时,可以通过口头说教、亲身体验、典型引领等多种不同形式进行,这些形式都属于实现思想政治教育内容的载体。第二,枢纽性。辅导员思想政治教育不是一项单一的指向性活动,而是教育主客体之间相互作用的系统性实践活动,教育主体、教育客体、教育环境以及教育目的、内容、方法等在内的教育介体是这一活动的基本要素。而载体就是各个要素的连接点,在具体的思想政治教育过程中,负责连接教育主体、教育客体、介体以及环体,使抽象的教育内容在实际中运行。

（二）精准思政视角下辅导员工作载体构建的原则

大学生是高校思想政治教育的对象群体,大学生群体具有自我意识较强、学生和生活方面网络化程度高、个人思想较为独立等特征。因此,辅导员在开展思政教育时,教育载体的选择和运用也应该具有明确而特殊的原则。

第一,坚持方向性原则。方向性原则指载体的选择必须以实现中国梦为目标,符合社会发展规律,契合高校思想政治教育内容,满足实现大学生成长成才的需求。坚持方向性原则,一是要求在选择和运用载体时,注重载体的适用性和有效性,防止载体的运用对思想政治教育目标的实现无作用,甚至反作用的情况出现。二是要求选择和运用某一载体或某些载体要达到什么方向性的目标,辅导员应该做到心中有数。如果目标不明确,载体的运用可能会流于形式。

第二,坚持实践性原则。实践性原则指运用和选择思想政治教育载体,必须充分考虑载体自身所具有的可操作性和有效性,选择能够真正辅助辅导员开展思想政治教育的载体,而不是不易操作或运用成本较大的载体。同时,也要注重载体的现实性和针对性,站在学生角度,选择大学生喜好的教育载体,使思想政治教育内容适应学生群体特点、满足他们的需求,从而提高思想政治教育的吸引力,这样学生容易对思想政治观念的确立产生兴趣。

第三,坚持时代性原则。时代性原则指选择和运用思想政治教育载体,必须根据时代发展,选择形式新颖、寓意丰富的思想政治教育载体,激发教育客体的兴趣。坚持时代性原则,一是注重审视传统载体在不断变化的教育过程中的适用性;二是依靠新媒体创新载体,将现代技术手段充分运用于载体建设;三是按照大学生的思想变化特点和心理活动规律,精准发力,合理设计载体。

(三)精准思政视角下辅导员工作载体的基本形式

第一,管理载体。将思想政治教育内容或信息寓于高校各项管理活动中,通过一定的管理手段以达到规范、控制师生员工的思想和行为,提升师生思想政治素质的管理活动形式和物质实体,被算作管理载体。[1] 管理载体按照现代载体的标准可以划分为文化管理载体、活动管理载体、组织管理载体、传媒管理载体。管理的强制性、广泛性、组织性、协调性和教育性决定了高校思想政治教育管理载体的强制性、渗透性、组织性和教育性。因此,应注重管理载体,充分发挥管理载体能够自上而下进行组织管理的高效率优势,制定相应的规章制度进行广泛性和针对性的教育活动。

第二,文化载体。文化载体是文化的媒介体和传播工具,在思想政治教育工作中具有明显优势。一是文化的社会性,使文化不仅可以作为教育素材在思想政治教育课堂上运用,也可以以校园文化、班级文化等类型,在人与人互动中产生,间接影响学生的思想观念和日常行为。二是文化的渗透性,有助于思想政治教育内容通过在文化载体的渗透过程中,以文化人,以文育人。[2] 三是文化的传递性,促进教育工作传承。将思想政

---

① 廖金香、龙金凤:《多元文化背景下高校思想政治教育管理载体的建设》,《教育与职业》2016 年第 11 期。

② 梅萍、贾月:《析思想政治教育文化环境和文化载体之异》,《思想教育研究》2017 年第 3 期。

治教育融入各类文化活动中,其所形成的良好文化氛围、培育的文化精神等,不仅对当下的思想政治教育工作有帮助,从长远来看,能够为未来思想政治教育的发展提供精神土壤,促进其持续性、创新性发展。

第三,活动载体。活动载体就是活动的形式,大学生思想政治教育活动载体是教育工作者为了实现教育目标,对受教育者进行有意识地策划、开展活动,使受教育者在参与活动过程中受到教育。[1] 在大学生思想政治教育中,活动载体形式多样,包含社会实践、志愿服务、创学活动、素质拓展等形式。由于当代大学生更加独立自主,突出活动载体,在校园内打造一系列活动体系,从而实现精准思政。例如,开展诸如文化艺术节、优秀学生评选活动、学生科技节等校园文化活动,支持学生参与各类社团活动,开展诚信教育、爱国教育等主题活动,同时在具体的活动过程中,注重活动的体验性,强调全员参与性,发挥活动效能性。

第四,大众传播载体。大众传播载体指的是思想政治教育者通过大众传播媒介向受教育者传播思想政治教育内容,受教育者通过接收信息内容,使自己的道德品质和文化素质得到提升。传统的大众传播媒体包括电视、报纸、广播等形式,而新兴的大众传播载体更加丰富,包括虚拟社区、微博、微信、知乎、B 站、抖音、快手等。在教育过程中,注重利用各类传播载体活化传统载体,重视因材施教,因地制宜,根据大学生的特点和需求不同,高校的历史发展和研究方向的不同,运用新媒体技术盘活教育资源,搭建各类平台,开展丰富的思想政治教育活动,宣传健康有益的内容,为大学生营造良好的传媒环境与舆论氛围,以引导和塑造大学生,实现与高校思想政治教育的呼应与对接。

(四)构建辅导员精准思政的载体体系

面临大学生性格多变、价值观不稳定、需求繁杂不一的状况,选择单一的教育载体显然无法满足时代变化、学生需求。因此,对不同思想政治教育载体进行分类和整合,构建科学的思想政治教育载体体系,使各类载体形成有机系统,统一目标,精准发力,是实现思想政治教育目标的关键

---

[1]　陈万柏等:《思想政治教育学原理(第二版)》,高等教育出版社 2013 年版。

因素所在。

第一,注重传统载体和新兴载体的多样性。首先,重视发掘各种教育载体。不论是传统载体还是新兴载体,要充分认识其各自特征,以便将其运用于不同的思想政治教育工作内容中。传统的思想政治教育载体,如理论课堂,尽管其传递信息便利且系统化,但也有灌输性强的特征。因此,不受大学生欢迎。新兴的思想政治教育载体,如微信、微博等新媒体,其形式新颖且灵活,但具有信息混乱、安全性不高的特征,更易吸引当代大学生的注意力。由此可见,不论是新的还是旧的载体都有自身利用之处,只有将各类载体有序整合,共同发挥作用,才能更快、更好地实现教育目标。例如,将理论课堂与新媒体结合,形成网络课程载体,则可以充分发挥两者的优势。其次,对新兴载体分类,根据具体思想政治教育情况选择不同的载体形式,新兴载体随着时代的变化而变化,往往比较符合时代发展,但由于新兴载体不受控制性,且单个载体发挥功能有限,有必要对其进行整合。例如,校园官方微博、学校学院微信公众号等统一发布信息内容,同时将社会热点与学生生活学习紧密结合,引导学生关注社会问题,树立责任心。

第二,注重各类思想政治教育载体目标的整体性。载体目标是不同载体相互合作发挥作用的前提基础。总的来说,各类载体目标是共同的,都是服务于辅导员思政教育目标的实现,即增强大学生思想政治素质、塑造新时代中国特色社会主义理想人格、引导新时代中国特色社会主义行为实践。具体来说,每一种载体有不同的直接目标。例如,管理载体的直接目标是通过一系列制度规范来约束和规范大学生的行为;文化载体,比如校园文化、班级文化等是通过人与人之间的交流,使大学生在潜移默化中受到影响;思政课程是直接的教育载体,通过讲解思想政治理论知识,使同学们有直接的学习和感受;而活动载体的直接目标是将思想政治教育的内容融入各类活动中,是一种间接的教育手段,使大学生在实践中深化自己所学所感。这些不同类型的载体,应该统一协调起来,才能真正发挥各自作用。

第三,注重思想政治教育载体内容的统一性。需要注意的是,由于目标不同,载体的内容的侧重点也不尽相同。我们需要分辨、归纳出不同载体的内容特征,以适应根据不同学生、不同教育环境,选择不同的教育载体,同时注意相互合作的载体之间内容的融合性,这样有助于形成载体"有劲一处使"的格局。例如,课堂教学主要是传授思想政治理论知识,具有直接性、枯燥特点。而大众传播媒体则是一种与时俱进的方式,间接影响大学生的行为方式、价值取向等诸多方面,具有间接性、渗透性特点,这两种载体承载的思想政治教育内容,从本质上来看,都是为了提高思想政治教育工作水平的,将两者结合起来的要求是,避免载体内容出现不一致的问题。通过大众传媒载体将教学理论融入到网络文化课堂中,让学生在形象、生动、直观的教育中受到感染,这样才能使载体共同发挥作用。

第四,注重思想政治教育载体功能的有效性。首先,载体的运用是为了满足思想政治教育目标的实现,所以各载体的选择和运用不应该仅仅为了迎合或取悦大学生,而导致载体功能的异化,不符合思想政治教育的价值引导功能。例如,社团活动若太娱乐化,文体活动过于庸俗,校园新媒体平台教育内容过于花哨、自由等,忽视了教育的本质内容,则会对大学生产生相反的引导作用。其次,树立问题导向思维,针对问题的解决而选择功能的组合,重视各载体配合发挥功能。

三、辅导员精准思政的策略设计

策略设计就属性来说,是一种计划范围之内的概念。因此,策略也同一般概念的计划一样,表现为"目标与手段"体系,即是有一定的策略目标和为了实现既定目标事先妥善规划的一系列策略手段的组合。策略设计是具有全面性、长远性的系统计划,其涵盖范围是全面性、长远性的时空结构,主要目的是发挥保障作用。

(一)优化教育内容,丰富教育方法

教育工作具有较强的灵活性,故针对当代大学生存在的自我意识增强、学习生活网络化等特点,应当通过全方位、多层面了解学生的新思想、新问题,不断探索利用新方法、新途径开展思想政治教育,从内容上满足当代大学生的需求。

首先,辅导员应当积极担任思想政治理论课教师,并注重精准供给思想政治教育课堂内容。理论课程属于传统的教育方式,一直以来,在思想政治教育领域中,思想政治理论课程也被作为一种主要渠道。从思想政治理论课的特点和优势来看,其一,思想政治理论课具有政策保障和实践意义。思想政治理论课是当前国家教育部门规定的高校必须开设的课程,并且为了保证这门课程的运转和实施提供政策保障,这门课被设置为大学生必修课,这不仅增大了学校、教师以及学生对这门课程的重视程度,也使这门课程的开展在时间和空间上得到了政策保障。其二,理论知识体系具有规划性,这种规划性有助于循序渐进地引导学生学习思想政治理论课的内容。其三,思想政治教育理论课教师队伍的整体素质对思想政治教育的有效性产生直接影响。"高校思想政治教学是大学生思想政治教育的重要阵地,贯穿于整个学习过程。"[1]当前高校思想政治理论课存在教学内容与教学方法单一、网络思想政治教育体系不健全、职业指导与技能培训不足等问题。因此,高校思想政治教育工作面临优化环境的必要性。一方面,需要根据学生的特点和需求精准设置思想政治教育内容。理论课程教学要从学生出发,符合时代特点。另一方面,也要注重教育形式的多样化。当前思想政治教育模式有很多,如参与式教学、专题式教学、案例教学等,结合学校特色,运用多种教育模式,有助于实现高校思想政治教学目的。

其次,辅导员应当注重细化教育内容,在思想政治教育过程中教育者采用不同的教育手段,以师生平等的姿态来完成教育工作。例如,在爱国教育中可以通过参观历史场馆、邀请爱国楷模讲自己故事等方式熏陶、影响学生,而在价值观教育中可以通过开展志愿服务活动,使学生亲力亲为,树立社会责任感。

最后,为了更好地做到思想政治教育工作的精准化,还应该注重教育载体的适用性和创新性。例如,用生活中发生的热点作为案例分析,使同学们在关注、分析热点的过程中感知思想政治教育的真谛。与此同时,辅

---

[1]　戴雅杰:《关于高校思想政治课程教学改革的创新研究》,《决策探索》2018 年。

导员利用新媒体介入大学生的思想政治生活,发布一些热点事件和新闻,与学生建立互动讨论的平台,为学生提供更具针对性的思想政治教育。例如,通过微公益,传播正能量,利用微视频,弘扬正确的价值观。

(二)提高育人能力,拓宽育人空间

面对当前文化多样性多变性的态势,辅导员作为意识形态的教育者,需要更加坚定马克思主义政治信仰和立场,同时具备扎实专业的理论知识,为学生答疑解惑,引导大学生形成正确的世界观、人生观和价值观。

第一,提高辅导员运用新媒体的能力。高校辅导员需及时更新教育理念,把握当前文化潮流以及环境变化,充分运用新媒体的传播优势,利用网络互动的形式,弘扬价值观、传播新思想。同时,增强辅导员的专业素质,学校设置新媒体教育培训课程,帮助辅导员队伍适应新媒体环境,转变传统教育观念,掌握新媒体教育技术,从而使辅导员队伍在新媒体教育新阵地中,也能及时把握学生的关注点,为"精准思政"打造基础。

第二,为思想政治教育工作开展提供保障。学生群体思想道德观念尚未健全,容易受到影响,因此,高校需要探索其他配套措施,保障思想政治教育的顺利进行,重视思想政治教育保障管理工作。例如,加强校园文化建设,有助于提供良好的教育工作氛围。良好的环境文化能够陶冶情操、愉悦身心,为思想政治教育工作的开展提供较为良好的环境;以爱国主义为核心的民族精神教育、基础道德教育、信念教育等是当代大学生思想政治教育的重点内容,也是高校精神文化的关键所在。

第三,以社会实践活动为抓手。社会实践活动可以将学生、课堂与社会紧密结合起来,让学生们在实践中开阔视野,提升各方面素质。社会实践是大学生将理论知识运用于实际生活中的重要载体,是大学生成长成才的重要途径。在社会实践的开展过程中,对社会实践的制度设计、内容深化以及平台连接是前提工作。首先,完善大学生社会实践制度。将社会实践作为重要教育内容,纳入高校教育教学方案中,充分重视社会实践,并加入奖励机制以激励学生们的热情。其次,加强社会实践基地建设,强调学校、社会、企业等不同主体之间的协调联动关系,促使大学生有更多机会参与社会实践中。最后,深化社会实践的内容。为了使学生全面发展,拓展活动内容,增加更多更广的锻炼机会是必要的。例如,可以增加志愿服务、创青春活动等内容,活动时间也可适当延长。与此同时,注意对不同阶段的学生设置不同层级的实践内容:高年级学生主要结合所学专业,以专业实习、创业实践为主;而低年级学生主要以服务实践类为主。

（三）把握对象需求,深化教育实效

第一,了解学生的现实需求。真正实现精准育人,必须吸纳作为受教育者的当代青年大学生的相关信息,了解他们的显著特征。网络影响和社会的变化,也在影响和改变大学生的生活方式。青年是新媒体和网络环境下的庞大受众群体,同时也是政治教育的重要对象,从厦门大学"田佳良"事件,到前段时间的大学生新生言论辱国遭开除事件,都可以看出当代青年频频受到非主流意识形态的影响。在网络社会,大学生获取信息的主要路径也成为他们表达思想、抒发情感的重要场域。从这个意义上说,可以利用好网络这一重要阵地,服务大学生思想政治教育工作。而且,网络新媒体平台具有个性化强、渗透力足、方便快捷、覆盖面积广等优势,增强网络思想政治教育阵地是大势所趋。一方面,整合学校新媒体平台,例如微信公众号、论坛等,形成覆盖全校区、全体学生、贯穿培养全过程的新媒体工作矩阵,形成合力,打造品牌教育内容。另一方面,树立共建共享理念,建立一个开放性互动性的技术平台,促进学生在自我建设中加强自我教育。

第二,把握学生的认知发展规律。辅导员根据教育方针、政策和高校思想政治教育工作的要求,从学生的认知发展规律出发,针对不同学生的思想实际,以校园文化建设、宿舍、党团组织、班级和学生社团为载体,从学习、生活等细微入手,对学生的政治素质、思想品德、心理健康以及其他养成教育进行教育。[1] 日常思想政治教育具有覆盖面积广、影响渗透力强等特点。发挥日常思想政治教育功能可从日常思想政治教育的内容和

---

[1]　刑云文、张瑾怡:《构建面向"日常生活"的大学生思想政治教育》,《思想理论教育导刊》2018 年第 2 期。

丰富教育形式两个方面入手。从日常思想政治教育内容方面来看,可以以基础教育为抓手,积极开展特色专题教育。基础教育除了包括学习理论知识以外,还包括根据专业特点和学生特点,开展针对性的教育活动,例如利用班级会议、学院沙龙等形式开展思想政治教育工作。除了信念教育、爱国教育等,还可以通过特色专题教育,比如入学教育、毕业教育、在重大节日举办有意义的集体活动等方面入手,培养学生们的学习观、创新能力、社会责任感、文化素质等。

四、辅导员精准思政的评价体系

长期以来,正是由于缺乏科学的思想政治教育评价体系,使思想政治教育价值得不到客观公正的体现,具体的思想政治教育实践也积极性不足。因此,精准评估成效,建立闭环式的反馈机制,建立大学生思想政治教育工作的评价体系具有重要现实意义。尤其在新媒体发展的时代带来教育手段的变革,与此相应,思想政治教育评价内容和手段也需要进行调整与创新。构建一套适应新媒体时代背景下的大学生思想政治教育评价体系,是思想政治教育工作开展的重点工作之一。

(一)辅导员精准思政效果评价体系构建

评价是评价者依据一定的评价标准进行价值判断的活动。思想政治教育效果评价对思想政治教育工作具有导向功能,促进教育工作朝向预定的目标发展。从某种程度上说,思想政治教育也属于管理活动,即思想政治教育学最重要的范畴是教育和管理,作为一个动态的管理过程,评价体系的构建面临诸多困难,例如评价意见难以统一,评价内容难以确定等。将反馈控制原理引入大学生思想政治教育的评价体系构建中,为评价体系构建提供新的方法,通过建立与分析思想政治教育领域的反馈控制模型,分析教育的驱动力和教育的有效性之间的内在联系,从而提升教育的实时性、连续性和实效性,有利于指导教育者根据驱动力的具体情况因材施教。

第一,确立合理的效果目标值。既关注结果也注重过程管理,一方面,在制定目标时,紧贴时代特点,贴近大学生的思想实际。另一方面,在过程管理中运用"精准思政",区分总体教育目标和具体教育目标,从而实现教育者对教育全过程的控制和管理。总体教育目标是各个阶段教育分目标的集合,对每个阶段目标设置具有指导作用;具体教育目标是每个阶段为完成总体目标的计划方案。

第二,分析思想政治教育体系的各稳定因素。大学生思想政治教育的系统达到平衡状态需要持续改进的过程,在此过程中需要通过对系统中各因子进行有针对性的改善,从而提升思想政治教育的总体效果。通过对大学生思想政治教育反馈控制模型的稳定性进行分析,包括分析大学生思想政治教育系统在非连续控制过程和连续控制过程中受到环境扰动时回到平衡状态的条件,以便于掌握在环境影响下思想政治教育体系的稳定程度,以及在平衡状态下的思想政治教育效果。一方面,大学生思想政治教育目标值的确立可以保障教育效果达成目标的合理性。另一方面可以通过调节思想政治教育效果对四类驱动力映射关系的总和,以及驱动力合力对教育效果的映射关系的乘积来减少环境扰动对大学生思想政治教育效果的影响,维持其效果稳定性,由此形成人人参与、层层监管、全程控制的评价模式,最终实现大学思想政治教育的期望目标。

(二)大学生思想政治教育效果的评价观念转变

第一,评价主体。由"单一化"走向"多元化"。目前评价体系中,学生群体处于被动地位,同时,由于抽象的教育内容难以具体评价,容易出现评价不客观的问题,学生的真正感受无从得知,更无法有效评价思想政治教育效果。当前,大学生思想政治教育效果评价层面大多集中在师资力量、课程设计等方面,较少关注学生层面,实际上,学生应该是评价体系中的主导力量。因此,除了通过高校、教育管理部门等第三方组织进行评价,更应该倾听学生的声音,尊重学生作为教育主体的地位,充分了解学生对思想政治教育效果的感受和评价。

第二,评价阶段。由"成果性"走向"全程性"。教育评价阶段的"全程性"指对思想政治教育效果的评价不能只局限于教育结果,还应该反思教育过程。思想政治教育过程大体可分为三个阶段,即设计阶段、实施阶段、成果阶段,每个阶段评价主体、评价内容和评价方式不同。在设计阶段,主要是对教育部门和高校进行评价,包括对高校软硬件方面:师资力量、教育资源等,以及对教育部门一些教育政策等顶层设计进行评价,重点关注他们是否以发展人才为本,满足师生需求。在实施阶段,主要是对思想政治教育过程的评价,通过学生主体的参与情况和满意情况来反映大学生思想政治教育的现状,根据学生的评价来针对性地修改存在的问题,根据学生参与各类教育的情况反思教育计划的适用性。在成果阶段,可以通过社会主义核心价值观认同度测评、社会道德水平测评、校园不良行为发生率、自我评价等指标,验收思想政治教育效果。

第三,评价时限。由"即时性"走向"跟踪性"。教育本身是一项持久性的实践活动,教育效果体现在教育过程的方方面面,而且不易准确测评。评价时限的"跟踪性"优势在于:首先,以学生为本,通过收集和跟进学生在离开校园之后的行为信息,分析学生观念和行为的状况,并将信息反馈到学校。一方面,作为一种教育素材,通过跟踪学生评价思想政治教育效果,来审视大学生思想政治教育的不足,从而有针对性地对不足之处进行优化。另一方面,跟踪性的评价也体现出大学生思想政治教育对学生负责,及时给学生提供建议,为学生提供可再教育的机会,以达到思想政治教育的真正目标。其次,评价的"跟踪性"要求学校、学生、社会等各方面的积极参与和联动,而不是学校单方面的活动,有助于完善大学生思想政治教育评价体系。

第四,评价内容。由"抽象性"走向"具体性"。很多人认为抽象的大学生思想政治教育不易评价实际效果,因而在设置评价指标时,也无法具体体现,指标成为一种形式,评价内容就无从谈起。评价指标作为评价内容的载体,完善评价指标体系对评价内容从"抽象性"走向"具体性"具有重要作用。由于当前评价指标体系相对固化,没有紧跟时代和学生要求进行相应改变,造成诸多问题。例如,固化的指标容易被利用,出现投机取巧现象,为了应付评价而评价,而不会纠正教育过程中出现的问题。随着新媒体社会的发展,大学生价值观念具有不稳定性,以往的评价指标体系是否仍然满足于大学生个性需求,是否仍然适用于思想政治教育内容,是否能够反映当代大学生的价值诉求,都是值得思考的问题。

第五,评价目标。由"狭隘性"走向"包容性"。思想政治教育评价也应该有一个完整的流程,不论是评价主体还是被评价对象,都应该以共同的评价目标为指导,在此基础上,进行多元角度、全方位的评估。评价目标是由多个子目标组合而成的目标体系,不仅需要关注大学生的知识储备,还需要关注大学生的心态发展、价值观念等,为促进学生的全面发展,同时又不损害他们的个性,一个全面性、精准性、可操作性的评价指标体系尤其重要。事实上,由于思想政治教育在高校教育中角色不明朗,评价目标存在狭隘性问题,主要表现为:从评价对象来看,忽视青年大学生的特点变化,用老套的评价指标对当代大学生的思想政治教育状况进行评价,容易造成思想政治教育内容与大学生需求相脱节的情况,造成他们对各项教育指标产生抵触情绪,从而也就不会配合教育工作;对评价对象的评价目标不完善、不清晰,有的只注重大学生专业知识学习,注重学习成绩,而不关注心理健康状况、思想变化。从评价主体来说,评价主体仍存在单一性问题,高校和其他第三部门仍然是评价主体力量,事实上,学生才应该是高校思想政治教育的主要评价方。

第三节　高校辅导员精准思政的展望

加强高校辅导员精准思政是进一步推动高校辅导员队伍专业化、职业化发展,提升高校辅导员日常工作的质量和水平的重要举措。本节通过对高校精准思政的实践和研究现状的回顾,进行问题反思,从而在此基础上明确了高校辅导员精准思政的关键环节,把辅导员精准思政推向纵深发展。

一、高校精准思政的实践和研究现状

近年来,教育主管部门、高校思政工作者分别从顶层设计、内涵阐释、模式构建等角度,对推进精准思政进行了探索,取得了丰硕成果。比如,提出了推进精准思政要全面研判思政政策环境,及时完善具体政策设计;全面了解思政队伍水平,融通建设各支思政队伍;全面掌握学生思想状况,拓展渠道贯通思政教育;全面梳理思政教育内容,科学设置教育目标;

全面把握工作举措成效,切实建立工作评价机制的工作构想,为各高校以精准思维深入推动新时代高校思政改革指明了方向。① 有的学者从理念和模式两个维度提出了新时代高校精准思政的实践路径:一方面高校思政工作可利用现代信息技术,对学生群体和个体的思想、心理、学习、生活等状况进行识别、分析、决策、预测、追踪,提高学生教育管理服务水平,并对实施效果进行评估,可以显著提升精准化程度。另一方面精准思政具有凸显场域对象差异化、隐匿特征显性化、供给结构科学化、管理措施前置化、服务支持实时化、反馈机制动态化等六维特征,要通过夯实硬件基础、明晰实施过程、实现工作应用等构建高校精准思政的工作模式。② 有的专家则分析了当前思想政治教育面临的现实问题,提出了高校实施精准思政的核心理念,即基本任务是提升针对性、基本原则是发挥主导性、重要渠道是促进融合性,并指出了将问题的精准分析、资源的精准供给、教育的精准实施作为精准思政的路径选择。③

思政研究工作者笔耕不辍,为推进精准思政持续贡献智慧。特别是2019年在成都召开的"新时代高校精准思政高端学术论坛",迈出了精准思政研究的重要步伐。例如,北京师范大学冯刚教授明确指出,精准思政需要从治理、质量和实践三个维度思考。精准思政需要体现治理的概念,对思想政治教育治理体系以及治理能力现代化建设进行深入研究和探讨;精准思政需要体现质量的概念,真正明确精准思政是什么、为什么、怎么样三大问题;精准思政需要体现实践的概念,用实践检验理论成果。电子科技大学吴满意教授指出信息化对教育的影响由外在存量转化为内生变量,思想政治教育信息化也成为大势所趋,而思想政治教育信息化的核心指向与关键要义则是精准化,要从精准识别、精准定制、精准滴灌和精

① 徐艳国:《以精准思维深入推动新时代高校思政改革》,《中国高等教育》2019年第1期。

② 周远:《精准思政:新时代高校思想政治工作的新理念与新模式》,《思想理论教育》2020年第8期。

③ 逄索:《高校实施精准思政的核心理念与路径选择》,《思想理论教育》2020年第5期。

准评估四个方面理解精准思政的生成过程,从信息挖掘、智慧学习、管理控制三个方面分析精准思政的结构演化与运行。有的学者从"精准思政的四问"深入浅出地阐释了精准思政的认识论基础、实质、推进层次以及落地生根。此外,各省教育厅和高校积极作为,在实践中大力推进精准思政。例如,四川省教育厅从精准"画像",因人施策;精准"供给",因材施教;精准"教学",因时而化;精准"评价",因事而新等四个方面推进精准思政。上海交通大学举办"网络育人赋能精准思政"研讨会,提出在人工智能时代,网络育人能够更精准地定位学生潜在需求,并通过立足"云课堂"、讲好"云故事"、上线"云服务"等系列举措让网络育人赋能精准思政。北京航空航天大学通过数据分析、系统建设等大数据手段给学生精准画像,并通过科研项目系统研究精准思政的方法路径。

深入推进高校辅导员精准思政,更需要从治理的角度出发。"思想政治教育治理要更加注重系统性、整体性和综合性。党的十九届四中全会强调,要加强系统治理、依法治理、综合治理、源头治理。对于思想政治教育而言,要更加注重治理的系统性和综合性。思想政治教育工作是一项复杂的系统工程,既包括思想政治理论课这一主渠道,又包括日常思想政治教育这一主阵地;既包括思想政治教育的专职力量,又包括思想政治教育的兼职力量;既包括思想政治教育的实施者,又包括接受思想政治教育的学生对象。"①辅导员作为日常思想政治教育的骨干,要加强同思政课教师以及专业教师的沟通交流,深入了解学生的学习生活,做到合力育人。

二、辅导员实施精准思政的问题反思

既往的工作实践和理论研究促进了高校精准思政的不断推进,高校精准思政目前已经在工作理念革新、大数据分析应用等方面取得了很好的经验和进展。但结合学习思考和实践探索,目前高校推进精准思政存

---

① 冯刚:《推进新时代思想政治教育治理体系现代化》,《中国教育报》2021 年 9 月 13 日。

在或潜在着五个方面的问题值得重视。

（一）重过程精准轻育人结果

推进精准思政首先要做到思想准、定位准，要聚焦主责主业，在回答"培养什么人、怎样培养人、为谁培养人"这个根本问题的实践中，不断提升思政工作治理体系和治理能力的现代化水平。但在调查中我们发现，部分思政工作者有的过于追求工作过程的"细"，甚至存在将"详细记录"等同于"效果精准"，导致过度留痕、忽略育人实效；还有的过于追求工作领域的"专"，专注于思政工作本领域的"品牌"建设上，对构建"大思政"工作格局找不准切入点，缺少务实举措。

（二）重表面热闹轻实质效能

思政工作从根本上说是做人的工作，精准思政的初衷是通过准确识别学生的群体和个体特点做到因材施教。但我们发现亦有少量打着"精准"旗号的形式主义存在，如盲目上线各类信息管理系统，一来增加了学生的填报负担；二来仅用数据作为育人方法和效果的判断依据而忽视学生思想的动态变化和成长发展的实际需求就容易造成"假精准"。

（三）重迎合需求轻供给引领

搭建长效化的教育平台，提供高质量的教育内容，在尊重学生个性、满足学生需求的基础上凝聚学生、引导学生、引领学生，是落实精准思政的务实举措。但我们发现在运用大数据分析，将大学生网上的选择痕迹描绘成用户画像，并按照喜好持续推送教育内容的同时，也存在使学生容易沉浸在特定方向推送形成的"信息茧房"之中的风险。[1] 思政教育显然不仅要满足学生"想要"，更需引领学生"需要"，如何产出更多让学生既"想要"又真正"需要"的思政教育产品，依旧任重道远。

（四）重技术先进轻人文关怀

随着互联网技术的迭代更新，思政教育在传统的理论教学、实践育人基础上，既在信息获取方面具备了大数据分析的可能，也在模式创新方面

---

[1] 王晓彤：《个性化信息服务下的"信息茧房"现象研究——以今日头条为例》，《新闻研究导刊》2017 年第 24 期。

带来了智慧化驱动的契机。但科学技术是一把双刃剑,运用不当也会适得其反,特别是精准思政推进过程中,利用信息化手段全面搜集学生的家庭背景、学习情况、生活习惯、活动轨迹等各类数据并进行系统分析,初衷是为了"精准画像""对症下药",但同时存在"侵犯隐私"的道德乃至法律风险。同时,过于重视技术手段容易产生工具依赖,运用先进技术的目的应当是更好地将思政工作者从烦琐的事务工作中解放出来,让他们有更多时间倾听学生诉求、关心解决学生实际困难,而不是完全用技术代替"面对面"交流和人性化关怀。因此,让技术手段成为温暖人心的成长关怀仍需进一步探索。

(五)重个人全能轻协同共治

辅导员是当前高校思想政治教育工作的主体力量,但辅导员往往要面向几百人开展主题教育活动和日常教育管理等,面对精准满足学生个性化需求给辅导员队伍带来的更高能力要求,从学校层面看思政工作的各类主体用力还不够均衡,合力还不够强劲,"三全育人"的工作机制仍需健全完善;从工作主体看部分思政工作者不重视、不擅长采用"协同育人"的方式借力开展工作,容易导致教育的形式和内容相对受限、难以精准。

三、辅导员深化精准思政的关键环节

在未来高校推进精准思政的进程中,要树立源头思维,回归育人本源,为推进精准思政的改革持续校准方向、提供动力,抓住精确定位工作坐标、精细把握工作对象、精心挑选教育内容、运用精良工作手段、精进主体工作能力五个关键,综合施策,助力精准思政行稳致远。

(一)精确定位工作坐标,做到有的放矢、聚焦立德树人根本任务

思政工作的本质是把一定社会的思想观念、政治意识、道德规范,通过施加有计划、有组织的影响,转化为受教育者个体的思想品德的实践活动。习近平总书记多次强调:"古今中外,每个国家都是按照自己的政治要求来培养人的,世界一流大学都是在服务自己国家发展中成长起来的。"[①]这就

---

① 习近平:《在北京大学师生座谈会上的讲话》,人民出版社 2018 年版,第 6 页。

要求高校推进精准思政首先必须提高政治站位,坚持用习近平新时代中国特色社会主义思想武装头脑,在准确把握方向、掌握学生特点的基础上精准开展工作,通过教育引导大学生擦亮爱国主义底色,将人生历程与"两个一百年"奋斗目标深度融合,履行"强国一代"青年在实现中华民族伟大复兴历史征程中的历史使命。同时,在大力推进三全育人、构建"大思政"工作格局的时代要求下,我们推进精准思政既要树立全局观从整体着眼寻求最优目标,又要充分发挥各个育人要素的优势使整体功能得到最大发挥。学习是学生的天职,校风与学风既影响和决定着、又反映和体现着高校思想政治工作水平和成效。高校学风建设与思政工作的同根性、同向性和同步性要求必须把高校思政工作深度融合进提升人才培养质量的系统工程中,通过加强学风建设教育新时代大学生正确认识世界和中国发展大势,正确认识中国特色和国际比较,正确认识时代责任和历史使命,正确认识远大抱负和脚踏实地。① 高校要构建合力育人、协同育人的长效机制,使得思政工作生命线在培养担当民族复兴大任时代新人的过程中真正贯穿始终。

(二)精细把握教育对象,做到因材施教、提升高校思政工作效能

开展精准思政首先要把握教育对象的时代整体性,科学认识"思想活跃、思维敏捷,观念新颖、兴趣广泛,探索未知劲头足,接受新生事物快,主体意识、参与意识强,对实现人生发展有着强烈渴望"②的新时代大学生特点,引导他们将个人的成长发展与中国特色社会主义伟大事业紧密融合,教育他们成为有理想、有本领、有担当,肩负民族复兴大任的时代新人。也要把握教育对象的个体差异性,马克思在《关于费尔巴哈的提纲》中指出:"人的本质不是单个人所固有的抽象物,在其现实性上,它是一切社会关系的总和。"③在相同的时代背景下,不同的家庭环境、个人经历

---

① 《习近平在全国高校思想政治工作会议上强调 把思想政治工作贯穿教育教学全过程 开创我国高等教育事业发展新局面》,《人民日报》2016 年 12 月 9 日。
② 习近平:《在纪念五四运动 100 周年大会上的讲话》,人民出版社 2019 年版,第13 页。
③ 《马克思恩格斯选集》第 1 卷,人民出版社 2012 年版,第 135 页。

赋予了学生各异的个体特点,特别是伴随新媒体成长起来的新时代大学生拥有了选择的机会也培养了选择的习惯,在个性彰显方面具有更强烈的需求。这就要求思政工作者科学运用大数据技术,通过收集教育对象在日常学习生活中留下的信息痕迹,特别是整合教育对象在网上学习、娱乐、消费中的数据印纹,从中筛选、分析、识别教育对象个体生理素质、心理素质、思想道德素质和科学文化素质特点,从学生天赋、特长、爱好出发,针对不同个体采取"一人一策"的教育方法,做到全人发展、全面发展,才能将精准思政落到实处。

（三）精心挑选教育内容,做到入脑入心、落实教育"供给侧改革"

一方面,努力做到教育内容理论和实践相统一。既要"用学术讲政治",深刻把握马克思主义的真理性、科学性、体系性,运用长期以来形成的规律性认识,不断增强思政课程的思想性、理论性,站稳主阵地、用好主渠道,坚持不懈传播马克思主义科学理论[1],以习近平新时代中国特色社会主义思想铸魂育人;也要"用实践讲理论",改革开放40多年的伟大成就、新中国成立70多年的辉煌历程和中国共产党成立100年的恢宏史诗,生动注解了马克思主义为什么"行"、中国共产党为什么"能"、中国特色社会主义为什么"好"。[2] 把思政小课堂同社会大课堂结合起来,促使学生从知到行、知行合一,引导学生把爱国情、强国志、报国行融入新时代的追梦征程之中,才能达到春风化雨、润物无声的效果。另一方面,努力做到教育产品的内容和形式相统一。关注受教育者需求,精心设计教育"精品",不仅在内容上要符合国家需求和时代青年特征的"大势",也要在形式上体现校本特色和学生实际成长需求的"细节",用针对性强、亲和力足的内容吸引、引领教育对象。要坚持需求驱动,让教育内容对学生"有所用";坚持兴趣驱动,让学生觉得教育内容"有意思";坚持主体驱动,让学生在教育活动中"能做主",以契合新时代大学生接受习惯和特点的精品教育供给,培养新时代大学生对思政教育的兴趣和需求,用思政

---

① 胡菊华:《用好主渠道增强获得感》,《中国教育报》2018年11月29日。

② 颜晓峰:《从新中国七十年看马克思主义为什么"行"》,《光明日报》2019年9月11日。

产品的吸引力提升思政工作的引领力。

（四）运用精良工作手段，做到因时而进、以科学技术赋能思政教育

列宁指出："工艺学揭示出人对自然的能动关系，人的生活的直接生产过程，从而人的社会生活关系和由此产生的精神观念的直接生产过程。"①在马克思主义技术观的视域下，推进精准思政不仅应运用新技术分析数据，更要创造新模式产出信息。要坚持"有所不为""有所大为"，高校思政工作者在遵守法律法规、遵循道德伦理的前提下，在持续加强传统的谈心谈话、寝室交流等"面对面"教育引导的工作实践中，在为学生解决实际困难、办好事，让学生真正感觉到被尊重、被关爱的基础上，审慎地对人学生在校园活动中留下的各类数据进行搜集、储存、整合，运用大数据分析方法筛选、梳理出能体现大学生思想、行为特点和趋势的数据链条，对大学生的行为模式、个性特征进行分析、研判，进而围绕学生需求、接受习惯生产高质量的教育产品，并帮助大学生在相应设备的支持下跨越时间、空间限制，在他们熟悉的网络平台上，用更贴近日常生活的方式接受教育。通过充分人文关怀下对学生的"精准画像"和思政教育的"精准施策"，使得思政教育的教学双方更易于形成平等的伙伴关系，促进双方的个性化调适能顺利实现。

（五）精进主体工作能力，做到固本强基、协同育人提供坚强队伍保障

"政治路线确定之后，干部就是决定的因素。"②推进精准思政，加强专职辅导员队伍建设是基础，要不断提升专职辅导员队伍的专业化程度，使之既能熟练运用大数据、人工智能等前沿技术，又具备精准思维的工作理念和能力。面对工作队伍单兵作战与教育资源全方位需求的现实矛盾，结合思政队伍个体的能力素质和专业背景，融通建设各类思政育人共同体，有针对性地进行细化分工，从专业化角度发挥每个人的最大优势也已经成为推进精准思政的必然要求。这就要求高校要遵循思想政治规

---

① 《列宁选集》第2卷，人民出版社2012年版，第423页。
② 《毛泽东选集》第二卷，人民出版社1991年版，第526页。

律、教书育人规律、学生成长规律,通过建设、完善一二课堂育人、教育教学育人、校内外协同育人、家校联合育人等工作机制,构建涵盖人才选拔、教育管理到生涯发展全过程的人才培养模式;要通过建设高校全要素联合育人共同体,高校与中学、家庭、行业联合育人共同体等工作平台,整合校内校外、线上线下的教育资源,调整结构、优化布局,形成建设"大思政"工作格局的工作合力;要通过形成育人主体、时间、空间等多个维度的有效协同,营造人人、时时、处处育人的良好氛围,实现思政教育的均衡化发展,提高工作的精准性和实效性。

第十四章　新时代高校辅导员
队伍管理与评价

　　《普通高等学校辅导员队伍建设规定》指出，"高等学校要根据辅导员职业能力标准，制定辅导员工作考核的具体办法，健全辅导员队伍的考核评价体系"①。对辅导员队伍进行管理与评价是加强辅导员队伍建设、促进辅导员队伍专业化职业化发展的重要手段。通过运用切实有效的管理方法、制定科学系统的评价体系，综合发挥管理与评价的导向、调控和改进作用，能够有效开展队伍管理和工作指导。辅导员要主动适应管理与评价的模式和现状，了解掌握基本的管理与评价方法，并从中找到自身的发展方向，成长为符合管理与评价要求、素质能力突出的优秀辅导员。

第一节　高校辅导员队伍管理的基本内涵

　　随着社会经济的快速发展和各种思想文化的不断碰撞，大学生思想问题频发，高校在立德树人方面的任务越来越重，加强我国高校学生的思想政治教育至关重要。教育部印发的《普通高等学校辅导员队伍建设规定》指出，"辅导员是开展大学生思想政治教育的骨干力量，是高等学校学生日常思想政治教育和管理工作的组织者、实施者、指导者。辅导员应

---

　　① 《普通高等学校辅导员队伍建设规定》，见 http://www.moe.gov.cn/srcsite/A02/s5911/moe_621/201709/t20170929_315781.html。

当努力成为学生成长成才的人生导师和健康生活的知心朋友。"[1]辅导员在高校思想政治教育中的重要作用，对辅导员的素质能力提出了要求，也提出了辅导员队伍管理的现实需要。

一、高校辅导员队伍管理的意义与现状

高校辅导员队伍管理是提高辅导员队伍整体素质的有效路径。当前我国高校辅导员队伍管理取得了一些成效，但也存在思想政治素质有待提升、队伍结构有待优化等问题，成为新时代高校辅导员队伍管理的重要着力点。

（一）高校辅导员队伍管理的意义

高校辅导员是开展大学生思想政治教育的骨干力量，是高校学生日常思想政治教育和管理工作的组织者、实施者、指导者。建设一支专业化水平高、综合素质强的辅导员队伍是新时代高校思想政治工作的要求，也是辅导员自身发展的必然选择，辅导员队伍管理在其中发挥着重要作用。

第一，有助于提升辅导员队伍的整体素质。辅导员是思想政治工作的中坚力量，在高校素质教育发展中起着至关重要的作用。工作性质决定了辅导员既要做学生的良师，又要当学生的益友，这就需要辅导员具备正确的政治立场、扎实的专业知识、较强的实践能力、良好的道德品质、必备的信息素养等。其中，正确的政治立场就是中国共产党的立场、人民的立场，辅导员要始终坚持为党和人民培养堪当民族重任的学生。[2] 扎实的专业知识是指辅导员不仅要具有马克思主义理论知识，还应该了解与特定工作对象有关的知识。较强的实践能力是指辅导员能够将所学所得运用实际的工作中，尤其是与学生相关的工作。良好的道德品质是指辅导员能够尊重理解关心学生，且对所有学生一视同仁。必备的信息素养是在信息时代下，辅导员对于信息的接受与处理、感知与鉴别等，同时还

---

[1]　《普通高等学校辅导员队伍建设规定》，见 http://www.moe.gov.cn/srcsite/A02/s5911/moe_621/201709/t20170929_315781.html。

[2]　郑永廷:《思想政治教育学原理》，高等教育出版社 2016 年版，第 371 页。

要掌握基础的信息技术。但一直以来高校辅导员的学科背景来源较多，部分辅导员知识储备不足，缺乏完整的知识体系，生活阅历不足，实践工作经验欠缺，这些因素导致很多辅导员的综合素质不够，无法真正当好一个辅导员，也就无法真正做好学生工作。只有加强辅导员队伍管理，从思想到工作，从道德到能力，都创造条件使辅导员队伍能够学习和实践，并随着时代的发展不断进步，不断提高自身的知识水平、工作能力、信息素养等。对辅导员队伍进行科学专业的管理，能够提高辅导员的综合素质，增强辅导员对自身工作的认同感，并全身心地投入工作，在本职岗位上更好地实现自我价值。①

第二，有助于提高大学生思想政治教育质量。辅导员的日常工作主要是与学生打交道，能否做好学生工作，走进学生，成为高校辅导员的要紧任务之一。当前大学生的思想比较活跃，个性强，愿意接受新生事物。在新的时代背景下，由于互联网技术的发展和多种思想文化的冲击，很多大学生出现了价值观偏离、思想道德低下的问题，这不仅让大学生的思想政治教育工作面临的形势更加复杂，也严重危害我国意识形态安全。这就要求高校辅导员要以大学生为本，立足大学生的思想实际，做好大学生的思想引领工作。强化高校辅导员队伍管理，打造一支优秀的辅导员队伍，辅导员可以根据自身专业的知识和能力，结合大学生群体多变性、个体差异性等特点，因时而进、因势而新地开展大学生思想政治教育工作，提升教育质量，更好地实现立德树人的目的。② 通过辅导员行之有效的思想政治教育工作，可以纠正学生的错误思想和观念，塑造正确的三观，进而促进学生身心健康发展，使其成长为一个对社会和国家有用的人。

第三，有助于推动高校持续健康发展。高校的高质量发展与稳定的发展环境密不可分。但当前由于学生思想活跃，个性突出，同时高度发展的互联网环境导致一些不利于校园稳定的问题频发。作为主要育人主体之一的辅导员，为高校和谐发展环境的创建起到了重要作用。在高校中，

---

① 王秀彦、张景波、盛立国：《新时代高校辅导员队伍专业化建设路径选择》，《北京教育（高教）》2019 年第 7 期。

② 寇昌斌：《高校辅导员队伍专业化建设路径思考》，《现代交际》2021 年第 14 期。

相较于一般老师而言,辅导员主要开展与学生相关的工作,与学生的联系比较多,并能够在工作开展过程中通过细致入微的思想政治教育及学生管理工作,及时排除一些影响学生自身身心健康和高校发展的不稳定因素。因此,加强辅导员队伍管理,确保辅导员能够做好大学生思想工作,对学生进行正确的引导,晓之以理、动之以情。认真总结学生管理工作中出现的各种问题,采取及时有效的措施进行针对性地解决,做好学生的领路人。这不仅有助于建设和谐校园,更能促进高校的稳定与发展,使高校在新时代不断培育出优秀人才。

（二）高校辅导员队伍管理的现状

当前我国高校辅导员队伍管理取得了一些成效,专兼职辅导员结构不断趋向合理,辅导员学历、年龄结构等不断优化,知识水平、道德素质、工作能力不断提高。但是从总体现状来看,目前辅导员队伍建设要做到很好地适应新形势下加强和改进大学生思想政治教育的需要,仍存在一些亟待解决的问题。

第一,思想政治素养有待进一步提高仍然是队伍管理中的重点。根据《普通高等学校辅导员队伍建设规定》,选配辅导员要"具有从事思想政治教育工作相关学科的宽口径知识储备,掌握思想政治教育工作相关学科的基本原理和基础知识,掌握思想政治教育专业基本理论、知识和方法,掌握马克思主义中国化相关理论和知识,掌握大学生思想政治教育工作实务相关知识,掌握有关法律法规知识;具备较强的组织管理能力和语言、文字表达能力,以及教育引导能力、调查研究能力,具备开展思想理论教育和价值引领工作的能力"①。就目前国内整体情况来看,部分辅导员所学专业不一定能够与大学生思想政治教育的要求相契合,如非思想政治教育专业的辅导员的思想政治教育基本素养需要提升,思想政治教育专业的辅导员对理论应用于实践的能力不强。辅导员只有不断扩充思想政治素养,同时具备思想政治应用于实践的能力,才能在工作中进一步增

---

① 《普通高等学校辅导员队伍建设规定》,见 http://www.moe.gov.cn/srcsite/A02/s5911/moe_621/201709/t20170929_315781.html。

强针对性和实效性。

第二,辅导员队伍结构有待进一步完善仍然是队伍管理中的难点。近年来,为落实教育部印发的《普通高等学校辅导员队伍建设规定》,若干省份高校对辅导员数量进行了扩招,招聘条件大多为应届硕士研究生。高校辅导员队伍中多为35岁以下的年轻教师,这种年龄结构虽有利于与青年大学生沟通并产生共鸣,但缺乏经验历练和知识积累,在担当大学生人生导师这一职责方面的启发和科学指导作用有限。[1] 特别是近几年入学的"00后"大学生成长于大数据和自媒体时代,掌握着丰富的资讯,辅导员要想胜任他们人生导师的角色,指导学生的学业和职业发展规划,就必须有让学生信服的专业水准乃至渊博的知识面,有高超的思想政治教育方法。[2] 在知识结构方面,辅导员队伍中出身思想政治教育、教育学和心理学等相关专业的仍占少数,知识结构不够宽泛和合理,从专业角度处理日常事务的能力略显不足。

第三,辅导员队伍流动性偏大仍然是队伍管理中需要解决的突出问题。高校辅导员队伍年流动率显著高于高校其他岗位的工作人员。主要表现有以下两种:一是在辅导员流动渠道相对畅通的学校,不少辅导员只是将现在的岗位作为暂时的跳板,几年后转为机关行政人员或者专职教师;二是在辅导员流动渠道不畅通的高校,辅导员多选择报考公务员或者转行其他企事业单位就职。这种较强的流动性很难让辅导员将这一"职业"上升为"事业"认同,并且还会对大学生思想政治教育工作带来不利影响。比如,不同的辅导员有不同的管理理念和措施,对一个班级、年级而言,频繁更换辅导员势必会给班级的长足发展和凝聚力带来挫伤,也会瓦解学生与前任辅导员已建立的信任关系,在心理上带来不稳定感和对新任辅导员的排斥感。此外,辅导员队伍的大量流失也会使得单位所做的辅导员岗位培训的工作成果付诸东流,造成人力资源成本的损失。辅

---

① 王飞飞:《地方高校辅导员队伍建设中的问题与对策》,《思想理论教育导刊》2016年第1期。

② 王飞飞:《地方高校辅导员队伍建设中的问题与对策》,《思想理论教育导刊》2016年第1期。

导员队伍的流动性过于频繁,使得辅导员不能专心于岗位工作,导致思想政治育人效果打折扣。

第四,考核评价形式较单一仍然是队伍管理中的薄弱环节。科学全面地对辅导员开展评价,可以更加有效地督促和激励辅导员尽职尽责,在工作中更加投入,促进其专业发展。但是当前高校对于辅导员的考核评价机制不完善,形式单一。① 有的高校对于辅导员的考核指标设计简单,缺少对其专业素养、技能以及科研能力的评价。辅导员的工作对象是大学生,因此大学生应该作为辅导员的考核主体之一,这样才更能直观地对辅导员平时的工作开展情况进行评价。但实际上很少有学校让学生参与辅导员的考核评价工作,而且考核缺乏创新,辅导员真实的工作能力根本不能全面地反映出来。很多高校对于辅导员的考核评价结果只是用于选优评先、绩效工作发放等,并没有与职称评审、职务晋升等结合,不能很好地发挥考核评价的导向作用。考评评价形式的单一,同样不利于高校辅导员队伍的管理。

二、高校辅导员队伍管理的工作机制

高校辅导员队伍的管理不是随意的,应当建立系统、完整、科学的工作机制,其中包括选拔机制、培养机制、激励机制、竞争机制和考核机制。

(一)选拔机制

根据教育部印发的《普通高等学校辅导员队伍建设规定》,在辅导员准入机制上应做到"科学设置岗位、明确准入标准、规范招聘程序"。第一,科学设置岗位。高校应严格按照《规定》中"高等学校应当按总体上师生比不低于1∶200的比例设置专职辅导员岗位,按照专兼结合、以专为主的原则,足额配备到位"的要求,设置专职辅导员岗位。在充分考虑全校辅导员队伍基本情况的基础上,定期修正岗位设置数,会同人事部门拟订辅导员定岗定编方案。第二,明确准入标准。高校应该按照"政治

---

① 张帜、于惠敏:《当前高校辅导员队伍建设中存在的问题及解决途径》,《齐鲁师范学院学报》2014年第1期。

强、业务精、纪律严、作风正"的总体要求,结合学校自身的辅导员队伍建设规划和招聘具体需求,拟定辅导员选聘的准入标准。从政治素养、政治面貌、学历层次、学科背景、身心素质、思政教育能力等多方面进行综合考虑,选聘中应遵照"学科相近、优中选优、宁缺毋滥"的原则进行。第三,规范招聘程序。对全国高校辅导员招聘的来源进行统计,招聘方式主要集中在以下几种:"公开招聘选拔""本校毕业生留校""本校教师兼任"和"在读学生兼任"。专职辅导员的选聘应由学工部向学校人事部门提出招聘需求,由人事部门统筹发布招聘计划,按相关要求组织招聘。兼职辅导员的选聘应根据学校的相关要求,主要由学工部、研工部进行总体指导,学院选拔,按要求配备到位。选聘应该做到公平、公正、公开。

(二)培养机制

高校应该把辅导员培训纳入学校师资队伍和管理干部队伍培训整体规划,开展分层次、分类别、分阶段、分内容、全覆盖的学习培训,提升辅导员开展思想理论教育、价值引领与学生工作的素质能力。建立健全辅导员学习培训机制,分层次搭建国家、省市、学校三级培养体系,分类别开展专职辅导员、教职工兼职辅导员、研究生兼职辅导员的培训,分阶段开展岗前培训、日常培训和骨干培训等,分内容开展理论素养、专业知识、事务管理、工作技能等培训,进一步丰富学历提升、社会实践、国内交流、海外研修等培训项目。建立辅导员讲授思政课长效机制,鼓励辅导员在做好本职工作的基础上承担一定的思想政治理论类课程的教学工作。同时,根据《普通高等学校辅导员队伍建设规定》的相关要求,高校应该进一步落实专职辅导员职务职级"双线"晋升要求,专职辅导员可按教师职务(职称)要求评聘思想政治教育学科或其他相关学科的专业技术职务(职称),评聘应更加注重考察工作业绩和育人实效。副高级、正高级任职条件坚持工作实绩、科学研究能力与成果相结合的原则,对中级及以下职务侧重考察工作实绩。

(三)激励机制

辅导员的工作非常繁杂,对辅导员的一些具体问题,比如在晋职晋升、岗位补贴、住房条件、培训进修等方面,应结合学校和当地实际情况,建立健全相应的激励保障机制,以解除辅导员的顾虑,促进辅导员在工作当中的存在感和对工作的认同感,提高工作积极性、主动性和创造性。同时,辅导员大多是有理想有抱负的年轻人,他们不会只满足于温饱和生存,而是渴望在充分的竞争中获得自身的发展。因此,高校应该根据辅导员的客观需求内容,在精神激励和物质激励中寻找平衡点。辅导员的激励机制可以从关怀激励和榜样激励两个方面考虑,建立完善辅导员个人物质收入、个人表彰、研究能力提升等方面激励保障内容。关怀激励,一方面是指建立和完善辅导员工作和生活的保障机制,为辅导员安心工作提供好医疗、教育、住房等基本保障。另一方面是指关心辅导员个人职业发展,通过制度建设为辅导员工作和发展提供平台,畅通路径。榜样激励则是指辅导员队伍管理中选择具有典型性的个人,激发其他辅导员做好学生工作的积极性和主动性。比如,教育部举办的"高校辅导员年度人物"和"高校最美辅导员"等评选活动,各省市举办的"高校辅导员年度人物""高校优秀辅导员"等评选活动,都是在为整个辅导员队伍树立正面榜样,激励他们不断进步、做好本职工作。

(四)竞争机制

竞争机制原本是市场机制的内容之一,是商品经济活动中优胜劣汰的手段和方法。但随着社会的不断发展,为了保持辅导员队伍的活力与生机,竞争机制同样可以应用于高校辅导员队伍管理中。竞争不仅能够为辅导员队伍带来危机感,促使他们不断学习新的理论知识以及做好学生工作,同时也能为辅导员队伍管理带来生机与活力,优化管理结构,从而使高校辅导员队伍始终保持旺盛的生命力。高校要以能力和品德为主导,建立综合实力为上的用人导向,不片面追求辅导员的学历、资历,引入优胜劣汰的竞争机制,要求辅导员不断做好学生工作、出成果、提水平。一方面,学校要在辅导员的配置中引入市场竞争机制,全面推行聘任制,并遵循市场经济公正、公平的原则进行晋升、招聘、管理、考核,避免出现传统的平均主义、求全责备、论资排辈等情况,为辅导员队伍的管理营造良好的环境。另一方面,学校要树立以人为本的观念,注重柔性管理,做到尊重、关心、爱护人才,以机制激励其奋进、以法治保障其权益。良性的竞争会带来整个队伍的进步与发展,而恶性的竞争则会导致队伍成员之间的不和谐。因此,在发挥竞争机制作用的同时,也要把握好度,使辅导员之间能够通过良性竞争互相借鉴和学习,提高工作能力、综合素质,并不断拉近与学生的距离,做好学生工作。

(五)考核机制

高校应建立单独、完善的辅导员考核管理制度,由党委学生工作部具体负责组织实施,设有党委研究生工作部的由学工部、研工部共同组织实施,其他学工部门根据高校具体情况参与辅导员工作考核,具体实施由各学院组成包括党政主要负责人在内的考核小组进行。辅导员考核重点应放在履行岗位职责情况和工作业绩,要坚持以学生为中心,突出实践业绩导向,切实引导和鼓励辅导员安心工作、真正关心关爱学生。考核应采取定性与定量、目标与过程、常规工作与突发事件、学生反馈与组织考察相结合的方式进行,考核的周期根据学校的实际情况拟定,月度、季度和年度均可。辅导员考核结果将作为辅导员评奖评优、外出培训、学历提升、交流访学、转编考核、职务晋升、职称评定、绩效发放等方面的重要参考依据,高校应充分利用考核结果做好工作指导。

三、高校辅导员队伍管理的路径

加强高校辅导员队伍专业化队伍建设与管理,是新时代背景下高校加强人才队伍建设,深入推进学生思想政治工作,提升育人水平的重要选择。

(一)加强高校辅导员队伍管理的策略研究

针对高校辅导员队伍建设的现状,加强高校辅导员队伍建设与管理可以从以下几个方面深化策略研究。

第一,高校要高度重视辅导员队伍建设,切实落实中央及各级教育管理部门相关政策。将大学生思想政治教育放在为社会主义培养合格建设者和可靠接班人的高度,重视辅导员队伍建设,配齐、配强辅导员,使辅导员队伍成为一支"来之能战、战之能胜"的队伍。明确辅导员的工作职责范围,改变传统的保姆、安全员、考勤员角色,让他们能够真正沉下心来思考、设计、探索如何针对当今"00后"大学生的特点建设性地开展思想政治教育工作,让思想政治工作"内化于心、外化于行",达到"润物细无声"的效果。

第二,持续完善辅导员队伍管理体制机制建设。完善辅导员队伍管理重要的是要严抓聘任关和考评关,没有科学的评价就没有科学的管理。在聘任过程中,严把入口关,特别是兼职辅导员的聘任决不能是为凑数量、为达指标而降低聘任标准,在专业结构方面,除了思想政治教育和教育学、心理学等专业外,还应招聘与二级学院专业相近的辅导员,更有利于开展学业、职业发展规划和就业指导等工作。在考核过程中,要将过程性评价和终结性评价结合起来,将考评工作的重心逐步下移,让学工部、研工部、人事处等职能部门逐步转变为统筹管理部门和教育服务部门。加强辅导员工作精细化管理,实施工作抽查制度,优化评价机制。经常听取辅导员在学生工作改革创新方面的意见建议,强化辅导员职业认同感和荣誉感。

第三,发挥高校各部门的协同作用,助力辅导员成长。针对高校辅导员队伍建设中存在的部门化、碎片化等问题,进一步加强与组织、人事等部门的协调沟通,努力突破辅导员编制、专业技术职务评聘和行政职务晋升等瓶颈问题,形成齐抓共管、多方支持的工作合力。例如,制定职称评定标准一定要结合本单位实际情况,确定职称梯队比例,标准既不能太高,造成辅导员晋升无望的倦怠感,门槛也不能太低,致使工作中缺乏创新探索精神。

（二）加强高校辅导员队伍管理的具体路径

在辅导员队伍管理与建设过程中,从辅导员队伍建设的必然选择出发,结合工作实践,做到辅导员队伍管理与建设路径的合理选择,实现科学化管理。

第一,探索辅导员能力职业化路径。习近平总书记指出:"建设政治素质过硬、业务能力精湛、育人水平高超的高素质教师队伍是大学建设的基础性工作。"[①]通过举办辅导员素质能力大赛等形式,强化职业能力标准

---

① 习近平:《在北京大学师生座谈会上的讲话》,人民出版社2018年版,第8页。

的基本要求,编制辅导员工作指导系列手册,为辅导员各类工作提供方法指导。鼓励辅导员结合工作实际和个人专长选择专业发展方向,考取相关专业资质证书,做到人人有专长、事事有专攻。提升辅导员使用新媒体、运用新事物、应对新形势的能力,严守网络思政阵地,严把意识形态话语权。

第二,注重学者型辅导员的培养模式。组建不同方向的学术研究团队和项目实施团队,紧密结合大学生成长成才需求,围绕解决大学生思想政治教育工作中的重点难点问题组建辅导员工作室。引导辅导员在纷繁的事务之外挖掘可深入的领域,搭建学术、实践及课程平台,围绕学生工作的热点难点,引导辅导员术业有专攻。促进辅导员聚焦学术研究、实践探索、项目实施等,旨在形成一批专业性、实效性强的工作模式和理论成果。同时,发挥"最美高校辅导员"和"辅导员名师工作室"示范引领、辐射带动作用,树立一批有一定影响力和知名度的辅导员名师,使之成为展示辅导员风采的窗口、创新育人理念方法的平台,进而推进辅导员工作品牌化,为辅导员专业化、专家化发展提供平台,促进辅导员由事务型向专家学者型发展。

第三,完善辅导员培训制度化体系。利用线上线下两种资源、校内校外两个平台,构建职业素养与业务能力双提升的培训体系。注重理论培训,依托网络平台开展理论学习。注重业务培训,特别是兼职辅导员的素质能力培养,定期组织开展思想政治教育、心理健康、学生管理、突发事件应对等专题培训。组织辅导员参与各类课题调研、工作挂职、交流学习等活动,鼓励参训辅导员结合学习内容和工作实际开展研究,不断总结经验成果。

第四,建立辅导员的职后培养体系。目前多数高校都是以高标准严要求引进德才兼备、品学兼优的辅导员,入职后应进一步加强辅导员队伍的培养体系建设。高校应切实落实教育部实行的高校辅导员在职攻读思想政治教育专业博士学位政策,鼓励辅导员攻读博士研究生,参加心理咨询师、职业指导师等相关职业资格证书培训。辅导员的职后培训体系是辅导员职业化提升的支持系统,相对于职前的学科专业培养而言,职后培养更有针对性,特别是职后的系统培训,对于持续提升辅导员的专业化水平具有重要的推进功能①,让职后培养体系成为提升辅导员事业认同感的重要路径。

第二节 高校辅导员队伍的评价体系

基于新时代高校辅导员工作职责的队伍评价体系的制定是保障辅导员权利,明确新时代高校辅导员义务的重要体系。做好基于辅导员工作职责的队伍评价体系有利于提高辅导员队伍的整体素质,从而切实提升高校思想政治教育的质量实效。

一、辅导员的工作职责

辅导员是开展大学生思想政治教育的骨干力量,是学校学生日常思想政治教育和管理工作的组织者、实施者、指导者。加强对辅导员的管理是建设高水平辅导员队伍的必然要求,每一名辅导员都应当努力成为学生成长成才的人生导师和健康生活的知心朋友,做到政治强、业务精、纪律严、作风正。对辅导员的工作职责,教育部印发的《普通高等学校辅导员队伍建设规定》有明确要求。

(一)思想理论教育和价值引领。引导学生深入学习习近平新时代中国特色社会主义思想,深入开展中国特色社会主义、中国梦宣传教育和社会主义核心价值观教育,通过学生政治理论学习、主题学习教育、谈心谈话、团体辅导等形式,加强对学生的正面引导及养成教育,及时宣讲党和国家的大政方针,帮助学生不断坚定中国特色社会主义道路自信、理论自信、制度自信、文化自信,牢固树立正确的世界观、人生观、价值观。掌握学生思想行为特点及思想政治状况,加强与思想政治理论课教师、专业课教师、班主任、宿舍管理人员等协同开展好常态化思想教育,有针对性

---

① 杜向民:《进一步推进高校辅导员队伍职业化发展路径研究》,《中国高校社会科学》2011 年第 3 期。

地帮助学生处理好思想认识、价值取向、学习生活、择业交友等方面的具体问题。思想理论教育和价值引领是辅导员工作中的重要环节。在大学生的学习和生活中,思想理论教育应该也必须是辅导员必备的重要技能。

(二)党团和班级建设。开展学生骨干的遴选、培养、激励工作,通过组织开展系统培训、骨干培养、主题教育、班级活动、"三会一课"等形式,指导学生党支部和班团组织建设。做好学生骨干遴选培养工作,经常性地开展工作指导与能力培养,干部选拔做到规范、公平、公正、公开,有效发挥学生干部和学生骨干的榜样模范作用。按学校要求开展学生入党积极分子培养教育工作,常态化开展学生党员发展和教育管理服务工作。确保学生党支部、团支部、班级活动丰富,工作扎实,能增强党支部、团支部、班级凝聚力,活动覆盖面广、特色明显、影响力大,能有效提升学生综合素质。新时代高校辅导员要充分发挥学生干部学生骨干的力量,充分发挥学生骨干的桥梁作用、参谋作用和朋辈教育引导作用,使得辅导员能更进一步地了解学生整体生活、学习和心理状态。

(三)学风建设。熟悉了解学生所学专业的基本情况,激发学生学习兴趣,指导学生制定明确的学习目标,引导学生养成良好的学习习惯和健康的作息规律,掌握正确的学习方法。了解班级教学及学生上课学习情况,经常性开展查课、听课,配合任课教师做好教学秩序维护,帮助学生反映教学中的意见和建议。开展分类指导,对学业困难学生及时开展精准帮扶。指导学生开展课外科技学术实践活动,营造浓厚学习氛围。积极开展学术道德、诚信考试教育。学生的主要职责在学习,辅导员在开展学校思想政治教育与价值观引导的同时,要做好学生的学业指导工作,有效激发学生的学习兴趣,引导学生参加课外实践活动,帮助学生真正做到知行合一。

(四)学生日常事务管理。开展入学教育、毕业生教育及相关管理和服务工作,通过个体谈心谈话、集体座谈、问卷调查、主题教育等形式,开展学生日常思想动态摸排、寒暑假返校学生思想动态调研与安全教育。及时解答学生日常关心的热点、焦点问题,有效化解学生各种矛盾冲突。组织学生开展军事训练,积极参与国防教育和大学生征兵工作。组织评选国家、学校、社会各类奖学金、助学金,指导学生办理助学贷款。组织学生开展勤工俭学活动,做好家庭经济困难学生认定、学生困难补助发放等困难帮扶工作。加强学生诚信教育,完善学生诚信档案,引导提醒申请助学贷款学生按期还款。健全家校协同育人机制,密切联系学生家长共同做好学生教育管理工作。对需重点关心关爱的学生建立"一人一档一策",及时跟踪、更新情况。为学生提供生活指导,促进学生和谐相处、互帮互助。学生工作烦琐复杂,涉及多方面,学生日常的所有事务都需要通过辅导员进行传达、布置和解决,这就要求辅导员要以服务学生、促进学生全面发展为目标,做细做实学生的日常事务管理。

(五)心理健康教育与咨询工作。学习和了解相关的精神卫生知识,关注学生心理健康状况,正确引导、激励学生。与学生父母或者其他监护人、近亲属沟通学生心理健康情况。对学生进行精神卫生知识教育和心理健康教育,深入推进学生积极心理品质培育工作,组织开展心理健康知识普及宣传活动,培育学生理性平和、乐观向上的健康心态。对学生心理问题进行初步排查和疏导,组织好学校开展的学生心理健康测评,及时跟踪把握学生心理状况。在发生自然灾害、意外伤害、公共安全事件等可能影响学生心理健康事件时,及时联系心理中心组织专业人员对学生进行心理援助。针对心理危机事件,落实心理中心的指导意见,做好心理危机疏导、转介、记录及后续工作。加强心理委员的培育和工作指导,推进心理健康教育和排查工作细化到以班级、寝室为单元的网格化管理。

(六)网络思想政治教育。运用新媒体新技术,推动思想政治工作传统优势与信息技术高度融合。构建网络思想政治教育重要阵地,积极传播先进文化。注重运用学习强国、易班、微信、微博等网络新媒体平台对学生开展思想引领、学习指导、生活辅导、心理咨询等日常教育,提高工作的针对性、实效性,增强吸引力和感染力。加强学生网络素养教育,提升学生用网、管网、自我约束和信息甄别的能力,增强安全防范和自我保护的意识。积极培养校园好网民,引导学生创作网络文化作品,弘扬主旋律,传播正能量。创新工作路径,加强与学生的网上互动交流,密切关注学生网络行为动态,及时了解网络热点和舆情事件,对学生参与舆情事件进行引导和处置。现代大学生普遍会运用新技术,这就对辅导员提出了更高的要求,如果辅导员不会运用新技术,就会加大与学生之间的隔阂。同时更重要的是,辅导员要学会应用新技术,运用新媒体,采取新形式来加强学生的思想政治教育,加强引导学生的网络精神世界,创新与学生沟通的新路径,运用新技术弘扬我国的优秀传统文化。

(七)校园危机事件应对。充分熟悉学校安全稳定工作的相关规定和要求,协同推进学校、院系、班级、宿舍"四级"预警防控体系建设。经常性组织开展防火、防盗、防交通事故、流行性疾病预防等基本安全教育,定期走访寝室检查违章电器使用情况等,及时消除安全隐患。经常性地对校园贷等非法贷款和诈骗活动进行防范宣传,提高学生防骗能力。参与学校、学院危机事件工作预案的制定和执行,做好重大节庆日期间的学生安全与稳定工作预先防范,及时有效地化解和处置矛盾和问题,协助学校相关部门做好各类突发事件的预防和疏导工作。对校园危机事件进行初步处理,稳定局面控制事态发展,及时掌握危机事件信息并按程序上报。参与危机事件后期应对,并及时总结研究分析。辅导员在危机事件的防控和处理中不同程度地扮演着危机预防者、协调者、谈判者、化解者、评估者等角色,提高辅导员的危机管理能力,对于校园和谐稳定发展具有重要意义。

(八)职业规划与就业创业指导。为学生提供科学的职业生涯规划和就业指导以及相关服务,帮助学生树立正确的就业观念,引导学生到基层、到西部、到祖国最需要的地方建功立业。精准定位学生成长成才需求,构建分层分类的学生生涯发展教育。对低年级,着重开展生涯规划教育,引导学生认知自我,科学规划未来;对高年级,着重开展职业发展能力提升教育,引导学生提升就业、升学的竞争力,努力成为堪当民族复兴重任的时代新人。为学生搭建就业供需对接平台,帮助学生开源拓岗,精细帮扶就业困难群体,引导学生更充分、更高质量就业。做好毕业生信息收集、录入、统计和上报,确保生源信息、就业进展情况报送准确及时。做好毕业生协议书签订、派遣、档案归档等就业管理服务,维护毕业生合法权益。大学生的职业生涯规划教育不仅仅需要通过课程教育来完成,更需要通过最贴近学生的辅导员来帮助学生做好职业生涯规划与就业指导。辅导员应发挥自身工作的优势,推动此项工作的顺利进行,指导学生树立正确的择业观和职业价值观,引导学生到祖国最需要的地方建功立业,把个人价值的实现与国家民族价值的实现联系在一起。

(九)理论和实践研究。努力学习思想政治教育的基本理论和相关学科知识,参加相关学科领域学术交流活动,参与校内外思想政治教育课题或项目研究。积极参与学校辅导员队伍建设和思想政治教育精品项目。结合工作实际积极参加理论学习和业务培训,注重工作总结,凝练理论成果。辅导员要引领学生加强理论与实践的结合,夯实基础理论知识,引导学生打开自己的视野,多参加学术交流和学术会议,多把自己的理论学习化身成实践成果。

二、辅导员队伍的职业能力标准

高校辅导员职业能力是指从事高校辅导员工作应该具有的各种基本能力的总称,具体包括对大学生进行教育引导、组织管理等所必须具备的专业能力。高校辅导员职业素养和能力建设研究既是新时代加快推进教育现代化、建设教育强国的客观要求,也是有效提升大学生思想政治工作质量的重要保障,还是推动新时代高校辅导员队伍专业化、职业化发展建设的内在要求。2014年教育部印发《高等学校辅导员职业能力标准(暂行)》(以下简称《标准》),从职业概况、基本要求、职业能力标准三个方面作出了明确的要求。

(一)职业概况

政治素养。《标准》指出,高校辅导员政治面貌应为中国共产党党员,通过调研发现,在招聘专职辅导员的时候高校都严格执行了这一标准。同时,作为思想政治教育引导重要力量的辅导员,应该具有较高的政治素质和坚定的理想信念,坚决贯彻执行党的基本路线和各项方针政策,有较强的政治敏锐性和政治辨别力。

基本文化程度。《标准》指出,高校辅导员需要大学本科以上学历。但通过对近几年高校专兼职辅导员的招聘简章进行梳理发现,绝大多数高校对专职辅导员的学历要求已经提高到硕士研究生及以上,少数民族专职辅导员可放宽至本科,部分高校在招聘时还明确提出了专职辅导员的学历须为博士研究生。针对在校研究生担任的兼职辅导员,可由在校在读的优秀硕士研究生、博士研究生,或已经获得本校研究生录取资格的学生(从研究生入学起履职)担任。

职业能力特征。《标准》指出,高校辅导员需具备思想政治教育工作相关学科的宽口径知识储备。具备较强的组织管理能力和语言、文字表达能力,及教育引导能力、调查研究能力等。基于《普通高等学校辅导员队伍建设规定》提出的辅导员工作职责,进一步细化辅导员的职业能力特征,辅导员应掌握思想政治教育工作相关学科的基本原理和基础知识,掌握思想政治教育专业基本理论、知识和方法,掌握马克思主义中国化相关理论和知识,掌握大学生思想政治教育工作实务相关知识,掌握有关法律法规知识,具备开展思想理论教育和价值引领工作的能力。

培训要求。《标准》对培训期限、培训师资、培训场地设备都提出了明确的要求,根据《普通高等学校辅导员队伍建设规定》的明确要求,"高等学校负责对本校辅导员的系统培训,确保每名专职辅导员每年参加不少于16个学时的校级培训,每5年参加1次国家级或省级培训"①。

(二)基本要求

《标准》对辅导员的职业守则与职业知识都作出了详细明确的规定。

职业守则。辅导员必须坚守"爱国守法、敬业爱生、育人为本、终身学习、为人师表"的职业守则。第一,爱国守法。热爱祖国,热爱人民,拥护中国共产党的领导,拥护中国特色社会主义制度。遵守宪法和法律法规,贯彻党的教育方针,依法履行教育职责,维护校园和谐稳定。不得有损害党和国家利益以及不利于学生健康成长的言行。第二,敬业爱生。热爱党的教育事业,树立崇高职业理想,以献身教育事业、引领学生思想和服务学生成长为己任。真心关爱学生,严格要求学生,公正对待学生。不得损害学生和学校的合法权益。在职责范围内,不得拒绝学生的合理要求。第三,育人为本。把握思想政治教育规律和大学生成长规律,引导

---

① 《普通高等学校辅导员队伍建设规定》,见 http://www.moe.gov.cn/srcsite/A02/s5911/moe_621/201709/t20170929_315781.html。

学生树立正确的世界观、人生观和价值观。增强学生社会责任感、创新精神和实践能力。尊重学生独立人格和个人隐私,保护学生自尊心、自信心和进取心,促进学生全面发展,努力培养社会主义合格建设者和可靠接班人。第四,终身学习。坚持终身学习,勇于开拓创新,主动学习思想政治教育理论、方法及相关学科知识,积极开展理论研究和实践探索,参与社会实践和挂职锻炼,不断拓展工作视野,努力提高职业素养和职业能力。第五,为人师表。学为人师,行为世范。模范遵守社会公德,引领社会风尚,以高尚品行和人格魅力教育感染学生。不得有损害职业声誉的行为。

职业知识。辅导员应当掌握包括基础知识、专业知识和法律法规知识等职业知识。基础知识方面,辅导员要具备宽广的知识储备,了解马克思主义理论、哲学、政治学、教育学、社会学、心理学、管理学、伦理学、法学等学科的基本原理和基础知识。专业知识方面,辅导员要掌握思想政治教育学原理、思想政治教育方法论等思想政治教育专业基本理论、基本知识、基本方法,毛泽东思想、中国特色社会主义理论体系等马克思主义中国化相关理论及知识,大学生党团班级建设、职业生涯规划与就业指导等大学生思想政治教育工作实务相关知识。法律法规知识方面,辅导员应了解《中华人民共和国教育法》《中华人民共和国高等教育法》《中华人民共和国教师法》《中华人民共和国学位条例》《中华人民共和国学位条例暂行实施办法》《中华人民共和国精神卫生法》《中共中央国务院关于进一步加强和改进大学生思想政治教育的意见》《普通高等学校辅导员队伍建设规定》《普通高等学校学生管理规定》《国家教育考试违规处理办法》《学生伤害事故处理办法》等与大学生思想政治教育相关的法律法规条文规定。

(三)职业能力标准

《标准》对高校辅导员的职业能力标准也有明确的要求,按照初级、中级、高级辅导员的要求依次递进,高级别包括低级别的要求。从初级到高级的职业能力大致分为九个标准:思想政治教育、党团和班级建设、学业指导、日常事务管理、心理健康教育与咨询、网络思想政治教育、危机事件应对、职业规划与就业指导、理论和实践研究。

初级辅导员一般工作年限为1—3年,经过规定入职培训并取得相应证书。在思想政治教育方面,辅导员能通过日常观察、谈心谈话、问卷调查等方式,收集学生基本信息,了解学生思想动态;能针对学生关心的热点、焦点问题,及时进行教育和引导;能掌握主题教育、个别谈心、党团活动、社会实践活动等思想政治教育的基本方法;能针对学生关注的思想理论热点问题做基本解释;能结合大学生实际,广泛深入开展谈心活动,引导学生养成良好的心理品质和自尊、自爱、自律、自强的优良品格。在党团和班级建设方面,辅导员能考察学生思想政治素质、道德品质、工作能力、发展潜力等基本素质,能激励学生积极主动参与班团事务;能教育引导学生坚定理想信念,增强党性修养,端正入党动机;能组织学生学习党的理论知识;能从思想政治、能力素质、道德品行、现实表现等方面综合考察学生的先进性和纯洁性,熟悉党员发展的环节和程序;能利用各种教育载体激发党员的学习积极性和主动性;能选好配强党支部和班团组织负责人;能积极推动组织生活等工作创新;能发挥学生党员的先锋模范作用和党支部的战斗堡垒作用。在学业指导方面,辅导员能初步掌握学生所学专业的培养计划、专业前景等;能增强学生的专业认同和学习热情;能及时发现并纠正学生学习中的不良倾向。在日常事务管理方面,辅导员能通过主题班会、参观实践、讲座报告、交流讨论等形式开展入学教育,帮助新生熟悉、接纳并适应大学生活;能通过主题演讲、主题征文、座谈会、毕业纪念册、毕业衫等形式做好毕业生的爱校荣校教育;能为毕业生办理好毕业派遣、户档转出、党组织关系转接等工作;能通过宣讲和谈心等形式做好学生军训动员工作,指导学生积极参与军训;能组织评审各类助学金,指导学生办理助学贷款,组织学生开展勤工俭学活动,为学生办理学费减免和临时困难补助工作;能组织学生开展素质综合测评,公开公平地做好奖励评优和奖学金评审工作;能根据学校相关政策规定及社会、生活常识为学生解答一些日常问题;能指导学生依法维护自身权益;能通过召开宿舍长会议、组织宿舍文化符号比赛等形式活跃宿舍文化;能通过团体辅导、个别谈心等形式化解宿舍学生之间的矛盾。在心理健康教育与咨询方面,辅导员能协助心理健康教育机构完成心理筛查的组织实施、能了解大学生的心理特点,熟悉大学生常见的发展性心理问题,掌握倾听、共情、尊重等沟通技能,能够与大学生建立积极有效的师生关系,帮助学生调适一般的心理困扰;能组织开展形式多样的心理健康教育宣传活动,如举办讲座、设计宣传展板等;能组织学生参加陶冶情操、磨炼意志的课外文体活动,提高学生心理健康水平。在网络思想政治教育方面,辅导员能及时把握学生对信息技术的应用趋势;能熟悉网络语言特点和规律;能熟练使用博客、微博及微信等新媒体技术;能及时研判网络舆情。在危机事件应对方面,辅导员能第一时间赶赴现场;能尽快确认相关人员基本情况;能执行危机事件处理预案,及时稳定相关人员情绪;能通过学生骨干、密切接触人员等渠道快速了解事件相关信息;能对事件性质做出初步判断;能将相关情况及时向上级领导汇报;掌握基本安全教育方法,能组织开展学生安全教育活动;能培训指导各级学生骨干具备初步应急常识。在职业规划与就业指导方面,辅导员能及时全面发布就业信息;能开展通用求职技巧指导、就业政策及流程解读等基本就业指导服务工作;具备基本的职业生涯规划能力,能开展就业观、择业观教育。在理论与实践研究方面,辅导员能掌握思想政治教育的基本理论观点;能融入学术团队,运用理论分析、调查研究等方法,归纳分析相关问题。

中级辅导员一般工作年限为4—8年,具备一定工作经验,培养了较强研究能力,积累了一定理论和实践成果。在思想政治教育方面,辅导员能与班主任、思想政治理论课教师和组织员等工作骨干做好沟通交流,充分发挥所有从事大学生思想政治教育人员的育人作用;能深入了解国情、民情、社情;能根据教学的需要和学生的特点,采取灵活多样的教学方式开展形势与政策教育;能就学生深层次的思想问题进行沟通、挖掘、分析与辅导。在党团和班级建设方面,辅导员具备丰富的党建团建工作经验与扎实的理论功底;能指导党支部书记开展党员教育培训,拓展教育途径;能指导党支部书记开展组织生活和组织关系管理;能指导党支部书记关爱帮助学生党员,保障党员民主权利;能抓住重大节庆日、重要活动、重要节点,指导党团组织开展主题活动;能指导学生组织开展丰富多彩的校园文化、艺术、体育等活动;能组织开展学院级党校、团校的相关工作;能讲授具有一定理论水平、深受学生欢迎的党课、团课。在学业指导方面，辅导员能通过侧面了解、谈心谈话、组织相关人员集体讨论等方式分析学生遇到的困难和应对措施，指导学生有效调整学习习惯和学习方法；能通过召开宣讲会、谈心谈话等方式鼓励学生主动参与课外学术实践活动。在日常事务管理方面，辅导员能准确把握国家有关法律法规和学校规章制度，对学生违法违纪行为进行严肃处理；能采用案例分析、宣传警示等形式对学生进行日常法律意识教育；能运用法律知识、社会学知识和心理学知识指导学生对日常遇到的各种复杂问题进行全面深入的分析，探究解决问题的办法。在心理健康教育与咨询方面，具备三级心理咨询师资质或具有心理健康教育相关专业硕士学位；能对一般心理问题、心理障碍和精神疾病进行初步识别，了解转介到心理咨询中心或精神卫生医院的适用条件和相关程序；能根据工作需要，正确实施各种心理测验量表、问卷，并能在专业人士指导下对结果进行正确解读和反馈；能与求助学生建立良好的信任关系，有效开展心理疏导工作，帮助学生调节情绪；能识别大学生心理危机的症状并进行初步评估；能协助专家开展相关的危机干预工作；能通过培养心理委员、宿舍长、班干部等方法，培养学生自我管理、自我救助和朋辈互助的能力；能有效设计相对系统的院系心理健康教育整体方案，并能指导学生社团开展形式多样的心理健康教育活动。在网络思想政治教育方面，能准备把握网络传播规律，有效配置整合网络资源；能对学生的网络行为进行教育引导；能通过博客、微博、校园交互社区、网络群组等网络平台主动发布相关内容，吸引学生浏览、点击和评论，引导网络舆情。在危机事件应对方面，辅导员能做好第一时间现场统筹指挥工作；能把握重点人员和关键节点，有效控制事态的发展；能协调事件涉及相关部门迅速反应，筛选有效信息；能通过沟通和分析把握事件脉络并提出初步处理方案；能密切联系相关人员，跟踪事件的处理效果；能通过网络、个别谈话等渠道掌握事件产生的影响；能进行事后集体和个体的心理疏导；能讲授校园安全教育公共选修课。在职业规划与就业指导方面，辅导员能开展职业能力倾向测试并对结果进行分析、评估；能帮助学生认识自身的性格特点和能力，明确职业发展目标，澄清职业取向；能为毕业生提供个性化咨询指导。在理论和实践研究方面,辅导员能开展深入的科学研究;能领导管理科研项目团队;以第一作者身份在相关领域期刊发表 3 篇学术论文。

高级辅导员一般工作 8 年以上,具备丰富的实践经验,较高的理论水平和学术修养,在思想政治教育工作某一领域有深入的研究并具备有影响力的成果,成为该领域的专家。在思想政治教育方面,辅导员能根据党的教育方针和高等教育发展要求,结合学生的阶段特征,按照学校育人工作的总体要求,有计划、有目的地系统实施学生思想政治教育;能开展思想政治教育工作理论与方法的调查和研究,分析工作对象和条件的变化,及时调整工作思路和方法;对马克思主义理论和思想政治教育有深入的研究,具有相关专业的学位或具有长期的丰富工作经验;能运用现代科学技术,并借鉴其他交叉学科的优势,实施思想政治教育工作;在具有影响力的学术期刊以第一作者身份发表 5 篇以上思想政治教育学术论文;能够熟练利用理论指导辅导员工作的开展;能讲授思想政治教育公共选修课。在党团建设方面,辅导员对马克思主义理论、中华人民共和国史、中国共产党史、中国特色社会主义理论、党建创新理论有深入的研究;在具有影响力的学术期刊以第一作者身份发表 5 篇以上党建工作学术论文;能够熟练利用理论指导初级、中级辅导员开展党建工作。在学业指导方面,辅导员能深入了解学生所在专业知识,为学生提供有针对性的专业学习建议;能应用心理学、教育学相关原理和知识指导学生学习研究;能因材施教,培养研究型、创新型人才;能指导和组织初级、中级辅导员开展学业指导工作。在日常事务管理方面,辅导员具有长期丰富的事务管理工作经验;能合理运用教育学、管理学、法学相关知识,对学生事务管理工作进行服务育人体系化设计;能熟练利用理论指导辅导员开展学生事务管理工作;在具有影响力的学术期刊以第一作者身份发表 5 篇以上学生事务管理学术论文。在心理健康教育与咨询方面,辅导员具备二级心理咨询师资质;能进行危机评估、实施干预、妥善预后及跟踪回访;能为学生提供心理咨询服务;在具有影响力的学术期刊以第一作者身份发表 5 篇以上心理健康教育相关领域学术论文;能熟练利用理论和实际经验指导辅导员开展心理健康教育工作;能为高校辅导员提供有效的心理健康教育培训;能讲授心理健康教育公共选修课。在网络思想政治教育方面,辅导员能结合工作经验、运用科学的研究方法对网络思想政治教育开展深入的研究;能在具有影响力的学术期刊以第一作者身份发表5篇以上网络思想政治教育学术论文;能够熟练运用理论指导辅导员开展网络思想政治教育工作。在危机事件应对方面,辅导员能根据掌握的信息对危机事件进行分类分级;能准确分析事态起因,牢牢把握发展趋势;能摸清事态的症结,协调校内外相关部门制定对策并迅速妥善处理,恢复正常;能掌握整个事件的过程,深层次研究事件原因,改进工作,提出对策;在具有影响力的学术期刊以第一作者身份发表5篇以上公共危机处理相关领域学术论文;能熟练利用相关理论指导辅导员进行公共危机处理。在职业规划与就业指导方面,辅导员具备职业指导师资质;能为大学生开展团体职业咨询;能撰写职业指导典型案例,开展职业指导应用性研究,并将研究结果应用到实际工作中;能进行较为客观全面的创业环境、政策、行业前景分析;能建立健全大学生就业指导机构和就业信息服务系统,提供更高效优质的就业创业服务;在具有影响力的学术期刊以第一作者身份发表5篇以上职业规划与就业指导相关领域学术论文;能熟练利用理论指导辅导员开展职业规划与就业指导工作;能讲授职业规划与就业指导公共选修课。在理论与实践研究方面,能深入把握国内外学生事务工作前沿进展;以第一作者身份在相关领域核心期刊发表10篇以上学术论文;能推动研究成果的转化应用;对中级辅导员的研究进行指导。

三、辅导员队伍的评价体系

关于辅导员的工作要求、工作职责、能力标准等都有了非常清晰、明确的规定。如何提高辅导员队伍的整体素质,推进辅导员队伍的专业化、职业化建设,需要一套科学、系统、完备的评价体系。

(一)辅导员队伍评价体系的主要构成

构建科学的评价体系,能够有效地指导辅导员思想政治教育工作的开展,从不同方面为辅导员工作提供契机和动力,激发辅导员的工作热情和创新意识,引导辅导员回归主责主业,热心、专心、安心做好学生工作,同时促进辅导员个人和队伍的全面发展。① 评价体系中的各个评价指标要便于分解、监控、考核和评价,做到清晰具体、切合实际、简便易行,以便于操作实行。根据《普通高等学校辅导员队伍建设规定》的九项职责,辅导员队伍的评价体系可以从如下几个方面构建(表14.1)。

表 14.1 辅导员队伍评价标准体系

评价标准	评价内容	能力要求
思想政治教育	提高学生思想政治教育针对性和实效性; 调整工作思路和方法	重视思想教育; 经常与学生进行思想交流
学业指导	学习目标引领; 学习方法引导; 考风考纪教育	制定学习目标; 引导学生掌握科学学习方法; 严明考试纪律
日常事务管理	安全稳定工作; 扶贫帮困工作; 日常教育管理	重视教育安全工作; 熟知学生家庭情况; 做好防诈骗宣讲知识
心理健康教育与咨询	心理咨询工作; 思想建设工作	多和学生沟通交流,了解学生心理状况
网络思想政治教育	把握网络传播的规律; 研判网上学生思想动态	对网络技术开展深入的研究; 运用理论指导辅导员开展网络思想政治教育工作
危机事件应对	危机预警工作; 处理危机事件,稳定工作局面; 完善预警和应对机制	准确分析危机事态起因; 掌握危机事件的过程; 妥善应对处理危机事件
职业规划与就业指导	研究大学生职业生涯规划; 把握就业指导工作的规律	为大学生开展团体职业咨询; 建立健全大学生就业指导机构和就业信息服务系统; 提供更高效优质的就业创业服务; 讲授职业规划与就业指导公共选修课
理论与实践研究	参加理论讲座; 参与理论研究; 加强理论与实践的联系	把握国内外学生事务工作前沿进展; 推动研究成果的转化应用

---

① 宁睿英、陈玳玮、陈洁:《论高校辅导员队伍评价体系的构建》,《中国经济与管理科学》2008 年第 7 期。

（二）辅导员队伍评价体系的基本模式

目前,我国高校对辅导员的绩效考核主要有以下两种模式。

第一种是基于德、能、勤、绩、廉的评价模式。这是高校辅导员评价中较为通用的一种模式,采用这种模式把辅导员考核概括性地分为德、能、勤、绩、廉等几个部分,每个部分设置一些评价指标,每个指标又划分为优、良、中、差等几个等级或根据学校对各项指标重视程度设置不同的分值。例如,中南大学、苏州大学、南京财经大学等高校,采用这种评价模式,考查辅导员在教育、管理、服务、指导等方面的实际表现。

第二种是基于业绩指标的评价模式。当前,这种模式主要从辅导员的工作特征出发,抽取其中最能判断辅导员工作业绩的关键指标进行考核。例如,西南大学主要考核辅导员在党支部与干部队伍建设、工作规划与制度建设、爱岗敬业、思想教育、学风建设、表彰先进、转化后进、信息沟通、事故处理、特色活动等方面的工作;西南政法大学主要考核辅导员的职业素质(政治素质、道德素质、业务素质、制度建设、团队协作)和思想政治教育(日常思想政治教育、网络思想政治教育、专题教育)。

（三）辅导员队伍评价体系的主要问题

考核标准不明确。目前还没有一个全国通用的考核标准,许多高校在对考核指标进行制定时,通常以整体评价指标为主,只涉及到德、能、勤、绩等方面,每个指标仅以优、良、中、差四个等级来衡量,比较简单,不够细化。考核标准含糊不清,并且具有较强主观性,不具备良好的操作性,由此导致考核结果不能真实反映工作业绩。考核标准的不明确,就会导致考核结果的不真实、不客观,最终也就达不到考核应有的效果。

考核的导向性和针对性不强。高校辅导员承担着繁重的对大学生进行教育和管理的工作,这些工作相对于教学、科研绩效考核来说,具有模糊性和难以衡量性的特点。在实际考核中,很多考核体系还没能处理好重点工作和一般工作、常规工作和应急工作之间的层次关系,绩效考核的实际意义没能得到充分体现。另外,许多高校对辅导员绩效考核存在千人一面的问题,在考核内容、形式方面都大体相同,就连对辅导员工作得出的考核结论也是雷同的。其主要原因是一些高校在制定绩效考核指标体系方面针对性不强,尤其是对一些重要性的指标凝练不够,为绩效评价工作带来难度。

重视静态考核而忽视动态考核。在实际工作中,有的高校往往只是在年终时对辅导员全年工作进行考核,考核评价主体也只是从某一个侧面凭借印象、通过打分的方式对辅导员工作进行评价。另外,有些高校常常将辅导员开展班团活动的数量、学生出早操和参加晚自习的出勤人数作为量化指标来评价辅导员的工作,而辅导员开展大学生思想政治工作、做后进生转化工作和人生规划指导等方面的工作,在考核中所占的比重反而较轻,存在为考核而考核的现象。

考核过程缺乏客观性和公正性。大多数高校对辅导员工作绩效考核方法,主要是通过听述职报告和民主测评。参与考核人员对辅导员的工作情况缺乏理性认识,只是在听取辅导员年终个人述职报告、查阅辅导员个人开展工作的相关资料的基础上打分。

考核结果不能及时反馈及合理运用。目前,许多高校仅仅以年终总结为目的对辅导员进行例行工作测评,并未将考核结果及时地反馈给辅导员,用于日后辅导员培训与发展的绩效改进计划。由于缺乏考核反馈机制,辅导员基本上不了解自己的考核详情,不知道哪些地方需要改进,仍以常态开展工作,使得绩效考核对辅导员的工作没有起到实质上的提升作用。

第三节　高校辅导员队伍评价的方法与模型

新时代高校辅导员队伍是沟通学校与学生的重要桥梁,这支队伍职责重、任务多,他们要与本院系师生保持密切联系,充分了解每一个学生的情况与诉求,并根据学生反馈不断作出工作调整。为了确保学校和各个院系的教育方针具体落实并充分发挥育人实效,辅导员队伍既要承担起宣传、教育、凝聚学生的作用,还要充分发挥先锋模范作用。基于辅导员工作的重要性,对辅导员队伍进行科学评价对学校发展具有重要的现实意义。对新时代高校辅导员队伍进行全面客观、公正的评价,评判其工作态度、工作能力与工作实绩,有利于鼓励新时代高校辅导员提升自身思想政治素质与业务能力,在工作中不断发挥积极性、主动性、创造性,以推进新时代高校辅导员工作更加职业化、专业化,提升新时代高校辅导员队伍的整体素质。

一、高校辅导员队伍评价的方法

选择运用合适的评价方法是科学评价的基础。结合辅导员队伍的工作特点和工作内容,选择并运用合适的评价方法,力求评价结果的准确性和有效性。

(一)制定合理目标,科学细化形成目标体系

设定评价目标是开展新时代高校辅导员队伍评价工作的出发点,也是辅导员整体队伍组织的一个阶段性愿景。因此,开展评价工作首先要做的就是要制定一个合理的目标,即在未来的队伍建设过程中,希望辅导员队伍能够达到什么样的工作状态、能够创造什么样的工作价值和在评价过程中能够积累什么样的经验从而创造出管理优势等。制定的这一目标应当主导整个评价工作,贯穿评价工作的每一环节。

首先,基于辅导员的工作职能设立评价的整体目标,并且目标的设定必须具有前瞻性和概括性。第一,整体目标必须要符合党和政府的教育方针、地方教育主管部门的要求、高校的办学特色以及学生的实际需求,切忌方向性、原则性错误,也需要避免"假大空"问题的出现。第二,整体目标要涵盖辅导员的业务范围,不能盲目制定不符辅导员实际工作的目标,也不能制定轻而易举就能实现的目标,使评价工作失去意义。第三,设定具有前瞻性的目标。对辅导员队伍进行评价,是希望整个队伍能优化工作,朝着更高质量的方向发展,因而在制定目标时要充分了解学校的长远规划和发展战略,明晰在辅导员未来的工作中,将会淘汰掉什么业务,又将会新增什么业务,辅导员队伍将要呈现出怎样的面貌。通过制定具有前瞻性的整体目标,促进辅导员队伍对未来工作有清晰的认识,促使他们改进当下的工作。

其次,对目标进行分解细化,使之切实可行。整体目标是既包括当下,又展望了未来,但是完成难度较高,因而需要将整体目标分解细化成一个个小目标,量力而行,一步一个脚印,使目标变得更加切实可行。第一,细化目标要做到有层次。将个体目标与队伍目标相结合;将日常目标、月度目标与年度目标相结合。同时,从上级领导到每位辅导员,都应该分别设定目标,如此形成具有层次性的、切实可行的目标任务体系。第二,细化目标要做到共同协商,科学合理。辅导员的工作不仅与其个人相关,更是与学院组织、学生、家长密切相关,因此,在分解制定目标时,不能一方独断专行,要几方共同协商,从而制定出更符合辅导员当下工作的小目标,提升目标的可行性,也能让辅导员收获多方的理解,在理解中不断前行。第三,着眼于辅导员自身发展,设定不同类别的目标。不同的目标侧重点各不相同,针对辅导员队伍评价的目标,应当既着眼于队伍的整体发展,又着眼于辅导员自身对职业的认识与规划。因此,在制定评价目标时,要有对整个辅导员队伍工作成效的评估目标,也要有辅导员自身对工作管理的目标,还要有针对辅导员未来工作发展开发的目标。这样将辅导员同工作本身、队伍本身紧紧结合起来,有利于充分调动他们工作的积极性,并促使他们将外在的要求转化为内在的工作动力,取得更好的工作结果。

(二)着眼于辅导员任职能力进行绩效考核,坚持科学化与定量化相结合

辅导员的日常工作是围绕学生展开的,他们是用自身言行去服务学生、引导教育学生,他们的工作成效往往取决于他所负责的学生是否言行端正、思想正确、学习态度积极等。而以往评价辅导员的工作经常简单地以学生成绩作为标准,这种考评方式虽然看似既直观又合理,但实则是将辅导员工作简单化、单一化。对于辅导员这种非物质性的工作,是难以量化的,但是在对其队伍进行管理评价的时候,依然要引入绩效思维、抓住关键绩效指标。"完善高校辅导员的能力考核制度,将辅导员的工作表现与绩效挂钩,明确细化考核标准,争取优中选优,激励辅导员认真对待工作。"[①]绩

---

① 尚嫒、王建辉:《论高校辅导员队伍建设》,《法制与社会》2019 年第 3 期。

效是体现辅导员任职能力的最直观指标,以绩效考核作为辅导员队伍评价的着眼点,"使得学校对于辅导员的工作可以有一个相对可量化的指标,使得对辅导员的工作评价更加公平公正,从而有利于加强辅导员的素质提升和职业能力提升"①。

实施绩效考核最重要的是考核方式要合理科学,角度要全面,形式要灵活。过去大多采用学生评价和领导评估两个维度,不够全面,应当从多主体入手,设置合理权重,建立360度全方位的绩效评价体系。

第一,让辅导员队伍进行绩效自我评价。自我评价是开展评价工作的第一步,也是最重要的基础。自我评价的最普遍方式就是完成述职报告,报告内容首先需要对上一年度的工作进行介绍与总结;其次需要对未来的工作进行整体的规划;最后需要对工作中存在的缺陷进行及时的反思。报告内容需确保材料真实、简明扼要。进行自我评价的过程,也是每一位辅导员不断认识自己、审视自己的过程。辅导员的自我评价能帮助辅导员在总结反思的基础上展望未来,同时也是其他评价主体了解被评者最直截了当的方式。

第二,让家长和学生参与辅导员队伍绩效评价。高校学生是辅导员工作最为直接的对象,因此他们的评价是辅导员绩效评价的重中之重。家长是最容易接收到学生在校生活最真实反馈的群体,同时也是辅导员在做好学生工作过程中最频繁接触的群体之一,因而也需要将家长的评价纳入到绩效评价中来。学生和家长进行评价的最普遍方式是填写问卷。评价内容应当包括:一是思想政治素养,即评价辅导员是否具有较高的思想素质和政治觉悟;是否具有良好的道德素养,引领良好风气;是否尊重关爱同学等。二是工作态度与能力,即辅导员工作执行能力是否较强,能否及时解决同学问题;是否能有效开展日常教育并取得成效;是否能切实执行学校相关政策规定;是否以认真负责的态度对待每一位学生;是否能起到引领学生成长成才的作用等。三是联系学生、沟通家长。辅

---

① 李凤威、罗嘉思、赵乐发、王玲:《基于关键绩效指标的高校辅导员绩效评价方法》,《现代教育管理》2012年第7期。

导员是否与家长保持着必要沟通;是否关心学生日常生活、人身安全、心理健康情况;是否常与学生进行对话沟通等。学生和家长的评价是体现辅导员全部工作的最直观反馈,也是检验辅导员工作成效的最重要参考。

第三,让同事互评以及邀请领导、专家进行评价。同行互评能够让辅导员在互评过程中相互借鉴,相互学习,从而不断优化自身工作。"辅导员绩效同事评价是由同一院系辅导员(辅导员人数较少的学院、系可以组织联评)对同事的工作行为与业绩所进行的评价,辅导员人数不足5人的所有学院由学生工作部召集各学院领导组成联评小组按相同比例评选确定考核优秀名单。"①此外,辅导员工作复杂,单凭同行、学生、家长的评价不够全面,邀请有着丰富工作经验、熟悉辅导员工作的专家和领导来评价,能最大限度地保证评价工作的客观合理。同时,针对辅导员工作的不足,他们也能给出最有效的改进意见和正确引导。

由此,以绩效为着眼点,用量化的指标和科学的全面现代评价方式对辅导员工作进行考核,有利于辅导员通过评价结果总结反思,引导辅导员有针对性、有侧重点地优化工作,激励辅导员队伍迈向高质量新台阶。

(三)进行动态、常态化评价,对评价计划进行科学合理监控

对辅导员队伍进行评价,其真正目的不是为了获取评价结果,从而给予辅导员惩罚或是奖励,而是为了让辅导员在评价这一过程中能够不断对比他人,审视自己,从而汲取优秀经验、修正言行。因而评价不应该是一个短期的、死板的"成绩单",而应该是一个动态的、常态化的、没有闭环的过程。每一次的评价都应当遵循"承上启下"的原则,每一次的评价工作既是对上一阶段工作的总结,又是下一阶段工作的开始。所以不管是上级领导还是辅导员自身,都要以动态的目光看待每一次的评价结果,不可满足于一次好的结果,也不能被一次不好的评价结果所打击。对辅导员队伍进行动态评价和常态化评价,就要定期开展辅导员自我评价、同事互评、学生评价、综合评价等工作,将日常评价与月度、年度评价等多种

① 郁广建、耿武侯:《高校辅导员绩效管理评价体系研究——以陕西国际商贸学院为例》,《环渤海经济瞭望》2018年第8期。

方式相结合。

既然评价是一个动态的过程,为了保证评价过程的有条不紊,就需要制订评价计划并科学监控计划实施情况。"在这个过程中要重点做好以下两个环节的工作。首先,定期进行监控和考核。在具体实施过程中,不仅要监控各级目标实施计划与实际工作中的偏差和达成情况,还要认真分析整体目标体系设计时个体子目标在实施过程中所遇到的困难。其次,针对子目标进行动态管理。当发现原来设计目标不尽合理、计划本身很难按时完成时,就必须及时修改原有计划,重新审核通过新计划。"①如此,在评价过程中发现辅导员预期制定的目标不够合理、完成难度较大时,可以及时合理地对评价目标进行修改,使得辅导员工作进展更加顺利。

(四)给予辅导员客观公正的评价结果,严明奖惩

评价结果作为评价工作的落脚点,是整个评价过程的重中之重,也是评价的主客体最为关心的内容。因此,在给出评价结果的时候,一定要遵循公正、公开的原则,事先就要设计好合理的评价指标,并定期修订评价标准。同时,评价结果的得出不能由个别人决定,而是应当经过充分的小组评议、部门集体讨论后给出,以最大程度保证评价结果客观公正。

上级领导和院系组织要合理运用评价结果。首先,结合评价结果完善高校辅导员的奖惩选拔制度。既要发挥先进辅导员榜样模范作用,让他们分享经验,带动辅导员队伍不断成长,也要及时淘汰掉工作能力不足的辅导员,维持辅导员队伍的动态平衡。其次,将辅导员晋升与评价结果挂钩。针对高校辅导员的晋升过程进行系统考察与认真探讨,作出细则成文规定,这样能极大地调动辅导员工作的积极性,激励辅导员端正工作态度,改进工作方法,努力在工作岗位上做出亮眼成果,从而推动高校辅导员队伍向专业化学术化方向迈进。②

---

① 罗先武:《基于目标管理评价的高校教育管理可持续发展》,《中国成人教育》2018 年第 3 期。

② 尚媛、王建辉:《论高校辅导员队伍建设》,《法制与社会》2019 年第 3 期。

二、高校辅导员队伍评价的指标

评价指标是决定评价结果的重要因素,评价结果是否准确、具有参考性取决于评价指标是否合理。没有一个科学合理的指标体系,此前提及的诸多行之有效的评价方法都难以发挥作用。目前,许多高校对辅导员队伍进行评价的指标比较主观,即考察评价者对辅导员的看法,往往笼统地表现为学生是否信任、家长是否满意、领导是否欣赏,不利于科学、客观、正确地评价辅导员的工作质量。

(一)评价指标的优化思路

科学的评价指标应当是涵盖辅导员的思想言行、工作内容、工作形式、工作成效等多个角度,将理论与实践相结合,构建全校统一的、操作性强的、竞争与激励机制相结合的辅导员绩效考核体系,达到系统、全面、科学、合理地评估辅导员工作职责履行程度、个人发展规划、综合能力培养的效果,进一步提高辅导员队伍水平,帮助推进专业化、职业化的建设。具体包括以下几点。一是以鼓励辅导员创造优秀绩效为导向。增加考核体系中绩效指标的权重,鼓励辅导员在完成自身基础工作的前提下,创造优秀绩效,营造良好的竞争氛围。二是多主体评价,定性与定量相结合。将学院评价、学生评价与职能部门相关数据(如学生就业率、GPA 等)相结合,对辅导员进行综合考核,实现多主体评价,提高评价结果的公平性和客观性。三是横向与纵向相结合。针对辅导员的工作成果,既将其与同岗位的其他辅导员进行比较,又与自身往年进行比较,有利于帮助辅导员向优秀看齐,不断进步。四是动态与静态考核相结合。将宏观经济环境变化(如经济不景气影响学生就业、出国深造等)纳入考虑范围,即在设定某些指标的标准值时考虑当年实际情况,而不是直接将其设定为一个固定不变的值,使考核体系更加科学、合理。

(二)评价指标的优化和确定

1. 考核主体选择

辅导员绩效考核主体应该要包括辅导员所在单位、学校职能部门及辅导员本人所带学生。

2. 考核指标的确定

以鼓励优秀绩效为导向,运用德尔菲法、文献研究法和问卷调查法,将辅导员绩效考核指标分为绩效指标、基础指标、技能指标和危机处理,且分值分别为 60 分、20 分、10 分、10 分。其中,绩效指标包括学生学业、学生就业和学生满意度 3 个方面;基础指标包括重大事故处理、学风建设、工作履职等 6 个方面;技能指标主要针对辅导员自身技能提升指标;危机处理指标主要考核辅导员处理突发性、违法性等危机事件的处理态度及能力。

考虑到辅导员所带年级有毕业年级和非毕业年级之分,故设计两套辅导员绩效考核指标体系,两套体系加分方式相同,但数值上有区别,在此仅针对毕业年级辅导员绩效考核指标体系进行说明(表 14.2,表 14.3)。

表 14.2　毕业年级辅导员考核指标体系

类别	一级指标	二级指标	数据来源
绩效指标 60	学生学业指标 25	成绩指标 15	教务处
		综合能力培养 10	
	学生就业指标 25	就业率 20	由职能部门提供数据
		就业相关荣誉 5	
	学生满意度 10	思政及价值引领工作 3	由辅导员所带学生进行评价
		日常学工工作(评优、奖惩、帮困、学生活动)3	
		身心健康及安全工作 2	
		学习及学风工作 2	
基础指标 20	重大事故处理 3	重大责任事故应对能力 3	由职能部门提供数据
	学风建设问题 3	学生违规违纪情况 3	
	学生学业问题 5	学业警示情况 1.5	
		退学情况 1.5	
		学业成绩不达标情况 2	
	学生就业问题 3	就业比例不达标情况 3	
	工作履职问题 3	履职情况 3	所在学院评价
	工作制度执行 3	六项制度履行情况 3	

续表

类别	一级指标	二级指标	数据来源
技能指标 10	辅导员自身技能提升 10	培训参与 3	辅导员自身提供证书/证明,由职能部门审核
		个人奖项 7	
危机处理 10	突发性事件 10〔人员伤亡(跳楼等自杀事件、车祸、中毒)、黄赌毒等违法事件(造成恶劣社会影响的事件)〕	事件起因	参照关键事件法,根据辅导员处理表现加分或扣分
		采取措施	
		事件结果	

表 14.3　无毕业年级辅导员考核指标体系

类别	一级指标	二级指标	数据来源
绩效指标 60	学生学业指标 40	成绩指标 25	教务处院
		综合能力培养 15	由职能部门提供数据
	学生满意度 20	思政及价值引领工作 6	由辅导员所带学生进行评价
		日常学工工作(评优、奖惩、帮困、学生活动)6	
		身心健康及安全工作 4	
		学习及学风工作 4	
基础指标 20	重大事故处理 3	重大责任事故应对能力 3	由职能部门提供数据
	学风建设问题 3	学生违规违纪情况 3	
	学生学业问题 8	学业警示情况 1.5	
		退学情况 1.5	
		学业成绩不达标情况 5	
	工作履职问题 3	履职情况 3	所在学院评价
	工作制度执行 3	六项制度履行情况 3	
技能指标 10	辅导员自身技能 10	培训参与 3	辅导员自身提供证书/证明,由职能部门审核
		个人奖项 7	

续表

类别	一级指标	二级指标	数据来源
危机处理 10	突发性事件 10 ［人员伤亡（跳楼等自杀事件、伤人杀人事件、车祸、中毒）、黄赌毒等违法事件（造成恶劣社会影响的事件）］	事件起因	参照关键事件法，根据辅导员处理表现加分或扣分
		采取措施	
		事件结果	

（三）评价指标的解读与计算

1. 成绩指标

为了全面、客观地反映辅导员引导学生学习、营造学习氛围的能力，采取横向（与其他辅导员所带学生的成绩进行比较）与纵向（与自己所带学生往年成绩进行比较）相结合的方式考核成绩指标。

2. 综合能力培养

综合能力培养指标重点关注辅导员指导学生参加创新创业类、社会实践类、文体类、学术类等竞赛获奖情况，以校级奖励为参考基准，按照获奖的人次比给予加分。

3. 就业率

本考核指标体系中，就业质量主要通过就业率来衡量。同样地，考虑到由于不同专业、学科等客观原因对毕业年级就业率造成的影响，本项考核也采取横向（与其他学院辅导员所带毕业年级的就业率进行比较）及纵向（与本学院上一年度毕业年级的就业率进行比较）相结合的方式对就业率指标进行考核。

4. 就业相关荣誉

各高校可根据实际情况，设定就业相关荣誉，并给予一定程度的加分。

5. 学生满意度

开展学生工作满意度调查，将思政及价值引领工作、日常学工工作

（评优、奖惩、帮困、学生活动）、身心健康及安全工作、学习及学风工作四个指标作为学生满意度的评价指标，该项指标将由辅导员所带学生进行评价，得分的平均值作为辅导员该项指标的得分。

6. 重大事故处理

考察辅导员的重大责任事故应对能力，在辅导员任职期间，若所带学生发生重大责任事故，职能部门根据辅导员的处理态度、处理方式和处理结果对辅导员本项考核指标酌情打分，该项指标参照各高校具体涉及的学生管理内容及要求，若未出现重大责任事故则本项得满分。

7. 学风建设问题

考察辅导员对学生学风建设工作执行情况，依据职能部门反馈辅导员所带学生出现学校规定涉及的违规违纪行为进行扣分。

8. 学生学业问题

参照成绩指标考核方式，若辅导员所带年级学生低分比例与去年进行比较（纵向比较），即所带学生成绩不如上一学年，那么对此项进行扣分。

9. 学生就业问题

参照上述就业质量考核方式，若辅导员所带年级学生就业率与去年毕业年级就业率比较有所下降（纵向比较），则该项有相应的扣分。

10. 工作履职问题

考察辅导员对学校相关职能部门工作安排的履行情况。依照职能部门反馈的辅导员工作履职情况进行扣分。

11. 工作制度执行

考察辅导员对学校各项学生教育管理制度的执行情况。辅导员若发生违反工作制度要求的行为，则应受到扣分处理。

12. 培训参与

由辅导员自身提供证书/证明，由职能部门审核确认后加分。

13. 个人奖项

辅导员参与校级及以上有关辅导员技能比赛，按国家级、省市级、校级奖项等级加分。

14. 危机处理

高校突发事件相对而言发生频率较低,一旦发生将造成极大影响,处理得当能够最大化减轻社会影响。所以,辅导员作为和学生联系最亲密的老师群体之一,要有能力、有责任、有义务做好突发事件预防工作和处理工作,现将危机处理纳入本考核体系。

三、高校辅导员队伍评价的模型

优化高校辅导员队伍评价体系,需要构建一套科学合理的评价模型。为了实现对高校辅导员队伍评价的动态监测和实时评价,所设计出的这套模型就必须在具备系统性、整体性的同时还需要兼备动态性、长效性。在借鉴冯刚教授所搭建的高校思想政治教育工作质量评价模型的基础上,探索构建一套以预测系统、评价系统、预警系统为主体,以数据采集、数据分析、用户体验为过程要素的动态评价模型。

辅导员队伍评价是一个多主体的系统,需要高校相关职能部门、辅导员自身、学生、家长以及无关利益的第三方评价机构协同参与,缺一不可。不同的评价主体虽然在评价目标上有一致性,但是由于角色职能的不同,所反馈的信息、评价的内容、研判预判机制也有所不同,因而在构建模型时,首先需要考虑的就是如何在保证科学合理的同时,充分发挥各参与主体的作用。基于以上考虑,探索搭建出"1+2"的模型群,这一模型群是由一个通用评价模型和两个专项模型组成(动态监测模型和反馈调整模型)。通用模型满足了系统性与规律性,动态检测模型和反馈调整模型则满足了动态性与长效性。这一模型群有效把握了辅导与工作的整体布局,并借助计算机的分析、统计与整合技术,实时采集评价数据并进行动态跟踪,实现对评价工作的动态检测与实时评价。

(一)"1+2"模型群评价流程

模型群以评价系统为主体系统,预警系统和预测系统为辅助管理性子系统。

整个模型都是以数据作为核心支撑,模型的运行是在数据采集与数据分析的基础上开展。数据则来源于评价主体,即相关职能部门、辅导员队伍、学生、家长等对辅导员工作进行评价的人群。模型的运行原理即是通过收集评价主体的评价数据，将这些数据进行初步地整理和数字化处理，然后输入到系统的评价主体链条端，并按照流程进行动态循环分析。数据的准确、及时决定了这一模型是否能成功运行，因此在选取评价主体的数据时应当谨慎且细致，这便要求评价方法要切实可行、评价指标要精准科学。采集到科学的数据之后，就要运用专业的数据分析软件对数据进行必要地筛选、统计，并通过相关分析、回归分析、因子分析等手段使数据变得更加可视化，再输入到不同的系统之中。

评价系统在流程运行中处于核心位置，它可以为不同的评价主体输出他们所关心的可视化的评价结果，如家长比较关心辅导员在管理学生事务这方面的评价，相关职能部门比较关心辅导员在职业素养这方面的评价结果。这样不仅能使输出的评价结果更具有针对性，还能快速收集到不同主体对于评价指标的改进意见，并根据实时反馈及时调整指标，保证评价系统的动态性。预测和预警系统也是在充分采集数据的基础上，通过数据分析的结果对辅导员队伍工作的趋势进行推演预测，对其工作的风险有一个诊断和预警，从而帮助辅导员队伍及时调整工作方向，优化工作。主体模型评价流程见图 14.1。

（二）动态监控模型

辅导员工作主要集中在管理学生事务、服务师生上，但这些工作并不是一成不变的，会随着教育政策、学生思想动态、师生日常学习生活的新要求而不断变化，因此对辅导员队伍的评价也应该是动态的。为了避免评价结果在时间上的滞后性，保证评价过程的持续化、常态化，就必须对辅导员队伍实施连续的追踪分析。具体而言，就是对采集到的数据进行日常分析，根据结果中体现出的问题及时修改完善相关的评价标准，不断迭代开发新的测量工具，并对数据进行再次创新分析，邀请专家分析诊断，从而对辅导员队伍提出改进意见。通过这样的动态监测评估，既能提高评价结果的科学性，又能促进辅导员工作的持续改进，工作质量的不断提升。动态监控模型见图 14.2。

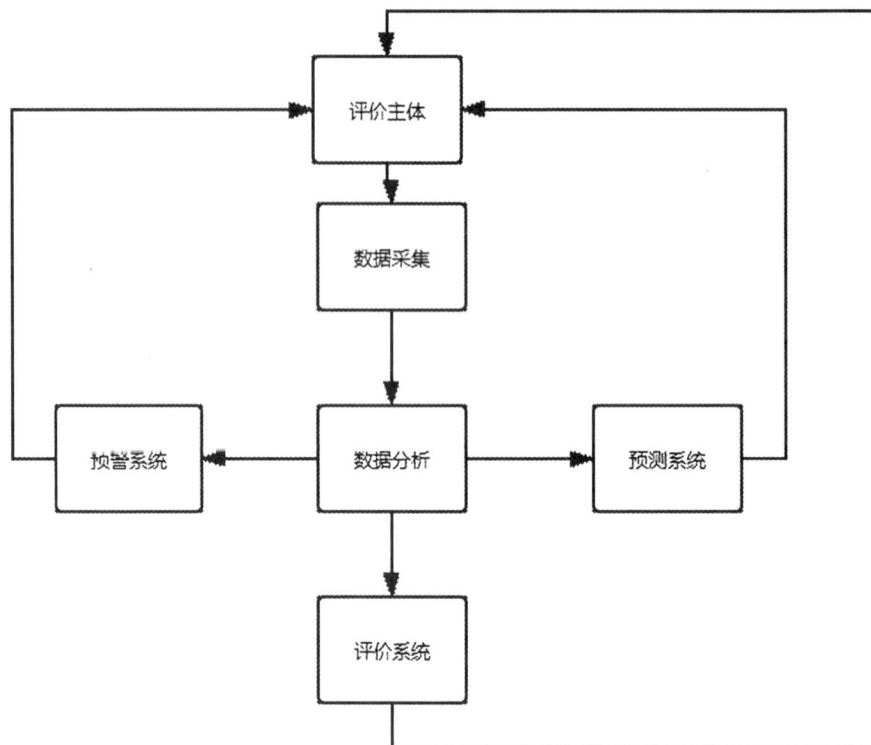

图 14.1　主体模型评价流程

(三)反馈调整模型

辅导员队伍的评价过程并不是封闭孤立的,这一过程由多方参与,是一个透明可视的过程,受外界影响颇多,因而在模型的设计过程中也要注重其开放性。反馈调整模型就是在得出评价结果之后,根据结果分析外界的影响因素,并进行变量控制,及时完善数据库、评价机制以及结果数据的应用,促使外界因素朝着有利于辅导员工作质量提升的方向发展。

前文所搭建的模型是评价辅导员队伍过程中所呈现出的一种理论与实践相结合的理想化状态,为确保模型的成功运行,还需要两个必要条件:一是将每个环节的责任落实到参与评价的各方身上。模型运行的每一环节,如数据采集、数据分析等都要有专门的人员负责,整体环节必须由专人把关。压实责任能充分调动每一方人员的参与度与关注度,提升

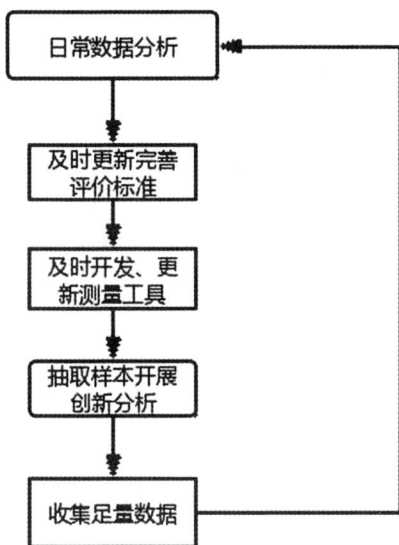

图 14.2 动态监控模型

其工作积极性,从而确保评价过程的科学性与有效性。二是将多个评价主体有机协同起来。评价过程中,相关部门、学生、家长、辅导员队伍等多个部门共同配合,协同参与。"建立有机协同机制,更好实现信息共通、资源共享、利益共担、协同发展。"[1]并根据各方反馈,更加全面地反映高校辅导员工作的整体质量。反馈调整模型见图 14.3。

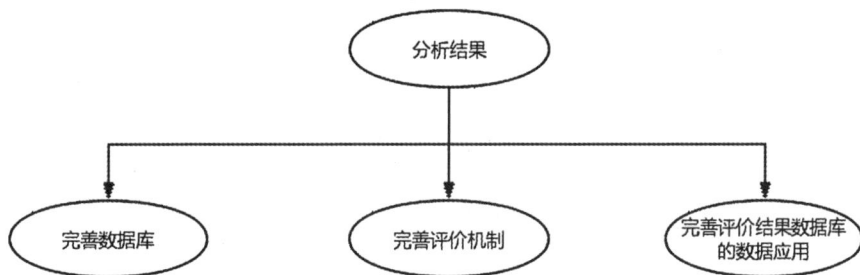

图 14.3 反馈调整模型

---

[1] 冯刚:《高校思想政治教育工作质量评价研究》,人民出版社 2020 年版,第155 页。

第十五章　新时代高校辅导员
队伍自身建设

　　辅导员是开展大学生思想政治教育工作的骨干队伍，是高校人才培养的重要力量。加强辅导员队伍建设是高校育人工作中的一项长期而重要的战略任务。党和国家高度重视辅导员队伍的关键作用，先后印发了《普通高等学校辅导员队伍建设规定》《关于加强高等学校辅导员、班主任队伍建设的意见》《高等学校辅导员职业能力标准（暂行）》等政策文件，为高校辅导员队伍专业化、职业化建设提供了关键指导。新时代加强辅导员队伍建设，必须坚持以政策文件为基本遵循，在历史发展中汲取经验，把握机遇、迎接挑战，不断提升辅导员队伍的工作能力、专业素养、创新意识和质量效果。

第一节　高校辅导员队伍建设的历史回顾

　　我国高校辅导员制度的发展已历经 80 多年的历史变革。20 世纪 30 年代，中国共产党在红军的军事院校中设立政治指导员制度。新中国成立初期，清华大学建立了双肩挑政治辅导员制度。十一届三中全会后，在党中央的要求和指导下，全国各大高校陆续恢复了辅导员制度，并建立起以精干的专职人员为骨干、专兼职相结合的政工队伍。进入新时代，我国高校的辅导员制度已相对规范化，辅导员队伍正朝着职业化、专业化的方向建设和发展。然而关于高校辅导员制度的历史分期问题，不同时期的学者因为研究的方向和角度不同,所呈现的划分结果也不一样。本书按照辅导员工作性质和职能定位的思路,从辅导员队伍建设专业发展的视角,作出以下划分。

一、萌芽创立阶段(1933—1948 年)

1933 年,中国共产党在江西瑞金创办了第一所由中共中央直接领导的军事院校——中国工农红军大学;同年,又在瑞金创建了培养党政干部的苏维埃大学,实行校长领导下的管理委员会,设有校务、教务两处。[1]
1934 年,红军第五次反"围剿"失败,被迫退出中央革命根据地,突围转移,开始长征。1936 年,因形势所需,中国工农红军大学迁移至陕北的瓦窑堡,改名为抗日军政大学。1937 年,党中央转移至延安后,将抗日军政大学更名为中国人民抗日军事政治大学,并引进人民军队中的政治指导员制度。抗大建立了完整的学校行政组织系统,设有三个部:政治部、训练部、校务部。训练部设大队、支队和学员队,大队设政治协理员,支队与学员队设政治指导员。抗大政治部于 1937 年 12 月颁布了《政治工作暂行条例》,规定"政治指导员是校政治部委派到连队,在政治协理员及政治部领导下对全连队政治工作的完全负责者,在政治工作上服从其直属政治协理员的指导,在军事上服从大队长"。《条例》指出"政治指导员必须是优秀的积极的中国共产党党员,绝对向党负责,坚决执行党的策略路线、决议与号召,保证与巩固党在学员队的领导地位",[2]政治指导员制度保障了党对抗大的直接领导。抗大的政治指导制度为日后的高校辅导员制度建立提供了宝贵的经验,产生了深远的影响。

二、初期发展阶段(1949—1966 年)

1951 年,教育部发布了《关于加强对学校政治思想教育的领导的指示》,

---

[1]　黄林芳:《高校辅导员队伍建设机制论》,上海财经大学出版社 2009 年版,第 20 页。

[2]　中国人民解放军国防大学:《中国人民抗日军政大学史》,国防大学出版社 2000 年版,第 70 页。

要求学校对教员和学生开展思想政治教育工作时,无论家庭出身如何,都不能粗暴行事,对其进行孤立、斗争,而是应以"教育说服的方式,积极鼓励其前进"①。1951年11月3日全国工学院院长会议在北京召开,并且拟定了《全国工学院调整方案》,其中提出在全国工学院有准备地试行政治辅导员制度,要求政治辅导员主持思想改造工作。教育部于1952年10月颁布《关于在高等学校有重点地试行政治工作制度的指示》,提出在高等学校设立"政治辅导处"。政治辅导处设主任1人,设辅导员若干人,其主要任务为在政治辅导处主任领导下,辅导一个或几个系学生的政治学习和社会活动。同时,政治辅导员也可以兼任政治理论课助教,可以逐渐培养成政治课教员。② 由此政治辅导员的地位和作用得以确定。

1953年,时任清华大学校长的蒋南翔率先提出并建立了学生政治辅导员制度,成为我国高校正式建立辅导员制度的开端。蒋南翔所倡导的"双肩挑"学生政治辅导员,对高校辅导员制度进行了具有创造性、开拓性的实践。清华大学从政治上、业务上都很优秀的高年级学生中选出25人,延长一年学制担任政治辅导员,建立"双肩挑"政治辅导员制度。"双肩挑"即要求政治辅导员的业务学习成绩和思想政治工作水平都要非常出色,能够引导学生树立正确的世界观、人生观、价值观,能够用马克思列宁主义来指导实践工作。"双肩挑"政治辅导员制度开创了兼职辅导员模式,其指导思想对高校辅导员制度的发展有着极为重要的影响。

1961年,教育部起草的《教育部直属高等学校暂行工作条例(草案)》获得中共中央批准并试行,这是第一次以文件的形式正式提出要在高校设置专职政治辅导员。条例中第五十条规定:在一、二年级中设置辅导员,并提出"要逐步培养和配备一批专职的政治辅导员",这是我国首次提出要配备专职辅导员。1964年,中共中央批准高等教育部党组《关

① 《建国以来重要文献选编》第1册,中央文献出版社1992年版,第425页。
② 李国钧、王炳照:《中国教育制度通史》第八卷,山东教育出版社1999年版,第266页。

于加强高等学校政治工作和建立政治工作机构试点问题的报告》,同意在高校中成立政治部,并在北京大学和清华大学试行,"建议二三年内配齐班级的专职政治工作干部,其编制平均每 100 个学生至少配备 1 人。干部来源,主要从高等学校毕业生中间选留解决"①。这项举措是教育部第一次对于编制人数,人员来源作出规定。1965 年,教育部发布了《关于政治辅导员工作条例》,标志我国的高校辅导员制度在全国范围内初步形成。1966 年,全国高校普遍建立政治辅导员制度。由于新中国刚刚成立不久,我们党在当时也比较缺乏相关经验,各种政治运动也时而打断辅导员制度的建设。同时,高校辅导员制度在建立初期受到"左"的思想影响,整体并不完善,定位不明确,范围模糊,但是高校辅导员制度的建立,对高校进行社会主义改造、稳定当时我国高校内的局势发挥了不可替代的作用。

三、停滞低潮阶段(1967—1976 年)

20 世纪 60 年代"文化大革命"的爆发,打乱了我国社会主义建设各个领域的秩序。"文化大革命"开始于对意识形态领域的批判,而高校处于政治与意识形态的前沿,所以我国的高等教育首当其冲。高等教育领域的相关制度遭到了严重破坏,刚刚建立不久的高校辅导员制度被认为是"修正主义教育路线",受到批判,高校辅导员被划归为"资产阶级分子",成为被批斗、打击的重点对象。由于我国高等教育领域内秩序的严重破坏,高校辅导员制度也遭到空前的破坏,高校辅导员制度的破坏也加重了高校内秩序的混乱。

四、恢复发展阶段(1977—2003 年)

1978 年 10 月,教育部试行《全国重点高等学校暂行工作条例(试行草案)》。《条例》在第八章第 49 条同样对高校辅导员有着明确规定,要

---

① 刘光:《新中国高等教育大事记(1949—1987)》,东北师范大学出版社 1990 年版,第 223 页。

求恢复"文革"前对高校辅导员的设置,同时还要求"政治辅导员既要做学生思想政治工作,又要坚持业务学习,有条件的要坚持半脱产,担任一部分教学任务。政治辅导员可以适当轮换"。① 1980 年 4 月,教育部、共青团中央联合下发了《关于加强高等学校学生思想政治工作的意见》,文件指出:"政治辅导员和班主任应从政治、业务都好的毕业生中选留或从教师中选任。他们既要做思想政治工作,又要坚持业务学习,有的还要负担一部分教学任务。"②从此,我国高校辅导员由单一的政治干部身份开始向具有教师和干部双重身份转变,基本恢复了"双肩挑"的做法。

1981 年 7 月,教育部印发《高等学校学生思想政治工作暂行规定》。规定指出:"要把政治辅导员对学生进行思想政治教育的成绩列为教师考核、晋级的一项重要内容。"规定还指出:"做好学生思想政治工作,要选拔政治觉悟高、作风好、具有一定思想理论水平和政治工作能力的优秀人才担任学生政治辅导员。"自此开始,辅导员的职能不仅仅是做好政治工作,而且逐渐向思想政治教育领域扩展。

1984 年 11 月,中共中央宣传部、教育部出台了《关于加强高等学校思想政治工作队伍建设的意见》,要求政治辅导员必须具备一定的政治素质:"有坚定的共产主义信仰,坚持四项基本原则,在思想上政治上与党中央保持一致。"③1987 年 5 月,中共中央颁发《关于改进和加强高等学校思想政治工作的决定》,要求各高校重视专职学生思想政治教育队伍建设,将辅导员队伍作为高校专职学生思想政治教育队伍的有机组成部分来建设。这一系列政策文件为推进高校辅导员队伍建设提供了有力保障。

20 世纪 90 年代初,社会主义市场经济体制探索引发中国社会又一

---

① 刘光:《新中国高等教育大事记(1949—1987)》,东北师范大学出版社 1990 年版,第 329 页。

② 教育部思想政治工作司:《加强和改进大学生思想政治教育重要文献选编(1978—2014)》,知识产权出版社 2015 年版,第 6 页。

③ 教育部思想政治工作司:《加强和改进大学生思想政治教育重要文献选编(1978—2014)》,知识产权出版社 2015 年版,第 36 页。

轮重大变革,新形势下"建设一支政治强、业务精、纪律严、作风正的专兼结合的思想政治工作队伍"成为辅导员队伍建设的明确任务和必然要求。2000 年,中共教育部党组《关于进一步加强高等学校学生思想政治工作队伍建设的若干意见》明确要求:"专职学生思想政治工作人员应该承担'两课'或其他课程的教学及相关科研工作。"①教学与科研工作已不仅仅局限于高校教学科研岗,专职辅导员也应在自己所属的工作领域与专业发展中找寻"教育"中"教"的应有之义,从而进一步明确了高校辅导员的教师身份。

五、着力加强阶段(2004—2012 年)

进入 21 世纪,党和国家高度重视高校思想政治工作,顺应形势的发展,制定并颁布了一系列政策文件,为高校辅导员队伍建设指明了方向。2004 年,中共中央、国务院下发《关于进一步加强和改进大学生思想政治教育的意见》,作为高校思想政治工作的纲领性文件,为高校辅导员队伍专业化职业化发展奠定了坚实基础。2006 年,教育部发布《普通高等学校辅导员队伍建设规定》,对辅导员队伍建设作出全面要求。辅导员队伍专业化和职业化发展的实际举措,符合新形势的要求和辅导员自身成长的需要,意味着高校辅导员队伍建设迈上一个新的台阶。

六、全面完善阶段(2013 年至今)

党的十八大以来,高校辅导员队伍建设进入全新的发展阶段。2013 年,习近平总书记接见了第五届全国高校辅导员年度人物。同年,《高校辅导员誓词》正式发布。2017 年 9 月,教育部颁布了《普通高等学校辅导员队伍建设规定》,对新时代高校辅导员的主要工作职责作出了明确要求。2018 年 1 月,中共中央、国务院印发的《关于全面深化新时代教师队伍建设改革的意见》中明确指出:"全面提高高等学校教

---

①　教育部思想政治工作司:《加强和改进大学生思想政治教育重要文献选编(1978—2014)》,知识产权出版社 2015 年版,第 210 页。

师质量,建设一支高素质创新型的教师队伍。……重视各级各类学校辅导员专业发展。"①

新时代,高校辅导员队伍建设应在习近平新时代中国特色社会主义思想的指引下,贯彻落实全国教育大会和全国高校思想政治工作会议精神以及中共中央、国务院《关于加强和改进新形势下高校思想政治工作的意见》文件精神,遵循教育发展规律、适应新形势新要求,开拓新的发展路径。

第二节 高校辅导员队伍建设的基本内涵

高校辅导员队伍建设呈现出阶段性的发展特征,其内涵在发展过程中不断演变丰富。加强新时代高校辅导员队伍建设,要把握好新时代高校辅导员队伍的阶段特点,协调好辅导员队伍建设的深层矛盾。

一、高校辅导员队伍建设的改进完善

随着实践的发展,高校辅导员制度逐渐走向成熟,辅导员队伍建设的内涵也不断演变,在发展中丰富完善。

人员构成更加合理。新时代随着辅导员制度的不断发展和完善,高校对辅导员的人员构成也逐渐变化。有研究者提出:辅导员岗位工作者应是接受过思想政治教育、心理学、社会学、管理学等学科专业知识的培训与学习,经过培养掌握其相关理论知识与实践技能的人员。因此,辅导员队伍来源方面从专职党政干部、政治理论课程教师队伍逐步转化为思想政治教育学科专业人才队伍为主;学历方面从大专和本科学历为主逐渐演变为以硕士学历为主,且硕士及以上学历人数呈逐年上升趋势。

身份认同更加强化。辅导员角色定位从创设之初的学生管理者发展

① 《中共中央国务院关于全面深化新时代教师队伍建设改革的意见》,见 http://www.gov.cn/zhengce/2018-01/31/content_5262659.html。

成为教育者和管理人员的双重身份。对于兼具教师与管理者双重身份、专职从事学生思想政治教育的一线辅导员来说,虽然其与专任教师相比没有固定的课堂、教材和学习评价机制,与管理服务者相比没有明确的行政职权,但却始终面临着"如何将正确世界观、人生观、价值观、理想信念等抽象知识,经学生理解、认同、接收进而转化为价值选择和自觉行动"这一特殊的教育教学任务。这要求辅导员需要具备超强的能力素质和政治素养,因此对辅导员的培养和发展受到了高校教育系统的重视,使其逐渐成为高校思想政治工作的中坚力量。

素质能力更加全面。高校辅导员在政治素质方面从业务能力、思想文化水平参差不齐的队伍逐渐演变为政治强、业务精、纪律严、作风正的专兼结合的思想政治教育队伍。在专业素质方面,《高等学校辅导员职业能力标准(暂行)》初步构建了高校辅导员队伍能力标准体系,厘清了辅导员工作的九大范畴及其能力要求,对辅导员增强职业归属感、提升专业技能素养发挥了重要作用。

发展路径更加多样。在对高校辅导员队伍建设发展的路径进行探索时,我们发现其方向逐步演变为专业化、职业化发展路径。这既是辅导员队伍建设的自身要求,也是面对教育新形势、新任务的迫切需要。进入21世纪,国内外形势发生了巨大变化,深刻影响着大学生群体的思想观念、价值取向,也对高校思想政治工作提出了严峻挑战,开启专业化、职业化建设是辅导员队伍创新发展、适应时代要求的必然选择。进入新时代,深化高校辅导员队伍建设要坚持世界眼光、中国情怀和时代特征三者相统一,拓展辅导员的发展视野。辅导员自身要善于思考、善于总结,立足工作实践,夯实理论基础,聚焦热点前沿问题,从繁杂的事物工作中提炼规律,形成实践和研究成果,为立德树人、人才培养提供科学方案贡献力量。①

---

① 冯刚:《深化新时代高校辅导员队伍专业化职业化建设的逻辑理路》,《高校辅导员》2021年第2期。

二、高校辅导员队伍建设的深层矛盾

高校辅导员队伍建设存在着多对矛盾,是队伍内部关系的集中反映。准确把握并统筹协调好这些矛盾关系,将有力推动辅导员队伍建设发展。

(一)政策倾斜力度与职业支持系统的矛盾

近年来,在党和政府高度重视辅导员队伍建设的新形势下,教育主管部门持续加强辅导员队伍建设,在政策保障和平台建设方面都有一定力度的支持和倾斜。但是教育系统内外还未完全认识到辅导员队伍建设的必要性和重要性,辅导员队伍建设相关的发展机制还有待进一步完善。这就导致了辅导员队伍建设的节奏忽快忽慢,不能长期保持平稳快速发展势头。

(二)职业群体规模与高层次专业人才的矛盾

改革开放以来,高校辅导员队伍规模日益壮大,但高校辅导员学科背景来源多元化,没有经过系统的思想政治教育专业学习,理论水平参差不齐,思想政治教育能力有待提高,缺乏高水平的思想政治教育专业人才。高校辅导员队伍目前仍具有比较明显的两个缺点:一是工作队伍不稳定,流动性大。不少人只是将辅导员工作作为自己职业发展的过渡阶段,导致辅导员岗位并非职业理想,而沦为职业"跳板"。二是队伍职称结构不合理,拥有高级职称的辅导员所占比例极低,初、中级职称者占绝大多数。①

(三)教育发展的专业化需求与实际工作的综合性、复杂性的矛盾

中国特色社会主义进入新时代,建设一支专业化、职业化的高校辅导员队伍是我国高等教育事业发展的必然要求,这就要求高校辅导员在履行基本职责的同时,不断加强在思想政治教育领域的研究,持续提高自身的专业化能力。新时期高等教育发生了巨大变化,高校思想政治工作的环境、手段和对象较之前呈现出新特征。教育行业内部逐渐形成更加细密的专业分工,高校中越来越需要一支专业的思想政治教育队伍来专门

---

① 王显芳、王鹏云、孔毅:《新时代高校辅导员队伍建设科学化研究》,《学校党建与思想教育》2019 年第 4 期。

负责处理学生事务并培养学生思想素质和学生综合能力。然而在实际工作中,辅导员工作性质特殊、内容繁杂、任务繁重,导致辅导员工作角色定位出现偏差,岗位职责过于宽泛,不利于其专业化的发展。

三、新时代高校辅导员队伍的现状特点

新时代背景下,高校辅导员队伍呈现出新的发展特点。准确把握这些特点,是加强新时代高校辅导员队伍建设的有效前提。

(一)人员构成偏年轻

新时代高校辅导员招聘往往要求应届毕业生,直接促使辅导员队伍年轻化。年轻的辅导员精力更为充沛,年龄上与大学生更为接近,更能了解大学生的想法和真正心理诉求。

(二)专业背景多元化

现高校辅导员招聘往往不限制专业,更多强调扎实的思想政治理论和组织管理能力,因此辅导员队伍往往是来自于工科、理科、文科各专业的人员。专业背景多元化,有利于辅导员间相互学习,也有利于对学生在实习就业方面给予更有针对性的指导。

(三)具有过硬的政治素质

高校辅导员队伍作为学校党务、行政和教育工作的最基层,是学校联系学生的重要纽带,是大学生主流思想意识形态教育的引导者和强化者。高校辅导员大都拥有坚定的政治信仰,对马克思主义理论和中国特色社会主义理论在本质上有着科学的、理性的、深刻的认识;在实际工作中也始终拥护党中央的各项路线和方针政策,认真落实各项决定,思想上同党中央保持着高度一致。

(四)教育理念较为先进

新时代,在互联网高度发达的环境下,高校辅导员借用便利的网络,容易吸收先进的教育理念,更多采取激励和引导的方式开展工作。这有利于拉近与学生的距离,了解学生的真实心声,且包容性较强,容易接受学生价值观的多样性。

（五）工作内容复杂多样

2014年,教育部下发的《高等学校辅导员职业能力标准(暂行)》将思想政治教育、党团和班级建设、学业指导、日常事务管理、心理健康教育与咨询、网络思想政治教育、危机事件应对、职业规划与就业指导、理论和实践研究9个方面作为辅导员的工作范畴,并规定了"初、中、高"三个等级的能力要求。这意味着学生在校学习生活的每一个环节都离不开辅导员的参与指导,学校对学生的教育服务也离不开辅导员的执行和落实。显然,辅导员的工作具有明显的全程、全员和全向的基础综合性。首先,辅导员工作在教学和行政的第一线,任务却由多头下达,涉及学工团委、教学管理、招生就业、宣传组织、后勤保障等多部门,千头万绪、任务艰巨。其次,辅导员直接面对的是学生,只有在对学生的基本信息充分掌握的前提下,辅导员工作才能把握主动,达到一足多开的万能作用。最后,辅导员的工作覆盖学生学习、工作、生活、心理、就业等范围,只有关注、处理好每一个问题,工作才能落到实处。

（六）具有较强的可塑性

辅导员既属于德育教师,也属于行政管理干部,其身份具有双重性。此外,辅导员队伍作为一支思维活跃、政治觉悟高的工作队伍,尽管面对纷繁复杂的工作,仍然有条不紊、出色地完成各项任务,在优秀的表现中脱颖而出,成为学校最年轻、最活跃的佼佼者,深受各级单位的关注。这说明辅导员队伍具有明显的可塑性,也证实了辅导员岗位是学校培养可靠的后备干部的熔炉。

第三节　高校辅导员队伍建设面临的挑战

高校辅导员队伍建设存在着发展机遇的同时,也存在着诸多挑战。其中,高校辅导员骨干地位遭受冲击、教师身份遭受质疑、胜任能力出现困难、发展定力存在不足是最主要的挑战。这些挑战一方面可能导致辅导员的工作陷入困境,但另一方面这也是其自身建设过程中不可回避的话题,如果能够正确合理的应对,则能够成为其自身建设的推动力。

一、骨干作用发挥的挑战

高校辅导员是开展大学生思想政治教育工作的骨干力量。在新时代的德育工作中,高校辅导员依旧是党的政策的宣传员、党委工作的信息员、学校(院)与大学生的联络员、大学生素质教育的施工员、大学生学习成长规划的引路员、大学生就业工作的指导员、大学生心理问题的咨询员、大学生党员发展工作的组织员、大学生遵纪守法的督导员、大学生思想问题的调解员①,他们依旧"需要采用灵活多样的教学方式来开展大学生的思想政治工作,让学生乐于接受其开展的思想、政治、道德和心理等方面的教育,同时还要鼓励大学生们承担起建设国家的重任,增强其社会责任感"②。

然而,在实际的学生思想政治工作中,尽管高校思想政治工作体系不断完善,多方主体在思想政治教育工作中能够基本做到协同合作,但高校辅导员的骨干力量常被忽视,辅导员队伍发挥的作用因多种原因而受到多方力量的"冲击",最终的结果便是使其处在学生思想政治工作的边缘地位。一方面,随着高校思想政治理论课蓬勃开展,高校思想政治理论课已经成为学生思想政治教育的主阵地,其有明确的课程设置、实践要求、评价与反馈机制等,并且与学生的学分获得、评奖评优等息息相关。思想政治理论课教师因此被视为学生思想政治教育的首要教育者,更受到学生的重视与尊敬。另一方面,服务性是辅导员工作的重要特征,其在工作中常承担"上传下达"的责任,其工作过程"较少依靠权力,更多依靠传统师生关系产生的教师权威、学校学生工作制度的规划安排以及辅导员的个人智慧和魅力"③。由此可见,其在实际工作中发挥的作用常被"埋没"在制度与体系之中,形成的思想政治教育成果"不是个体劳动所得,

---

① 谢盛丽、莫坷:《论新时期大学生辅导员十大角色定位》,《传承》2010 年第 9 期。

② 李蔺:《新时代高校辅导员工作发展与变革研究》,吉林科学技术出版社 2019 年版,第 56—57 页。

③ 张雷:《新时期高校辅导员建设的几点思考》,《学校党建与思想教育》2009 年第16 期。

而是学校工作的综合效应"。① 尽管辅导员队伍桥梁纽带作用往往是思想政治工作有效开展的突破口,但其骨干身份往往在思想政治工作体系和运行机制中被淡化甚至隐藏。

二、教师身份确立的挑战

骨干身份的挑战是对高校辅导员队伍地位与价值的冲击。与此同时,更为艰巨的挑战是其存在职业角色混乱与身份模糊的情况。其中,高校辅导员的教师身份是饱受争议、质疑与讨论的话题,也成为阻碍其队伍专业化、职业化发展的重要障碍。

第一,高校辅导员的工作内容颠覆社会大众对教师角色的传统印象。社会认知普遍认为教师的首要职业特征是"教书",辅导员主管学生管理工作,更多的事务则要深入到学生的日常生活当中。因此,在实际工作中,有人认为辅导员是"勤务员",负责上传下达、"跑腿"等行政工作;有人认为辅导员是高校秩序维护的"保安",是应对学生危机事件、特别是安全性事件的主要负责人;有些家长则认为辅导员是自己孩子在学校的"保姆",负责学生全部的日常生活;还有人认为辅导员是高校工作体系中的"随机人员",填补各种工作空缺的岗位。这些认知虽然略显荒谬,但是在新时代辅导员队伍建设中,的确存在"辅导员处于一种被多重管理、多重领导的状态,辅导员的身份并没有得到科学的界定,其教育角色、服务角色的作用并不突出",②这都为新时代辅导员队伍建设增加了新的亟待解决的难题。

第二,高校辅导员参与的教学工作普遍缺少认同度。新时代,为突破以往社会对高校辅导员的刻板印象,促进辅导员的全面发展,部分高校的辅导员也在诸如"形势与政策"课程的授课行列之中,成为真正意义上授课的教师。然而,在学生眼中,其开设的课程在某种意义上不够"硬核",一方面是公共性、通识性的课程,另一方面也在思想政治理论课程体系中学分较低。因此,在学生看来,辅导员依然在教学工作中仅发挥辅助作用。换言之,辅导员并未成为"正牌"的思想政治理论课教师。教学工作缺少认同度,使得辅导员队伍被人们排斥在专业教学科研教师队伍之外,由此则继续放大其行政性质的职能,造成辅导员工作压力较大,不仅继续面临被边缘化,更使得辅导员的教师身份危机形成恶性循环。

三、胜任能力完善的挑战

任何工作均对工作者的能力有一定的要求。新时代背景下,面对复杂多变的社会环境、烦琐冗杂的校园事务、不断更替的学生群体,高校辅导员在具备必要专业技能的同时,还要掌握很多特殊的能力,这对新时代辅导员队伍建设增加了难度。

第一,网络时代对辅导员的能力提出新要求。网络时代的到来,对辅导员的工作方式和工作内容均提出新要求。在工作方式上,"利用网络新媒体进行学生教育管理工作不可避免地会加重辅导员的工作量,同时对辅导员的工作能力也提出了更高的要求"[①]。这对不能熟悉运用互联网的部分辅导员来说,是很沉重的工作负担。在工作内容上,辅导员自身要具备信息检索、筛查、传播的能力,才能够"帮助大学生学会在大量的信息中找到自己所需要的信息,帮助他们提高自控力和抵制诱惑的能力,使他们认识到网络只是一个工具,不能陷入网络中不能自拔"[②]。

第二,烦琐事务需要辅导员具备良好的抗压能力。在现实工作中,辅导员承担着教学任务、组织管理任务、行政性任务等多重工作,对其协调能力、组织能力、沟通能力等提出了极大的要求。除此之外,辅导员在工作中还会面对一些临时性的危机事件,这需要辅导员具有随机应变、临危不乱等优良素质。由此可见,辅导员的工作是常规性与非常规性的结合体,工作内容的"不稳定性"对辅导员的抗压能力提出了新要求。

---

① 李方:《新时代高校辅导员工作理论与实践》,中国书籍出版社 2019 年版,第 174 页。

② 李方:《新时代高校辅导员工作理论与实践》,中国书籍出版社 2019 年版,第 175 页。

第三,新时代学生群体特征需要辅导员持续发展工作能力。新时代的青年群体,受到复杂的社会环境与网络环境的影响较大,其看待问题的视角独特,并易于形成具有时代性的群体意识和群体文化,高校辅导员面对新时代青年学生时,极易产生"代沟",如果继续采用旧方法、旧手段面对新教育对象,可能存在沟通不畅的现象,甚至出现严重的隔阂。这是辅导员胜任能力的一大难题,面对不断更新的教育对象,需要辅导员不断更新自己以往的经验,这对他们"工作到老、学到老"提出更高的要求。

四、发展定力形成的挑战

此处的"发展定力"具体而言是职业发展的定力。所谓在职业中的定力,指一个人在职业生涯中,能够心无旁骛、稳定长期、持续不断地对自己所从事的职业技能进行修炼、完善、提升、更新的一种能力。然而,高校辅导员这一职业存在严重的"留不住人"的情况,导致人员更替频繁,队伍人员结构多变,队伍整体稳定性不足。

新时代高校辅导员发展定力不足,一方面源自客观待遇的差距。虽然教育评价机制不断改革,但在实际施行过程中,部分高校存在一定的滞后性,"少数学校重视教学科研,在工资、评优、晋级、评职称等待遇上也没有充分考虑到辅导员工作的特殊性,辅导员与专业教师相比,上班时间长、工作强度和压力大,平均月收入却低很多,这造成部分辅导员心理失衡"[①]。因此,部分没有得到晋升的辅导员便可能出现"跳槽"现象,导致辅导员队伍人才流失,从而增强了新时代辅导员队伍的流动性。

新时代高校辅导员发展定力不足,另一方面源自工作评价的矛盾。高校辅导员队伍专业化、职业化过程面临着专业评价与行政考评之间的矛盾。专业评价依照的是技能运用的逻辑,行政考评依照的是现实成效的逻辑,二者评价标准不同,甚至存在内在的矛盾。这使得工作者很难面面俱到、各自兼顾,最终导致部分高校辅导员工作积极性下降,对工作前

---

① 张雷:《新时期高校辅导员建设的几点思考》,《学校党建与思想教育》2009 年第16 期。

景充满悲观情绪,"特别在高校聘任期更换期间,少数辅导员无规则流动,伤害了多数辅导员对岗位的坚守,无法从前任同行中找到工作的成就感,也无法从工作中体会到自我实现价值的满足感,更看不到今后自己的从业方向和努力目标"①。因此,部分高校辅导员对工作抱有临时性、过渡性的观念,其自身并未存在强烈的职业归属,而是将辅导员工作作为其他职业追求的"跳板",进而无法从观念上保持职业发展的定力。

第四节　高校辅导员队伍建设的发展超越

高校辅导员是时代新人的塑造者、引领者和见证者,是学生的知心朋友和人生导师。当前,高等教育根本任务的转变为新时代高校辅导员队伍的自身建设指引了方向,标明了目标,对辅导员队伍提出了更高、更细、更实的要求。新时代高校辅导员队伍建设要紧紧围绕"立德树人",调结构、转方向、出实招、求实效,通过能力依托、平台依托、专业依托、业绩依托,不断提升队伍的工作能力、专业素养、创新意识和质量效果,努力实现新时代辅导员队伍建设的创新发展。

一、注重能力依托

职业能力是衡量高校辅导员自身专业化能力水平的重要标准之一,也是辅导员积极开展高校学生管理及思想政治教育的根本基础和重要前提。新时代辅导员能力建设要依托理论武装、专业素养、协同发展、培养质量等关键环节,在固本强基、自我革新、因势而为、协同创新中实现新发展。

(一)加强理论武装,夯实思想理论之基

"理论上清醒,政治上才能坚定。"②"理论创新每前进一步,理论武

---

①　贝静红:《高校辅导员队伍专业化发展研究》,武汉大学出版社 2016 年版,第155 页。

②　习近平:《在庆祝中国共产党成立 95 周年大会上的讲话》,人民出版社 2016 年版,第 11 页。

装就要跟进一步。"①新时代是以习近平新时代中国特色社会主义思想来支撑和引领的,党领导下社会主义大学的办学理念、办学定位、思想政治工作属性、时代新人培养目标直接决定辅导员必须成为理论之师。精通新思想、掌握新理论,是开展大学生思想政治工作的基本功,也是辅导员队伍建设发展的内在要求。理论素养是彰显辅导员专业水平和职业能力的重要标志,也是新时代高校思政育人的看家本领。夯实理论之基,唯有如此,才能用真理感召学生,赢得学生,胜任时代新人的精神引领。作为新时代高校辅导员,要真正学懂马克思主义理论。"马克思主义是我们立党立国的根本指导思想,也是我国大学最鲜亮的底色。"②新时代的辅导员必须深入学习马克思主义基本原理、马克思主义的世界观、方法论,掌握马克思与时俱进的理论品质,成为知马、懂马、信马、爱马的具有中国特色的马克思主义者,让马克思主义理论成为辅导员队伍建设的"定盘星"。

(二)提高专业素养,筑牢安身立业之本

党的十八大以来,辅导员队伍职业化、专业化建设取得了长足的进步。高校辅导员肩负培育时代新人的重任,队伍专业化是新时代提升辅导员队伍建设质量的基本。辅导员具有行政事务管理者与教师的双重身份,但首要身份还是教师,因此也决定着辅导员要以专业化建设为本,"以高校立德树人根本任务和培养担当民族复兴大任的时代新人为中心,建立具有专业化方法系统的高学历专家化大学生辅导员队伍及其培训体系"③。目前,高校辅导员依然被称为"救火队员""百达通""万金油",主业不清,专业不明。辅导员队伍专业化建设要明晰专业性定位,聚焦"辅"与"导",聚焦思想政治教育,以人才培养为核心,进一步增强辅导员选拔的专业性,分专业、看经历、论能力,做到人岗匹配,全面加强辅导员队伍建设。

---

① 习近平:《在"不忘初心、牢记使命"主题教育工作会议上的讲话》,人民出版社2019年版,第2页。

② 习近平:《在北京大学师生座谈会上的讲话》,人民出版社2018年版,第6页。

③ 陈秉公:《学习习近平关于教育的重要论述探索高校立德树人创新体系》,《思想教育研究》2018年第10期。

提升队伍建设质量可以通过设置辅导员选拔制度,建立辅导员考试专家库和考试大纲,进行辅导员资格考试,颁发国家认定的辅导员职业资格认定证书,从而提升辅导员选拔的专业性,拥有与职业匹配的学科背景和教师专业化背景,以此彰显专业属性。根据辅导员职业特性和新时代人才培养的需要探索进行学科设计,构建"辅导员本科+辅导员硕士+思想政治教育博士"的专业体系。严格监督执行辅导员队伍职称评定,单列计划、单列标准、单独评审的"三单"政策。科学设计分层次、分结构、分类别的培训课程体系,提高辅导员培训质量,为高校辅导员职业生涯提供专业的全过程指导服务。

（三）促进协同发展,拓宽创新发展之局

新时代辅导员队伍建设应结合实际工作情况树立整体思维,注重协同发展,构建"三全育人"思想大格局。整合各部门资源优势,进行顶层设计,整体推进学生工作,加强高校党政干部和共青团干部、思想政治理论课教师和哲学社会科学课教师、辅导员班主任和心理咨询教师等队伍建设。辅导员充分利用组织协调的作用,与其他队伍深度融合、携手并进、全方位育人。同时,辅导员要注重参与"课程思政",积极参与党课、形势与政策课、学生专业课、心理健康课等相关课程的教学,与思政课专业教师联合组建教学和科研团队,讨论学术观点,发表学术文章,形成学术成果,以此更好地运用到实际工作中来,共同提高课程育人的效果。辅导员要充分发挥知心朋友、师生协同的优势,深度融入学生中间、走进学生心里,挖掘学生教育资源,激发学生首创精神,培植思想政治教育新的生长点,不断增强工作的吸引力。

（四）重视培养质量,提升立德树人之效

"就高校思想政治工作发展而言,规模、结构、质量、效益都是关键性要素,但质量更具基础性、核心性、决定性。"[1]新时代进一步加强和改进思想政治工作,"关键是要提高质量和水平"[2]。而高质量的辅导员队伍

---

[1]　沈壮海、董祥宾:《论新时代高校思想政治工作质量的提升》,《思想理论教育》2018 年第 8 期。

[2]　《习近平谈治国理政》第一卷,外文出版社 2018 年版,第 153 页。

是先决条件,要全面树立新时代辅导员队伍建设质量观。新时代辅导员队伍建设要以质量提升为着眼点,以质量建设为生命线,全面实施质量提升工程,走以质量提升为核心的内涵式发展道路。首先,坚持以人为本,以学生"获得感"作为检验工作质量的唯一标准。习近平总书记反复强调,要"让人民群众有更多获得感"①,新时代辅导员队伍建设也要紧紧围绕如何使学生有更多"获得感"下功夫,遵循"如何才能获得—怎样才能获而有感—获得感怎样持续提升"②的逻辑发展出实招、办实事、求实效。其次,遵循客观规律,"遵循思想政治工作规律,遵循教书育人规律,遵循学生成长规律"③。辅导员队伍建设要遵守这三大规律,既不能因循守旧,更不能拔苗助长,要循序渐进、久久为功。再次,供给"优质产品",辅导员队伍建设既要保"量",更要提"质"。一方面,提高质量,本着优中选优的原则,把高素质、有热情、爱岗敬业的优秀人才不断充实到辅导员队伍中来。另一方面,本着宁缺毋滥的原则,把高品质、富营养、学生喜闻乐见的"教育服务产品"供给到学生中去。最后,练就过硬本领。新时代辅导员要时刻保有"本领恐慌"的忧患意识,扎实提高理论、技能和专业基本功,不但要掌握教育、管理和科研的本领,更要练就新时代网络育人的本领,提高对互联网规律的把握能力、对网络舆论的引导能力、对信息化发展的驾驭能力、对网络安全的保障能力,与时俱进、尽职尽责,构建网络育人新格局,唱响网络育人主旋律。

二、强化平台依托

搭建交流平台,发挥专业组织和工作平台在高校辅导员专业化、职业化以及队伍建设中的重要推进作用。中国高等教育学会辅导员工作研究分会定期组织举办高校辅导员年度人物推选展示、辅导员素质能力大赛、辅导员工作创新论坛、辅导员优秀工作论文评选等活动,顺利创办《高校

---

① 《习近平谈治国理政》第二卷,外文出版社 2017 年版,第 102 页。
② 熊建生、程仕波:《试论习近平关于人民获得感的思想》,《马克思主义研究》2018 年第 8 期。
③ 《习近平谈治国理政》第二卷,外文出版社 2017 年版,第 378 页。

辅导员》,相继建立网站、微信公众号等网络媒介,为广大辅导员群体搭建了"线下+线上"的思想交流、理论对话、工作探讨的重要平台。

(一)构建网络沟通平台

具有不同背景的辅导员借助平台交流工作经验、方式方法、困境对策等具体内容。全国范围内不同层次、不同地域、不同定位的辅导员通过交换意见和建议,便于彼此之间取长补短、有益融合,在此基础上发散思维,创造出具有创新性、科学性的理论观点或实践方法,进而推动辅导员工作的改进和优化。

(二)构建"线上+线下"沟通平台

通过"线下+线上"的沟通平台,辅导员之间交流的内容必然涉及工作以外的个人境况,包含家庭生活、薪酬待遇、职业成就、未来发展等多个方面,易于在个体之间建立信任关系,作为私人化的不同"自我"会通过这样的方式引发情感共鸣,拉近彼此心理距离,以此增强辅导员队伍群体凝聚力。《高校辅导员》及行业协会搭建的广阔平台,以工作沟通、心灵交换的方式促进辅导员专业能力提升和职业文化融合,有效推动着高校辅导员队伍建设发展。

(三)搭建与大学生有效沟通平台

此外,身处信息化时代背景下,高校辅导员工作的专业领域也不断扩展。辅导员在掌握必要的新型主流媒体使用的前提下,搭建与大学生有效沟通的平台。目前,许多大学生通过创立的自媒体、公众号等平台表达和展现自我。辅导员应熟悉新兴文化领域的基本功能,解决大学生的文化内容需求,同时更要掌握他们的思想动向,及时予以帮助和引导,提升工作技能,在日常生活中有序地开展文化育人工作。

三、深化专业依托

新时代高校辅导员队伍建设,要紧紧依托专业,立足于工作实践、理论基础、热点前沿、学科交叉,切实推进专业化、职业化进程,注重以专业研究促发展,选取科学方法、把握研究重点、转化工作成果,实现专业依托促建设。

（一）立足工作实践

辅导员工作要依托专业知识结合实际情况进行开展,形成理论工作成果,促进自身队伍建设。工作实践本身,是一切理论成果的现实源泉。辅导员作为研究主体,只有依托专业发挥专业优势并扎根思想政治教育工作一线,深刻了解工作对象、工作困难、工作环境等现实因素,紧密结合大学生的思想实际,结合日常工作中出现的方方面面的难题,深入思考讨论,才能探析工作实践背后的日常思想政治教育特点和规律,在实践基础上生成理论成果。

（二）夯实基础理论

基础理论是辅导员工作成果生成的理论支撑。当前,高校辅导员准入机制没有统一标准,专业背景复杂、基础理论缺乏成为制约辅导员科学研究的明显障碍。比如,很多辅导员对于马克思主义理论、思想政治教育等基础学科的基本概念、学科内涵、知识体系、理论方法不甚了解,其转化成果只能沦为一般的工作总结,缺乏学术价值和理论深度,难以形成高质量的学术成果。因此,提升高校辅导员的专业化水平应当从学科着手夯实基础理论。辅导员要结合工作当中的实际问题,研读马克思主义的经典原著,深入学习思想政治教育原理、中国特色社会主义理论体系,以及中国共产党历史、新中国史、改革开放史、社会主义发展史,花大力气、下大功夫认真研究基础理论问题,为成果凝练奠定理论基础。

（三）聚焦热点前沿

思想政治工作是一门科学,具有时代性、实践性、规律性。习近平总书记指出:"做好高校思想政治工作,要因事而化、因时而进、因势而新。"①思想政治工作科研成果理应注重创新性、前沿性。高校辅导员的工作成果转化必须树立前沿意识,善于把握理论研究和实践探索的前沿问题,聚焦学科发展过程中的重点、难点、热点问题。一方面,聚焦思想政治教育实践前沿。辅导员工作所面对的工作对象随着环境、年龄变化而不断变化,各个阶段都会产生新现象、新特点、新问题。高校辅导员只有

---

① 《习近平谈治国理政》第二卷,外文出版社 2017 年版,第 378 页。

不断地思考解决新发问题、热点问题，才能找到成果转化的实践生长点。另一方面，聚焦思想政治教育理论前沿。高校辅导员应当具有敏锐的科研意识，认真学习高校思想政治工作相关的会议精神、政策、文件，密切关注学术界理论动态，对思想政治教育理论研究的焦点有及时准确的把握，确保成果转化的学术价值。

（四）深化学科交叉

高校辅导员所从事的思想政治教育是一项复杂的系统工程，辅导员需要加强思想政治教育的学科交叉研究，借鉴相关学科的研究成果与研究方法。一方面，关注交叉学科理论成果。学科融合和学科交叉是当前学术界的重要方向，辅导员的理论成果转化要以马克思主义理论为指导，综合借鉴政治学、教育学、心理学、社会学、管理学等有关学科的知识，尤其是辅导员自身所学专业知识，围绕工作实际，从跨学科视角形成研究成果。另一方面，借鉴交叉学科研究方法。思想政治教育作为一门年轻的学科，应当借鉴其他学科较为成熟的研究方法，比如通过实验研究、实地访谈、数据分析、参与观察等方法研究辅导员日常工作中的经典案例、现实问题等，依托专业知识，探索将工作内容实现成果转化的研究范式，服务于立德树人核心任务。

四、凸显业绩依托

高校辅导员业绩考核是辅导员自身队伍建设的重要环节之一，通过业绩依托，从国家层面、高校层面强化业绩体系建设，根据高校思想政治工作的目标和任务，结合辅导员工作性质与类别，对辅导员的职业能力、行政管理、思政工作、科学研究、思政教学等方面进行综合评定，以便准确掌握高校辅导员队伍工作情况，最大限度地调动高校辅导员工作的积极性，以此更好地完成高校学生思想政治工作使命。

（一）国家层面

国家应出台新时代高校辅导员职业能力标准，重点在理论宣讲与阐释力、谈心谈话与辅导力、主题教育设计与实施力、日常管理与组织力等核心能力，区分初、中、高级职业标准，构建起结构紧密、层级清晰、表达科学的标准体系。基于此,探索构建高校辅导员评价体系,在认识事实、把握规律的基础上进行科学评价。各地各高校应结合实际情况制定实施细则,将岗位设置、培养培训、激励考核的分类指标具体化、明确化。坚持以体制机制为保障,紧扣高校辅导员角色愿景、职业能力提升、评价激励、成长发展、成果展示等各环节制定配套政策文件,形成推进业绩依托的辅导员队伍建设完善制度体系。全面落实辅导员职务(职称)"双线晋升"的办法和保障机制,实行职务(职称)评审单列。注重对辅导员职业能力、专业素养和工作业绩的考核评价。把辅导员队伍纳入高校人才队伍建设总体规划,不断完善选拔、培养和激励机制,保证辅导员工作有条件、干事有平台、待遇有保障、发展有空间。

国家应将高校辅导员行政管理与思政工作能力的提升与辅导员培训体制体系结合进行顶层设计,加强辅导员学习培训课程体系建设,可将马克思主义理论、教育学、心理学、管理学等课程设置为专业基础课程,同时建立一批专业选修课,规定辅导员入职、进修培训要求。组织专家围绕高校思想政治教育、学生工作的理论与实践问题,研发从基础到高级的系列教材,汇编高质量工作案例和操作实务指南,逐步建立理论学习、能力训练、案例教学和实践教学相结合的课程体系。建立学分制,辅导员经过专业基础课程的学习实践并通过统一考试、获得学分和专业能力证书后,可逐级申请更高层级的课程,以使学习教育制度化、常态化。同时,搭建"学习+激励"的长效运行机制。这一运行机制的建立,能够实现辅导员学习与工作的相互促进,在院校中营造出良好的教学环境及氛围,打造高效的辅导员学习队伍。高校辅导员有效激励机制的创设,能够增强辅导员的荣誉感及职业认同感。对辅导员的工作情况、工作能力进行认可,能够激发辅导员的职业认同感,使其全身心投入工作,建立职业自信心和工作责任感。

(二)高校层面

高校辅导员的科研业绩评价是促进高校思想政治教育科学研究发展的重要手段,有利于调动辅导员从事科研工作的积极性,其理论成果能够为实践育人提供理论依据。实行科研业绩量化评价体系对辅导员自身发展及新时代高校人才培养目标产生导向作用,同时也推动辅导员科学研究体制进一步完善,为辅导员创造良好的科研条件与环境,对促进学校科研工作有积极的意义。

思政教学应和科研相济,科研业绩评价从管理上为辅导员教学业绩评价提供了许多宝贵的经验,教学业绩评价要尽可能争取在管理层面上取得相应的地位,得到学校的重视,成为辅导员上岗、考核、岗位津贴发放等的重要依据。由于高校科研业绩的具体表现形式复杂,既有各种各样的科研项目、论文、著作,也有各种各样的鉴定、奖励和转让成果等。因此,科研业绩分类是各类科研评价的基础,也是科研工作量化的前提,只有科学合理的分类,才能相对准确的量化。同时,对辅导员的教学业绩进行科学分类,应充分考虑教学成果的多样性和业绩类型的差异性,全面、科学、合理、准确地反映辅导员的教学业绩情况。

科研业绩的量化标准是量化考核的核心,具有对科研主体直接的引导作用。因此,科研业绩的量化综合考虑了承担各类科研项目、发表论文、专利授权、科研奖励等内容,给不同性质、不同来源的科研项目、不同等级的科研成果赋予不同的分值。如果做不到量化,教学业绩评价在操作层面上就很难进行,甚至很多的定性评价也是建立在量化的基础之上。因此,进行合理的量化是完善科学研究体制的重要手段。高校辅导员教学业绩的评价应遵循科学规律,既要全面采用数量指标,也要充分重视质量评价指标,保证教学业绩的质量。教学业绩评价要注重其导向性,它关系到人才培养的质量。因此,在辅导员岗位职责中的教学业绩中一定要注意数量和质量的结合。

参考文献

[1]《马克思恩格斯选集》第1—4卷,人民出版社2012年版。

[2]《马克思恩格斯全集》第23、37卷,人民出版社1972、2019年版。

[3]《毛泽东选集》第一至四卷,人民出版社1991年版。

[4]《毛泽东文集》第七卷,人民出版社1999年版。

[5]《邓小平文选》第一至三卷,人民出版社1994、1994、1993年版。

[6]《江泽民文选》第一至三卷,人民出版社2006年版。

[7]《胡锦涛文选》第一至三卷,人民出版社2016年版。

[8]习近平:《之江新语》,浙江人民出版社2007年版。

[9]《习近平谈治国理政》第一至三卷,外文出版社2018、2017、2020年版。

[10]《建国以来重要文献选编》(第1—20卷),中央文献出版社2011年版。

[11]《十二大以来重要文献选编》(上、中、下册),中央文献出版社2011年版。

[12]《十三大以来重要文献选编》(上、中、下册),中央文献出版社2011年版。

[13]《十四大以来重要文献选编》(上、中、下册),中央文献出版社2011年版。

[14]《十五大以来重要文献选编》(上、中、下册),中央文献出版社2011年版。

[15]《十六大以来重要文献选编》(上、中、下册),中央文献出版社

2011 年版。

[16]《十二大以来重要文献选编》(上、中、下册),中央文献出版社 2009、2013 年版。

[17]《十八大以来重要文献选编》(上、中、下册),中央文献出版社 2014、2016、2018 年版。

[18]《习近平总书记系列重要讲话读本(2016 年版)》,学习出版社、人民出版社 2016 年版。

[19]《习近平关于社会主义文化建设论述摘编》,中央文献出版社 2017 年版。

[20]《习近平关于青少年和共青团工作论述摘编》,中央文献出版社 2017 年版。

[21]《习近平新时代中国特色社会主义思想学习纲要》,学习出版社、人民出版社 2019 年版。

[22]《习近平新时代中国特色社会主义思想三十讲》,学习出版社 2018 年版。

[23]教育部课题组:《深入学习习近平关于教育的重要论述》,人民出版社 2019 年版。

[24]教育部思想政治工作司组编:《大学生思想政治教育理论与实践》,高等教育出版社 2009 年版。

[25]白显良:《隐性思想政治教育基本理论研究》,人民出版社 2013 年版。

[26]北京化工大学全国大学生思想政治教育发展研究中心组编:《中国大学生思想政治教育年度质量报告(2015)》,光明日报出版社 2016 年版。

[27]贝静红:《高校辅导员队伍专业化发展研究》,武汉大学出版社 2016 年版。

[28]陈万柏:《思想政治教育载体论》,湖北人民出版社 2003 年版。

[29]陈万柏等:《思想政治教育学原理(第二版)》,高等教育出版社 2013 年版。

［30］陈元晖等:《老解放区教育资料（一）》,教育科学出版社 1981 年版。

［31］董振华:《治国理政十讲》,人民出版社 2017 年版。

［32］方宏建、李赛强:《大学生事务管理学》,人民出版社 2014 年版。

［33］冯刚、高山:《新时代高校思想政治教育治理论》,中国社会科学出版社 2021 年版。

［34］冯刚、彭庆红、佘双好、白显良等著:《新时代高校思想政治教育学原理》,人民出版社 2021 年版。

［35］冯刚:《大学生思想政治教育工作概论》,北京师范大学出版社 2020 年版。

［36］冯刚:《辅导员队伍专业化建设理论与实务》,中国人民大学出版社 2009 年版。

［37］冯刚:《理直气壮开好思政课——把握新时代思政课建设规律》,人民出版社 2019 年版。

［38］冯刚:《改革开放以来高校思想政治教育发展史》,人民出版社 2018 年版。

［39］冯刚:《改革开放 40 年高校思想政治教育编年史（1978—2018)》,北京师范大学出版社 2019 年版。

［40］冯培:《中国高校学生事务管理模式创新》,中国人民大学出版社 2009 年版。

［41］郭毅:《班级管理学》,人民教育出版社 2002 年版。

［42］郝立新:《底线思维——中国共产党人的实践辩证法》,人民出版社 2020 年版。

［43］李国钧、王炳照:《中国教育制度通史》第 8 卷,山东教育出版社 1999 年版。

［44］李蔺:《新时代高校辅导员工作发展与变革研究》,吉林科学技术出版社 2019 年版。

［45］李永志:《日本高校创业教育》,浙江教育出版社 2010 年版。

［46］林进材:《班级经营》,华东师范大学出版社 2006 年版。

[47]刘光:《新中国高等教育大事记 1949—1987》,东北师范大学出版社 1990 年版。

[48]芮明杰:《管理学:现代的观点》,上海人民出版社 2021 年版。

[49]孙培青:《中国教育管理史(第二版)》,人民教育出版社 2013 年版。

[50]童敏:《社会工作理论》,社会科学文献出版社 2019 年版。

[51]汪新建:《人类行为与社会环境》,天津人民出版社 2008 年版。

[52]王伦信:《清末民国时期中学教育研究》,华东师范大学出版社 2002 年版。

[53]王占仁:《中国创新创业教育史》,社会科学文献出版社 2016 年版。

[54]杨春茂:《做党和人民满意的好老师》,人民出版社 2014 年版。

[55]杨振斌、冯刚:《高等学校辅导员培训教程》,高等教育出版社 2006 年版。

[56]于宝明:《物联网技术与应用》,东南大学出版社 2012 年版。

[57]郑杭生:《社会学概论新修(精编本)》,中国人民大学出版社 2015 年版。

[58]郑永廷:《思想政治教育学原理》,《高等教育出版社》2016 年版。

[59]中国人民解放军国防大学:《中国人民抗日军政大学史》,国防大学出版社 2000 年版。

[60][美]理查德·谢弗、罗伯特·费尔德曼:《像社会学家一样思考(上)》,梁爽译,北京大学出版社 2018 年版。

[61][美]迈克尔·休斯、卡罗琳·克雷勒:《社会学和我们》,周杨、邱文平译,上海社会科学院出版社 2008 年版。

[62][美]理查德·詹姆斯、伯尔·吉利兰:《危机干预策略》,肖水源等译,中国轻工业出版社 2000 年版。

[63][美]埃里克·西格尔:《大数据预测》,周昕译,中信出版社 2014 年版。

［64］［英］维克托·迈尔·舍恩伯格、肯尼思·库克耶等:《大数据时代:生活、工作与思维的大变革》,盛杨燕等译,浙江人民出版社 2013 年版。

［65］［美］杰弗里·蒂蒙斯、小斯蒂芬·斯皮内利:《创业学(第六版)》,周伟民、吕长春译,人民邮电出版社 2005 年版。

［66］白显良:《论隐性思想政治教育的独特品性》,《学校党建与思想教育》2007 年第 9 期。

［67］曹毓民:《网络文化背景下高校思想政治教育研究》,《思想教育研究》2010 年第 8 期。

［68］常建坤、李时椿:《美国的创业教育及其启示》,《光明日报》2005年 12 月 18 日。

［69］陈秉公:《学习习近平关于教育的重要论述探索高校立德树人创新体系》,《思想教育研究》2018 年第 10 期。

［70］陈江:《日本高校创业教育:历史演进、发展特征和经验启示》,《现代教育科学》2017 年第 1 期。

［71］陈雪芳:《"融"时代背景下班主任工作转向:从实体思维到关系思维》,《基础教育参考》2019 年第 14 期。

［72］丁俊苗:《以创新创业教育引领高等教育改革与发展——创新创业教育的三个阶段与高校新的历史使命》,《创新与创业教育》2016 年第 1 期。

［73］杜向民:《进一步推进高校辅导员队伍职业化发展路径研究》,《中国高校社会科学》2011 年第 3 期。

［74］方晓义、袁晓娇、胡伟等:《中国大学生心理健康筛查量表的编制》,《心理与行为研究》2018 第 1 期。

［75］丰硕:《提升高校网络育人成效的路径研究》,《学校党建与思想教育》2021 年第 2 期。

［76］冯刚、张发政:《中国共产党百年红色精神谱系引领时代新人培育》,《中国高等教育》2021 年第 5 期。

［77］冯刚、王莹:《习近平总书记关于时代新人重要论述的基本内涵

与时代特征》,《湖南大学学报(社会科学版)》2021 年第 1 期。

[78]冯刚:《立德树人与时代新人培育的内在逻辑》,《四川师范大学学报(社会科学版)》2021 年第 5 期。

[79]冯刚:《论新时代高校思想政治工作守正创新》,《上海交通大学学报(哲学社会科学版)》2021 年第 5 期。

[80]冯刚:《互联网思维与思想政治教育创新发展》,《学校党建与思想教育》2018 年第 3 期。

[81]冯刚:《新时代高校班集体的发展状况与建构方向》,《思想教育研究》2019 年 3 期。

[82]冯刚等:《实践育人创新发展的理论思考和实现路径研究》,《学校党建与思想教育》2017 年第 7 期。

[83]高凯、杨恩泽:《区块链赋能:互联网时代高校思想政治教育困境破除与创新发展》,《黑龙江高教研究》2020 年第 11 期。

[84]郭南、姚惠迎:《新时代 00 后高校新生班级建设的"突破法"》,《北京教育(德育)》2019 第 Z1 期。

[85]韩建涛、秦鹏生、葛明贵:《心理健康知识对大学生心理健康影响的研究》,《扬州大学学报(高教研究版)》2013 年第 6 期。

[86]何成:《全面认识和理解"百年未有之大变局"》,《理论导报》2020 年第 1 期。

[87]何定龙:《高校辅导员队伍建设的时代意蕴》,《学校党建与思想教育》2018 年第 8 期。

[88]胡菊华:《用好主渠道增强获得感》,《中国教育报》2018 年 11 月 29 日。

[89]黄蓉生、樊新华:《新时代高校辅导员创新学生党建工作的思考》,《高校辅导员》2019 年第 1 期。

[90]季学军:《美国高校创业教育历史演进与经验借鉴》,《黑龙江高教研究》2007 年第 2 期。

[91]蒋雪莲:《论思想政治理论课教师"自律要严"》,《北京教育(德育)》2019 年第 5 期。

[92]李凤威、罗嘉思、赵乐发、王玲:《基于关键绩效指标的高校辅导员绩效评价方法》,《现代教育管理》2012 年第 7 期。

[93]李海娟:《新时代高校实践育人路径探析》,《思想理论教育》2021 年第 8 期。

[94]李惠娥:《新时代高校管理育人的现实困境及实践路径》,《扬州大学学报(高教研究版)》2021 年第 4 期。

[95]李亚青、王静:《高校思想政治教育网络育人探究》,《学校党建与思想教育》2020 年第 3 期。

[96]廖金香、龙金凤:《多元文化背景下高校思想政治教育管理载体的建设》,《教育与职业》,2016 年第 11 期。

[97]刘春雁:《大学生微博使用状况的调查与思考》,《思想理论教育》2011 年第 3 期。

[98]刘献君:《论高校贯彻落实科学发展观中的十个关系》,《高等教育研究》2009 年第 4 期。

[99]刘翔:《关于当前高校辅导员队伍建设的几点思考》,《思想理论教育导刊》2013 年第 6 期。

[100]刘延东:《深入推进创新创业教育改革　培养大众创业万众创新生力军》,《中国教育报》2015 年 10 月 26 日。

[101]刘哲:《社会主义核心价值观融入高校基层服务型党组织建设研究》,《学校党建与思想教育》2018 年第 4 期。

[102]罗亮:《改革开放以来高校实践育人的发展历程与基本经验探析》,《思想理论教育》2019 年第 5 期。

[103]罗先武:《基于目标管理评价的高校教育管理可持续发展》,《中国成人教育》2018 年第 3 期。

[104]吕品等:《新时代背景下对高校班主任工作的几点思考》,《教育现代化》2020 年 1 月第 6 期。

[105]梅萍、贾月:《析思想政治教育文化环境和文化载体之异》,《思想教育研究》,2017 年第 3 期。

[106]孟祥栋:《高校辅导员党建工作胜任特征分析——基于辅导员

职业能力标准视角》，《高校辅导员》2016 年第 2 期。

[107]逄索：《高校实施精准思政的核心理念与路径选择》，《思想理论教育》2020 年第 5 期。

[108]沈壮海、董祥宾：《论新时代高校思想政治工作质量的提升》，《思想理论教育》，2018 年第 8 期。

[109]石梦伊：《高校创新创业教育发展历程及其启示》，《创新创业理论研究与实践》2020 年第 1 期。

[110]舒文琼、李梅峰：《立德树人视域下高校文化育人的功能实现研究》，《教育观察》2019 年第 27 期。

[111]宋妍、王占仁：《高校创新创业教育与思想政治教育关系研究的意义与现状》，《黑龙江高教研究》2016 年第 8 期。

[112]眭依凡、俞婷婕、李鹏虎：《大学文化发展和建设历程研究——基于改革开放 30 年来的发展脉络》，《中国高教研究》2015 年第 10 期。

[113]孙兰英：《网络文化建设和管理思想与高校思想政治教育的创新》，《思想理论教育导刊》2012 年第 2 期。

[114]孙明辉、丁小燕：《90 后大学生恋爱的性别差异研究——基于湖南某重点高校的调查分析》，《高校辅导员学刊》2013 年第 2 期。

[115]孙迎晖、李红梅、王晓川：《高校班级凝聚力现状及建设意见的调查分析》，《中国青年政治学院学报》2010 年第 2 期。

[116]谭霞、戴建忠：《区块链技术在高校思想政治教育领域中的应用研究》，《理论导刊》2020 年第 12 期。

[117]王方、王楠：《网络时代高校思想政治教育对象的特征与启示》，《高校辅导员学刊》2021 年第 4 期。

[118]王飞飞：《地方高校辅导员队伍建设中的问题与对策》，《思想理论教育导刊》2016 年第 1 期。

[119]王冀生：《大学文化的科学内涵》，《高等教育研究》2005 年第 10 期。

[120]王显芳、王鹏云、孔毅：《新时代高校辅导员队伍建设科学化研究》，《学校党建与思想教育》2019 年第 7 期。

[121]王秀彦、张景波、盛立国:《新时代高校辅导员队伍专业化建设路径选择》,《北京教育(高教)》2019 年第 7 期。

[122]王占仁:《创新创业教育的历史由来与释义》,《创新与创业教育》2015 年第 4 期。

[123]王占仁:《高校全面推进创新创业教育的争论与反思》,《教育发展研究》2015 年第 Z1 期。

[124]王占仁:《中国创业教育的演进历程与发展趋势研究》,《华东师范大学学报(教育科学版)》2016 年第 2 期。

[125]韦吉锋:《关于网络思想政治教育界定的科学审视》,《学校党建与思想教育》2003 年第 2 期。

[126]夏仕武、毛亚庆:《美国创业教育体系化建设:历程及启示》,《江苏高教》202 年第 8 期。

[127]刑云文、张瑾怡:《构建面向"日常生活"的大学生思想政治教育》,《思想理论教育导刊》,2018 年第 2 期。

[128]熊建生、程仕波:《试论习近平关于人民获得感的思想》,《马克思主义研究》,2018 年第 8 期。

[129]徐世甫:《网络育人:新时代高校思想政治教育新范式》,《中国高等教育》2019 年第 9 期。

[130]徐艳国:《思想政治教育治理体系和治理能力现代化探析》,《清华大学学报(哲学社会科学版)》,2014 年第 3 期。

[131]徐艳国:《以精准思维深入推动新时代高校思政改革》,《中国高等教育》2019 年第 1 期。

[132]颜晓峰:《从新中国七十年看马克思主义为什么"行"》,《光明日报》2019 年 09 月 11 日。

[133]颜晓红、刘颖:《以一流大学精神推进现代大学治理》,《中国高等教育》2019 年第 20 期。

[134]杨海波、安江燕、张丽芳:《新时代高校辅导员队伍现状及建设路径研究——以河北农业大学为例》,《河北农业大学学报(社会科学版)》2020 年第 2 期。

［135］杨立淮、徐百成：《"微博"网络生态下的高校网络思想政治教育》，《中国青年研究》2011 年第 11 期。

［136］杨秋宁：《德国高校创业教育的特点及启示》，《人民论坛》2014 年第 32 期。

［137］杨威：《大学生志愿服务的三个乱象——让大学生志愿服务活动回归初心》，《人民论坛》2018 年第 19 期。

［138］杨志成：《百年未有之大变局下世界教育变革与中国教育机遇》，《教育研究》2021 年第 3 期。

［139］殷姿：《高校学生干部建设与班级建设的关联性研究》，《思想教育研究》2015 年第 4 期。

［140］余斌：《从四个维度看中国经济转型升级》，《中国发展观察》2018 年第 Z1 期。

［141］虞晓东、李建伟、王志华：《基于多源评价的高校优秀辅导员标准研究》，《国家教育行政学院学报》2015 年第 2 期。

［142］岳海洋：《日常生活视角下班级建设实践研究》，《学校党建与思想教育》2019 年第 6 期。

［143］云杉：《文化自觉文化自信文化自强——对繁荣发展中国特色社会主义文化的思考（中）》，《红旗文稿》2010 年第 16 期。

［144］张国启：《新时代思想政治理论课教师"人格要正"的逻辑内涵及培育理路》，《思想理论教育》2019 年第 7 期。

［145］张昊民、陈虹：《日本创业教育的演进、经典案例及启示》，《比较教育研究》2012 年第 11 期。

［146］张娟：《基于物联网的思想政治教育创新》，《南京邮电大学学报（社会科学版）》2012 年第 4 期。

［147］张雷：《新时期高校辅导员建设的几点思考》，《学校党建与思想教育》2009 年第 16 期。

［148］张艳萍：《当前高校班级建设存在的问题与思考》，《思想政治工作研究》2011 年第 5 期。

［149］张耀灿、钱广荣：《思想政治教育研究范式论纲——思想政治

教育研究方法的基本问题》,《思想教育研究》2014 年第 7 期。

[150]张玉利、李乾文、李剑力:《创业管理研究新观点综述》,《外国经济与管理》2006 年第 5 期。

[151]周文、杨东:《家庭教育中的 PUA 现象对青少年心理健康的影响》,《中国德育》2020 年第 24 期。

后　记

　　高校辅导员作为大学生成长发展的指导者和引路人,肩负着落实立德树人的根本任务,其专业化职业化建设一直是高校思想政治工作关注的重要内容。进入新时代,高校思想政治工作经历着从教育理念到教育方式再到教育评价的一系列深刻变革,国家社会发展的现实情景赋予了高校思想政治教育新内涵、新使命、新要求。高校辅导员作为培养德智体美劳全面发展的社会主义建设者和接班人的重要力量,其专业化职业化水平应伴随社会历史进程不断进步、不断完善、不断提升。为了进一步推进辅导员队伍建设,提升高校辅导员工作质量,我们特组织力量编写了《新时代高校辅导员培训教程》一书。

　　《新时代高校辅导员培训教程》一书由北京师范大学思想政治工作研究院院长冯刚教授负责全书策划和框架设计。经过多次研讨和认真准备,编写工作于 2021 年 7 月正式启动。全书具体分工如下:前言(冯刚)、第一章(韩君华)、第二章(钟一彪)、第三章(范媛吉)、第四章(郭驰)、第五章(蒋毓新)、第六章(徐阳)、第七章(钱云光)、第八章(孙楚航)、第九章(郭文刚)、第十章(于小雷)、第十一章(蒋利平)、第十二章(周作福、路乔)、第十三章(侍旭)、第十四章(陈科)、第十五章(王显芳)。冯刚、严帅、钟一彪、郭文刚、朱宏强、梁超锋、王莹、徐文倩等负责全书统稿工作。吴放、李树学、徐小强、黄渊林、杨小青、王天玲等负责相关文献整理和资料收集工作。

　　本书编撰过程中,除经典著作外还参考了大量专家学者的研究成果,在此深表感谢！文中采用脚注方式进行了标明，还在书末列出了主要参考文献。因时间有限、工作量较大，书中会有疏漏和不足之处，恳请读者批评指正。

编　者

2021 年 10 月